Buch

Kennen Sie das? Egal, wie sehr ich mich anstrenge – es ist nie genug! Egal, wie viele Kilos ich gerade abgenommen habe – ich mag meine Figur nie! Egal, wie viele Komplimente ich gerade bekommen habe – ich fühle mich trotzdem klein und unbedeutend, mein Tag wird dadurch auch nicht heller ...

   In unserer Gesellschaft, wo es zum guten Ton gehört, immer »gut drauf« zu sein, ist Depression ein heikles Thema. Besonders den Frauen wird eingeredet, es handle sich um eine typisch weibliche Verstimmung. Ellen McGrath zeigt in ihrem Buch, daß depressive Stimmungen lebenswichtige Warnsignale sind, um die Position von Frauen in einer männlich dominierten Welt, in Familie, Berufsleben und Kultur neu zu definieren. Sie zeigt, wie Frauen lernen können, mit diesen Warnsignalen umzugehen, wie sie sich von gängigen Vor- und Fehlurteilen freimachen und sich rundum gesund und einfach wohl fühlen – auch wenn sie sich schlecht fühlen.

Autorin

Ellen McGrath ist eine anerkannte Expertin auf dem Gebiet der weiblichen Depressionen. Sie ist seit mehr als 23 Jahren klinische Psychologin und steht dem Psychologischen Zentrum in Laguna Beach, Kalifornien, als Direktorin vor. Ellen McGrath ist verheiratet und hat zwei kleine Söhne.

ELLEN McGRATH

DANKE – ES GEHT MIR SCHLECHT!

Die Chance für Frauen in Krisen:
Wie man depressive Gefühle
in positive Energien umwandelt

Aus dem Amerikanischen
von Regina Kammerer

GOLDMANN VERLAG

Originaltitel: When Feeling Bad is Good.
An Innovative Selfhelp Program for Women
to Convert »Healthy« Depression into
New Sources of Growth and Power.
Originalverlag: Henry Holt and Company,
Inc., New York

Umwelthinweis:
Alle bedruckten Materialien dieses Taschenbuches
sind chlorfrei und umweltschonend.
Das Papier enthält Recyclinganteile.

Der Goldmann Verlag ist ein Unternehmen
der Verlagsgruppe Bertelsmann

Deutsche Erstausgabe April 1994
© der Originalausgabe 1992 by Ellen McGrath, Ph.D.
© der deutschsprachigen Ausgabe 1994 by
Wilhelm Goldmann Verlag, München
Umschlaggestaltung: Design Team München
Umschlagfoto: Zefa/Jonas, Düsseldorf
Satz: Uhl + Massopust, Aalen
Druck: Pressedruck Augsburg
Verlagsnummer: 13745
Lektorat: Silvia Kuttny
Redaktion: Ilse Wagner
Herstellung: Martin Strohkendl
Made in Germany
ISBN 3-442-13745-4

10 9 8 7 6 5 4 3 2 1

Dieses Buch ist meiner Ursprungsfamilie
– Harry, Joshua, Jordan, Bernadette und Paul –
voller Liebe und Dankbarkeit gewidmet,
wie auch allen Mitgliedern meiner Wahlfamilie.

Inhalt

Danksagung

Es waren meine Ursprungs- und meine Wahlfamilie, die dieses Buch möglich machten.

Ohne die Geburt meiner beiden Söhne, Joshua und Jordan, wäre es mir nicht möglich gewesen, das nächste Wunder, *Danke – es geht mir schlecht!,* auf die Welt zu bringen. Und ohne meinen Ehemann Harry wäre dieses Buch zweifellos in zwanzig Jahren noch nicht geschrieben worden. Seine Bereitschaft, soviel zusätzliche Verantwortung zu schultern, machte es mir möglich, dieses Projekt zu dieser Zeit in Angriff zu nehmen. Nur mit seiner Unterstützung ließ es sich rechtfertigen, daß ich soviel Zeit ohne die Familie verbrachte, in der ich die enorme Menge Arbeit erledigte, die mit diesem Projekt verbunden war. Die Qualität unserer Partnerschaft und Liebe wurde dadurch noch vertieft. Ich bin ihm sehr dankbar für seine Unterstützung, seinen Humor, seine Stärke und nüchterne Weisheit und die Tatsache, daß er meinen Traum teilte, zu versuchen, der Welt etwas von Wert zurückzugeben. Seine zwei Kinder, meine Stiefkinder, Dr. Karen Wexler und Danniel Wexler, hätten Joshua und Jordan keine liebevolleren Geschwister sein können und mir keine hilfreicheren Freunde.

Unsere zwei Jungen, heute sechs und drei Jahre alt, lernten sehr früh etwas über den Preis und den Wert von Projektarbeit kennen, wenn sie leidenschaftlich und aufgrund von Prinzipien getan wird. Sie lernten etwas darüber, wie man akzeptable Kompromisse eingeht, um auf die Bedürfnisse seiner Lieben Rücksicht zu nehmen, und daß die Arbeit, die Frauen tun, genausoviel wert ist wie die von Männern. Ich hoffe sehr, daß diese Erfahrung den Samen in ihnen legte, der sie zu Leitbildern einer neuen Generation von Männern macht, die Gleichheit, Vielfalt, Kreativität, persönliches Wachstum und nicht zuletzt Frauen zu schätzen wissen.

Meine Wahlfamilie trug ebenfalls entscheidend zur Vollendung dieses Unternehmens bei. Dr. Alice Rubenstein, eine meiner engsten Freundinnen seit frühesten Berufstagen, las jeden Entwurf dieser Arbeit. Sie ist eine der begabtesten Kliniker, die ich kenne. Durch ihre Kompetenz wurde jede Seite dieses Manuskriptes und die Theorie, auf der es basiert, bereichert. Ihre emotionale Unterstützung, die sie mir und »den Jungs« angedeihen ließ, war ebenfalls ein tragender Pfeiler während der drei Jahre, in denen ich an diesem Projekt gearbeitet habe. Ihre Leistung, ihr Engagement und ihre Liebe sind unvergeßlich und werden mir immer in Erinnerung bleiben.

Meine Adoptivschwester und Büropartnerin, Lynne Deane Barbaro, war der andere emotionale Anker für mich während dieser Zeit. Es war eine erstaunliche Erfahrung, soviel Klugheit und Wärme direkt neben mir zu haben. Ich empfinde anhaltenden Respekt vor Lynnes ungewöhnlichem Einblick in das, was entscheidend, aber oft für das Auge unsichtbar ist, wie auch für ihre Fähigkeit, mit Menschen auf den tiefsten Ebenen in Verbindung zu treten. Sie war überdies eine hervorragende Ersatzmutter für meine Kinder, als sich bedrohliche Deadlines am Horizont abzeichneten. Ihr Ehemann, Frank Barbaro, der ebenfalls seit Jahren einer meiner engsten Freunde ist, war oft einer meiner klügsten Berater. Er hat mich inspiriert, indem er seine eigenen Träume hat wahr werden lassen, und ist ein treuer Fan meiner Bemühungen, nach den Sternen zu greifen.

Ein anderes vitales Mitglied meiner Wahlfamilie ist Jerry Holderman. Der äußerst talentierte Journalist von der *Los Angeles Times* ist ein treuer Freund, der mich vor meinem intellektualisierenden und gelegentlich obskuren Schreibstil bewahrte. Als es klar wurde, daß ich Hilfe brauchte, um das, was ich meinte, in verständlichere Sätze zu fassen, half mir Jerry beim Umschreiben und Redigieren des Buches.

Zehn Monate lang arbeiteten wir intensiv zusammen. Wieder und wieder beobachtete ich, wie er die bestmögliche Formulierung, zu der ich fähig war, nahm und in etwas Besseres verwandelte, manchmal ein Werk von verbaler Transluzenz. Sein Talent zum

Schreiben hat diesem Buch seine Qualität und Klarheit gegeben. Ich bin ihm enorm verbunden für sein großes Engagement, seine Hartnäckigkeit und gute Laune, wie auch für seine unerschöpflichen Quellen kreativer Begabung, seinem schwarzen Humor und der speziellen Freundschaft und Partnerschaft, die wir miteinander teilen und die auch weiterhin Früchte tragen wird.

Andere haben ebenfalls wesentliche Beiträge zu diesem Buch geleistet. Ein Pionier dieses Projektes war meine Agentin, Faith Hamlin, die mich während vieler Rückschläge, die sich bei der Entwicklung des Exposés und des Buches ergaben, hegte und pflegte. Sie kombinierte Geduld, Ermutigung und Verständnis mit einem ausgeprägten beruflichen Know-how, um erfolgreich die Untiefen der Verlagswelt zu umschiffen, ganz zu schweigen von meiner eigenen Angst vor Erfolg.

Anita Weill benutzte ihre Sensibilität, Integrität und beeindruckenden Schreibfähigkeiten, um mir bei Aufbau und Ausführung des Exposés für dieses Buch zu helfen.

Janice Rotchstein und Barbara Winkler, zwei ebenfalls exzellente Autorinnen und Lektorinnen, dienten als Beraterinnen, lieferten moralische Unterstützung und halfen dabei, die Ausgangsideen neu zu ordnen und umzuschreiben, bis sie Sinn machten.

Cynthia Vartan, meine Lektorin bei Henry Holt, verdient spezielle Anerkennung. Von den ersten Stadien dieses Projektes an teilte Cynthia meine Vision darüber, was dieses Buch sein und was es für Frauen bedeuten könnte, wenngleich ihre Vision auf sehr viel mehr Reife und Klugheit gründete als meine. Sie zeichnete sich dadurch aus, daß sie aus dem Chaos, das ich manchmal auf ihrem Schreibtisch ablieferte, eine bearbeitungsfähige Struktur herausformte. Je länger wir miteinander arbeiteten, desto größere Bewunderung und desto tieferen Respekt empfand ich für sie als Person und desto dankbarer war ich für ihre Professionalität. Ich fühle mich geehrt, ihre ständige, stabilisierende Unterstützung genossen zu haben, und hoffe, bei einem zukünftigen Projekt wieder mit ihr zusammenzuarbeiten.

T. George Harris, Herausgeber von *Psychology Today* und diverser *American-Health*-Zeitschriften, ist nicht nur einer der einnehmendsten Menschen, die ich kenne, er ist auch einer der inspirierendsten. Sein Elan, seine Kreativität und sein Weitblick in bezug auf den Nutzen und die Bedeutung der Psychologie sind beispiellos. Er ist einer der überzeugendsten und positivsten Kräfte in der amerikanischen Psychologie unserer Tage. Die Tatsache, daß er ein aktives Interesse an diesem Projekt nahm und mich unterstützte, während es Gestalt annahm, war mit der größte Lohn für diese anstrengende Arbeit. Seine warmherzige Stimme geistert in der einen oder anderen Weise durch alle diese Seiten. Seine Frau, Anne Roberts, war ebenfalls eine inspirierende Kraft – sie diente mir als Rollenmodell dafür, wie man schreibt und wie man lebt.

Verschiedene andere enge Freunde haben sich als rettende Engel für mich und dieses Buch erwiesen. Mary und Blair Brewster waren dabei behilflich, verschiedene Schlüsselkonzepte zu entwickeln, und trugen zu jedem Abschnitt, den sie lasen, etwas Erhellendes bei. Sie waren und sind für meine Kinder und mich in jeder nur erdenklichen Weise da. Lora Piazza, mit ihrem brillanten Verstand und ihrer warmherzigen Art, ist eine weitere Person, auf die ständig Verlaß war.

Meine Patientinnen in New York wie auch in Kalifornien waren wundervolle Lehrerinnen. Sie zeigten bemerkenswerten Mut und bemerkenswertes Engagement, als wir die Techniken der Handlungsstrategien entwickelten und verfeinerten. Sie waren bereit, Risiken einzugehen, und ich danke ihnen dafür, daß sie ihre Reise ins Innerste mit mir geteilt haben.

Die *American Psychological Association (APA) National Task Force on Women and Depression* lieferte ein weiteres Fundament für dieses Buch. Ein spezielles Dankeschön an meine guten Freundinnen und Co-Autorinnen des Task-Force-Buches:

Drs. Gwen Keita, Bonnie Strickland und Nancy Russo. Ebenfalls danken möchte ich Drs. Laura Brown, Lillian Comas Dias, Jean Hamilton, Margaret Jensvold und Susan Nolen-Hoeksema für ihre Beiträge zur Task Force. Durch das Beispiel ihres eigenen Lebens und ihre Kenntnis der Psychologie von Frauen erteilten sie mir unbezahlbare Lektionen in Sachen Frauen, Depression und mich selbst.

Verschiedene andere Frauen waren ebenfalls in spezifischer Form hilfreich. Pamela Armstrong und Lisa Wyatt vom Public Affairs Office der APA brachten mir bei, wie man in den Medien effektiver zur Geltung kommt, und warfen mir Rettungsringe zu, wenn ich anfing, in Unsicherheit und Lampenfieber zu versinken. Deborah Szekely, Eigentümerin der Golden Door and Rancho La Puerta Health Spas, eines Gesundheitszentrums, erteilte mir ebenso Schlüssellektionen über das Geist↔Körper-Potential wie Lu Blecher, die körperliche Handicaps in emotionale Einsicht verwandelte und mich großzügigerweise daran teilhaben ließ.

Lillian Smith, Produktionsleiterin von *Donahue,* verdient herzliche Anerkennung für ihre emsigen Bemühungen, die Ergebnisse der APA-Task Force, einschließlich der Aufzeichnung einer handlungsorientierten Gruppentherapie, zu präsentieren. Die Show gab Millionen von depressiven Frauen Hoffnung. Und besonderen Dank an Oprah Winfrey, Joan Lunden, Sally Jessy Raphael und Phil Donahue, dafür, daß sie sich solch wichtigen psychologischen Themen auf so sensible und einfühlsame Weise genähert haben.

Eine ganze Reihe anderer Menschen trug in ganz unterschiedlicher Weise zum Gelingen dieses Buches bei, wofür ich mich herzlich bedanke:

Brett Barbaro, Casey Barbaro, Patricia Bellucci, Sally Besco, Dr. Karen Blaker, Dr. Matty Canter, Linda Chapin, Gary Costa, André Covell, Annie Diablo, Marge Doering, Harold Dolph, Zelma Dolph, Janet Eastman, Ali Fadakar, Dr. Ray Fowler, Dr. Don Freidheim, Dr. Herb Freudenberger, Ellen Golden, Dr. Leonard Goodstein, Dr. Stanley Graham, Dr. Sandy Haber, Jack Herzberg, Jan Hoagland, Greg Hamlin, Lee Handy, Angela Hernandez, Sheila Holder, Jim Holderman, Judy Holderman, Kathy Holderman, Christine Jones, Neil Korlekar, Roseanne Kotzer, Susan Kraber, Ruth Lawrence, Laurel Best Linton, Peter Liu, Ginny Lowe, Chris und Lee McGrath, Anne Mello, Tim Miller, Judy Neeve, Gary Parks, Joyce Pederson, Anne Roberts, Gregg Schwenk, Dorothy Sebell, Gail Sheehy, Lottchen Shivers, Carolyn Smith, Dr. Charles Spielberger, Javier Villalobos, Pauline Wampler, Dr. Jack Wiggins, Marya Yee und Dr. Karen Zager.

Schließlich möchte ich meiner Mutter Bernadette und meiner Großmutter Muriel dafür danken, daß sie mich ständig daran erinnert haben, wie stark und wie gewitzt Frauen sein können. Sie haben die Tatsache, daß wir alle es selbst in der Hand haben, ob wir durchs Leben tanzen oder stolpern wollen, gleichgültig, in welchem Alter, auf konsequente Weise untermauert.

Einführung

Von außen betrachtet schien mein Leben vor zwölf Jahren zu schön, um wahr zu sein. Und das war es auch. Mit vierunddreißig Jahren hatte ich eine prestigeträchtige Position an der University of California, Abteilung für Psychiatrie und Verhaltensforschung, inne. Ich hatte eine gutgehende Praxis und gerade damit begonnen, auch fürs Radio zu arbeiten, indem ich für eine südkalifornische Nachrichtenstation psychologische Kommentare sprach. Ich hatte gute Freunde. Ich fuhr einen roten Sportwagen und lebte in einem kleinen weißen Haus in der wunderschönen Küstengemeinde von Laguna Beach mit einem weiten Blick auf den Ozean und die Berge.

An klaren Tagen saß ich gerne auf meiner Terrasse und starrte auf Catalina Island am Horizont, das etwa sechsundzwanzig Meilen entfernt draußen im Meer lag. Aber näher zum Haus hin war mein Sehvermögen getrübt. Ich konnte für mich keine Zukunft erkennen, die irgendein reales Versprechen bereitgehalten oder irgendeinen Zweck gehabt hätte. Ich hatte die Hoffnung und die Kontrolle über mein Leben verloren. Ich war geschieden, hatte vierzig Pfund Übergewicht, war erbärmlich einsam und total frustriert von meiner Suche nach einem Partner, mit dem ich mein Leben hätte teilen können und der mich gestützt und mir Geborgenheit geschenkt hätte. Je erfolgreicher ich in meinem Beruf wurde, desto größere Schwierigkeiten schien ich in meinen Beziehungen zu bekommen. Oft versank ich in eine periodisch auftretende Depression und stopfte mich voll. Nicht selten verschlang ich in solch düsteren Zeiten eine ganze Tüte Pepperidge-Farm-Plätzchen auf einmal.

Die Plätzchen machten die Sache natürlich nicht besser. Tatsächlich machten solche Zuckerorgien das Ganze nur noch schlimmer. Am nächsten Morgen fühlte ich mich nicht nur deprimiert, sondern auch fett. Mehr als einmal erwog ich ernsthaft, in meine Garage zu fahren, das Tor hinter mir zuzuziehen und den Motor anzustellen. Ich wurde von einem Schmerz gequält, der keinen Namen hatte. Ich wußte nicht mehr weiter.

Es gab nur einen Grund, weswegen ich während solcher Momente tiefster Verzweiflung keinen Selbstmord beging. Ich konnte den Schaden, den es meiner besten Freundin Alice und all den anderen, die mich liebten, zufügen würde, nicht rechtfertigen. An diesem Punkt war es meine Liebe für sie, die mir das Leben rettete. Ich wußte tief in meinem Innersten, daß sie es nicht verdienten, die Last lebenslanger Wunden und Schmerzen zu tragen, die ich ihnen zufügen würde, nur weil ich unfähig war, mit meiner eigenen Depression umzugehen.

Sie werden sich vielleicht sagen, ich hätte es eigentlich besser wissen müssen, wo ich doch geschult darin war, Depressionen bei anderen zu erkennen und zu heilen, und da ich auch noch sichtbaren Erfolg damit hatte. Doch wie viele Menschen, die im Gesundheitsbereich arbeiten, fand ich es absolut unmöglich, mich selbst zu »heilen«. Ich war mir überhaupt nicht bewußt, wie ernst meine eigene Depression war und wie dringend ich Hilfe brauchte. Schlimmer noch, ich identifizierte meine schlechten Gefühle nicht einmal als »Depression«. Alles, was ich wußte, war, daß es mir öfters schlechtging als gut.

Als ich nicht länger verleugnen konnte, daß etwas schrecklich verkehrt lief, suchte ich professionelle Hilfe. Zunächst machte mich das Eingeständnis der bitteren Realität, daß ich klinisch depressiv war, noch depressiver. Ich fühlte mich hilflos, verletzlich, unzulänglich und allein. Doch das war ich ganz und gar nicht. Tatsächlich leiden berufstätige Frauen dreimal mehr an Depressionen als die weibliche Allgemeinbevölkerung, und wir begehen häufiger Selbstmord als Männer und nichtberufstätige Frauen.

Obwohl manche Frauen kulturell oder genetisch anfälliger sind als andere, ist Depression eine Krankheit, bei der Chancengleichheit besteht. Sie zieht sich quer durch alle sozioökonomischen Schichten und Rassen und betrifft Frauen aus jedem Milieu. Man schätzt, daß mindestens jede vierte Frau in Amerika einmal in ihrem

Leben an einer ernsthaften Depression erkranken wird. Es gibt gegenwärtig mehr als sieben Millionen amerikanischer Frauen mit diagnostizierbaren Depressionen, die ohne professionelle Hilfe nicht zurückgehen werden. Die traurige Realität ist, daß nur jede fünfte dieser Frauen die Hilfe erhalten wird, die sie benötigt. Der Rest wird weiterhin leiden, obwohl es im zunehmenden Maße effektive Behandlungsmethoden gegen Depressionen gibt, wenn Frauen sie nur ausfindig machen würden.

Ich weiß, wie schwierig es sein kann, diesen ersten Schritt zu tun. Ich brauchte Jahre, bis ich erkannte, daß ich seit meinem zehnten Lebensjahr, als meine Mutter meinen warmherzigen, aber schwachen irisch-katholischen Vater gebeten hatte, das Haus zu verlassen, periodisch an Depressionen gelitten hatte. Drei Jahre später ließen meine Eltern sich scheiden. Mein Vater war am Boden zerstört. Er flüchtete aus unserer Heimatstadt Portland und zog in den Osten von Oregon, um dem Schmerz zu entfliehen und noch einmal von vorn zu beginnen. In den nächsten vier Jahren sah ich ihn nur jedes zweite Wochenende. Und obwohl meine Mutter und ich unter demselben Dach wohnten, sah ich von ihr kaum mehr. Sie stand unter dem unerbittlichen Druck einer alleinerziehenden Mutter, hatte zu viel Verantwortung und zu wenig Zeit und Geld. Erwartungsgemäß wurde sie zornig, war überfordert und depressiv. Sie entwickelte und lehrte uns solide Überlebenstechniken, aber emotional blieb kaum etwas übrig, was sie mir und meinen zwei Brüdern hätte geben können.

Als ich siebzehn war, kamen mein Vater und mein vierzehnjähriger Bruder an einem verregneten Sonntag nachmittag bei einem heftigen Frontalzusammenstoß ums Leben. Ich fühlte mich unbeschreiblich allein. Obwohl meine Wochenendvisiten bei meinem Vater kurz gewesen waren, waren sie regelmäßig und eine Quelle äußerster Fürsorge gewesen. Sie hatten mir das Gefühl von Gleichgewicht gegeben, das ich mehr als alles andere brauchte in dieser Zeit. Untröstlich, wie sie war, zog sich meine Mutter nur noch mehr zurück und wurde emotional noch unzugänglicher als zuvor.

Das Trauma und der Verlust waren mehr, als ich ertragen konnte. Ich brauchte Hilfe, aber es gab keinen, an den ich mich hätte wenden können. Im Portland der fünfziger Jahre wurde es als beschämendes Zeichen von Schwäche betrachtet, sich einer Therapie zu unterziehen. Auch wenn ich selbst an so etwas gedacht hätte, hätten weder ich noch irgendeiner der Erwachsenen in meinem Leben einen Anhaltspunkt gehabt, wohin wir uns hätten wenden können, um professionelle Hilfe zu suchen. Unfähig, mich meinem Schmerz zu stellen und ihn auf eigene Faust zu bewältigen, verleugnete ich meine Gefühle und begrub sie tief in meinem Inneren. Eine effektive Therapie hätte mir Jahre des Schmerzes und des Leidens ersparen können. Statt dessen wurde die Depression von da an mein ständiger Begleiter.

Ich begann zu fressen und setzte Fett an, um zwischen mich und dem, was ich als grausame, unsensible Welt betrachtete, eine isolierende Schicht zu legen. Später überarbeitete ich mich und bemühte mich verzweifelt darum, das »rundum erfolgreiche gute Mädchen« zu sein, das es aufgrund dessen, was es *tat,* rechtfertigen konnte, geliebt zu werden, und weniger aufgrund dessen, was es *war.* Wenn mir jemand, der mir wichtig war, keine Aufmerksamkeit schenkte, zog ich mich zurück, gab mir selbst die Schuld und strampelte mich noch mehr ab. Seit der Scheidung meiner Eltern war ich süchtig nach Anerkennung und Wertschätzung. Ich dachte fälschlicherweise, daß diese Art von Aufmerksamkeit irgendwie die wachsende Leere in mir füllen könnte. Als mein Vater starb, wurde meine Sucht nach Aufmerksamkeit noch schlimmer.

Die Depression blieb mein ständiger Begleiter während meiner Jahre auf der University of Berkeley, wo ich es irgendwie schaffte, mein Studium der Psychologie *magna cum laude* abzuschließen. Sie reiste später mit mir nach Washington, D. C., wo ich einen Doktorgrad in klinischer Psychologie an der George Washington University erwarb.

Ich war unabhängig und nach außen hin erfolgreich, okay, aber ich bekam nicht die Liebe und Rückenstärkung, die ich mir mehr als alles andere auf der Welt wünschte. Es kostete mich zwanzig Jahre und jede Menge Selbsthilfe und Therapie, bis ich erkannte, daß meine Freßsucht, meine Leistungssucht, meine Beziehungsfehler und wiederkehrenden »schlechten Stimmungen« größtenteils das

Resultat einer lebenslangen Verleugnung und Umgehung meines Zorns und meines Schmerzes waren.

Ich würde lügen, würde ich Ihnen nichts über die vielen Momente erzählen, in denen der Wachstumsprozeß erschreckend war. Manchmal fragte ich mich, ob ich überleben würde. Es gab Zeiten, in denen ich direkt von meiner Therapiesitzung ins örtliche Lebensmittelgeschäft fuhr, wo ich mir all die Plätzchen, die Schokolade, das Brot und die Marmelade kaufte, die ich brauchte, um abends eine tröstliche Fresserei zu veranstalten.

Aber ich wußte verstandesmäßig, daß Selbsterforschung meine einzige Chance war, um die Kindheitsschäden wiedergutzumachen, die über so lange Jahre unverarbeitet geblieben waren, und zu lernen, mit aktuellem Streß umzugehen, der mir manchmal über den Kopf zu wachsen schien. Ich erfuhr am eigenen Leib, daß es möglich war, meinen Schmerz zu bewältigen und das zurückzulassen, was ich noch aus der Vergangenheit mit mir herumschleppte – ich mußte mich nur meinen schlechten Gefühlen stellen. Für mich hat dieser Prozeß – das Fühlen des Schmerzes und der Wille, ihn zu bewältigen – zu einer Befreiung von Depressionen geführt, die ich niemals für möglich gehalten hätte.

Heute habe ich das, was ich brauche, um mein Leben am Funktionieren zu halten. In den Medien hatte es immer wieder geheißen, daß meine Chancen, einen Ehemann zu finden, aufgrund meines »fortgeschrittenen Alters« gegen Null tendierten. Mit siebenunddreißig Jahren jedoch traf ich einen anderen Psychologen auf einem Kongreß der American Psychological Association und heiratete ihn zweieinhalb Jahre später. Er ist ein reifer Partner und wundervoller Vater für unsere zwei gesunden Söhne, die geboren wurden, als ich vierzig und dreiundvierzig Jahre alt war. Um mit ihm zusammenzusein, zog ich in ein Loft nach SoHo in Manhattan und begann mein Leben noch einmal von vorne.

Noch einmal von vorne, das bedeutet, daß ich eine weitere Praxis aufbaute und ein neues Netzwerk von Freunden. Ich wurde Mitglied der Fakultät der New York University. Gleichzeitig behielt ich meine »California Connection« bei und begann, an beiden Küsten wie auch in anderen Städten des Landes Workshops und Therapiegruppen zu veranstalten. Diese Erfahrungen lehrten mich, wie ähnlich die Muster weiblicher Depression sind, unabhängig davon, wo Frauen leben, und manchmal auch unabhängig davon, was Frauen tun. Nachdem ich nun meine Ausgangsbasis in New York hatte, hatte ich ebenfalls eine Möglichkeit, meine Medienarbeit, die ich in Kalifornien begonnen, aber nicht weiterverfolgt hatte, da meine Unsicherheit zu groß gewesen war, zu intensivieren. Ich fühle mich manchmal immer noch unsicher, wenn ich mich selbst im Fernsehen sehe, aber die Möglichkeit, zu lernen und zu wachsen, indem ich Erfahrungen und Informationen teile, ist zu lohnenswert, als daß ich meinen Ängsten erlauben könnte, mich zum Schweigen zu bringen.

Ich greife manchmal immer noch zu einem Plätzchen oder zweien, wenn ich mich gestreßt fühle oder wenn ich bis tief in die Nacht an einer Arbeit sitze. Essen ist jedoch nicht länger die Krücke, die es einmal gewesen war. Heute tue ich das, was ich tue, weil ich wirklich begeistert davon bin, in umfassenderer Weise zu lernen, zu leben und zu lieben und andere dabei zu unterstützen, so energiegeladen, wie es ihnen möglich ist, zu leben. Depression ist nicht länger mein Lebensstil. Und das Schönste daran ist, daß ich Menschen habe, die ich liebe und die mich lieben. Mein Mann und ich lieferten uns in den Anfangsstadien unserer Beziehung enorme Schlachten, und wir entwickelten daraus eine stabile Ehe. Ich fühle mich überdies getragen von meiner »Wahlfamilie«, einem Kreis sorgfältig ausgesuchter Freunde, die mir so nahe, wenn nicht sogar näher sind, als meine eigene Familie.

Ich bin sicherlich nicht die einzige, die ihre Vergangenheit überwunden und sich von ihrer Depression befreit hat. Es gibt viele mutmachenden Geschichten von Heilungen, die wir miteinander teilen können. Einige findet man in Biographien und psychologischen Büchern. Von anderen hört man in Kursen und Selbsthilfegruppen. Wieder andere werden in Zweiergesprächen von Frauen und Männern weitergegeben, die diesen persönlichen Wachstumsprozeß heimlich, still und leise ganz ohne professionelle Hilfe oder die Unterstützung einer Gruppe zustande brachten.

Wie haben wir es gemacht? Auf dieselbe Art, auf die auch Sie es können. Wir erkannten, daß es Zeiten gibt, in denen es vollkommen gesund und normal ist, depressiv zu sein, besonders für eine Frau in unserer Kultur. Nicht wütend zu sein oder sich nicht schikaniert zu fühlen von einigen unserer typisch weiblichen Erfahrungen, hieße, in der Phantasiewelt der Verleugnung zu leben. Doch bis jetzt hatten wir keinen Namen für diesen deprimierenden Aspekt weiblicher Erfahrung. Weil wir die Sache nicht benennen konnten, konnten wir sie auch nicht verstehen oder verarbeiten. Mit dem Ergebnis, daß wir Frauen weit depressiver, unterdrückter, machtloser und weniger kreativ sind als eigentlich nötig wäre.

Wie wollen wir es nun also nennen, wenn unsere Gefühle gesund und »gut« sind, wenn sie angemessene Reaktionen auf ungesunde, »schlechte« Realitäten sind? Nachdem ich Depressionen jahrelang erforscht und behandelt habe, habe ich, um diesen Aspekt unserer weiblichen Erfahrung zu beschreiben, den Begriff der »Gesunden Depression« entwickelt. Ich wurde zunehmend überzeugter davon, daß viele weibliche Depressionen weder das Ergebnis medizinischer Umstände sind, noch daß sie individuell jeweils so einzigartig sind, wie uns das die gegenwärtige Theorie und Praxis glauben machen wollen. Wir brauchten eine Kategorie zur Erklärung von realistischen schlechten Gefühlen. Auf den ersten Blick scheint die Vorstellung, daß es gut ist, sich schlecht zu fühlen, ein Widerspruch in sich selbst zu sein. Ist es nicht genauso, als würde ich sagen, daß etwas Richtiges falsch sein kann oder etwas Schwarzes weiß? Nicht ganz. Schlechte Gefühle können gut sein, weil sie uns eine der wichtigsten Lektionen überhaupt erteilen können. Sie können uns dazu inspirieren und motivieren, zu wachsen.

Wir alle kennen den Ausdruck »Ohne Schweiß, kein Preis« bezüglich körperlicher Fitneß. Dasselbe gilt für unsere geistige Gesundheit. Die Realität so zu sehen, wie sie ist – so schmerzlich sie auch manchmal sein mag –, motiviert uns zu Veränderungen. Schmerz und Depression zu erfahren und durch schwierige Veränderungen zu gehen, sind oft notwendige Schritte auf unserem Weg zu Wachstum und wahrer Zufriedenheit. Ich kenne keine Frau, die einen psychologischen Erfolg errungen hätte und sich nicht zunächst schlechter gefühlt hätte, bevor sie einen Durchbruch erlebte.

Unsere schlechten Gefühle dienen uns als Sprungbretter zu

Wachstum und Kraft. Wir können die negative Energie, die wir dafür geopfert haben, diese schlechten Gefühle zu unterdrücken und zu verleugnen, wiedergewinnen und umgestalten. Wir können sie statt dessen dafür verwenden, unserem Leben eine gesunde, neue Richtung zu geben. Sobald wir akzeptieren, daß es Zeiten gibt, in denen es gut ist, sich schlecht zu fühlen, haben wir einen bedeutsamen Schritt hin zu einem erfüllteren Leben getan, weil wir unsere schlechten Gefühle schließlich ungehindert dazu nutzen können, einen positiven und kreativen Weg einzuschlagen.

Ich habe dieses Buch geschrieben, um Ihnen dabei zu helfen, diesen Prozeß zu verstehen und zu akzeptieren – Sie sollen lernen, wie Sie ihn nutzen können, um sich von Ihrer eigenen Depression zu befreien. Meine Patientinnen und Studentinnen haben mich seit Jahren ermuntert, es zu schreiben. Sie waren zutiefst begeistert davon, die Strategien, die bei ihnen so erfolgreich gewesen waren, mit anderen Frauen zu teilen, und hatten durch die Ideen und Vorschläge, die sie einbrachten, entscheidenden Anteil an ihrer Entwicklung. Jede der Aktionsstrategien, die Sie in diesem Buch lesen werden, hat sich im Laufe unserer gemeinsamen Arbeit entwickelt und ist in meinen Workshops, Therapie- und Gesprächsgruppen sowie in meiner Praxis zum Einsatz gekommen. Viele meiner Patientinnen und Studentinnen haben mir sogar erlaubt, ihre Geschichten in diesem Buch zu verwenden, wenn auch jeweils Namen, Beruf und andere Details, durch die sie identifiziert werden könnten, geändert wurden, um ihre Anonymität zu wahren.

Ich selbst begriff schließlich, wie durchschlagend diese Aktionsstrategien in meinem eigenen Leben gewesen waren, als ich während des Kongresses der American Psychological Association (APA) auf der Bühne stand und aufgrund meiner Mobilisierung von Psychologen während des Golfkrieges eine Belobigung des Präsidenten entgegennahm, und später dann, als ich meine Rede als Präsidentin der APA-Abteilung für Psychotherapie hielt. Ich steckte damals darüber hinaus mitten in der Arbeit zu diesem Buch, die meine Depression sabotiert hätte, wenn ich es ein paar Jahre vorher versucht hätte. Ich hätte mir solche Erfahrungen zehn Jahre früher nicht einmal vorstellen können.

Am wichtigsten aber: Ich hatte eine liebevolle Familie und liebevolle Freunde um mich herum, auf die Verlaß war. Wenn ich bedachte, wie durchsetzt von Verlust und nichtfunktionierenden Beziehungen meine Geschichte gewesen und wie depressiv ich als Resultat darauf geworden war, zeigten diese Leistungen mehr noch als alle Worte, in welch großem Maß wir unser Leben ändern können, wenn wir unsere Energie von der Depression befreien. Diese wachsende Erkenntnis war die treibende Kraft, die mich dieses Buch fertigstellen ließ.

Die andere Anregung für dieses Buch kam von einer National Task Force, für die ich im Namen der APA den Vorsitz führte. 1986 wurde eine neue Freundin und Kollegin von mir, Dr. Bonnie Strickland, Professorin der Psychologie an der University of Massachusetts, zur Präsidentin der hunderttausend Mitglieder starken Berufsorganisation gewählt. Während wir mögliche Programmpunkte ihrer Präsidentschaft diskutierten, waren wir uns einig, daß eines der zwingendsten Probleme in Amerika das Ausmaß der nichtdiagnostizierten und unbehandelten Depressionen war, unter denen besonders Frauen litten. Sind Frauen anfälliger für Depressionen, fragten wir uns, oder sprechen wir nur offener über unsere Gefühle? Was ließ sich tun, um das Problem öffentlich zu machen, landesweit einen wirklichen Wandel herbeizuführen und die Qualität von Frauenleben zu verbessern?

Um diesen Fragen nachzugehen und sie zu beantworten, stellten wir eine überdisziplinäre Gruppe von fünfundzwanzig der führenden Experten des Landes zusammen, die den Problembereich »Frauen und Depression« erforschen sollten. Männer und Frauen aus allen Disziplinen des Gesundheitswesens sowie zahlreiche Mental-Health-Organisationen von Angehörigen der Patienten und Regierungsstellen arbeiteten zusammen, um den neuesten Stand der Forschung und klinische Informationen über die Gründe und effektivsten Behandlungsmethoden für depressive Frauen zusammenzutragen und auszuwerten. Die Kongreßabgeordnete Pat Schroeder aus Colorado gehörte unserem Ausschuß als beratendes Mitglied an und war dabei behilflich, einen Lagebericht im Kongreß zu organisieren, bei dem wir unsere Ergebnisse präsentieren konnten. Sie half uns überdies bei der Definition und Ausarbeitung von Themenschwerpunkten für das neue Office of Women's Health an den National Institutes of Health.

Zahlreiche Jahre und viele Treffen später veröffentlichte die *APA National Task Force on Women and Depression* im Dezember 1990 ihren umfassenden endgültigen Bericht über *Woman and Depression: Risk Factors and Treatment Issues*. Der Bericht, der über das Pressebüro der APA bezogen werden kann, ging ausführlich auf die Hauptrisikofaktoren und Gründe für die Anfälligkeit von Frauen für Depressionen ein und bot einen Überblick über die jüngsten Behandlungstechniken. Der Report untersuchte überdies, inwieweit Depressionen besonders »bestimmte Bevölkerungsgruppen« betreffen, wie etwa mittellose, ältere, farbige, lesbische, drogensüchtige oder berufstätige Frauen. Obwohl der Report hauptsächlich an Mental-Health-Fachleute gerichtet war, enthielt er eine Anzahl neuer und bedeutsamer Ergebnisse, die sich als äußerst wertvoll erwiesen für die Allgemeinbevölkerung. Viele dieser Ergebnisse haben Eingang in dieses Buch gefunden.

Zu unserer Überraschung rief unsere Arbeit im ganzen Land eine ungeheure Aufmerksamkeit der Medien hervor. In über dreihundert Zeitschriften erschienen Artikel über unsere Ergebnisse, und überall im Lande wurden unsere Resultate in den Fernsehnachrichtensendungen ausgiebig behandelt. Wir waren erfreut darüber, welch großes Interesse die Medien an unserem Thema hatten, denn es war unser ureigenstes Anliegen, die Öffentlichkeit über die Probleme und Bedürfnisse von depressiven Frauen zu unterrichten. Wir waren ebenfalls begeistert von der großen Aufnahmebereitschaft der Öffentlichkeit, die nicht nur verstehen wollte, warum Frauen depressiver sind als Männer, sondern auch erfahren, was sich dagegen tun ließ. Wie ein Reporter feststellte, hatte es den Anschein, als ob Depressionen sich schließlich vom Anstrich des Anrüchigen befreien könnten, daß man sie nicht länger als Versagen oder Schwäche betrachtete, sondern als eine Krankheit oder ein Defizit an »Lebenstechniken«.

Ich habe dieses Buch aus der Hoffnung und Vision heraus geschrieben, Frauen dabei zu helfen, mehr Stärke zu entwickeln. Ich möchte, daß sie sich bewußt werden, welche Stellung Depressionen gebührt, und daß sie erkennen, daß diese oft eine gesunde Reaktion auf eine ungesunde Kultur darstellen.

Danke – Es geht mir schlecht! ist für die vielen wundervollen Frauen und Männer, die mich dazu inspiriert und dabei unterstützt haben, es zu schreiben. Es ist für die junge Frau, die sich depressiv und verwirrt fühlt angesichts der vielen Wahlmöglichkeiten, denen sie sich in einer rapide verändernden Welt gegenübersieht. Es ist für die Hausfrau, die das Gefühl hat, in der Falle zu sitzen, und überzeugt davon ist, daß sich ihre Lebenssituation niemals verbessern wird. Es ist für die sich abrackernde, alleinerziehende Mutter, die erdrückt wird von ihrer Verantwortung. Es ist für die berufstätige Frau, die in ihrem Bestreben, alles zu haben, erschöpft davon ist, mit Beruf, Haushalt und Familie zu jonglieren. Es ist für die ledige Frau, die versucht, sich in einer paarorientierten Kultur ihre Nische zu zimmern. Es ist für farbige Frauen, denen in unserer Kultur eine doppelte Portion von Diskriminierung und Unterdrückung serviert wird. Es ist für Lesben, die mit der Herausforderung konfrontiert sind, liebevolle Beziehungen in einer Gesellschaft aufzubauen, die Lippenbekenntnisse ablegt zur Freiheit der Wahl und des Ausdrucks, sich aber doch oft bedroht fühlt von Leuten, die anders leben. Es ist für die ältere Frau, die oft gar nicht anders kann, als sich ignoriert, fehlerhaft und abgewertet zu fühlen, wenn sie altert.

Wir leben in einer einzigartigen, aufregenden Ära, in der Millionen von Frauen die ersten Schritte hin zu der Freiheit und Macht unternehmen, die sie brauchen. Die Frauen von heute sind Teil einer Übergangsgeneration, die in einem außergewöhnlichen Moment der Zeit feststecken, zwischen einer traditionellen Vergangenheit und einer »befreiten« Gegenwart und Zukunft. Als Folge davon wurden noch nie so enorme psychologische Anforderungen an uns gestellt. Aber gleichzeitig gab es auch nie größere Wahlmöglichkeiten und Chancen für Frauen, sehr viel in sehr vielen Bereichen zu erreichen. Wir haben die Herausforderung angenommen, begonnen, unsere Ziele abzustecken, und uns dem Prozeß enormer Veränderungen sowohl in uns selbst als auch in der Welt gestellt. Aber diese Veränderungen sind oft furchteinflößend, und jede von uns braucht und verdient qualifizierte Unterstützung auf diesem Weg. Dieses Buch bietet eine solche Unterstützung durch seine praktischen, innovativen Strategien, mit denen sich viele der alten und neuen Probleme, mit denen wir alle konfrontiert sind, lösen lassen.

Wenn Sie dieses Buch so effektiv wie möglich nutzen wollen, sollten Sie sich beim Lesen des ersten Kapitels ausreichend Zeit lassen, um sicherzugehen, daß Sie die Konzepte von »Gesunder« und »Ungesunder« Depression verstanden haben. Es ist wichtig, daß Sie sich über den Unterschied zwischen diesen beiden völlig im klaren sind und daß Sie erkennen, welche Rolle Depressionen in Ihrem bisherigen Leben gespielt haben. Während die Gesunde Depression eine normale und manchmal sogar vorhersagbare Erscheinung in den verschiedenen Stadien eines Frauenlebens ist, ist dies die Ungesunde Depression nicht. Sie ist ein entsetzlicher, zehrender Zustand, der lebensbedrohlich sein kann. Eine unbewältigte Gesunde Depression kann sich leicht zu einer Ungesunden Depression entwickeln. Das ist genau das, was mir passierte. Meine erste Depression, die eine gesunde und angemessene Reaktion auf einen so großen und frühen Verlust in meinem Leben gewesen war, blieb über zu lange Jahre unbehandelt. Weil ich sie ignorierte und außerdem eine Anfälligkeit zur Depression geerbt hatte, wuchs meine Depression und wurde im Lauf der Jahre zunehmend ungesünder. Nur durch professionelle Hilfe und konzentrierte Anstrengung, bei der eine Anzahl der Selbsthilfe-Strategien in diesem Buch zum Einsatz kamen, gelang es mir, sie zu überwinden.

In Teil I dieses Buches werden Sie überdies mehr über die destruktive Macht von ererbten Depressionen erfahren. Wir werden der Frage nachgehen, wie anfällig Sie möglicherweise dafür sind, und warum. Sie werden darüber hinaus etwas über den »Traditionellen Kern« erfahren, das kulturelle Gewissen einer Frau, das im Inneren jeder Frau lebt und sowohl Segen als auch Fluch sein kann.

In Teil II werden wir die neuen Bezeichnungen für jede der sechs Gesunden Depressionen besprechen. Die ersten drei sind die grundlegenden Gesunden Depressionen. Es sind jene, denen praktisch jede Frau irgendwann einmal in ihrem Leben begegnen wird. Tatsächlich tragen viele von uns die Anfälligkeit für diese Art von Depression ihr ganzes Leben lang mit sich herum. Es sind dies im einzelnen: die *Opferdepression,* die schwierigste und gefährlichste, weil sie durch den emotionalen, ökonomischen, physischen und sexuellen Mißbrauch erzeugt wird, der Frauen in unserer Kultur trifft, und weil sie sich am leichtesten in eine Ungesunde Depression verwandeln kann; die *Beziehungsdepression,* die von einem Mangel an Beziehungen herrührt oder von Konflikten und Verlusten innerhalb jener Beziehungen, die wir haben; und die *Altersdepression,* die wütenden und schlechten Gefühle, die Frauen aufgrund der gesellschaftlichen Abwertung, Isolation und Einschränkung empfinden, wenn sie älter werden.

Die restlichen drei Gesunden Depressionen treten eher episodenhaft auf und sind potentiell weniger destruktiv, aber sie sind verbreitet genug, um Millionen von Frauen zu verschiedenen Zeiten ihres Lebens beträchtliches Unbehagen zu verursachen. Die *Erschöpfungsdepression* bezieht sich auf den Energieverlust, zu dem es aufgrund einer Rollenüberlastung oder einem Rollenkonflikt zwischen traditionellen und nichttraditionellen Rollen kommt; die *Körperbild-Depression* nährt sich aus dem Gefühl, daß unsere Körper unzulänglich oder fehlerhaft sind, solange sie nicht den unmöglichen Standards physischer Perfektion genügen, die unsere Gesellschaft Frauen auferlegt; die *Geist↔Körper-Depression* wird verursacht durch eine hormonelle und biochemische Unausgewogenheit, die in Wechselwirkung mit psychologischen und sozialen Faktoren steht, die dazu führen, daß wir uns krank fühlen.

Wenn sich die Gesunden Depressionen häufen und Sie feststellen, daß Sie in eine Ungesunde Depression rutschen, wird Sie Kapitel 10 »Wenn Selbsthilfe nicht mehr genügt« mit den Symptomen und Formen von Ungesunden Depressionen sowie den effektivsten Therapieverfahren, die derzeit im Einsatz sind, bekanntmachen. Kapitel 11 »Alles wieder zusammenfügen« gibt Ihnen eine Zusammenfassung der besten, bis heute verfügbaren Informationen über Aktionsstrategien und sagt Ihnen, wie man sie anwendet, um mit jeder Form von Depression, besonders aber der Gesunden Depression, besser fertigzuwerden.

Jedes der Kapitel zu den sechs Gesunden Depressionen enthält einen Test oder eine Übung, die Ihnen dabei helfen sollen, zu beurteilen, wie anfällig Sie für diese bestimmte Art von Depression sind. Die jeweiligen Fragenkataloge sind keine formellen oder standardisierten Tests, die in einem Forschungslabor entwickelt wurden, sondern sie ergaben sich aus der praktischen Erfahrung vor Ort. Und tatsächlich sind viele der Fragen auf Anregung der Frauen, die meine Kurse und Workshops zu den Gesunden Depressionen besuchten, entstanden, überarbeitet und verbessert worden.

Auch wenn Ihnen der Test sagt, daß diese spezielle Depression zur Zeit nicht relevant für Sie ist, dürfte es für Sie nützlich sein, die Aktionsstrategien, die sich am Ende jedes Kapitels befinden, zu lesen. Sie enthalten viele Ideen und Herangehensweisen, die bei der Bewältigung anderer Arten von Depressionen und Angstzuständen ebenfalls von Nutzen sind.

Es gibt sicherlich nicht *die* richtige Antwort oder *den* richtigen Zugang in der sich entwickelnden Theorie und Behandlung von Depressionen. Richten Sie sich nach Ihrem Gefühl und wählen Sie die Bewältigungsstrategie, die Ihnen für Ihre Person geeignet erscheint. Betrachten Sie das Ganze als Menü, bei dem Sie die Wahl haben, und wählen Sie die Techniken, die am besten zu Ihrer Lebensart und Ihrer Persönlichkeit passen. Manche Frauen bevorzugen einen intellektuelleren Zugang und lieben es, Listen zu erstellen und Imaginationsübungen durchzuführen. Andere bevorzugen einen aktiveren, intuitiveren Zugang. Sie brauchen emotionale Erleichterung und favorisieren Aktionsstrategien, die eher darauf ausgerichtet sind, intensive Gefühle heraufzubeschwören und freizusetzen. Manche Frauen sind erfolgreicher, wenn sie die Sache im Team angehen und sich bei den Übungen gegenseitig unterstützen, während wieder andere allein sein müssen, um sich ganz auf ihr eigenes individuelles Wachstum einstellen, konzentrieren und dies weiterverfolgen zu können.

Jede der Übungen, Techniken und Strategien in diesem Buch ist durch Forschung, klinische Praxis und persönliche Erfahrung immer wieder verfeinert worden. Ich habe jede der Aktionsstrategien am eigenen Leib erprobt und bin mir der Herausforderungen bewußt, die einige von ihnen möglicherweise für Sie darstellen. Ich ermutige Sie dazu, Risiken einzugehen. Seien Sie aufgeschlossen und flexibel genug, um mit Übungen und Techniken zu experimentieren, die Ihnen auf den ersten Blick möglicherweise dumm oder irrelevant erscheinen. Beispielsweise kommen Übungen, wie etwa das Basteln von Puppen oder das Schlagen von symbolischen Objekten, typischerweise in Workshops unter Beteiligung der Gruppe zum Einsatz. Meine Patientinnen drängten mich jedoch dazu, diese Übungen mitaufzunehmen, denn genau diese Aktionsstrategien – meist die herausforderndsten und angenehmsten – sind bei der Reduzierung oder Linderung von Depressionen oft auch die produktivsten und befreiendsten.

Jahrelang habe ich andere Fachleute dazu gedrängt, sie sollten berücksichtigen, daß Reden und Zuhören allein nicht genug sind bei der Behandlung von depressiven Frauen. Diejenigen unter uns, die alternative Techniken zu den traditionellen Depressionstherapien entwickelten, stellten fest, daß aktive Prozesse – wie etwa klares Ausdrücken von Zorn; kreatives Ausdrücken von Schmerz durch Kunst, Bewegung und Briefe; die Verwendung von Symbolen und Ritualen, um die inneren komplexen Zustände realer zu machen – extrem effektive Herangehensweisen zur Überwindung von Depressionen darstellen.

Tatsächlich sind zahlreiche Kollegen und ich so begeistert über das Potential dieser Arbeit, daß wir dabei sind, eine neue Theorie, die sogenannte Aktionstherapie, zu entwickeln. Wir haben damit begonnen, ein Lehrbuch für Fachleute zu entwickeln, das Theorie und praktische Übungen enthält und in dem wir beschreiben, wie diese Aktionstechniken bei der Behandlung von Depressionen einzusetzen sind. Wir führen auch Untersuchungen durch, welche Techniken am effektivsten sind und warum. Sie müssen jedoch nicht auf Forschungsergebnisse warten oder auf ein Lehrbuch, wenn Sie diese Strategien erproben wollen. Die in diesem Buch aufgeführten Techniken und Strategien sind zur Selbsthilfe bestimmt und äußerst wirkungsvoll auch ohne professionellen Beistand.

Ich hoffe und wünsche mir, daß die Ideen und Strategien in diesem Buch Sie dazu befähigen werden, aus Ihren Verletzlichkeiten Stärke zu ziehen, Ihre Depressionen in neue Energiequellen zu verwandeln und Ihre Prioritäten im Leben zu überdenken und neu zu setzen. Sie werden dadurch in der Lage sein, Ihr Leben bewußter, kreativer, ehrlicher und depressionsloser zu leben als jemals zuvor.

Teil I
Ein neues Verständnis
weiblicher Depression

1

»Gesunde Depression«:
Ein neues Modell für Frauen

Frauen sind in der Tat depressiver als Männer,
was sie primär der Erfahrung zu verdanken haben,
eine Frau in unserer Kultur zu sein.

American Psychological Association National
Task Force on Women and Depression, 1990

»Spielt es wirklich eine Rolle, ob meine Depression gesund oder ungesund ist?« wunderte sich Jamie, eine der Studentinnen, die meinen Kurs zur Psychologie von Frauen an der New York University besuchte. »Wenn ich mich entsprechend schlechtfühle, gibt es nichts, was mich weniger interessieren könnte, als *welche* Art von Depression ich habe. Es ist ein bißchen so, als würde ich von einem Truck angefahren und würde mich fragen, ob es sich dabei um einen Ford oder einen Chevy handelt. Um die Wahrheit zu sagen, ich bin mir nicht einmal sicher, ob das, was ich in letzter Zeit empfinde, wirklich eine Depression *ist*. Alles, was ich weiß, ist, daß ich mich sehr viel häufiger schlecht fühle als gut.«

Jamie war einundzwanzig Jahre alt und lebte zum ersten Mal von ihrer Familie getrennt. Sie fand ihre neue Unabhängigkeit einschüchternd und stressig. Aufgewachsen in einem beschaulichen Dorf in Connecticut, besuchte sie nun ein College mitten im Herzen von Manhattan. Die zwei Jahre, die Jamie in dem kleinen College in ihrer Heimatstadt zugebracht hatte, hatten sie weder geistig noch emotional auf die Herausforderung vorbereitet, die auf sie am New York College wartete.

Ein unangekündigter Besuch von Jamies Eltern einen Monat, nachdem sie nach New York gezogen war, machte die Sache nicht besser. Sie wollten es ihr persönlich sagen, daß sie sich schließlich dazu entschlossen hatten, sich scheiden zu lassen, und alles vorbereiteten, das Haus zu verkaufen, in dem Jamie aufgewachsen war. Sie wußte, daß ihre Mutter und ihr Vater schon seit Jahren unglücklich gewesen waren, aber die Nachricht schmetterte sie dennoch nieder. Obwohl Jamie erleichtert darüber gewesen war, der wachsenden Spannung zwischen ihren Eltern zu entfliehen, hatte ihr das Wissen, daß sie jederzeit zu Hause auf einen Besuch vorbeischauen konnte, einen gewissen Trost und eine gewisse Sicherheit verschafft.

Während der Monate, die folgten, empfand Jamie eine wachsende Melancholie. Es war anstrengender, sich auf eine neue Schule und das Leben in der großen Stadt einzustellen, als sie sich das vorgestellt hatte. Sie hatte Probleme damit, Freunde zu finden, traf kaum Verabredungen und hatte Mühe, die Noten zu halten, die ihr im Junior College einfach so zugeflogen waren.

Jamie war verlegen und schämte sich, daß die Dinge nicht so liefen wie geplant. Sie fragte sich oft, wie es dazu hatte kommen können. Zwei Jahre lang hatte sie die Wochen gezählt, weil sie es kaum abwarten konnte, die Monotonie ihrer Heimatstadt hinter sich zu lassen und nach New York zu ziehen. Aber ihr Traum war schal geworden. Nun, wo sie hier lebte, war sie gereizt, durcheinander und frustriert.

Ich gehe jede Wette mit Ihnen ein, daß Sie sich mit einigen von Jamies depressiven Gefühlen identifizieren können, gleichgültig, wie alt Sie sind, wo Sie leben oder welchen Beruf Sie ausüben. Wie viele Male in den vergangenen paar Wochen haben Sie sich »trübsinnig«, »niedergeschlagen«, »wie der letzte Dreck«, reizbar oder so müde gefühlt, daß Sie sich nur noch zurückziehen und nichts mehr tun wollten. Einmal? Zweimal? Jeden Tag?

Die Chancen, daß Sie in der letzten Woche ein gewisses Maß an Depression verspürten, stehen gut. Das bringt die Tatsache mit

34

sich, in den Neunzigern eine Frau zu sein. Es ist sozusagen Ihr kulturelles Vorrecht. Und wenn Sie wie Jamie und die meisten anderen Frauen sind, ist es ebenso wahrscheinlich, daß Sie Ihre depressiven Gefühle verleugnen, weil Sie in dem Glauben aufgewachsen sind, daß es nicht normal ist, wenn Sie traurig sind statt glücklich. Viele von uns weigern sich, herunterzuschalten und unser Leben einer genaueren Prüfung zu unterziehen, denn wir fürchten uns entsetzlich vor dem, was wir sehen könnten. Einige von uns schieben ihre schlechten Gefühle aufs emotionale Abstellgleis und erlauben ihnen, dort vor sich hinzubrodeln, weil wir nicht wissen, wie wir sie überwinden sollen, oder uns der Wunsch und der Antrieb fehlen, die Verantwortung für unser Leben zu übernehmen.

Viele von uns reden sich ein, daß die Depressionen wie von Zauberhand verschwinden werden, wenn wir sie einfach ignorieren und in aller Stille leiden. Und manchmal tun sie das auch, zumindest für eine Weile. Aber sie kommen unvermeidlich zurück, bis wir die Probleme gelöst haben, die für die schlechten Gefühle in erster Linie verantwortlich sind. Andere glauben, es sei ein Zeichen von Schwäche, wenn sie sich ihre Depressionen eingestehen. Sie schaffen es nicht, sie als ersten positiven Schritt zu betrachten, der sie zu größerem Wachstum führt. Eine Umfrage von 1991 zeigte dies ganz deutlich: Obwohl die Hälfte aller Interviewpartner angab, selbst schon einmal an Depressionen gelitten zu haben oder ein Familienmitglied zu kennen, das Depressionen durchmachte, betrachteten dreiundvierzig Prozent derselben Menschen Depressionen als »Zeichen von persönlicher oder emotionaler Schwäche«. Wenn ich nur stärker wäre, so glauben viele, würde ich mich nicht so schlecht fühlen.

Aber Tatsache ist, daß wir uns manchmal aus gutem Grund schlechtfühlen – eine steigende Zahl von amerikanischen Frauen tut das. Depressionen sind zum emotionalen Äquivalent der herkömmlichen Erkältung geworden. Und laut dem Bericht der American Psychological Association (APA) National Task Force on Women and Depression hat die Verbreitung von Depressionen unter Frauen inzwischen epidemische Ausmaße angenommen. Wir leben in einer Ära, in der Frauen eine einzigartige Anfälligkeit für Depres-

sion haben. Es gibt immer mehr körperlichen und sexuellen Mißbrauch; die finanzielle Diskriminierung von Frauen scheint resi-
stent gegenüber Veränderungen; und die Ehe und die Geschlechter-
rollen sind verwirrender und mehr in Bewegung als jemals zuvor.

Daß doppelt so viele Frauen wie Männer an einer Depression
leiden, hängt darüber hinaus nicht zuletzt mit unserem kulturell
bedingten, negativen Denken zusammen, der Furcht vor Erfolg, der
wachsenden Wahrscheinlichkeit, alleinerziehende Mutter zu werden, und unserer Anfälligkeit für Beziehungsenttäuschungen.
Einige Experten würden obige Zahl noch verdoppeln, abhängig
von der Art von Depression, über die wir reden.

Nach Ansicht von Dr. Martin Seligman, einem führenden Experten auf dem Gebiet der Depression an der University of Pennsylva-
nia, leiden wir geschätzte zehnmal häufiger an Depressionen als
unsere Großmütter. Als Reaktion darauf schlucken wir zwei Drittel
der Antidepressiva oder Angstlöser, die in diesem Land konsumiert
werden, und unsere Zahl steigt kontinuierlich. Und wie Jamies
Geschichte zeigt, unterliegen jüngere Frauen einem größeren Risiko, depressiv zu werden, als jemals zuvor. Ihre Selbstmordrate ist
in den letzten zwanzig Jahren um dreihundert Prozent in die Höhe
geschossen, und man schätzt heute, daß beinahe jede dritte Frau
zwischen achtzehn und vierundzwanzig Jahren in signifikanter
Weise deprimiert ist.

So schockierend und beunruhigend diese Statistiken auch sein
mögen: Wenn man an den mannigfaltigen täglichen Druck und die
deprimierenden Lebensumstände so vieler Frauen denkt, sollte man
uns eigentlich dazu gratulieren, daß wir nicht noch depressiver
sind, als wir es sind.

Wie läßt sich dieser Geisteszustand, den wir Depression nennen,
nun aber exakt umschreiben? Eine der weniger komplizierten Definitionen stammt aus *Websters Ninth New Collegiate Dictionary*.
Depression ist danach:

> ein Zustand des sich Traurigfühlens ... der besonders
> gekennzeichnet wird durch Traurigkeit, Untätigkeit,
> Denk- oder Konzentrationsschwierigkeiten, einem si-

gnifikant gesteigerten oder verringerten Appetit bzw. Schlafbedürfnis, Gefühlen der Niedergeschlagenheit und Hoffnungslosigkeit, und manchmal suizidalen Tendenzen; einer verringerten Vitalität oder Funktionsfähigkeit.

Wenn wir deprimiert sind, leiden wir gewöhnlich in aller Stille an einem Schmerz tief in uns drinnen. Wir sind uns nicht bewußt, warum wir so trübsinnig sind oder so einen schlechten Tag haben. Wir glauben vielleicht, daß etwas nicht stimmt mit uns, was uns eine scheinbar plausible Entschuldigung dafür gibt, warum die Dinge nicht so laufen in unserem Leben. Wir schaffen es, zurechtzukommen, aber oft nicht sehr gut. Wir sehen unsere Probleme entweder als belanglos oder so überwältigend an, daß wir uns schon besiegt fühlen, bevor wir sie auch nur ansatzweise zu lösen beginnen. Wir »schaffen es mit ein wenig Hilfe von unseren Freunden«, bis unsere Freunde mutlos oder sogar empört werden, weil sie uns soviel Unterstützung offerieren, ohne daß sich in unserem Verhalten etwas Nennenswertes ändert.

In den Kursen, Therapiegruppen und Workshops, die ich seit 1975 durchführe, habe ich mit Tausenden von Frauen über ihre Depressionen gesprochen und Frauen jeden Alters und aus jedem Milieu über ihre Depressionen sprechen hören. Ihre Kommentare und Beschreibungen zeichnen ein leuchtendes und aufschlußreiches Bild von dem, was eine Depression ist und wie sie sich anfühlt. Depression ist nach ihren Worten unter anderem: »sich schlecht und traurig fühlen«, »sich verloren, einsam und ängstlich fühlen«, »wenn ich mich aggressiv fühle und mir leicht die Sicherungen durchbrennen«, »mich total überwältigt fühle, als würde ich in ein bodenloses, schwarzes Loch fallen«, »angeekelt und enttäuscht von mir sein und nur noch allein gelassen werden wollen«, »ein körperlicher Schmerz, gewöhnlich in der Magengrube«, »wenn ich keine Energie mehr habe, ich mir nichts merken oder mich nicht konzentrieren kann«, »wenn ich heimlich ins Kaufhaus renne und Probierhäppchen verschlinge«.

Jede Beschreibung trifft den Nagel auf den Kopf, weil jede von uns Depressionen unterschiedlich erlebt. Im Gegensatz zu einer körperlichen Erkrankung, die oft ein klares Muster von Symptomen zeigt, verläuft eine Depression kaum nach einem vorhersagbaren Drehbuch. Man beschreitet nicht automatisch eine Treppe, die einen Stufe für Stufe vom alltäglichen Blues hin zu suizidalen Tendenzen führt. Eine Depression kann kommen und gehen. Sie können sich einen Tag ganz oben fühlen, und am nächsten ganz unten. Für einige von uns ist die Depression ein Überraschungsgast, der wie aus dem Nichts erscheint und ohne Warnung wieder verschwindet. Für andere ist sie ein unsichtbarer, aggressiver Eindringling, der Besitz ergreift von Körper und Geist.

Eine Depression kann eine Bandbreite von Emotionen umfassen, die von realen oder eingebildeten Verlusten herrühren oder dem Gefühl, hilflos zu sein, nichts mehr unter Kontrolle zu haben oder sich in negativem, pessimistischem Denken ergehen zu müssen. Weil eine Depression viele Gesichter zeigen kann, kann sie schwierig zu erkennen und noch schwieriger zu behandeln sein. Aber welche Art von Depression Sie auch erleben, Sie sollten nie vergessen, daß Ihr Zustand nicht notwendigerweise schlecht sein muß.

Die Vorstellung, daß bestimmte Formen von Depressionen gesund und »gut« sein können, ist neu, aber nach meiner jahrelangen Lehrtätigkeit und praktischen Erfahrung bin ich immer überzeugter davon, daß sie stimmt. Tatsächlich sind unsere gegenwärtigen Modelle von Depression, wenn es um die Erfahrungen von Frauen geht, ungenau und unvollständig. Frauen werden oft in Extremen definiert: Wir sind entweder »gesund« oder »krank«. Den gelegentlichen Alltags-Blues gesteht man uns zwar zu (vielleicht wird er als akzeptabler betrachtet, weil ihn auch Männer erleben und eingestehen können). Aber was ist mit unseren schlechten Gefühlen, jenen, die mehr sind als ein zeitweises »Stimmungsloch«, aber noch nicht als krankhaft oder neurotisch gelten können? Was ist mit den schlechten Gefühlen, die allein Frauen vorbehalten bleiben? Jenen, die das Ergebnis finanzieller Diskriminierung sind, die Folge emotionalen und sexuellen Mißbrauchs, ein Resultat der Tatsache, in einer Gesellschaft zu leben, in der Männer noch immer den Zugang zu den meisten Ressourcen kontrollieren, und als Bürger zweiter

Klasse behandelt zu werden? Es gibt den vagen Begriff der »Anpassungsschwierigkeit«, der jedoch typischerweise dazu benutzt wird, um nervöse Klienten zu beschwichtigen, die keine »schädliche« Diagnose auf ihren Versicherungsformularen stehen sehen möchten. Es existiert derzeit einfach kein diagnostischer Begriff in der Psychiatrie oder Psychologie, der das Maß und die Tiefe der angemessenen schlechten Gefühle beschreiben würde, die Frauen gegenüber einer von Grund auf sexistischen Kultur, die ihre weiblichen Mitglieder abwertet, entwickeln. Folglich schämen wir uns viel zu oft und machen uns viel zu oft Vorwürfe, wenn wir deprimiert sind.

In einem Versuch, diese Kluft zu überbrücken und einen Dialog über einen angemessenen Namen und ein angemessenes Modell für diesen Aspekt weiblicher Erfahrung zu beginnen, habe ich ein neues Modell der Depression entwickelt: das der »Gesunden Depression«. Es ist kein Ausdruck, wie er im Lehrbuch steht. Und es ist ein Konzept, das möglicherweise einigen meiner Mental-Health-Kollegen Kopfschmerzen bereitet, weil es eine so komplexe Erfahrung wie die Depression durch die einfache Unterscheidung in »Gesund« und »Ungesund« zu simplifizieren scheint.

Gefühle sind in der Realität zu sehr im Fluß, zu dynamisch und subjektiv in ihrer Bedeutung und Erfahrung, als daß sie so einfach klassifiziert werden könnten. Aber wir brauchen praktischere, griffigere Bezeichnungen, die es uns erlauben, die vorhersagbaren Begegnungen von Frauen mit Depressionen schneller und einfacher zu kennzeichnen und zu beschreiben. »Gesunde« und »Ungesunde« Depression und »sich schlechtfühlen« und »sich gutfühlen« sind nützliche Konzepte, weil wir in unserer Kultur gegenwärtig keine Möglichkeit haben, diesen Aspekt unserer innersten Realität effizient zu etikettieren und zu bestätigen. Unsere gegenwärtige Mental-Health-Terminologie ist für die meisten Menschen noch immer zu trocken und unzugänglich, als daß sie sie wirklich verstehen und verwenden könnten. In beunruhigend vielen Fällen wissen oft selbst die Ärzte nicht immer ganz genau, wovon sie reden, wenn sie den Begriff der »Depression« verwenden. Tatsächlich einigten sich die »Experten« erst 1980 auf klinische Definitionen der unterschiedlichen Formen von Ungesunden Depressionen.

Wir sollten uns bei der Etikettierung unserer schlechten Gefühle also nicht allein auf die Fachsprache und den klinischen Jargon verlassen, der sich in Begriffen wie »atypische Depression« oder »klinische Depression« ausdrückt, sondern eine Abkürzung gehen und ein Kürzel gebrauchen, um unserer Erfahrung einen Namen zu geben. Eine schnelle, exakte Selbstdiagnose ist mit am wichtigsten, wenn wir vermeiden wollen, daß sich eine Gesunde Depression in eine potentiell lebensbedrohliche Ungesunde Depression verwandelt.

Das Konzept der Gesunden Depression verleugnet nicht, daß eine Depression, ähnlich einer Erkältung oder Kopfschmerzen, ein Symptom dafür ist, daß etwas nicht stimmt, daß Sie sich um sich selbst kümmern müssen. Aber es bedeutet nicht, daß Sie unzulänglich, unreif, inkompetent, hysterisch und schwach sind oder kurz vor einem Nervenzusammenbruch stehen. Darum ist es auch wichtig, zwischen »gesunden« und »ungesunden« Depressionen zu unterscheiden.

Die Gesunde Depression wird somit folgendermaßen definiert: Sie bezieht sich auf realistische Gefühle des Schmerzes, der Traurigkeit und Enttäuschung (manchmal begleitet von Schuldbewußtsein, Wut und/oder Angst), die von negativen Erfahrungen wie Traumen, Verlusten, Diskriminierung, unfairer Behandlung und unverarbeiteten Erlebnissen aus der Vergangenheit herrühren. Frauen, die eine Gesunde Depression durchmachen, können noch funktionieren, obwohl gewöhnlich nicht in dem Maße wie sonst.

Die Ungesunde Depression hingegen wird definiert als Funktionsunfähigkeit in einem oder mehreren grundlegenden Bereichen des Lebens (wie Arbeit, Beziehungen, Körperfunktionen usw.) aufgrund der Tiefe der schlechten Gefühle. Diese schlechten Gefühle können durch Veränderungen der Körperchemie, einer genetischen Anfälligkeit und/oder zu vielen schmerzlichen psychischen Erfahrungen, die nicht verarbeitet werden können, verursacht werden.

Wie Sie sehen, besteht die Hauptdifferenz zwischen Gesunder und Ungesunder Depression in der Fähigkeit, zu funktionieren. Bei einer Ungesunden Depression sind wir – in zumindest einem wichtigen Lebensbereich – nicht mehr in der Lage, adäquat zu funktionieren, gleichgültig, wie sehr wir es auch versuchen. Bei einer Gesunden Depression hingegen schaffen wir es, mit anderen Menschen zu interagieren und uns um den täglichen Kleinkram des Lebens zu kümmern, auch wenn wir uns vielleicht wie der »Tod zu Fuß« fühlen.

Im Gegensatz zu vielen Ungesunden Depressionen sind Gesunde Depressionen typischerweise nicht im Biologischen begründet. Sie sind von ihrem Ursprung her kultureller Art. Es sind Gefühle, die zwar beunruhigen, aber vernünftigerweise auf Umständen basieren, die sich tatsächlich als belastend bezeichnen lassen. Zu Gesunden Depressionen kommt es überdies aufgrund unserer Kämpfe mit dem »Traditionellen Kern«. Gemeint sind jene inneren Konflikte, die das Ergebnis jahrhundertelanger weiblicher Konditionierung und kultureller Bestrafung sind. Der Traditionelle Kern vermittelt uns den Eindruck, Gefühle wie Unzulänglichkeit und Selbsthaß seien normale, natürliche Bestandteile des Frauseins.

Gesunde Depressionen sind weniger schwerwiegend als Ungesunde Depressionen, weil sie auch ohne professionelle Hilfe bewältigt werden können. Man muß sich ihrer nur bewußt werden und etwas dagegen unternehmen. Sie erfordern Aufmerksamkeit, aber mit etwas Energie und Entschlossenheit lassen sich die schlechten Gefühle, durch die sie verursacht werden, in neue Quellen von Energie, Wachstum, Kreativität und Stärke verwandeln.

Von welcher Art schlechten Gefühlen reden wir? Kate, neununddreißig Jahre alt, kennt sie zur Genüge. Das letzte Jahr hat die glücklich verheiratete Hausfrau in einem wachsenden Gefühl der Unzufriedenheit und Rastlosigkeit verbracht. Sie und ihr Ehemann, Bill, kümmern sich beide sehr intensiv um ihre Kinder. Kate hilft halbtags in Bills Fertigungsbetrieb aus. Sie unterstützt ihn, wo sie nur kann, und hat immer einen konstruktiven Rat auf Lager. Kates wahre Passion ist jedoch ihre Musik. Mit den Jahren hat sie es zu einer vollendeten klassischen Pianistin gebracht.

Doch jetzt reicht ihr das alles plötzlich nicht mehr, so sehr sie ihre Musik und ihre Arbeit in der Firma auch genießt. Ihr jüngstes Kind wird demnächst in den Kindergarten kommen, und Kate glaubt, es sei jetzt allmählich an der Zeit, sich darüber klarzuwerden, was sie mit dem Rest ihres Lebens anfängt. Das Problem ist, daß sie absolut keine Vorstellung davon hat, was sie tun will. Sie wacht manchmal mitten in der Nacht auf, macht sich Gedanken über ihre Zukunft, über die Fältchen um ihre Augen und die zehn Pfund Übergewicht, die sich bei ihr im letzten Jahr eingeschlichen haben. All das stört sie so sehr, daß sie es vermeidet, in den Spiegel zu schauen. Parallel zu Kates Unsicherheiten wächst auch ihre Gereiztheit, mit der sie auf ihre nähere Umgebung reagiert. Sie ist so nervös und ungeduldig in letzter Zeit, daß ihr verzweifelter Sohn kürzlich zurückschnauzte: »Reiß dich zusammen, Mom!«

Dann gibt es Christine, die ihr Leben fest im Griff hat. Dennoch fragt sie sich in letzter Zeit öfter, ob ihr nicht alles, für das sie gearbeitet hat, durch die Finger gleitet. Als Anwältin für Arbeitsrecht, angestellt bei einer bedeutenden Kanzlei in Washington, D. C., arbeitet sie seit ihrem Eintritt in die Firma vor zwei Jahren zwölf bis vierzehn Stunden am Tag, sechs Tage in der Woche. Obwohl sie oft eine große Müdigkeit verspürt, die sie früher nicht kannte, kommt Kürzertreten nicht in Frage. Sie konkurriert mit einem großen Pool von Anwälten um einen Job auf Lebenszeit bei der Firma. Jeden Morgen, wenn sie noch vor sieben Uhr ins Büro trottet, erinnert sie sich daran, daß es in ihrem Job eine Faustregel gibt, die lautet: Entweder du schaffst es innerhalb von sieben Jahren, oder du bist draußen. Sie ist zum Aufstieg entschlossen und glaubt, daß sie alles noch ein paar Jahre ertragen kann, wenn als Lohn hinterher finanzielle Verbesserungen und Statuszuwachs winken.

Aber kürzlich hat Christine damit begonnen, sich zu fragen, ob die Sache den Preis wert ist. Ihr Rücken hat sie in den letzten paar Monaten »fast umgebracht«, besonders dann, wenn ihr Streßlevel in die Höhe schoß, weil der Abgabetermin für ein Projekt bedrohlich näherrückte. Sie hat praktisch keine freie Zeit, um Beziehungen zu pflegen, und ist es in zunehmendem Maße leid, jeden Abend ihr Fertiggericht, das sie sich bestellt hat, allein vor dem Fernseher zu verspeisen, bevor sie ins Bett fällt. Und um die Sache noch schlimmer zu machen, hat ihr eine Sekretärin vor kurzem anvertraut, daß zwei der Männer aus Christines juristischem Team bedeutend höhere Jahresabschlußprämien erhielten als sie selbst. Einer der Männer hat weniger Erfahrung als Christine, und der andere verbringt beträchtlich weniger Zeit im Büro als sie. Sie ist frustriert, erschöpft, körperlich angeschlagen und fühlt sich als Opfer finanzieller Diskriminierung und des subtilen Sexismus, der die Firma durchzieht.

Obwohl Kate und Christine sehr unterschiedliche Leben führen, kämpfen beide mit Gesunden Depressionen. Kate hat die Gesunde Depression, die oft durch den Traditionellen Kern erzeugt wird, sicherheitshalber garniert mit etwas Körperbild- und Altersdepression. Christine fühlt sich mit ihrer nichttraditionellen Lebensweise wohler, wird aber von einer Erschöpfungsdepression heimgesucht; dazu kommen eine Geist↔Körper-Depression in Folge ihrer Rückenprobleme und eine Opferdepression aufgrund ihrer Erfahrungen mit dem traditionellen Männersystem.

Im Gegensatz zu Kates und Christines Gesunden Depressionen, die unangenehm sind, es aber beiden erlauben, weiterhin mit anderen zu interagieren und sich um den täglichen Kleinkram zu kümmern, hält uns eine Ungesunde Depression davon ab, in zumindest einem grundlegenden Bereich unseres Lebens zu funktionieren: Das kann die Arbeit betreffen, Beziehungen, das Eß- oder Schlafvermögen, die Unternehmungslust, die Konzentrations- oder Merkfähigkeit. Eine Ungesunde Depression ist eine inadäquate Übersteigerung von schlechten Gefühlen. Das heißt, die Dinge werden sehr viel schlimmer gemacht, als sie tatsächlich sind. Ungesunde Depressionen können auch adäquate Reaktionen auf eine ungewöhnlich große Zahl von Verlusten und/oder Traumen sein. Bei einer Ungesunden Depression fühlen wir uns gewöhnlich müde – als wären wir mit dem Kopf gegen eine Wand gerannt – und ziehen uns oft zurück, das heißt, verbringen Tage, wenn nicht Wochen fast nur im Bett oder auf der Couch. Bei der Arbeit fühlen wir uns möglicherweise ausgebrannt, wir gehen Menschen aus dem Weg, die sich um uns Sorgen machen, interessieren uns für nichts und niemanden und reagieren in zunehmendem Maße gereizt wegen der kleinsten

Energiefluß von Gesunder und Ungesunder Depression

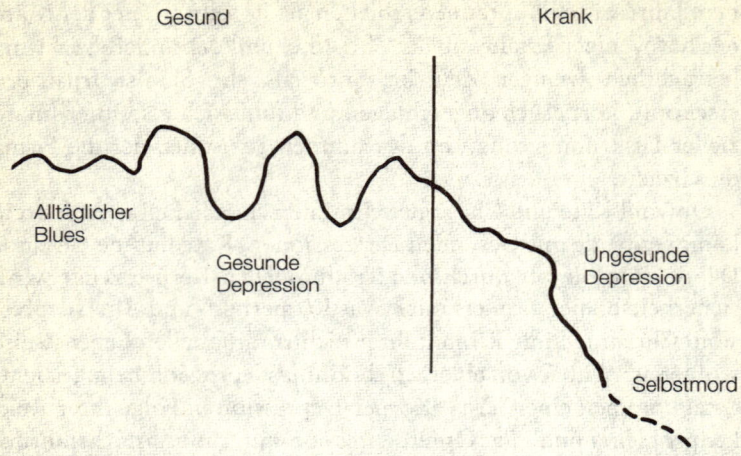

Dinge. Wir lassen buchstäblich eine Klappe herunter und schließen die Welt aus.

Eine Ungesunde Depression kann auch das Ergebnis eines chemischen Prozesses sein, der ein Eigenleben führt. Selbst wenn bei Ihnen anfangs in dieser Hinsicht alles im Lot war, kann sich das mit der Zeit ändern, wenn Ihre Ungesunde Depression nicht gelöst wird. Denn eine anhaltende Depression entzieht Ihnen biochemische Stoffe, die für Ihr Wohlbefinden notwendig sind. Das nachstehende Diagramm faßt die Beziehung zwischen Gesunder und Ungesunder Depression zusammen. Die Unterschiede zwischen beiden fallen dabei sofort ins Auge.

Wie Sie sehen, kommt es beim »Blues« und der Gesunden Depression zu Energie- und Stimmungsschwankungen, aber wenn wir uns bemühen, können wir zu einer positiven Energie und ins Gleichgewicht zurückfinden. Anders die Ungesunde Depression. Diese zehrt an unserer Energie, sie macht uns krank und schickt uns auf eine solch abschüssige Talfahrt, daß kein Selbsthilfeprogramm mehr als Notbremse fungieren kann. Die Ungesunde Depression ist eine fortgeschrittene Krankheit, und obwohl sie sich bessern kann und scheinbar wie von selbst verfliegen, kehrt sie unweigerlich mit noch größerer Intensität und Häufigkeit zurück, solange wir keine professionelle Hilfe bekommen.

Paula kennt die schmerzlichen Realitäten einer Ungesunden Depression zur Genüge. Sie hat miterlebt, wie sowohl ihre Mutter als auch ihr Vater dagegen ankämpften, und ist schließlich in ihre Fußstapfen getreten. Paula war Ende dreißig, als sie zu mir überwiesen wurde. Intelligent, von angenehmem Äußeren und ehrgeizig, hatte sie bereits mehr als fünfzehn Jahre als Stenographin bei Gericht gearbeitet, als sie sich dazu entschloß, zurück auf die Schule zu gehen, um sich zur Sozialberaterin ausbilden zu lassen. Tagsüber arbeitete sie beim Jugendgericht. Abends war sie entweder in der Schule oder in einem Nachbarschafts-Notfall-Zentrum, wo sie ehrenamtlich Selbsthilfegruppen für Inzestopfer betreute.

Paula leistete als ehrenamtliche Helferin gute Arbeit, fragte sich aber oft, ob sie tatsächlich jemandem half, besonders sich selbst. Die Gruppe erinnerte sie oft an ihre vielen ungelösten Beziehungsprobleme, besonders an die, die sie mit ihrer Mutter hatte. Als Paula erfuhr, daß ihre Mutter, eine langjährige Raucherin, an Lungenkrebs sterben würde, explodierten der tiefsitzende Schmerz, die Wut und Frustration in ihr und gaben ihr den Rest. Sie kippte in eine Ungesunde Depression. Sie hatte gesehen, wie ihre Mutter ihr Leben lang Zigaretten geraucht hatte, in einem Versuch, sich selbst zu behandeln und ihre unbewältigten Depressionen zu betäuben. »Wie kann jemand nur so dumm sein!« schimpfte sie. Ihre Mutter war die einzige Person auf der Welt, zu der sie eine echte Verbindung aufrechterhalten hatte, und allein der Gedanke, sie könnte an Weihnachten schon tot sein, machte sie körperlich krank.

In den nächsten paar Monaten zog Paula sich komplett zurück. Sie fing an, sich bei der Arbeit krank zu melden, brach ihre ehrenamtliche Beratungsarbeit ab und ließ die Telefonanrufe ihrer Freunde unbeantwortet. Sie schlief soviel wie noch nie zuvor in ihrem Leben, und aß und trank, was immer sie in die Hände bekam und wann immer es ihr paßte. Je länger sie im Bett blieb, desto paralysierter und elender fühlte sie sich. Um ihr Bett herum stapelte sich das Schokoladenpapier, während sie in Magazinen blätterte und sich alte Filme im Fernsehen ansah. Sie fühlte sich zu fett und zu erschöpft, um zur Arbeit zu gehen, also blieb sie, so oft es ging, zu Hause. Es gab Tage, an denen sie nicht einmal Lust hatte, zu duschen oder sich anzuziehen.

Aber selbst an ihren düstersten Tagen hielt Paula ihren Therapietermin ein. Es wurde jedoch immer offensichtlicher, daß Paulas Depression an einem Punkt angelangt war, an dem man mit Therapie allein nicht weiterkam. Paula war so ernsthaft depressiv, daß sie Medikamente brauchte, um die Chemie in ihrem Gehirn, die durch ihre Depression erschöpft war, mit Nachschub zu versorgen. Die Psychiaterin, die sie konsultierte, kam zum gleichen Ergebnis. Sie erklärte, daß Paula biochemisch aus dem Gleichgewicht sei und ein Antidepressivum brauche.

Die Psychiaterin und ich arbeiteten zusammen. Wir erprobten drei verschiedene Medikationen, bevor wir uns auf eine einigten, die auf Paulas spezielle Physiologie paßte. Innerhalb von drei Wochen begann sich Paulas Zustand wesentlich zu verbessern. Zum ersten Mal seit Monaten konnte sie sich wieder konzentrieren und spürte Optimismus. Ihre Therapiesitzungen wurden wieder produktiv. Paula hatte schließlich genug Energie, um sich Schritt für Schritt mit ihren Gefühlen für ihre Mutter auseinanderzusetzen. Je direkter sie ihre Wut äußerte, desto mehr ging ihre Depression zurück.

Es stellte eine lange, harte Kletterpartie für Paula dar, sich aus ihrer Ungesunden Depression zu lösen, aber sie schaffte es. Heute kümmert sie sich besser um sich selbst als jemals zuvor. Sie hat ihr Gewicht unter Kontrolle und schloß Frieden mit ihrer Mutter, indem sie sich dazu entschloß, sie als Rollenmodell dafür herzunehmen, wie man es nicht machen sollte. Sie nahm sechs Monate Urlaub von ihrer Arbeit, um ihrer Ausbildung auf die Sprünge zu helfen und ist entschlossen, sich den Doktortitel in Psychologie zu erwerben.

Da sie noch immer anfällig für Depressionen ist – und das auch immer sein wird –, gebraucht Paula die Techniken, die sie gelernt hat, um ihre schlechten Gefühle in einem gesunden Rahmen zu halten. Ihre Arbeit in der Klinik hat sich ebenfalls deutlich gebessert. Nachdem sie ihre eigene Ungesunde Depression durchgemacht und bewältigt hat, ist sie in einzigartiger Weise dazu berufen, anderen Frauen dabei zu helfen, die ihre zu überwinden.

Um den Unterschied zwischen Kates und Christines Erfahrung der Gesunden Depression und Paulas Erfahrung der Ungesunden Depression besser zu begreifen, sollten Sie vielleicht einen Blick auf folgende Vergleichstabelle werfen:

Gesunde versus Ungesunde Depression

GESUND: Basiert auf realer Lebenserfahrung.

UNGESUND: Basiert auf Verzerrung (Übertreibung, Wahnvorstellung, Phantasie, Mißverständnis), Verleugnung realer Lebenserfahrung oder Konfrontation mit zuviel negativer Erfahrung, die verarbeitet werden muß.

GESUND: Man ist im wesentlichen funktionsfähig, obwohl man sich schlechtfühlt und nicht so effektiv ist wie üblich.

UNGESUND: Man ist nicht dazu in der Lage, bei der Arbeit, in Beziehungen, körperlich oder in anderen wichtigen Lebensbereichen effektiv zu funktionieren; man schläft zuviel oder zuwenig; hat zuviel oder zuwenig Appetit; verliert das Interesse an Menschen, Aktivitäten und Sex; hat wenig Energie; verliert seine Merk- oder Konzentrationsfähigkeit.

GESUND: Angemessene Gefühle der Traurigkeit, Wut, Schuld oder Angst aufgrund eines gegenwärtigen Verlustes, Traumas oder unverarbeiteter Verluste bzw. Beschädigungen in der Vergangenheit.

UNGESUND: Verzerrte Reaktion auf einen momentanen oder vergangenen Verlust oder ein momentanes oder vergangenes Trauma; man erfährt einen vergangenen oder gegenwärtigen Verlust als anhaltend oder größer als er war bzw. ist und sieht gegenwärtige Umstände als richtungsweisend für zukünftige Verluste an.

GESUND:	Gefühle zeitweiser Hilflosigkeit, die aber nicht suizidal sind.
UNGESUND:	Gefühle der Hilflosigkeit, Verzweiflung; ernsthafte Gedanken an Selbstmord als Alternative zum Schmerz.
GESUND:	Zurückgezogenes, isoliertes Verhalten, das einige Stunden oder ein bis zwei Tage dauert.
UNGESUND:	Zurückgezogenes, emotional gleichgültiges Verhalten, das Tage, Wochen oder Monate dauert.
GESUND:	Das Gefühl, verletzt oder beschädigt worden zu sein, aber die Hoffnung und realistische Erwartung, daß Heilung möglich ist.
UNGESUND:	Das Gefühl, defekt und beschädigt zu sein, ohne daß die Sache wieder in Ordnung gebracht werden kann.
GESUND:	Schlechtes Selbstwertgefühl, aber Selbstvorwürfe kommen und gehen.
UNGESUND:	Chronisches, konstant geringes Selbstwertgefühl, sogar Selbsthaß.
GESUND:	Produktiv: führt zu Klugheit, Kreativität und Reife.
UNGESUND:	Unproduktiv: führt zu Paralyse, physischem und mentalem Verfall, Krankheit und möglicherweise sogar Tod.

Diese Tabelle kann ein nützliches Werkzeug für Sie sein, weil sie Ihnen helfen kann, herauszufinden, wie Ihre Gefühle beschaffen sind und welchen Grad Ihre Depression einnimmt. Machen Sie eine Kopie von der Tabelle und markieren Sie die Sätze, die auf Sie zutreffen und Ihren momentanen Gefühlszustand beschreiben, mit einem Leuchtstift. Möglicherweise identifizieren Sie sich sowohl mit »Gesunden« als auch mit »Ungesunden« Gefühlen. Das ist nicht so ungewöhnlich, wie Sie denken, und sollte Sie nicht irritieren, denn Gefühle sind fließend und manchmal irrational. Wir können zum selben Problem zur gleichen Zeit gegensätzliche Gefühle verspüren.

Gelegentlich bewegen wir uns in Zeiten extremen Stresses zwischen Gefühlen oder Schüben Gesunder und Ungesunder Depression hin und her. Aber wenn diese Art von Bewegung über einen längeren Zeitraum anhält, ist dies sehr wahrscheinlich ein Signal dafür, daß Sie in Richtung Schwierigkeiten steuern und von einer professionellen Beratung profitieren würden. Nur auf diese Weise können Sie Ihre Gefühle daran hindern, sich zu einer ausgewachsenen Ungesunden Depression zu entwickeln.

Der folgende Test wird Ihnen eine klarere Vorstellung von der Art der Depression geben, die Sie möglicherweise durchmachen oder in der Vergangenheit durchgemacht haben.

Haben Sie eine Gesunde oder eine Ungesunde Depression?

Beantworten Sie die folgenden Fragen mit JA oder NEIN.

1. Ich schlafe oft mehr als acht Stunden in der Nacht, oder es fällt mir schwer, überhaupt einzuschlafen. Ich wache oft sehr früh am Morgen auf und kann dann gewöhnlich nicht mehr einschlafen. _____

2. Ich fühle mich oft einsam und isoliert und ertappe mich dabei, wie ich mich von Beziehungen zurückziehe. Ich habe keine Beziehungen, die ich als gelungen bezeichnen würde. _____

3. Ich habe oft Selbstmordgedanken, oder ich habe bereits einen Selbstmordversuch hinter mir.

4. Ich benutze oft Drogen, Alkohol, Zigaretten und/oder Essen, um meine Gefühle zu betäuben und der Realität zu entfliehen, und habe die zerstörerischen Konsequenzen dieses Verhaltens, wie gesundheitliche Probleme oder die Gefährdung von mir selbst und anderen, bereits erfahren. _____

5. Ich glaube wirklich, daß mit mir etwas nicht stimmt und daß es auch nicht mehr in Ordnung gebracht werden kann. _____

6. Ich fühle mich manchmal absolut überfordert und werde sehr frustriert und nervös, wenn jemand mehr von mir verlangt, als ich bereits tue. _____

7. Ich habe oft das Gefühl, daß ich in meinen Beziehungen mehr gebe als nehme. Ich habe zu wenige wirklich wertvolle Beziehungen, um zufrieden zu sein, oder zu viele, die ich aufrechterhalten muß, so daß ich mich erschöpft fühle. _____

8. Ich bin im letzten Jahr sehr oft krank gewesen (Erkältungen, Kopf- und Magenschmerzen usw.) und habe an Krankheiten gelitten, die mit Streß zusammenhängen. _____

9. Ich habe oft das Gefühl, daß ich ein Opfer bin; ich bemühe mich, dieses Gefühl loszuwerden, war aber bislang nicht sehr erfolgreich. _____

10. Ich bin immer noch deprimiert darüber, daß ich als Kind so schlecht behandelt wurde. Ich mache meinen Eltern Vorwürfe deswegen, aber wir tolerieren einander, und/oder ich habe gelernt, es zu akzeptieren.

Anzahl der mit JA beantworteten Fragen: _____

Wenn Sie auf die ersten fünf Fragen mehr als zweimal mit JA geantwortet haben, machen Sie möglicherweise eine Ungesunde Depression durch. Wenn Sie auf die letzten fünf Fragen mehr als zweimal mit JA geantwortet haben, haben Sie wahrscheinlich eine Gesunde Depression. Wenn Sie ein- oder mehrmals sowohl Fragen des ersten wie des zweiten Teils mit JA beantwortet haben, bewegen Sie sich möglicherweise zwischen Gesunder und Ungesunder Depression hin und her – eine Situation, die bedeutet, daß bei Ihnen »die rote Fahne hochgehen sollte«.

Nur weil eine Gesunde Depression eine unausweichliche Realität unseres Lebens ist, heißt das noch nicht, daß wir nichts dagegen tun könnten – oder tun sollten. Zunächst einmal sollten wir uns eingestehen, daß ein gewisses Maß an Schmerz unvermeidbar ist, besonders für uns Frauen. Aber während sich Schmerzen im Leben manchmal nicht umgehen lassen, können wir uns sehr wohl entscheiden, wie wir auf kritische Lebenssituationen reagieren. *Wir können aus dem Schmerz entweder Nutzen ziehen oder ihm erlauben, unnütz zu sein.* Wenn wir Nutzen ziehen aus unserem Schmerz, ist es gut, sich schlechtzufühlen, und wir haben eine Gesunde Depression. Wenn unser Schmerz unnütz ist, ist es schlichtweg ungut, wenn wir uns schlechtfühlen, und wir entwickeln schließlich eine Ungesunde Depression.

Obwohl Sie sich vielleicht noch im gesunden Bereich der Depression befinden, sollten Sie unbedingt regelmäßig Ihren Geisteszustand und Ihre Lebensqualität überprüfen, damit Sie erkennen können, wann Sie sich in Richtung Ungesunder Depression bewegen. Paula beispielsweise war in der Lage gewesen, eine Gesunde Depression aufrechtzuerhalten, bis der Streß durch Krankheit und den Tod ihrer Mutter zu groß wurde und sie ihn nicht mehr bewältigen konnte. Allmählich führte er bei ihr zu einem Gefühl der Leere. Sie wurde reaktionsunfähig.

Wenn Sie glauben, daß Sie eine Ungesunde Depression haben, sollten Sie zunächst einmal akzeptieren, daß dies nicht heißt, daß Sie zu schwach, zu naiv, zu dumm, zu beschädigt, zu unzulänglich oder zu was-weiß-ich-was sind. Es ist einfach ein Anzeichen dafür, daß Sie Hilfe brauchen, um aus dem komplexen Zirkel aus biologischen, genetischen, kulturellen und psychologischen Faktoren auszubrechen, die Sie davon abhalten, all das zu haben und all das zu sein, was Sie sich in Ihrem Leben wünschen.

Geraten Sie nicht in Versuchung, die Ungesunde Depression selbst zu behandeln. Genausowenig wie Sie versuchen würden, selbst eine Wurzelbehandlung oder Blinddarmoperation durchzuführen, verfügen Sie nicht über die notwendigen Fertigkeiten, um mit diesem Maß von Beschädigung und/oder chemischem Ungleichgewicht umzugehen. Ein Psychologe, der auf die Behandlung von Depressionen spezialisiert ist, verfügt darüber. Wenn Sie wissen wollen, wie Sie eine solche Person finden, werfen Sie bitte einen Blick in das Kapitel 10 »Wenn Selbsthilfe nicht mehr genügt«.

Indem Sie der Frage nachgegangen sind, welche Art von Depression Sie möglicherweise haben, haben Sie bereits den ersten Schritt dazu getan, Ihre schlechten Gefühle auf positive Weise zu nutzen. Die folgenden zwei Kapitel werden Sie mit den restlichen Informationen versorgen, die für das Verständnis der sechs Gesunden Depressionen wesentlich sind.

2

»Ererbte Depressionen«: Wie anfällig sind Sie dafür?

Sie fiel in eine gräßliche Depression, die drei Jahre lang dauerte – bis zu ihrem Tod. In regelmäßigen Abständen rief sie mich aus Florida an und weinte am Telefon: »Mommy – Mommy – erzähl mir die Geschichte deiner Depression und wie du sie überwunden hast.« Und obwohl ich keine wirkliche Antwort wußte – keine Lösung –, wiederholte ich meine Geschichte, und das schien sie zu beruhigen. Als könnte sie es auch schaffen, wenn es mir gelungen war.

Gertrude Nemerov über ihre Tochter, die Fotografin Diane Arbus, die schließlich Selbstmord beging.

Ich werde niemals diesen Nachmittag im April vergessen, als ich von der Schule nach Hause kam und das blutbefleckte weiße Hemd meines Vaters auf einem Haufen in der Ecke liegen sah, bereit, gewaschen zu werden. Ich war erst acht Jahre alt und hatte noch nie zuvor echtes Blut gesehen, außer wenn ich mir gelegentlich das Knie aufgeschürft oder mich an einem Stück Papier geschnitten hatte. Ich war abgestoßen und fasziniert zugleich. Aber mehr als alles andere war ich beunruhigt. Ich hatte nicht die geringste Ahnung, was passiert war oder was ich davon halten sollte. Alles, was ich wußte, war, daß etwas ganz entschieden nicht in Ordnung war.

Ich schrie sofort nach meiner Mutter. Als sie nach unten kam, erklärte sie mir, daß mein Vater in einen Autounfall verwickelt gewesen wäre. Sie erzählte mir, daß er ernsthafte Kopfverletzungen erlitten hätte und auf jeden Fall mehrere Wochen im Krankenhaus verbringen müßte. Als ich ihn schließlich sechs Tage später besuchen durfte, war er immer noch in Bandagen gewickelt. Ich werde nie vergessen, wie hilflos und verletzlich er aussah. Er erholte sich schließlich körperlich, wenn auch nicht unbedingt emotional, nur um zwei Herzattacken zu erleiden und neun Jahre später im Alter von fünfzig Jahren bei einem weiteren Autounfall ums Leben zu kommen.

Erst dreißig Jahre später erkannte ich, daß die Unfälle meines Vaters und seine Herzprobleme Symptome einer verkappten Depression waren. Er hatte viele der typischen Symptome gezeigt, die man bei männlichen Depressiven häufig findet: Alkoholmißbrauch, Gewalttätigkeit gegen sich und manchmal gegen andere, vermeidbare Unfälle, Workaholismus, psychosomatische Probleme, Raubbau an Geist und Körper als Beitrag zu einem frühen Tod sowie chronische Verleugnung jeglicher Verletzlichkeit oder trauriger/schlechter Gefühle. Depressionen lagen überdies in der Familie. Mein Onkel – der eineiige Zwillingsbruder meines Vaters – nahm sich an dem Tag das Leben, an dem ich geboren wurde, auch wenn sein Selbstmord jahrelang ein düsteres Familiengeheimnis war.

Weil die Symptome seine Depression so gut verdeckten, hatte ich keine Ahnung, daß mein Vater die meiste Zeit seines Erwachsenenlebens in signifikanter Weise depressiv war. Als ich selbst die drückende Last der Depression auf mir spürte und gegen sie ankämpfte, suchte ich verzweifelt nach dem Grund für meine Anfälligkeit. Erst zu dieser Zeit begann ich die Dämonen, die ihn gejagt hatten, auszugraben und zu verstehen – denn nur so konnte ich die verstehen, die mich jagten.

Es wurde klar, daß seine Depression einen Lebensstil und eine Denkungsart begünstigt hatte, die für sehr viel dauerhaften Schmerz und beständiges Leid verantwortlich war. Er weigerte sich, seine Herzmedikamente zu nehmen, obwohl er wußte, daß er ernsthaft herzkrank war. Er trank oft, auch wenn er mit dem Auto fuhr, und er weigerte sich selbst dann noch, Sicherheitsgurte anzulegen, nachdem er bereits zweimal aus dem Wagen geschleudert worden war. Je älter er wurde, desto öfters reiste er auf einer einsamen, abschüssigen Straße der Selbstzerstörung dahin, mit all seinen fein säuberlich etikettierten Problemen im Gepäck, aber wenig Vermögen, sie zu lösen.

Martha hatte ebenfalls Namen für die verkappte Depression ihrer Großmutter, aber traurigerweise keinen für ihre eigene. Ihre Anfälle von schlechter Laune und mangelnder Energie hatten so lange eine anonyme Identität, bis sie ihre Wurzeln entdeckte. In ihrer Familie waren die schlechten Gefühle von Grandma Wanda euphemistisch mit dem Begriff des »nervösen Zusammenbruchs« umschrieben worden. Martha hatte die Anekdoten über Grandma Wanda, wie sie alle fünf Jahre oder so »überschnappte« und sich ins Bett zurückzog, wo sie dunkle Gedanken, die keiner verstehen konnte, vor sich hinbrummelte, schon tausendmal gehört. Die Nachbarn taten sie als »verrückt« ab; mindestens zweimal landete Grandma Wanda in einem Hospital, nachdem sie sich wochenlang geweigert hatte, ihr Bett zu verlassen. Während sie außer Dienst war, sprangen ihre acht Kinder und die Farmarbeiter ein und übernahmen ihre Pflichten. Sie hielten das Haus und den Garten in Ordnung und erledigten die überwältigende Aufgabe, drei Mahlzeiten am Tag für zwölf Personen zuzubereiten.

Nachdem sie auf dem College einen Kurs in Frauenstudien absolviert hatte, der die rollenbedingten Arbeitsfelder von Frauen in der Geschichte untersuchte, kam es Martha so vor, als sei ihre Großmutter, wenn sie denn verrückt war, so verrückt gewesen wie ein Fuchs. Grandma Wanda hatte sich eine schlaue Überlebensstrategie zugelegt, die ihr gute Dienste leistete. Ihre »Anfälle« verschafften ihr eine notwendige »Auszeit« und eine Verschnaufpause von den nie endenwollenden Anforderungen und Arbeiten, mit denen Farmersfrauen überschüttet wurden. Ihr Geist und ihr Körper brauchten dringend gelegentlich Erholungsphasen, aber in diesen Tagen und in dieser Kultur waren Ferien ein Luxus, den sich nur wenige leisten konnten.

Die Männer hingegen schafften es immer, etwas Zeit für ein

kleines Päuschen zu finden. Sie standen bei den Maschinen herum und schwatzten miteinander, fuhren in die Stadt, um Vorräte zu besorgen, oder kehrten auf einen Drink in die örtliche Bar ein. Der einzige Weg, der Grandma Wanda und vielen anderen Farmersfrauen offenstand, um vorübergehend Ruhe vor ihrer Arbeit zu finden, war es, krank zu werden und sich ins Bett zu legen.

Marthas Großmutter hatte eine Gesunde Depression. Sie reagierte auf eine deprimierende Realität, in der sie zuviel Arbeit und zuwenig Spaß hatte. Grandma Wanda war immer ein wenig exzentrisch gewesen, aber Martha empfindet nichts als Respekt für die nonkonformistische Methode ihrer Großmutter, sich selbst zu schützen. Zweifellos hat diese ihr Leben um Dekaden gegenüber dem Leben von denjenigen verlängert, die sie als instabil betrachteten. Grandma Wanda ist nun sechsundneunzig. Sie hat die letzten fünfundzwanzig Jahre damit zugebracht, sich nur um sich selbst zu kümmern, und kann recht gut von dem Geld leben, das sie zur Bank brachte, nachdem sie die Farm verkauft und nach Phoenix gezogen war, und das ihr jetzt als Altersrente dient.

Martha und ich machten beide ererbte Depressionen durch.

Eine ererbte Depression wird folgendermaßen definiert: Die traurigen und schlechten Gefühle, zu denen es kommt, wenn biologische, genetische, kulturelle oder psychologische Depressionen in unseren Familien gedeihen und an uns weitergereicht werden als eine gesteigerte Anfälligkeit sowohl für Gesunde wie auch für Ungesunde Depressionen.

Alle beide machten wir eine Depression durch, die in der Maske eines anderen Gebrechens oder namenlosen Leidens daherkam, wie etwa Wandas nervöse Zusammenbrüche oder die Weigerung meines Vaters, auf sich selbst aufzupassen. Es kann sehr gut sein, daß Sie ebenfalls eine Anfälligkeit für Depressionen geerbt haben. Um sie zu erkennen, wird es allerdings nötig sein, daß Sie sich zu einem Spürhund auf diesem Gebiet entwickeln, denn Sie müssen sich durch ein Labyrinth von Hinweisen arbeiten, die die meisten Familien zu verstecken oder zu vergessen suchen.

Manchmal sind die Depressionen, die wir erben, biologischer oder genetischer Natur, manchmal sind sie beides zusammen. Dies sind die schlimmsten, denn sie sind nur schwer als Depressionen zu erkennen und führen am ehesten zu Ungesunden Depressionen. Diese Formen von ererbten Depressionen kommen oft in der Gestalt von Alkoholismus, Süchten, Eßstörungen oder psychosomatischen Beschwerden wie chronischer Müdigkeit, Kopfschmerzen, Verstopfung, Schlaflosigkeit und allumfassenden »nervösen Zusammenbrüchen« daher.

Aber öfters noch ist das, was Frauen erben, ein ständiges Trommelfeuer negativer oder beschränkter Denkmuster, Einstellungen und Opfermentalitäten. Es wird durch das Beispiel unserer Großmütter, Mütter, Tanten und anderer weiblicher Rollenvorbilder – die in Zeiten lebten, die von Natur aus deprimierend waren; die sich abgewertet und in ihren Wahlmöglichkeiten eingeschränkt fühlten – an uns weitergegeben. Wir lernen eine Menge, indem wir die beobachten, die vor uns waren; unglücklicherweise bezieht sich das, was wir oft lernen, auf solche Gewohnheiten wie negatives Denken und selbstzerstörerisches Verhalten.

Tatsächlich können Generationen von Frauen derselben Familie von derselben Art von Depression befallen werden, einfach indem sie lernen, sich an die vorgegebene »weibliche Rolle« innerhalb dieser Familie zu halten. Obwohl wir höchst empfänglich sind für diese Art des Lernens und der Modellierung, sollten wir nie vergessen, daß eine ererbte Depression nicht zwangsläufig dazu führen muß, daß wir depressiv werden. Aber sie erhöht definitiv die Wahrscheinlichkeit, besonders wenn wir unter großem Streß stehen.

In diesem Fall ist es wichtig, daß Sie einen genaueren Blick auf Ihre Familiengeschichte werfen. Nur so können Sie Ihre eigene ererbte Anfälligkeit für Depressionen beurteilen, und schließlich, wenn nötig, Schritte unternehmen, um diese Anfälligkeit zu reduzieren. Erwarten Sie nicht, daß Ihnen Ihre Mutter bei Ihren Nachforschungen eine große Hilfe sein wird. Mütter können uns das nicht geben, was sie selbst nicht besitzen. Viele von uns suchen vergeblich, von unseren Müttern etwas über Depression zu erfahren, wie das auch Diane Arbus tat, die bekannte Fotografin, deren Mutter wir zu Anfang dieses Kapitels zitiert haben.

Sie können damit beginnen, indem Sie sich den folgenden Fragenkatalog vornehmen. Denken Sie daran, daß eine ererbte Depression oft getarnt ist. Sie sehen wahrscheinlich eher Symptome, die auf einen unterschwelligen depressiven Zustand hindeuten, als daß Sie auf ein klinisches Syndrom von traurigen Gefühlen und Antriebsschwäche stoßen, das heutzutage routinemäßig als Depression anerkannt werden würde. Beginnen Sie also damit, Ihren Stammbaum zu erforschen, und erkunden Sie, ob irgendeiner Ihrer Verwandten chronisch depressiv war. Wenn ja, was mag diese Depression verursacht oder zu ihr beigetragen haben? Passen Sie auf, damit Sie das, was Sie finden, nicht überinterpretieren. Ein einziger Hinweis oder ein einziges Symptom reicht nicht aus als Indikation für eine ererbte Depression. Sie müssen ein Muster von depressiven Symptomen oder dysfunktionalem Verhalten nachweisen, das zumindest ein paar Wochen lang anhielt oder periodisch zum Vorschein kam, bevor Sie einen Verwandten zutreffend als »depressiv« bezeichnen können.

Bestandsaufnahme: Ererbte Depressionen

Beantworten Sie die folgenden Fragen mit JA oder NEIN.

1. Haben Sie irgendwelche nahen Verwandten, die oft unspezifische Krankheiten durchmachten, die möglicherweise Symptome einer verkappten Depression waren (wie etwa Schwäche, chronische Müdigkeit, Kopfschmerzen, schmerzhafte Menstruation, Verstopfung, sexuelle Probleme, Fettleibigkeit oder Appetitverlust, Schlafprobleme)?   _____

2. Haben Sie irgendwelche nahen Verwandte, die »nervöse Zusammenbrüche« erlitten, Selbstmordversuche unternahmen oder unfähig waren, in einem grundlegenden Bereich ihres Lebens (Arbeit, Familie, soziales Leben) zu funktionieren?   _____

3. Wurden irgendwelche Verwandten von Ihnen einer Elektroschockbehandlung unterzogen, mußten sie Antidepressiva oder angstlösende Medikamente nehmen? _____

4. Ist Ihnen irgendein Fall von Alkohol- oder Drogenmißbrauch in Ihrer Familie bekannt (einschließlich Medikamentenmißbrauch), der möglicherweise von einer Depression verursacht wurde oder zu ihr beigetragen hat? _____

5. Trieb eine der Frauen aus Ihrer Familie ständig Mißbrauch mit dem Essen oder litt an etwas, das man heute als Eßstörung bezeichnen würde? _____

6. Schien(en) Ihre Mutter, Großmutter oder andere nahe weibliche Verwandte jemals sichtbar unglücklich oder unzufrieden mit ihren eingeschränkten Möglichkeiten? Machten sie mehrfache Traumen durch, wie etwa den Verlust von Kindern, Unfälle, Naturkatastrophen oder größere finanzielle Rückschläge? _____

7. War(en) Ihre Mutter, Großmutter oder andere nahe weibliche Verwandte immer oder fast ständig am Arbeiten, indem sie sich um die Kinder, kranke Verwandte kümmerte(n) und/oder berufstätig war(en), so daß sie immer erschöpft schien(en) und kaum einmal Zeit für sich selbst hatte(n)? _____

8. Ist Ihnen irgendein Fall von physischem oder sexuellem Mißbrauch in Ihrer Familie bekannt? _____

9. Zeigte irgendeiner Ihrer nahen männlichen Verwandten die typischen Symptome einer männlichen Depression, wie sie in diesem Kapitel bereits beschrieben wurden (wie Alkohol- oder Drogenmißbrauch, gewalttätiges Verhalten, vermeidbare Autounfälle, Workaholismus, chronische Gesundheitsprobleme, Verleugnung von allen traurigen, schlechten Gefühlen)? Starben viele vor der Zeit? _____

10. Waren Ihre nahen männlichen oder weiblichen Verwandten so starke Raucher, daß sie Gesundheitsprobleme entwickelten, die sie arbeitsunfähig machten oder ihren frühen Tod verursachten? _____

Anzahl der Fragen, die mit JA beantwortet wurden: _____

Auswertung

(0–1) Ihre Anfälligkeit für ererbte Depressionen ist gleich Null oder sehr gering.

Wenn Sie sich in dieser Wertung wiederfinden, sollten Sie noch einmal einen genaueren Blick auf die Fragen werfen und sie noch einmal sorgfältig bedenken. Es ist ungewöhnlich für Frauen, immun gegen Depressionen zu sein, und sei es nur aus dem einzigen Grund, weil wir in einer Kultur aufgewachsen sind, in der Frauen häufig abgewertet und folglich depressiv gemacht werden.

Überlegen Sie, ob Sie vielleicht noch etwas mehr über das Leben Ihrer Verwandten in Erfahrung bringen sollten. Depressionen durchziehen Familien oft stärker, als es irgendeiner wahrhaben möchte. Wenn Sie nach weiterer Erkundung noch immer keine Anzeichen für Depressionen finden, kann man Ihnen nur gratulieren: Sie gehören zu einer glücklichen Minderheit.

(2–4) Sie sind definitiv anfällig.

Sie haben eine definitive Anfälligkeit dafür, Depressionen aufgrund vererbter Ursachen zu entwickeln, besonders in streßintensiven Zeiten Ihres Lebens. Sie neigen überdies dazu, aufgrund von unbewältigten Depressionen körperlich krank zu werden. Wenn schlimme Dinge passieren, geben Sie sich nicht selbst oder Ihrer Familie die Schuld. Übernehmen Sie die Verantwortung für die Lösung des Problems. Sie mögen mehr »schlechte Tage« haben als andere, aber wenn Sie der Sache die nötige Aufmerksamkeit schenken, können Sie im Normalfall die Depression in Energie verwandeln.

(5–7) Sie haben wahrscheinlich eine ererbte Depression.

Wir wissen bereits, daß Depressionen oft in der Familie vorkommen, und Ihre ist keine Ausnahme. Sie sind besonders empfänglich für Gesunde Depressionen, und Sie werden wahrscheinlich mindestens einmal, wenn nicht mehrere Male in Ihrem Leben, eine Ungesunde Depression entwickeln. Wenn Sie dagegen nichts unternehmen, werden sich Ihre Depressionen wahrscheinlich mit der Zeit in klinische Beschwerden auswachsen, die professioneller Hilfe bedürfen.

Falls dies eintritt, stellen Sie sicher, daß Sie die Hilfe bekommen, die Sie benötigen. Wenn Sie früh genug reagieren, werden Sie möglicherweise keine langfristige Therapie brauchen. Bringen Sie soviel wie möglich über Ihre Familiendynamiken in Erfahrung, damit Sie besser darüber Bescheid wissen, inwieweit Sie von ererbten Depressionen betroffen sind. Die Leitlinien in Kapitel 10 »Wenn Selbsthilfe nicht mehr genügt« und die Techniken in Kapitel 11 »Wieder alles zusammenfügen« können Ihnen ebenfalls dabei helfen, Ihre ererbte Anfälligkeit für Depressionen unter Kontrolle zu halten.

(8–10) Sie haben sehr wahrscheinlich eine Ungesunde ererbte Depression.

Wenn Sie zu dieser Gruppe gehören, zirkuliert die Ungesunde Depression wie Blut in den Adern Ihrer Familie und hat aller Wahrscheinlichkeit nach Sie und andere Familienmitglieder angesteckt. Es gibt einfach zu viele Depressionen in Ihrer Familie, als daß Sie ihrem Einfluß entkommen könnten.

Es ist höchstwahrscheinlich, daß Sie eine Ungesunde Depression entwickeln. Wenn Sie bereits periodische Phasen von Depression hinter sich haben, worauf Ihre Punktezahl hindeutet, sollten Sie professionelle Hilfe suchen. Nehmen Sie sich vor, eine Zeitlang in Behandlung zu bleiben. Die Anfälligkeit für Depressionen steckt tief in Ihnen. Es wird Zeit, Mühe und eine Therapie kosten, bis Sie sich von Ihrer Depression befreien und lernen können, Ihre Anfälligkeit in Stärke zu verwandeln.

Wenn Ihnen Ihre Punktezahl in diesem Test dabei geholfen hat, Ihre Anfälligkeit für ererbte Depressionen zu entdecken oder zu bestätigen, ist es das erste, was Sie wissen sollten, daß Sie nicht allein sind. Ererbte Depressionen sind weit verbreitet, und wenn wir wissen wollen, warum das so ist, müssen wir uns zunächst mit ihren Ursachen beschäftigen. Erst danach können wir effektive Strategien entwickeln und praktizieren, die uns in die Lage versetzen werden, sie zu bewältigen und zu lösen.

Die Wurzeln einer ererbten Depression

Wir erben weit mehr von unseren Vorfahren als nur körperliche Charakteristika und einen Familiennamen. Das biologische oder genetische Band ist nur ein Teil dessen, was an uns weitergereicht wird. Wir erben auch eine Anfälligkeit für Einstellungen, Überzeugungen und Denkweisen, weswegen es so wichtig ist, daß wir die ungeheure Bandbreite von psychologischen und soziologischen Faktoren verstehen, die so viele Frauen in unseren Familien depressiv gemacht haben.

Mit wenigen Ausnahmen waren die Möglichkeiten der Frauen, die vor uns lebten, durch gesellschaftliche Erwartungen und traditionelle Konditionierungen ernsthaft eingeschränkt. Man schrieb Ihnen passive Rollen zu, die sie finanziell, emotional und sexuell verletzlich machten. Frauen internalisierten diese traditionellen Erwartungen und Rollen als den einzig »richtigen« Weg, weiblich zu sein, und litten dann unter den einengenden, deprimierenden Konsequenzen.

Ihre Denkungsart wurde Teil unseres kulturellen Gewissens, wurde zum Traditionellen Kern unseres Daseins, den wir genauso vital und real erleben wie unser Herz oder unsere Seele. Er lebt in jeder Frau und wird genährt durch jahrhundertelange kulturelle und gesellschaftliche Konditionierungen und Erwartungen, die diktieren, was eine Frau sein »sollte« und wie sie sich verhalten »sollte«. Dem Traditionellen Kern kommt eine so große Bedeutung bei der Entstehung der Gesunden wie Ungesunden weiblichen Depression zu, daß wir das ganze nächste Kapitel der Frage widmen werden, welchen Beitrag er zu unseren kollektiven Depressionen leistet. Nur wenn wir verstehen, wie groß sein Einfluß auf unsere kulturelle Konditionierung ist und wie lähmend traditionelle Erwartungen sein können, können wir auch die Ursachen unserer Depressionen voll und ganz verstehen.

Ohne daß es ihnen überhaupt bewußt gewesen wäre, hinterließen uns unsere Eltern und andere Verwandte depressive Gefühls-, Denk- und Verhaltensweisen. Und viele von uns haben unsere depressiven Lektionen nur zu gut gelernt. Selbst wenn unsere Mütter aufgrund wahrhaft gesunder Eltern psychologisch geschützt vor Depressionen waren, waren sie immer noch sozial und kulturell anfällig aufgrund der depressiven Zeiten, in denen sie lebten.

Wenn beispielsweise unsere Väter, Mütter oder andere nahe Verwandte während der Inflation ökonomisch bedroht waren, können Sie sicher sein, daß sie depressiv waren. Wenn sie Zeugen davon wurden, wie Verwandte auf das Schlachtfeld des Zweiten Weltkrieges geschickt wurden, oder glaubten, daß ihre Söhne oder Töchter in Korea oder Vietnam sinnlos geopfert wurden, können Sie sicher sein, daß sie depressiv waren. Wenn Sie in Ihrer Kindheit heimlich körperlich und sexuell mißbraucht wurden, oder bei einem Elternteil lebten, der Alkoholiker war oder süchtig, können Sie sicher sein, daß sie depressiv waren.

Wir lernen durch Beobachtung und Beispiel, und die meisten von uns formen ihre Verhaltensweisen, Einstellungen und Gedankenmuster in Anlehnung an die unserer nächsten Verwandten. Intuitiv spüren wir ihre unausgesprochenen schlechten Gefühle, und manchmal absorbieren wir ihre Depressionen sogar unbewußt, weil wir ihnen dadurch näher sind.

Diese sozialen, kulturellen und psychologischen Faktoren sind jedoch so komplex und individuell, daß es äußerst schwierig ist, die speziellen Faktoren exakt zu benennen, die Sie und Ihre Familienmitglieder haben depressiv werden lassen. Wir werden diese sozialen und psychologischen Faktoren näher in Augenschein nehmen, wenn wir auf die Ursachen der sechs Gesunden Depressionen zu sprechen kommen. Doch bevor wir das tun, gibt es noch eine unterschwellige Ursache von ererbten Depressionen, die unsere Aufmerksamkeit verdient und unser Verständnis erfordert: unsere Gene.

Wenn ein naher Verwandter an einer »endogenen Depression« oder einer manischen Depression leidet (wenn Sie nicht genau wissen, was damit gemeint ist, schlagen Sie die Begriffserklärung in

Kapitel 10 nach), haben Sie eine größere Anfälligkeit, dieselbe Form von Depression oder affektiver Störung zu entwickeln. Nach der neuesten Forschung auf dem Gebiet der Genetik liegt dies daran, daß es ein Depressionsgen oder Depressionsgene zu geben scheint (es gibt möglicherweise mehr als eines), das Sie von einem Elternteil geerbt haben können.

Gene können entweder rezessiv oder dominant sein. Die Gene, die Depressionen und manische Depressionen verursachen, sind dominant. Wenn also einer Ihrer Elternteile eine signifikante Depression oder andere affektive Störungen durchmachte, besitzen Sie eine größere Anfälligkeit für die gleiche Krankheit und geben diese Anfälligkeit wahrscheinlich an Ihre Kinder weiter. Wenn beide Elternteile an ererbten Depressionen litten, ist Ihre Anfälligkeit für Depressionen beträchtlich höher.

Die Forschung unterscheidet bislang nicht zwischen Gesunder und Ungesunder Depression, aber wissenschaftliche Ergebnisse und klinische Praxis deuten darauf hin, daß wir wahrscheinlich eine Anfälligkeit für beides erben. Wir werden es bald genauer wissen. Gegen Ende der achtziger Jahre hatten die Wissenschaftler annähernd zweitausend Gene isoliert. Doch die American Medical Association sagt voraus, daß um das Jahr 2004 alle der fünfzig- bis hunderttausend Gene in unserem Körper identifiziert sein werden.

Zu dieser Zeit werden wir wahrscheinlich wissen, welche Gene für welche Krankheiten anfällig machen bzw. zu ihnen beitragen. Wahrscheinlich werden die Wissenschaftler dann die Gene isoliert haben, die für unsere ererbten Depressionen mitverantwortlich sind. Bis es soweit ist, werden Ihnen die folgenden Fakten und Statistiken zumindest eine erste Einschätzung geben, was Ihr eigenes genetisches Risiko für ererbte Depressionen betrifft.

Ihre Chancen, an einer ererbten Depression zu erkranken

● Als Frau haben Sie mindestens eine Chance von eins zu vier, daß Sie bei einer Ihrer weiblichen Verwandten auf eine Ungesunde Depression stoßen. Bei Männern stehen die Chancen eins zu acht.

● Wenn Ihre Verwandten – besonders die Frauen in Ihrer Familie – an neurotischen Depressionen litten oder manisch depressiv waren, ist die Wahrscheinlichkeit, daß Sie selbst darunter leiden werden, zwei- bis dreimal größer als normalerweise.

● In neun von zehn Fällen werden Sie bei Ihren nahen weiblichen Verwandten mildere Formen von Depressionen finden.

● Die genetische Prädisposition für Depressionen ist so stark, daß Sie mit siebenundsechzigprozentiger Wahrscheinlichkeit ebenfalls an einer Depression erkranken werden, wenn Ihr eineiiger Zwilling depressiv wird. Das gilt auch dann, wenn Sie beide in getrennten Haushalten aufwachsen. Allerdings sind Depressionsgene nicht alles. Fünfundzwanzig Prozent der eineiigen Zwillinge, die im selben Haushalt aufwuchsen, entwickelten keine Depression, obwohl ihre Zwillingsgeschwister an einer litten.

● Wenn bei Ihren nahen Verwandten Depressionssymptome wie Alkoholismus, Soziopathie (gewissenloses Verhalten) oder Drogenmißbrauch vorkamen, ist die Wahrscheinlichkeit, daß Sie selbst ähnliche Symptome entwickeln werden, acht- bis zehnmal größer als normalerweise.

● Wenn ein naher Verwandter Selbstmord beging, sind Sie, wenn Sie depressiv werden, sehr viel anfälliger für Selbstmord. Selbst bei der ultrakonservativen religiösen Sekte der Amish-People, bei denen Selbstmord strengstens verboten ist, ist die Augenscheinlichkeit von ererbten Depressionen zwingend, wie Studien von Dr. Janice Egeland an der University of Miami School of Medicine ergaben. Von den sechsundzwanzig Selbstmorden, die während des letzten Jahrhunderts bei den Amish verübt wurden, kamen dreiundsiebzig Prozent in nur vier Familien vor.

Wenn Sie die vitale Rolle verstehen, die die Genetik bei der ererbten Depression spielt, können Sie Ihr Risikopotential besser abschätzen und damit beginnen, etwas dagegen zu unternehmen. Die folgenden Strategien und Übungen werden Ihnen dabei helfen, Ihre Aufmerksamkeit zu erhöhen und Ihre Anfälligkeit für diese weitverbreitete Form von Depression zu verringern. Wenn Sie in der Bestandsaufnahme zu den ererbten Depressionen zwei Punkte oder weniger erreichten, besteht für Sie kein Anlaß, Ihre Zeit auf die Strategien in diesem Kapitel zu verschwenden. Wenn Sie drei Punkte oder mehr erzielten, können diese Strategien jedoch äußerst aufschlußreich und nützlich für Sie sein.

Denken Sie daran, daß es völlig normal ist, wenn Sie sich bei Ihrer Suche nach Hinweisen auf ererbte Depressionen unbehaglich, verlegen oder ängstlich fühlen. Die Herausforderung besteht darin, es dennoch zu tun. Wissen ist Macht. Und es verleiht Stärke. Nichts, was Sie entdecken, kann schlimmer sein als die Konsequenzen, die sich daraus ergeben, daß Sie nichts über die Tiefe und Schwere Ihrer ererbten Depression erfahren.

Aktionsstrategien zum Schutz vor ererbten Depressionen

Der Zweck der folgenden Strategien und Übungen besteht darin, Ihnen eine Anleitung an die Hand zu geben, die Ihnen hilft, mehr über Ihre Depressionen zu erfahren, so daß Sie sie allmählich besser in den Griff bekommen. Sie sollen Sie überdies daran erinnern, daß Sie eine Wahl haben, daß Sie über Ihr Denken und Verhalten selbst entscheiden können, wenn auch nicht immer über Ihr Fühlen.

1. Machen Sie eine Bestandsaufnahme Ihrer Familiengeschichte hinsichtlich ererbter Depressionen!

Wenn Sie in den Besitz von wertvollen Informationen kommen wollen, was die Wurzeln Ihrer Depressionen angeht, werden Sie sich zum hartnäckigen, geduldigen Spurensucher entwickeln müssen. Sie werden unendlich viele Fragen stellen müssen, wenn Sie erfahren wollen, wie tief die Depression in Ihrer Familie verankert ist. Wir wissen bereits, daß die Depression so etwas wie ein graues Gespenst ist, das nur schwer zu fassen ist. Es spukt in unseren inneren Gefilden, und wenige von uns sind begierig darauf, es dort zu besuchen. Das Reden über Depressionen kann oft schmerzliche

Erinnerungen aufwühlen, seien Sie also gefaßt darauf, daß Sie bei einigen der Menschen, die Sie fragen möchten, auf Widerstand oder sogar Zurückweisung stoßen werden. Rechnen Sie damit, daß einige von ihnen in tiefer Verleugnung leben und nicht einmal in Erwägung ziehen wollen, daß irgendeiner aus der Familie Probleme damit hatte, sein Leben zu meistern. Depression war kein Wort, das die Menschen aus der Generation Ihrer Mutter oder Großmutter normalerweise gebraucht hätten, um ihre traurigen oder schweren Gefühle zu beschreiben. Selbst wenn ihnen der Begriff heute geläufig ist, werden viele nicht die emotionale Freiheit besitzen, offen über ihre Gefühle zu sprechen. Sie werden Angst vor Spott oder Schande haben.

Beginnen Sie, indem Sie sich Ihren eigenen, ganz persönlichen Fragenkatalog nach dem Muster auf Seite 58/59 zusammenstellen. Sie können dort viele der Fragen finden, die Sie Ihren Verwandten oder engen Familienfreunden möglicherweise stellen möchten. Formulieren Sie diese Fragen entsprechend, so daß Sie auf Ihre Familie passen. Überlegen Sie, ob es andere Punkte gibt, denen Sie gerne nachgehen möchten, damit die Sache vollständig und persönlich wird. Bedenkenswert ist beispielsweise folgendes:

1. Ein Elternteil oder ein Verwandter von Ihnen war oft bewegungsunfähig und nicht in der Lage, das Bett oder die Couch zu verlassen, häufig gereizt und/oder verschlossen, oft emotional unzugänglich und auf sich selbst bezogen. Er oder sie suchte die Schuld für die schlechten Gefühle vorwiegend bei sich selbst statt bei anderen.

2. Ein Elternteil oder Verwandter von Ihnen war oft »krank«, wobei er an schwer definierbaren Symptomen litt, die ihn davon abhielten, seinen oder ihren grundlegenden Verpflichtungen nachzukommen.

3. Ernste finanzielle Entbehrungen waren an der Tagesordnung.

4. Es kam häufig zu Unfällen, Stürzen und Verletzungen.

5. Das Verhalten und/oder der Zustand Ihres Elternteils oder Verwandten wurde oft mit folgenden Worten umschrieben: Er oder sie hatte »schlechte Nerven« oder »Zustände«, war »verbraucht«, hatte ein »Trinkproblem«, eine »schwache Konstitution«, eine »nervöse Veranlagung« usw.

Wenn Sie Ihre Bestandsaufnahme der ererbten Depression innerhalb Ihrer Familie fertig haben, benutzen Sie sie als Wegweiser. Beginnen Sie Ihre Reise in die Geschichte, indem Sie, wenn möglich, mit mindestens zwei Vertretern verschiedener Generationen in der Familie sprechen – Ihren Eltern, deren Brüdern und Schwestern, Ihren Großeltern und irgendeiner Großtante oder einem Großonkel. Fragen Sie sie nach der Todesursache ihrer Eltern, nach ihrem Alter, als sie starben, und nach chronischen Gesundheitsproblemen, an denen sie oder andere in der Familie möglicherweise gelitten haben. Wer war ihrer Ansicht nach der depressivste in der Familie? Warum? Was taten sie, um ihre eigene Depression in den Griff zu bekommen? Schreiben Sie die Antworten nieder, die Sie bekommen, oder nehmen Sie sie auf Band auf, damit Sie sich später damit auseinandersetzen können.

Seien Sie sich im klaren darüber, daß Sie für diese Recherchen Zeit und Taktgefühl benötigen. Suchen Sie das private Gespräch, oder, wenn die direkte Kommunikation unmöglich ist, benutzen Sie das Telefon. Sie müssen so warm, freundlich und verständnisvoll wie nur irgend möglich sein, wenn Sie Ihre Verwandten über solche sensiblen Dinge befragen wollen. Es empfiehlt sich nicht, Briefe zu verschicken, außer es ist Ihre einzige Möglichkeit. Eine solche Korrespondenz ist oft zu distanzierend und bringt in den seltensten Fällen nützliche Informationen. Die Sache kann überdies bei Ihren Verwandten Zorn auslösen. Möglicherweise empfinden sie Ihr Verhalten als dreist und ausbeuterisch.

Einige Patientinnen, besonders jene, die keine lebenden Verwandten mehr hatten, fanden es hilfreich, sich Kopien von den Todesscheinen ihrer Familienangehörigen zu besorgen. Wenn es keinen mehr gibt, den man interviewen könnte, ist dies möglicherweise der einzige Weg, wie man sich überhaupt Informationen beschaffen kann. Aber auch wenn noch Verwandte von Ihnen am Leben sind, können Sie bei den Todesscheinen einhaken. Fragen Sie nach, ob die offiziellen Todesursachen von Familienangehörigen möglicherweise in Verbindung mit Depressionen oder sogar Selbstmord standen, falls Sie einen entsprechenden Verdacht haben.

Einige Ärzte oder Hospitäler gewähren nahen Verwandten Einblicke in die Krankenblätter verstorbener Patienten. Solche medizinischen Berichte können wertvolle Hinweise auf Depressionen enthalten, die ihren Ausdruck in physischen Symptomen fanden. Sie können Ihnen auch etwas darüber sagen, ob der oder die besagte Verwandte sich zu Lebzeiten um sich selbst gekümmert hat oder nicht.

Ein anderer Faktor ist das Vorkommen von Scheidungen in Ihrer Familie. Eine Scheidung hat praktisch immer ein gewisses Maß an Depression für Eltern und Kinder zur Folge, auch wenn die Scheidung höchst begrüßenswert ist und die einzige gesunde Alternative darstellt. Sie sollten sich also einen Überblick darüber beschaffen, wer sich in Ihrer Familie hat scheiden lassen, wann und warum.

Bei Ihren Recherchen werden Sie möglicherweise eine Menge über Ihre Familie in Erfahrung bringen, wovon Sie noch nichts wußten. Martha, der wir zu Beginn dieses Kapitels schon einmal begegnet sind, wuchs in dem Glauben auf, Wandas Ehemann, also ihr Großvater, sei bei einem Jagdunfall ums Leben gekommen. In Wirklichkeit hatte sich ihr Großvater an dem Tag erschossen, an dem ihm die Bank das Hypothekendarlehen für die Farm kündigte. Dies geschah in den Tagen der Großen Depression. Um die Tragödie noch zu verschlimmern, war die Bank mit so vielen Besitztümern eingedeckt, daß sie das Land gar nicht in Besitz nehmen konnte. Schließlich gelang es Wanda und der Familie, aus ihrem Schuldental herauszukommen und die Farm zurückzugewinnen. Der Selbstmord war ihnen so peinlich, daß niemals wieder ein Wort darüber verloren wurde, bis ihn schließlich Martha fast sechzig Jahre später aus der Vergessenheit holte.

Wenn Sie keine Verwandten haben, die bereit oder in der Lage sind, mit Ihnen über diese Themen zu sprechen, verlassen Sie sich auf Ihre Erinnerung. Schließen Sie Ihre Augen und stellen Sie sich

Ihre Kindheit vor. Versuchen Sie sich so lebhaft und deutlich wie nur irgend möglich an Ihre Großeltern oder Urgroßeltern zu erinnern. Betrachten Sie sie mit den Augen einer Erwachsenen. Prüfen Sie, welche Depressionssymptome sie möglicherweise zeigten. Machen Sie dasselbe mit Tanten, Onkeln und natürlich mit Ihren Eltern.

Wir haben bereits erwähnt, daß Ihre Verwandten möglicherweise zurückhaltend auf Ihre Fragen reagieren werden, aber Sie sollten auch bedenken, wie *Sie* möglicherweise auf die Antworten, die Sie erhalten, reagieren werden. Ich habe es oft erlebt, daß sich Patientinnen nach Abschluß dieser Übung zunächst einmal schlechterfühlten. Es kann ein gewagtes Unternehmen sein, alte Familienleichen aus dem Keller zu holen, die eigene Anfälligkeit zu entdecken und sich ernsthafte Depressionen einzugestehen, und es ist nicht ungewöhnlich, daß wir Gefühle des Grolls und der Wut entwickeln oder ein Bedürfnis, uns zeitweise von dem (den) Familienmitglieder(n) zurückzuziehen, die in erster Linie für unsere Anfälligkeit »verantwortlich« sind.

Aber diese Gefühle sind üblicherweise vorübergehender Natur und ein großartiges Beispiel dafür, warum es gut sein kann, sich schlechtzufühlen. Die nächste Phase des Erkundungsprozesses wird von einem Gefühl der Erleichterung geprägt: Zumindest wissen Sie jetzt, wo Sie stehen, und können besser begreifen, wie Ihre Vergangenheit Ihre Gegenwart beeinflußt. Die Schritte, die Sie unternehmen, um die Wahrheit aufzudecken, und das Wissen, das Sie gewinnen, erzeugen neue Energie und zerstreuen Selbstvorwürfe. Jetzt können Sie mit neuem Elan daran gehen, sich davor zu schützen, daß Ihnen dieselben deprimierenden Erfahrungen widerfahren.

Nachdem Sie eine familiäre Bestandsaufnahme gemacht haben, sollten Sie jetzt die Muster analysieren, die Sie sehen. Welche Depressionssymptome wurden jeweils weitergegeben, besonders bei den Frauen in der Familie? Halten Sie Ihre Gefühle und Beobachtungen schriftlich fest – am besten am Rande der Notizzettel und Blätter mit Informationen, die Sie zusammengetragen haben. Wenn Sie damit fertig sind, gehen Sie einen Schritt weiter und

fassen Sie dieses Wissen zusammen, indem Sie einen Familienstammbaum der Depressionen errichten. Lernen Sie, wie Sie Ihr
emotionales Erbe zu Ihrem Vorteil nutzen können.

2. Errichten Sie einen Familienstammbaum der Depressionen!

Es mag Ihnen zunächst töricht vorkommen, einen Familienstammbaum der Depressionen zu zeichnen, aber in unseren Workshops
haben wir die Erfahrung gemacht, daß diese Übung den Teilnehmerinnen zu einem klareren Bewußtsein über die Wurzeln ihrer Depressionen verhilft als alle Worte. Beginnen Sie, indem Sie einen
dicken Stamm mit einem braunen Buntstift oder einem Leuchtmar-
ker auf ein großes Stück Papier malen. Zeichnen Sie dann die Äste,
angefangen mit Ihren Urgroßeltern auf beiden Seiten, Ihren Großeltern, Ihren Eltern, Ihren Brüdern und Schwestern. Achten Sie darauf, daß Sie andere wichtige Verwandte, wie Onkel und Tanten,
nicht vergessen. Im Gegensatz zu üblichen Familienstammbäumen,
die sich einzig auf Blutsverwandte beziehen, ist an diesem Baum
auch Platz für andere Menschen, die das Verhalten und die Einstellungen primärer Familienmitglieder eventuell beeinflußt haben.
Das könnten beispielsweise eine Stiefmutter oder ein enger Freund
der Familie sein.

Jetzt zeichnen Sie an jeden Zweig, der einen Verwandten oder ein
weitläufigeres Familienmitglied repräsentiert, entweder einen roten
oder einen schwarzen Apfel. Schwarze Äpfel repräsentieren Verwandte, die signifikant depressiv waren. Rote Äpfel repräsentieren
diejenigen, die von Grund auf depressionsfrei waren und ein aktives, produktives Leben führten (oder führen). Ordnen Sie den roten
und schwarzen Äpfeln jeweils eine Zahl zwischen 1 und 10 zu,
wobei sich die Bewertung auf folgende Vorgaben bezieht:

1 Verwandter hatte minimale oder gar keine Depressionen
2–5 Steigendes Maß von Gesunden Depressionen
6–10 Steigendes Maß von Ungesunden Depressionen

Falls Sie sich aus irgendeinem Grunde außerstande sehen, eine Wertung für eine bestimmte Person abzugeben, fragen Sie andere Familienmitglieder nach deren Eindrücken und Einschätzungen. Obwohl dies eine anstrengende Prozedur sein kann, geben Sie nicht auf und gehen Sie bestimmten Dingen auch nicht aus dem Weg. Sobald Ihr Familienstammbaum der Depressionen steht, studieren Sie ihn sorgfältig. Je höher die Zahlen und je dichtgedrängter die schwarzen Äpfel an ihren Zweigen hängen, desto mehr Grund zur Sorge haben Sie. Je mehr schwarze Äpfel Sie zählen, desto anfälliger sind Sie und desto wahrscheinlicher ist es, daß Sie eine ererbte Depression entwickeln werden. Solche Äpfel sind potentielles Gift für Sie.

3. Ermitteln Sie Ihre gegenwärtige Anfälligkeit für Depressionen!

Nun sollten Sie eine persönliche Bestandsaufnahme vornehmen und sich fragen, inwieweit Ihr depressives Erbe Sie heute beeinflußt. Bitten Sie beispielsweise verschiedene enge Freunde und Familienmitglieder darum, Ihnen aufrichtig zu sagen, wie glücklich und zufrieden Sie ihnen vorkommen. Haben sie das Gefühl, daß Sie depressiv sind? Sind Sie so chronisch erschöpft oder so häufig gereizt, daß sie sich Sorgen über Sie machen? Halten sie Sie gesellschaftlich für zu reserviert oder im Gegenteil zu aktiv, wobei Ihnen dennoch wirklich bedeutungsvolle Beziehungen fehlen? Bitten Sie sie, Sie auf einer Skala von 1 (wenig depressiv) bis 10 (sehr depressiv) einzuordnen.

Halten Sie das Feedback, das Sie von ihnen bekommen, schriftlich, auf Kassette oder auf Video fest. Haken Sie nach, wenn Ihnen etwas unverständlich erscheint. Wenn Sie den Drang verspüren, auf das Gesagte zu reagieren, warten Sie ab. Lassen Sie einige Zeit verstreichen und überdenken Sie das Ganze lieber noch einmal. Halten Sie Ihre Reaktionen schriftlich fest, dadurch werden Sie objektiver. Mündlich sollten Sie es bei einem einfachen »Dankeschön« belassen. Das wird beide Parteien vor, wie auch immer gearteten, negativen Gefühlen schützen, die durch die Aufrichtigkeit Ihrer Freunde oder Familienmitglieder bei Ihnen entstehen könnten. Wenn Sie in die Offensive gehen, werden sich Ihre Freunde möglicherweise zurückziehen und das nächste Mal, wenn sie um Hilfe gebeten werden, weniger offen zu Ihnen sein. Eine wütende oder defensive Reaktion Ihrerseits könnte überdies ein Zerwürfnis provozieren und Sie daran hindern, die Informationen aufzunehmen, die sie Ihnen geben. Seien Sie aufgeschlossen – wenn das, was Sie zu hören bekommen, aufwühlend für Sie ist, steckt wahrscheinlich ein Kern Wahrheit darin, sonst würden Sie nicht so heftig reagieren.

Veranschlagen Sie, wie viele Veränderungen, Verluste, Enttäuschungen, Krankheiten und Traumen Sie in den letzten sechs Monaten hinnehmen mußten. Es ist wichtig, daß Sie von Zeit zu Zeit in sich gehen und sich dieser Art von Streßkontrolle unterziehen. Zuviel Streß übt mit Sicherheit eine Auslöserfunktion auf Ihre Anfälligkeit für ererbte Depressionen aus. Wenn Sie Ihrem Streßlevel auf der Spur bleiben, sind Sie sich auch Ihres jeweiligen Depressionsrisikos bewußt. Wann immer Sie merken, daß Ihr Risikolevel höher ist als üblich, können Sie dann gegensteuern und sich schützen, indem Sie besonders gut auf sich aufpassen.

Und so gehen Sie vor, um Ihr Risikolevel für Depressionen zu bestimmen: Schreiben Sie zunächst einmal typische Ereignisse oder Situationen nieder, die depressive Gefühle bei Ihnen verursachen. Die folgende Liste enthält jene Art von Ereignissen, die Frauen am wahrscheinlichsten depressiv machen. Sie basiert auf der klinischen Theorie, meinen eigenen Erfahrungen und denen meiner Patientinnen und Studentinnen. In der linken Spalte finden Sie depressionsfördernde Ereignisse. In der rechten Spalte finden Sie die Bewertungen, angefangen bei 1, was bedeutet, daß es sehr unwahrscheinlich ist, daß diese Ereignisse Depressionen auslösen, bis zu 10, was bedeutet, daß dies die Hauptgründe für weibliche Depressionen sind (und in vielen Fällen auch die der männlichen).

Tabelle: Anfälligkeit für Depressionen

In den letzten sechs Monaten habe ich folgendes erlebt: Bewertung

- Tod eines geliebten Menschen   10
- Signifikanter körperlicher oder sexueller Mißbrauch   10
- Größerer Verlust oder Enttäuschung in einer nahen
  Beziehung (einschließlich Trennung oder Scheidung)   9–10
- Andere signifikante Traumen: körperliche Verletzungen
  nach Unfällen, Einbrüchen, natürlichen oder selbst-
  verursachten Katastrophen, Beginn einer schweren
  Krankheit usw.   9–10
- Signifikanter ökonomischer Rückschlag oder finanzielle
  Entbehrungen (einschließlich Jobverlust)   8–10
- Scheitern an einem wichtigen Ziel, das man sich
  gesteckt hat   7–8
- Umzug (auch ein erwünschter)   6–7
- Geburtstage oder Ereignisse, die einem das Gefühl geben,
  zu alt zu sein   5–6
- Sexuelle Belästigung durch einen Vorgesetzten   5–6
- Unerwünschte Gewichtszunahme um mehr als fünf Kilo   4–5
- Zuviel Arbeit über einen zu langen Zeitraum   3–4

Sie können dieser Liste ähnliche Streßmomente Ihrer Wahl hinzufügen und sie entsprechend ihrem Beitrag zu Ihrer Depression bewerten. Falls Sie eine ererbte Depression haben und kürzlich zwei oder mehrere Ereignisse erlebten, die eine Punktzahl von 5 oder mehr erreichen, sind Sie gegenwärtig anfällig für eine Depression. Sie sind wahrscheinlich in diesem Moment depressiv und haben auch allen Grund dazu. Selbst wenn Sie nur auf *eine* Punktzahl von 7 oder mehr kommen, sind Sie sehr anfällig für Depressionen und würden davon profitieren, sofort etwas dagegen zu tun.

Wenn diese Bestandsaufnahme bei Ihnen Unbehagen hervorruft, ist das ein gutes Zeichen. Es bedeutet, daß Sie nicht nur den Mut haben, sich der Wahrheit zu stellen, sondern inzwischen auch verstärkt dazu bereit sind, etwas dagegen zu unternehmen, sonst würden Sie keine Angst verspüren. Sie wissen nun Bescheid über das

Maß Ihrer Anfälligkeit und können lernen, sich besser zu schützen. Ich empfehle Ihnen, auch die übrigen Strategien und Techniken in diesem Buch zu studieren und zu praktizieren. Konzentrieren Sie sich darauf, sich mehr um Ihr körperliches und seelisches Wohlergehen zu kümmern. Besuchen Sie Workshops und Kurse zur Streßvermeidung und Problembewältigung. Wenn Sie wissen wollen, wie man es macht und wie man es besser nicht macht, werfen Sie einen Blick auf die Erfolge und Mißerfolge Ihrer Familienmitglieder, das heißt, lernen Sie daraus, wie effektiv oder ineffektiv diese mit ihren schlechten Gefühlen umgegangen sind.

4. Basteln Sie »Depressions-Puppen« für bestimmte Familienmitglieder!

Wie setzen Sie nun das Wissen, das Sie über ererbte Depressionen gesammelt haben, wirkungsvoll um, damit sich Ihre Lebensqualität verbessert? Eine Strategie, die von vielen meiner Patientinnen und Studentinnen als nützlich angesehen wird, besteht darin, »Depressions-Puppen« zu basteln. Wenn Sie beim Lesen dieser Übung das Gefühl haben, Sie kämen sich dumm vor oder es wäre Ihnen peinlich, diese zu machen, lassen Sie es lieber bleiben. Sie werden in anderen Kapiteln andere Strategien finden, die weniger unangenehm und damit nützlicher für Sie sind. Nicht jede Übung in diesem Buch ist, wie gesagt, nach jedermanns Geschmack. Aber wenn Sie dazu bereit sind, bei dieser oder irgendeiner anderen Übung zumindest einen Versuch zu wagen, werden Sie vielleicht überrascht und erstaunt sein, wie sehr sich diese Aktionsstrategien bezahlt machen.

Und so gehen Sie vor beim Basteln Ihrer »Depressions-Puppen«: Denken Sie zunächst an das eine Familienmitglied, ob tot oder lebendig, von dem Sie, wie Sie glauben, die meisten Depressionen geerbt haben. Machen Sie eine kleine Puppe aus Stoff oder Pappe, die diese(n) depressive(n) Verwandte(n) repräsentieren soll. Wählen Sie ein dunkles oder graues Material oder welche Farbe auch immer Sie mit Depressionen assoziieren. Richten Sie die Puppe so her, daß sie Sie an dieses betreffende Familienmitglied erinnert. Martha bastelte eine Großvater-Puppe, die in der einen Hand ein

Gewehr und in der anderen einen Hypothekenschein trug. Ich bastelte eine Vater-Puppe und hängte ihm mit einer Kordel ein Auto um den Bauch, wobei ich das Auto in rote Farbe tauchte und die Puppe rot bespritzte, um so das Blut meines Vaters darzustellen.

Dann fertigen Sie eine zweite Puppe an, die Sie in helle, lebensbejahende Farben kleiden. Sie soll das Familienmitglied symbolisieren, das am wenigsten depressiv war oder das am durchschlagendsten und effektivsten mit seiner/ihrer Depression oder seinen/ihren Problemen fertig wurde. Auch hier sollten Sie die Puppe wieder mit etwas dekorieren, was Sie an diese Person erinnert. Martha bastelte eine weiße Seidenpuppe ihrer Großmutter Wanda und kaufte ein kleines Puppenbett, das sie als Symbol ihres Überlebenswerkzeugs an Wandas Hand annähte. Sie packte Großmutter Wanda in einen braunen Kittel aus Sackleinen, um ihr rauhes Farmererbe darzustellen. Und als letzte Geste des Triumphes machte Martha ihrer Großmutter-Wanda-Puppe eine rote Sonnenblende aus Pappe, um ihre letzten Jahre der Freiheit zu zeigen, die sie in der warmen Sonne von Phoenix verbrachte.

Nachdem Sie Ihre positive und Ihre negative »Depressions-Puppe« gebastelt haben, setzen Sie sie jeden Morgen nach dem Bettenmachen auf Ihr Kissen. Tragen Sie sie einige Wochen lang bei sich – im Rucksack, in der Handtasche, der Aktentasche oder dem Auto. Berühren Sie sie. Denken Sie darüber nach, was sie bedeuten und wen sie repräsentieren. Erinnern Sie sich an die Gefühle, die in Ihnen hochkamen, als Sie die Puppen bastelten. Die Puppen sollen Sie ständig daran erinnern, daß Sie die Wahl haben, wen Sie imitieren wollen, wie Sie sich verhalten und was Sie denken. Wie fällt Ihre Wahl aus? Identifizieren Sie sich mit der dunklen, depressiven Puppe oder mit der hellen und lebenslustigen? Sind Sie dabei, die depressiven Muster Ihrer Familienmitglieder zu wiederholen?

Ihre Depressions-Puppen sind sichtbare Zeichen, die Sie, wenn Sie sich anfällig fühlen, auch berühren, betasten und bei sich tragen können. Die Puppen können Sie daran erinnern, daß Sie Wahlmöglichkeiten und Alternativen haben, daß Sie sich entscheiden können, wie Sie mit Ihren Depressionen umgehen. Halten Sie die positive Puppe griffbereit als ein Zeichen dafür, daß schon andere vor

Ihnen es geschafft haben, ein positives, produktives Leben zu führen. Mit etwas Energie und Übung können Sie das auch.

Sie sollten nach dem Lesen dieses Kapitels eines nicht vergessen: Sie müssen nicht depressiv werden oder bleiben, nur weil Sie eine Anfälligkeit für ererbte Depressionen haben. Viele Familienmitglieder werden Ihnen gezeigt haben, wie man es besser nicht macht, aber zumindest einige wenige, so hoffe ich, wie man es macht. Es kann zunächst deprimierend sein, auf eine ererbte Depression zu stoßen, aber Sie sollten darüber nicht das Positive aus den Augen verlieren. Sie lernen heute Methoden zur Bewältigung von Depressionen, von denen Ihre Familie niemals wußte und die sie deshalb auch nicht weitergeben konnte, denn Informationen über diese Art emotionaler Bewältigung waren bis vor kurzem einfach nicht verfügbar. Sie haben Mittel an der Hand, die sie niemals hatten. Wenn Sie diese Mittel einsetzen, können Sie die Ketten der Depression, die Generation für Generation gefangenhielten, für immer durchbrechen.

3

Der Traditionelle Kern:
Unser kulturelles Gewissen

Man kann die Macht des Traditionellen Kerns gar nicht hoch genug einschätzen. Er formt und beeinflußt die Identitäten und Leben selbst der erfolgreichsten Frauen. Die britische Autorin Agatha Christie beispielsweise sträubte sich immer dagegen, sich selbst als Schriftstellerin zu bezeichnen. Sie betrachtete ihre Arbeit mehr als Hobby denn als Beruf. Sie haben hier eine Frau, die siebenundsechzig Romane, sechzehn Stücke und sechzehn Sammlungen von Kurzgeschichten schrieb. Was, glauben Sie, hat sie als ihren Beruf angegeben? Mit zwei Worten gesagt: »verheiratete Frau«.

Dr. Alice Rubenstein, Psychologin und Autorin

Während Caroline das Essen zubereitete, besprachen sie und ihr Ehemann Roy, mit dem sie seit einundvierzig Jahren verheiratet war, die Ereignisse des Tages. Plötzlich wich alle Farbe aus Roys Gesicht, und er sank zu Boden. Caroline schrie auf, hatte sich aber schnell wieder in der Gewalt und versuchte, ihn wiederzubeleben. Als er nicht reagierte, rief sie den Notarzt und wiegte ihn in ihren Armen, bis die Sanitäter eintrafen. Während der Fahrt zum Hospital murmelte Caroline vor sich hin: »O Gott, bitte nein.« Roy wurde sofort in die Intensivstation für Herzkranke aufgenommen, aber alle Wiederbelebungsversuche waren vergebens.

Die sechzigjährige Caroline brauchte mehr als zwei Jahre, bis sie akzeptieren konnte, daß Roys Leben zwar geendet hatte, ihres aber weitergehen mußte. Sie hatte oft davon gesprochen, wieder aufs College zu gehen – das sie nach der Heirat mit Roy verlassen hatte –, und entschied, daß es nun endlich an der Zeit sei, ihren Traum zu erfüllen.

Diese Entscheidung zu fällen, das war leicht. Sie auszuführen, das erwies sich als ziemlich schwierig. Nachdem sich Caroline bei einer örtlichen staatlichen Universität eingeschrieben hatte, verschleppte sie die Sache. Sie brachte alle möglichen Entschuldigungen vor, um sich nicht mit ihrem Tutor treffen und sich nicht den Eignungstests am Berufsberatungszentrum des Campus unterziehen zu müssen. Sie hatte Angst, sie wäre dafür nicht intelligent genug, und war sich darüber hinaus schmerzlich ihres Alters bewußt. Es machte sie verlegen, daß sie wahrscheinlich die einzige Großmutter in ihren Kursen war.

Die Tatsache, daß die zwei Söhne von Caroline ihr Vorhaben nicht unterstützten, trug zu ihrem Dilemma bei. Sie säten Zweifel in ihr, die dazu führten, daß Caroline sich fragte, ob ihr Wunsch nach persönlichem Wachstum und Leistung wirklich wichtiger war als ihre Verfügbarkeit für die Familie. Ihre Söhne ärgerten sich darüber, daß sie nicht »alles so lassen« konnte, wie es war, und fürchteten, sie könnte nicht mehr genügend Zeit haben, um die Rolle der plätzchenbackenden Großmutter mit Schürze zu erfüllen, die für ihre Kinder sorgte. Ihre mangelnde Unterstützung erzeugte gemischte Gefühle in Caroline. Sie liebte das Gefühl, gebraucht zu werden, ärgerte sich aber über die selbstsüchtige Entschlossenheit ihrer Söhne, sie erneut auf ihre fürsorgliche Rolle zu degradieren.

Ruth, dreiundvierzig Jahre alt, war dankbar dafür, daß sie nicht mit der Art von familiären Bindungen konfrontiert war, die Caroline gefangen hielten. Geschieden und extrem unabhängig, wie sie war, hatte Ruth in den letzten zehn Jahren als freiberufliche TV-Produzentin gearbeitet. Als die Zeiten gut waren, produzierte sie Videos für Promotionkampagnen und arbeitete für ein Fremdenverkehrsamt an der West Coast. Als die Geschäfte schlechter gingen, filmte sie Hochzeiten und andere Familienfeste, damit sie die Miete bezahlen konnte. Sie arbeitete allein und hatte sich auf ihrem Gebiet eine gute Reputation erarbeitet. Dennoch fand sie es immer schwieriger, die Energie aufzubringen, um sich ständig zu verkaufen und nach Arbeit zu suchen. Ruth fühlte sich oft ausgebrannt und ärgerte sich darüber, daß sie so viel arbeitete und so wenig verdiente.

Ruth war nicht daran interessiert, wieder zu heiraten. Sie liebte ihre Freiheit zu sehr, als daß sie Kompromisse eingegangen und ihre Möglichkeiten eingeschränkt hätte. Aber es gab Zeiten, in denen sie sich einsam fühlte und sich fragte, ob etwas mit ihr nicht stimmte, weil sie unverheiratet bleiben wollte. Schließlich waren die meisten ihrer Freundinnen verheiratet und schienen glücklich zu sein. Was, fragte sie sich, versäumte sie?

Angela, zweiunddreißig Jahre alt, war ebenfalls unverheiratet, aber nicht aus freien Stücken. Tatsächlich war es ihre Obsession, einen Ehemann zu finden. An den Wochenenden war sie Stammgast in den örtlichen Nachtklubs, wo sie nach einem Mann Ausschau hielt, der ihr zu einem besseren Leben verhelfen würde. Selbst bei der Arbeit war Angela auf Männerjagd. Sie tat, was sie nur konnte, um Aufmerksamkeit zu erregen. Sie trug Röcke, die zu kurz waren, und Pullover, die zu eng waren. Aber das einzige, was sie zu erregen schien, war der Spott ihrer Kolleginnen, die mit ihr bei der Baufirma arbeiteten, bei der sie als Schreibkraft angestellt war.

Angela war einsam, und das tat weh. Ihre einzige verläßliche Gefährtin auf der Welt war ihre Katze, Tinkerbell. Als Tinkerbell vom automatischen Garagentor eines Nachbarn eingeklemmt wurde und sich ein Bein brach, kosteten die Operation und auftretende Komplikationen Angela beinahe sechshundert Dollar. Sie war absolut abgebrannt und konnte es sich schlicht nicht leisten, ein Zweiwochengehalt für ihre Katze auszugeben.

Um die Sache noch schlimmer zu machen, drohte Angelas Vermieter damit, die Miete ihres Studioapartments zu erhöhen. Darüber hinaus kursierten in der Firma Gerüchte, wonach die anhaltende Rezession möglicherweise zu Entlassungen führen würde. Obwohl sie seit fünf Jahren bei der Firma arbeitete, war sie sich nicht sicher, ob sie in der nächsten Woche nicht vielleicht ohne Job dastehen würde. Zum ersten Mal in ihrem Leben konnte Angela verstehen, wie es dazu kam, daß berufstätige Frauen obdachlos wurden. Zum ersten Mal wurde ihr klar, weshalb sie niemals auf ihren Vater hätte hören sollen, als dieser zu ihr gesagt hatte, sie könnte es sich sparen, aufs College zu gehen, weil sie »ja sowieso heiraten« würde.

Caroline, Ruth und Angela machen jeweils eine Gesunde Depression durch. Und so unterschiedlich ihre Depressionen auf den ersten Blick auch erscheinen mögen, haben sie doch alle ihren Ursprung in dem, was ich den Traditionellen Kern (TK) nenne.

Der Traditionelle Kern ist das kulturelle Gewissen einer Frau, ein Knäuel von traditionellen Werten und traditionellem Denken, das im tiefsten Inneren jeder Frau existiert und uns diktiert, wie wir uns zu verhalten haben und welche Rollen »richtig« und welche »falsch« für uns sind.

Er hat sich in jahrhundertelanger kultureller Konditionierung herausgebildet. Wie ein Gewissen ist der Traditionelle Kern ein machtvolles Leitsystem, das sich mit der Zeit durch die elterlichen und gesellschaftlichen Botschaften, die wir als Frauen erhalten, herausbildet.

Unser Traditioneller Kern wird sehr früh geformt, noch bevor wir sprechen können, denn unsere Eltern reagieren auf ihr kulturelles Erbe und bringen uns gewöhnlich die Gebote des richtigen Geschlechterrollenverhaltens bei, die man ihnen beibrachte. Einige Frauen, besonders jene, die in streng traditionellen Haushalten aufwuchsen, haben mächtige, dominante TKs. Andere, wie etwa jene, die in eher nichttraditionellen, weniger konservativen Elternhäusern aufwuchsen, haben TKs, die weniger einflußreich sind.

Wie unser Gewissen ist der Traditionelle Kern ein Führer, der zu uns zu sprechen scheint. Er erzählt uns, was richtig und falsch, feminin und maskulin, angemessen und unangemessen ist. Es ist ein bißchen so, als säße uns ein kleiner Mann im Ohr. Jede Frau hat ihre eigene Vorstellung davon, wie ihr Traditioneller Kern ausschaut und wie er sich anfühlt.

Eine Patientin hatte folgende Vision von ihrem TK: Er glich dem großen und mächtigen Zauberer von Oz, bevor er in einer Jahrmarktbude als bloßer Sterblicher zur Schau gestellt wurde. Eine andere ist sich sicher, daß ihr Traditioneller Kern genau wie Harriet Nelson ausschaut. Andere sehen ihren Traditionellen Kern als heilsbringenden Engel im Nebel, als Superfrau, die es allen recht zu machen versucht, oder als schrullige Märchengestalt, deren Worte und Taten eher in der Phantasie zu Hause sind als in der Realität.

Gleichgültig, wie wir uns unseren Traditionellen Kern vorstellen, die Botschaften der »traditionellen Werte« bleiben sich gleich, denn wir alle empfingen ähnliche kulturelle Botschaften. Diese altertümlichen Stimmen gehen auf kulturelle Ablagerungen zurück, die aufgrund jahrhundertelanger Konditionierung, was das richtige Rollenverhalten von Männern und Frauen betrifft, entstanden. Es ist ziemlich schwierig, sie zu ignorieren, selbst wenn sie Botschaften beinhalten, die die Realitäten unseres Lebens nicht länger realistisch oder angemessen berücksichtigen. Wenn wir von »Rollen« sprechen, reden wir von sozial erwarteten Verhaltensmustern, die gewöhnlich mit einem individuellen Status in der Gesellschaft in Verbindung stehen. Je niedriger der Status, desto rigider und festgeschriebener sind die Rollen bezeichnenderweise. Weil Frauen seit Jahrhunderten auf den untersten Stufen der sozialen Leiter stehen, hatten unsere Rollen mehr als genug Zeit, um sehr genau definiert und äußerst exakt vorgeschrieben zu werden. Tatsächlich sind die Rollen so stark, daß sie ein Eigenleben entwickelt haben. Sie sind wie eine Kraft, die tief in unserem Inneren lebt.

Selbst wenn wir ziemlich modern sind und glauben, von unserem Traditionellen Kern unabhängig zu sein, brauchen wir nur einmal seine Gebote mißachten, und schon können wir sicher sein, seinen Zorn zu spüren. Dann wird der TK zur negativen Kraft, weil er uns die Freiheit nimmt, Entscheidungen zu treffen, und uns einen rigiden Verhaltenskodex auferlegt, der auf ungesunden und irrigen Annahmen beruht. So wie die Zehn Gebote sind auch die Gebote des Traditionellen Kerns in Stein gemeißelt und scheinen die Direktiven einer höheren Macht widerzuspiegeln. Obwohl es Unterschiede von Frau zu Frau gibt, scheinen die generellen Gebote für Frauen grundlegend dieselben zu sein – Jahr für Jahr, und manchmal sogar Jahrhundert für Jahrhundert.

Die zehn Gebote des negativen Traditionellen Kerns

I. Du sollst dich erst dann um dich selbst kümmern, nachdem du dich um alle anderen gekümmert hast.

II. Du sollst den Namen von Männern nicht mißbrauchen.

III. Du sollst nicht damit drohen, daß du gehst, egal wie schlimm die Dinge werden.

IV. Du sollst dich sehen lassen (sei also besser hübsch!), aber nicht zu hören sein.

V. Du sollst finanziell und emotional von Männern abhängig sein.

VI. Du sollst immer schlank bleiben.

VII. Du sollst niemals älter werden.

VIII. Du sollst sexuell den Männern dienen, wann immer sie es wünschen.

IX. Du sollst deine Arbeit niemals für wichtiger halten als die eines Mannes.

X. Du sollst dir keine Rechte herausnehmen, die über jene hinausgehen, die dir von Männern gewährt werden.

Als ich die Liste zusammenstellte, wurde ich traurig. Was empfinden Sie, wenn Sie diese Sätze lesen? Ich war traurig, weil ich daran erinnert wurde, wie krank diese Gebote unsere Gesellschaft gemacht haben, sowohl Männer als auch Frauen. Sie sind so rigide und erdrückend, daß sie Menschen beiderlei Geschlechts davon abhalten, zu wachsen und ihr eigenes Potential zu erkennen. Sie ersticken unsere Freiheit und unseren Drang, neue Verhaltensweisen und gesündere Beziehungen zwischen Männern und Frauen zu erforschen.

Wenn sie blind befolgt werden, verursachen die Gebote des Traditionellen Kerns Depressionen, weil sie in so starkem Widerspruch zu den Anforderungen und Gegebenheiten des modernen Lebens stehen. Wenn wir uns dafür entscheiden, uns nicht konform zu verhalten, und uns entschließen, über das hinauszugehen, was der TK als richtig oder weiblich betrachtet, können wir sicher sein, daß wir uns schuldig und verunsichert fühlen. Wie unser Gewissen hat der TK die Macht, uns zu quälen und zu kontrollieren.

Es ist kein Wunder, daß der Traditionelle Kern eine solche Macht hat. Seit dem Anfang unserer Geschichtsschreibung wurden Frauen als Besitz behandelt, zuerst von ihren Vätern und dann von ihren Ehemännern. Die Rolle der Frau war es, dem Mann zu dienen. Wir waren emotional und körperlich das Herz des Heimes, sollten lieben, dienen und gehorchen. Und in dieser Eigenschaft lernten wir auch vieles vom TK, das als Stärke erlebbar ist.

Wir sollten nämlich nicht vergessen, daß der TK zwar eine starke negative Seite hat, aber auch eine gleichermaßen gutentwickelte, positive Seite, die uns eine wirkliche Quelle von Stärke sein kann. Diese Stärken stellen eine natürliche Ressource für uns dar, auf die wir zurückgreifen können, wenn wir uns ihrer Präsenz bewußt bleiben und wissen, wie und wann wir sie einsetzen können.

Die positive Seite des Traditionellen Kerns

1. Der TK macht uns zu guten Kommunikatorinnen.

Weil Frauen traditionell nicht dazu ermutigt wurden, Dinge offen und direkt anzusprechen, sind wir sehr viel besser darin, Gesichtsausdrücke, Körpersprache oder andere nonverbalen Fingerzeige zu lesen als Männer. Tatsächlich ist unsere »weibliche Intuition«, unsere instinktive Fähigkeit, Gefühle zu verstehen und mitzuteilen und offen und ehrlich über persönliche Fragen und Beziehungsprobleme zu sprechen, eines der größten Geschenke, das uns der Traditionelle Kern gibt. Wir können Nuancen eines Gefühls mit großer Genauigkeit ausdrücken, während viele Männer nicht einmal wissen, ob sie überhaupt Gefühle haben. Ironischerweise erweisen sich diese besser entwickelten kommunikativen Fähigkeiten als immer wichtiger im Geschäftsleben. Auch die Manager erkennen mittlerweile den Wert und die Notwendigkeit guter Kommunikation und sind dabei, sich den Frauen als Führungskräften und Lehrerinnen kommunikativer Fähigkeiten zuzuwenden.

2. Indem wir anderen Kraft geben, gewinnen wir selbst an Stärke.

Unser Traditioneller Kern ist eine Quelle enormer Kraft, wenn es um die Ermutigung und Bestärkung von anderen geht. Wenn wir uns so verhalten, ist es befriedigend und lohnend für alle Beteiligten. Wenn wir das Wachstum und die Kraft in anderen fördern, indem wir ihnen helfen, über sich selbst hinauszuwachsen, stärken wir dabei auch unseren Selbstwert. Wir fühlen uns erfolgreich und nützlich, weil wir es sind. Es festigt überdies unsere Beziehung zu anderen, weil wir das Gefühl haben, wir investieren in sie persönlich. Solange wir ein gewisses Gefühl von Gleichgewicht aufrechterhalten und unsere eigenen Bedürfnisse dabei nicht vergessen, stellt die besondere Vorliebe des TK für Fürsorge und Unterstützung einen der schnellsten Wege zu Intimität dar. Sie gibt uns das Gefühl, geschätzt zu werden und geborgen zu sein.

3. Der TK erinnert uns daran, welchen Wert Heim, Familie und unsere Geschichte haben.

Der Traditionelle Kern dient als ein Anker. Er erinnert uns daran, daß wir uns wahrscheinlich unvollständig fühlen werden, gleichgültig, wieviel wir beruflich erreichen mögen, wenn wir nicht ebensoviel Zeit und Energie darauf verwenden, intime Beziehungen aufzubauen und uns ein sicheres, angenehmes Heim zu bewahren. Der TK hilft uns dabei, von der Hast einer in wachsendem Maße nichttraditionellen Welt Abstand zu nehmen und in Kontakt zu treten mit unseren Werten, unseren Traditionen, unserer Familiengeschichte, dem, was wirklich von Bedeutung für uns ist. Der TK ist die warme, stille Seite unseres Selbst, die Rituale aufrechterhält und für jene, die wir lieben, Erinnerungen schafft, die verbindend sind.

Die Ferienzeit beispielsweise ist die jährliche Hochsaison des TK. Der TK ermutigt uns, den Weihnachtsbaum zu schmücken oder Plätzchen zu backen, selbst wenn wir uns ausgelaugt fühlen und eigentlich zu beschäftigt sind. Wegen ihm kochen wir für enge Freunde, statt Fertigmahlzeiten zu bestellen. Wegen ihm nehmen wir uns diese Extraminute Zeit, um eine kleine Zeichnung hinzukritzeln und sie in die Vespertasche unserer Kinder zu legen, selbst wenn das bedeutet, daß wir uns mit dem Anziehen beeilen müssen, um zur Arbeit zu kommen. Wegen ihm nehmen wir uns Zeit für ein gemeinsames Dinner mit unserem Liebespartner, selbst wenn das bedeutet, daß wir den Mikrowellenherd einschalten und Tiefgekühltes verspeisen. Wegen ihm besuchen wir Gottesdienste und sind ergriffen. Durch diese Arten von Aktivitäten hält uns der TK in Kontakt mit unserem kulturellen Erbe und erinnert uns ständig an den Wert von Traditionen.

4. Der TK stellt Gemeinschaft her.

Der TK bringt ein starkes Gefühl der Gemeinschaft und Verbindung zu anderen Menschen hervor – das reicht von Liebespartnern, Verwandten, Kindern und Freunden bis hin zu Kollegen oder den Menschen auf der Bank oder von der chemischen Reinigung. Es ist der TK, der uns erkennen läßt, wie sich andere Leute fühlen, und uns dazu ermutigt, die Hand auszustrecken und Hilfe anzubieten, ob es sich nun darum handelt, einen Nachmittag lang ehrenamtlich einen Stand auf dem gemeindeeigenen Wohltätigkeitsbasar zu betreiben, eine Geburtstagskarte im Büro herumzugeben oder alles andere zurückzustellen, weil uns ein Freund wirklich braucht. Dieser Gemeinschaftssinn – ein direktes Nebenprodukt unseres Traditionellen Kerns – bereichert unser Leben und trägt zu unserer Gesundheit bei.

5. Der TK fördert Vertrauen, Geduld, Rücksichtnahme und Versöhnlichkeit.

Der TK fördert Werte, die leicht vergessen werden in unserer zunehmend übersteigerten Leistungsgesellschaft. Wir sind manchmal so gefangen in unserer eigenen Welt der Projekte und Prioritäten, daß wir vergessen, freundlich, geduldig und versöhnlich zu sein – nicht nur anderen, sondern auch uns selbst gegenüber. Wenn wir ständig unter Hochdruck arbeiten und dem Erreichen gewisser Ziele hinterherjagen, scheinen diese Qualitäten eher lästig als notwendig. Aber tatsächlich sind sie das Fundament jeder erfolgreichen Kommunikation oder Beziehung. Ein ausgeglichener TK lehrt und ermutigt uns, andere und uns selbst gut zu behandeln.

Der TK hat sich jahrhundertelang prächtig entwickelt, weil er sowohl für Männer als auch für Frauen von Vorteil war. Er war so tief verwurzelt, und Frauen und Männer waren sich ihrer kulturellen Konditionierung so wenig bewußt, daß es ihnen gar nicht in den Sinn kam, ihn zu ändern. Der TK funktionierte, weil er zu den ökonomischen und kulturellen Bedürfnissen eines patriarchalischen Systems paßte, in dem Männer die Macht und die Ressourcen kontrollierten und Frauen den Männern dienten, um als Gegenleistung Schutz, Verpflegung und gelegentlich Status zu erhalten.

Aber spätestens in den sechziger Jahren begann sich das System zu wandeln, und der Traditionelle Kern wurde instabiler. Zum ersten Mal seit dem Zweiten Weltkrieg wurden Frauen als Arbeitskräfte gebraucht, um den Stand der Produktion aufrechtzuerhalten und die Nachfrage auf dem Dienstleistungssektor abzudecken. Parallel zum Aufschwung der Wirtschaft stieg auch der Bedarf an Sekretärinnen, Bedienungen, Datentypistinnen, Verkäuferinnen und anderen, niedrig eingestuften Positionen.

Und die Frauen standen bereit, auch wenn dies nicht gerade die Jobs ihrer Träume waren. Viele von ihnen waren es in wachsendem Maße leid, sich durch die Nachkriegsjahre zu waschen, zu staubsaugen und zu kochen. Als Betty Friedan 1963 ihr Buch *Der Weiblichkeitswahn* schrieb, hörten und verstanden Millionen von Frauen ihre Botschaft: Die traditionellen weiblichen Rollen hinterlassen bei Frauen emotionale Leere und Langeweile.

Frauen begannen die traditionellen Rollen in einer Art und Weise in Frage zu stellen, wie es seit 1920, als die Frauen das Wahlrecht eingefordert hatten, nicht mehr geschehen war. Aber erst seit kurzem wird der Traditionelle Kern direkt bedroht. Die nichttraditionelle Rolle der außerhäuslichen Berufstätigkeit ist für die Mehrheit der amerikanischen Frauen zu einer Notwendigkeit geworden, und viele Frauen, die nicht arbeiten müssen, *wählen* die Arbeit aufgrund der finanziellen und emotionalen Zufriedenheit, die sie ihnen schenkt.

Caroline, Ruth und Angela haben jede für sich ihren Traditionellen Kern verletzt. Caroline forderte ihren TK heraus, indem sie wieder aufs College zurückkehrte und ihrem Bedürfnis nachging, eine neue Kraftquelle zu erschließen und einen neuen Lebenszweck zu finden. Ihr negativer TK verursachte bei ihr Schuldgefühle und säte darüber hinaus Selbstzweifel in ihr. Weil es schon so lange her war, seitdem Caroline studiert oder sich geistig gemessen hatte, besaß sie wenig Selbstvertrauen in ihre intellektuellen Fähigkeiten.

Darüber hinaus hatte es Caroline nie gelernt, sich realistische Ziele zu setzen und sich ihnen in kleinen, angemessenen Schritten zu nähern. Statt sich allmählich auf die Universität zuzubewegen, fühlte sie sich gezwungen, entweder an ihrer traditionellen Rolle festzuhalten oder sich kopfüber in eine nichttraditionelle Welt zu stürzen, auf die sie in keinster Weise vorbereitet war. Diese Art des Entweder/Oder-Denkens, die von ihrem TK begünstigt wurde, ließ ihr keinen Ausweg aus ihrem Dilemma, weswegen sie schließlich wütend und depressiv wurde.

Ruths Konflikt mit dem TK resultierte aus ihrer Entscheidung, in einer paarorientierten Gesellschaft allein zu bleiben. Der Traditionelle Kern möchte uns gerne glauben machen, daß es niemanden gibt, der freiwillig allein ist, dennoch war das Singledasein für Ruth die einzige Möglichkeit, das zu bekommen, was sie wirklich wollte in ihrem Leben: die Freiheit, ein kreatives Leben zu führen.

Angela andererseits erfuhr aus erster Hand jene Depression, die das Resultat davon ist, sowohl mit traditionellen Vätern als auch mit unseren TKs Frieden zu halten, indem wir den »leichten Weg« gehen. Seit ihrer Pubertät jagte sie der männlichen Aufmerksamkeit hinterher, nach der man ihr beigebracht hatte, sich zu sehnen, statt ein College oder eine Handelsschule zu besuchen. Generationenlang hatte Angelas Familie geglaubt, daß ein Mann eine Frau glücklicher machen könnte als jeder Job. Angelas TK absorbierte die Botschaft und nahm sie absolut ernst, weswegen sie heute über keine marktfähigen Jobqualitäten verfügt. Und weil bislang noch kein Mann erschienen ist, der sich, wie vom TK versprochen, um sie kümmern würde, ist sie ökonomisch und emotional verletzlich.

Wie Sie sehen, trägt die negative Seite des Traditionellen Kerns zu einer Vielzahl von Gesunden Depressionen bei oder produziert sie, denn sie steht im krassen Widerspruch zu unserer, im wachsenden Maße untraditionellen Welt. Die klassische Doppelbotschaft, die man uns gibt, ist folgende: Sei eine traditionelle Frau; sei aber auch darauf gefaßt, daß du arm, bedeutungslos, ungeschätzt und/oder verlassen wirst, wenn du eine bist.

Wenn wir das Schicksal unseres Traditionellen Kerns erfüllen, sind wir in der Minderheit, auch wenn uns Medien und Massenkultur glauben machen wollen, wir seien Teil einer anhaltenden und gewinnenden Mehrheit. 1970 wurden noch vierzig Prozent aller nationalen Haushalte von traditionellen Hausfrauen geführt. Heutzutage ist nicht einmal jede vierte Frau noch Vollzeit-Hausfrau. Und so wie sich die Zahlen geändert haben, haben sich auch unsere Einstellungen gewandelt. Trotz der Parteilinie unseres Traditionellen Kerns betrachtet die Gesellschaft »Nur-Hausfrauen« zunehmend als Versagerinnen oder sogar als Opfer.

Der TK erzählt uns, wir müßten Mütter sein, um unsere wahre Erfüllung zu finden. Aber wenn wir auf ihn hören, werden viele von uns sich damit konfrontiert sehen, ihre Kinder allein großzuziehen. Die Zahl der alleinerziehenden Elternteile in Amerika ist in den letzten zehn Jahren um einundvierzig Prozent gestiegen, mit der Rekordzahl von 9,7 Millionen im Jahre 1990. Es ist keine Überraschung, daß die breite Mehrheit dieser neuen alleinerziehenden Elternteile aus Frauen besteht. Vierzig Prozent aller Frauen in ihren Zwanzigern werden irgendwann einmal in ihrem Leben alleinerziehende Mütter sein.

Der TK erzählt uns, wir sollten uns in Sachen emotionaler und ökonomischer Sicherheit auf Männer verlassen. Schließlich war es schon immer so. Aber wenn die Männer gehen, wo bleiben wir dann? Die Hälfte bis zwei Drittel aller Frauen, die in den achtziger Jahren geheiratet haben, werden sich scheiden lassen; Frauen über sechzig unterliegen allmählich einem ebensogroßen Scheidungsrisiko wie jüngere Frauen. Ähnlich wie Caroline, die sich nach einundvierzigjähriger Ehe plötzlich mit der Witwenschaft konfrontiert sah, können wir davon ausgehen, daß wir zumindest in den letzten fünfzehn Jahren unseres Lebens verwitwet sind. Um das Alter von etwa Mitte Sechzig werden über die Hälfte von uns verwitwet sein, und um das Alter von Mitte Siebzig werden es zwei Drittel sein.

Selbst Frauen, die auf langjährige Ehen zurückblicken, sind möglicherweise nicht so zufrieden und erfüllt, wie uns das unser Traditioneller Kern glauben machen möchte. Wie Susan Faludi in ihrem Bestseller *Die Männer schlagen zurück: Wie die Siege des Feminismus sich in Niederlagen verwandeln und was die Frauen dagegen tun können* berichtet, zeigen Studien, daß die Ehe »zwanzigmal mehr Depressionen hervorruft als das Singledasein und eine dreimal größere Rate von ernsthaften Neurosen. Verheiratete Frauen haben mehr Nervenzusammenbrüche, leiden häufiger an Nervositäten, Herzklopfen und Antriebslosigkeit...« Eine fünfundzwanzigjährige Längsschnittstudie über Frauen mit College-Abschluß fand heraus, daß die Ehefrauen über den geringsten Selbstwert verfügten, sich am unattraktivsten vorkamen, über die größte Einsamkeit klagten und sich selbst in fast jeder Hinsicht — selbst bei der Kinderpflege — als am inkompetentesten betrachteten.

Andererseits hilft es uns, uns vor Depressionen abzuschirmen, wenn wir einer außerhäuslichen Berufstätigkeit nachgehen und vielfältige Rollen haben, die vielfältige Quellen von Selbstwert bedeuten. Die Berufstätigkeit ist »bei weitem das wichtigste Verbindungsstück zur weiblichen Gesundheit«, wie eine Studie des Institute for Social Research und des National Center for Health Statistics hervorhob. Sie rangiert noch vor der Ehe oder vor Kindern. Also waren es nicht nur Ehe und Kinder, die uns bei Gesundheit hielten, wie uns dies der TK glauben machen möchte. Es geht darum, vielfältige Quellen von Selbstwert und Selbstverwirklichung zu besitzen. Tatsächlich ist es um die körperliche und geistige Gesundheit von Frauen um so besser bestellt, je gesellschaftlich höher der Job angesiedelt ist, den sie bekleiden. Frauen, die niemals berufstätig waren, weisen den höchsten Grad an Depressionen auf und den niedrigsten Grad an Gesundheit.

Damit Sie eine Vorstellung davon bekommen, welch eine zentrale Rolle der Traditionelle Kern für die meisten von uns spielt, sollten Sie das folgende Diagramm genau betrachten. Je weiter wir uns vom Traditionellen Kern entfernen, um uns auf nichttraditionelles Gebiet zu begeben, wie etwa alleinerziehende Mutterschaft, nichttraditionelle Beziehungen oder berufliche Erfolge in ehemals rein männlichen Arbeitsbereichen, desto verletzlicher, ängstlicher

Unser Traditioneller Kern

Geist ↔ Körper   Die Gesunden   Körperbild
Erschöpfung   Depressionen   Alter
Opfer   Beziehung

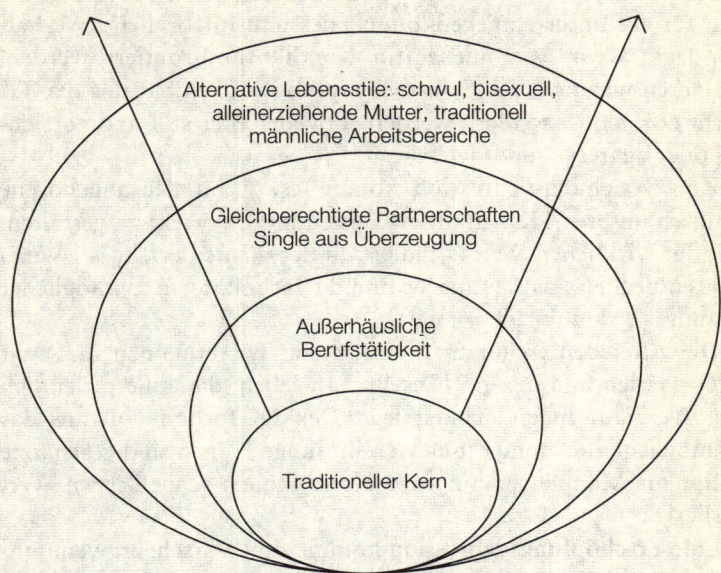

Alternative Lebensstile: schwul, bisexuell,
alleinerziehende Mutter, traditionell
männliche Arbeitsbereiche

Gleichberechtigte Partnerschaften
Single aus Überzeugung

Außerhäusliche
Berufstätigkeit

Traditioneller Kern

und depressiver werden wir uns wahrscheinlich fühlen. Wir mögen Enthusiasmus empfinden, weil wir Stellung beziehen und alternative Lebensstile riskieren, aber die meisten von uns fühlen sich immer noch unbehaglich oder ängstlich, wenn sie den Traditionellen Kern verletzen.

Wie Sie sehen, ist der Traditionelle Kern ein fruchtbarer Nährboden für alle Arten von Depressionen. Der Konflikt zwischen dem Traditionellen Kern und den Realitäten des modernen Lebens bereitet den Boden für Zorn, Groll, niedrigen Selbstwert, sogar Selbsthaß. Frauen versuchen auf diese kulturelle Kollision die »richtige« Antwort zu finden, die es natürlich nicht gibt. Alle von uns schließen Kompromisse, wo wir lieber keine machen würden, und viele von uns haben das Gefühl, wir verkaufen uns, gleichgültig, was wir tun, entweder an die traditionelle Welt oder an die nichttraditionelle. Es ist einleuchtend, wie gut die sechs Gesunden Depressionen auf dem Traditionellen Kern gedeihen können:

Die **Opferdepression** resultiert aus der besonderen Betonung, die der TK auf unser entgegenkommendes und fürsorgliches Verhalten legt. Wenn wir mit einem Konflikt konfrontiert werden, reagieren wir nicht mit Selbstbehauptung – dazu hat uns der TK nicht erzogen –, sondern werden entweder eher still und vorsichtig oder aggressiv und defensiv.

Zur **Beziehungsdepression** kommt es, wenn der angeborene Wunsch unseres TKs, all unsere Beziehungen perfekt zu gestalten, mit der wirklichen Welt kollidiert, in der nichts perfekt ist. Wenn wir entdecken, daß immerwährende Intimität ein unmöglicher Traum ist, sind wir deprimiert.

Die **Altersdepression** trifft uns, wenn wir erkennen, daß wir älter werden und in einer Gesellschaft leben, die außerordentlich viel Wert auf Jugendlichkeit legt. Der TK fordert von uns das Unmögliche: für immer jung zu sein. Junge Frauen sind geschätzte Güter für Männer, wohingegen ältere Frauen schnell ihren Wert verlieren.

Eine **Erschöpfungsdepression** kommt zum Vorschein, wenn unser traditionelles Bedürfnis zur Fürsorge mit unserem nichttraditionellen Leistungstrieb zusammentrifft. Statt zu wählen und einfach nein zu sagen, versuchen viele Frauen den TK zu beschwichtigen und zerreißen sich, um allen gerecht zu werden. »Alles zu haben« bringt uns in eine Tretmühle; wir strampeln uns ab und kommen nicht von der Stelle, bis wir in eine Depression fallen.

Eine **Körperbild-Depression** nimmt Gestalt an, wenn wir versuchen, unmöglichen körperlichen Standards von Perfektion gerecht zu werden, die durch unsere Gesellschaft gefördert und von der unterschwelligen Botschaft des TK hochgehalten werden, wonach Frauen Körper schaffen müssen, die dem Männerideal von weiblicher Schönheit entsprechen.

Eine **Geist↔Körper-Depression** entsteht, wenn unser TK es

nicht wahrhaben will, daß unser Geist oft körperliche Probleme verursacht, und er glaubt, daß wir schwächer, zerbrechlicher und medikamenten- bzw. ärztebedürftiger sind, als wir es tatsächlich sind. Der TK kann sich nicht vorstellen, daß wir selbst für unsere Gesundheit verantwortlich sind und fördert eine »Patientenmentalität«, die die Entwicklung von körperlichen Problemen begünstigt.

Sie sehen jetzt, wie wichtig es ist, daß wir die positiven und negativen Eigenschaften dieser kraftvollen Macht, die in uns lebt, entdecken und verstehen. Der folgende Fragenkatalog hilft Ihnen dabei, herauszufinden, wie ausgeprägt und wie einflußreich Ihr Traditioneller Kern womöglich ist, und gibt Ihnen Denkanstöße hinsichtlich seiner konstruktiven und destruktiven Energie.

Test zum Traditionellen Kern

Beantworten Sie die folgenden Fragen mit JA oder NEIN.

1. Werden Sie im Verlauf eines Konflikts gewöhnlich passiv oder reserviert? _____

2. Sind Sie finanziell abhängig von jemand anderem (etwa Eltern, Partnern, Verwandten oder Freunden)? _____

3. Macht es Ihnen übertrieben angst und/oder fühlen Sie sich deprimiert, wenn Sie daran denken, daß Sie Ihr gutes Aussehen verlieren und älter werden? _____

4. Konzentrieren sich die Komplimente, die Sie erhalten, meist auf Ihre Fähigkeiten und Fertigkeiten, traditionelle Rollen zu spielen, wie etwa die Hausfrau, Gastgeberin, ehrenamtliche Helferin etc.? _____

5. Zögern Sie, Ihren Zorn direkt auszudrücken, besonders gegenüber jenen, die Ihnen nahestehen? Oder explodieren Sie bei den unpassendsten Gelegenheiten, weil sich der Zorn, den Sie nicht ausdrücken konnten, als Sie ihn fühlten, in Ihnen aufgestaut hat? _____

6. Erzählen Ihnen andere oft, daß Sie als Hausfrau unter Ihren Fähigkeiten leben oder zu wenig aus Ihrem Leben machen? _____

7. Verbringen Sie den Großteil Ihrer Zeit damit, sich um andere zu sorgen und zu kümmern, und verwenden Sie nicht genügend Zeit auf Ihr eigenes persönliches Wachstum und Ihre eigenen Möglichkeiten zur Selbstverwirklichung? _____

8. Sehen Sie Ihren Job als eine Belastung an, die Ihrer Ehe oder der Aufzucht Ihrer Kinder im Weg steht? _____

9. Herrscht in Ihren Beziehungen meist ein Ungleichgewicht der Kräfte, mit Ihnen in der unterlegenen Position? _____

10. Stellen Sie ständig das sexuelle Vergnügen Ihres Partners von Ihr eigenes? _____

Anzahl der mit JA beantworteten Fragen: _____

Auswertung

(0–2) Ihr Traditioneller Kern ist eine Quelle von Stärke.

Ihr Traditioneller Kern ist weniger dominant als üblich und stellt eher eine Quelle der Stärke als eine der Depression dar. Sie haben die Schwächen im TK entweder aufgelöst, oder sie wurden Ihnen von vornherein nicht beigebracht. Sie besitzen wundervolle natürliche Ressourcen, aus denen Sie schöpfen können. Sie müssen sich ihres Vorhandenseins und ihrer positiven Kraft nur bewußt bleiben.

(3–5) Ihr negativer Traditioneller Kern ist von durchschnittlicher Stärke.

Die meisten Frauen in dieser Wertekategorie machen irgendeine Gesunde Depression durch, für die ihr TK verantwortlich ist, aber sie sind ebenso in der Lage dazu, seine Stärken zu nutzen. Diese Punktzahl deutet auf eine durchschnittliche Zahl von Kindheits- und Erwachsenenproblemen hin, die in Verbindung mit der negativen Seite des TKs stehen.

(6–8) Ihr Traditioneller Kern kann bedrohlich für Sie sein.

Seien Sie auf der Hut! Mit einer Punktzahl in dieser Größenordnung ist es ziemlich wahrscheinlich, daß der TK eine Menge innerer

Konflikte bei Ihnen verursacht. Sie werden jedoch eher an Gefühlen der Depression und Unzulänglichkeit leiden, als daß Sie es als Verletzung Ihres kulturellen Gewissens wahrnehmen. Der TK ist stark genug, um Ihre Wahlmöglichkeiten einzuschränken und Sie in einer verletzlichen, abhängigen Position zu halten. Sie sind höchst anfällig für eine Gesunde Depression.

(9–10) Sie werden von Ihrem negativen Traditionellen Kern beherrscht.
Sie besitzen ein signifikantes Risiko für Gesunde und Ungesunde Depressionen, denn Sie werden von Ihrem Traditionellen Kern auf eine Art und Weise beherrscht, die Sie dazu zwingt, sich unzulänglich und elend zu fühlen. Diese Punktzahl ist ein Alarmzeichen. Sie garantiert beinahe, daß Sie zu verschiedenen Zeiten Ihres Lebens an einer Depression leiden werden. Machen Sie die Übungen in diesem Buch oder suchen Sie einen Fachmann auf, der Sie vor der Depression schützt oder Ihnen dabei hilft, mit ihr fertigzuwerden.

Gleichgültig, welche Punktzahl Sie erzielt haben: Sie können Profit daraus ziehen, wenn Sie mehr darüber wissen, wie der TK funktioniert und warum er eine so mächtige, bezwingende Kraft ist. Es gibt jedoch ein typisches Problem, das in diesem Stadium der Erkundung des TK immer wieder auftaucht, dessen Sie sich bewußt sein sollten. Je mehr die Frauen über die Macht und den Einfluß ihres Traditionellen Kerns erfahren, desto stärker sind sie versucht, seine Existenz zu leugnen. Aber das zu tun, wäre ein Fehler, denn den TK zu leugnen, heißt, zu leugnen, wer wir sind. Dieses Leugnen verursacht Depressionen, denn wir unterschätzen dann, wie sehr wir in vielen Aspekten noch traditionell veranlagt sind, ungeachtet dessen, wie radikal oder »alternativ« unser gegenwärtiger Lebensstil auch sein mag. Wenn wir unseren Traditionellen Kern verleugnen, macht uns dies ungeduldig, wie langsam der Rollenwandel vonstatten geht, und es drückt auf unser Selbstwertgefühl, weil wir mit der unvermeidlichen Rollenüberladung und Konfusion kämpfen. Kurz: Den Traditionellen Kern zu verleugnen, heißt, unsere Wahlmöglichkeiten und eine Quelle von positiver Lebensenergie zu verleugnen. Und es macht den negativen TK nur noch stärker, weil wir uns nicht im klaren darüber sind, wie tief er in uns verwurzelt ist.

Ein anderer weitverbreiteter Fehler, den Frauen gerne begehen, besteht darin, den Traditionellen Kern übermäßig zu beschützen und zu verteidigen. In gewisser Weise ist dies das Gegenteil von Verleugnung, aber es kann genauso schädlich sein. Frauen, die ihren TK verteidigen, bemühen sich oft, noch traditioneller als traditionell zu werden, besonders wenn sie Bedenken haben bezüglich ihres nichttraditionellen Verhaltens. Im Gegensatz zu den meisten Männern sehen Frauen ihre Jobs nicht als Entschuldigung dafür an, zu Hause weniger zu tun. Statt dessen strengen wir uns nur noch mehr an, damit unser Traditioneller Kern und unsere Familien nicht allzusehr bedroht werden. Es gibt viele Anzeichen für eine übermäßige Beschützerhaltung von Frauen gegenüber dem Traditionellen Kern. Nur siebenundfünfzig Prozent der Frauen, die sich eine Haushaltshilfe leisten können, haben beispielsweise auch eine. Tatsächlich akzeptieren viele Frauen immer noch die Vorstellung, daß wir putzen und den Haushalt in Schuß halten müssen, wenn wir wirkliche Frauen sein wollen. Viele von uns legen sich hinsichtlich der Karriere selbst die Zügel an. Wir lassen einen beruflichen Aufstieg nur insoweit zu, wie es uns ein Gefühl von Wertschätzung gibt, ohne andere Egos zu bedrohen oder das Gleichgewicht in unserem Arbeits- und Privatleben zu erschüttern.

Verstehen Sie Ihren Traditionellen Kern

Es gibt unzählige Beispiele dafür, wie unser negativer Traditioneller Kern Selbstsabotage erzeugt und unser positiver Traditioneller Kern Liebe. Die folgenden Übungen werden Ihnen dabei helfen, Ihren Traditionellen Kern und die bedeutsame Rolle, die er in Ihrem Leben und Denken spielt, besser zu verstehen. Wenn wir es nicht benennen, erkennen und verstehen können, wie diese kulturellen Lektionen unser tägliches Leben beeinflussen, fehlt uns ein entscheidender Teil unserer Erfahrung. Wir stehen dann mit einem grundlegenden Teil unseres Selbst nicht in Verbindung. Wenn wir

Bescheid wissen über die Anzeichen des TK, besitzen wir mehr Wahlmöglichkeiten: Wir können entscheiden, ob die alten Traditionen von Wert für uns sind oder ob wir besser neue entwickeln.

1. Listen Sie die Stärken Ihres Traditionellen Kerns auf!

Werfen Sie zunächst einmal einen Blick auf die Seiten 84 bis 86, auf der wir die typischen Stärken des Traditionellen Kerns erörtert haben. Personalisieren Sie diese Liste dann, indem Sie andere positive Eigenschaften hinzufügen, die Ihr eigener Traditioneller Kern Ihnen beschert. Es hilft Ihnen vielleicht, an Frauen in der Familie und Ihrer näheren Umgebung zu denken, die über starke, gesunde Traditionelle Kerne verfügten.

Nachdem Sie Ihre Liste fertiggestellt haben, hängen Sie sie an einen auffälligen Platz, damit Sie über die einzelnen Punkte nachdenken und sich die Liste einprägen können. Wenn Ihr Selbstwertgefühl abnimmt, hilft es Ihnen, wenn Sie sich daran erinnern, daß Sie positive Eigenschaften besitzen, die so tief in Ihnen verwurzelt sind, daß kein Mensch sie Ihnen wegnehmen kann. Wenn Sie es schaffen, den TK im Gleichgewicht und in Verbindung mit den Anforderungen der realen Welt zu halten, kann er Ihnen eine beständige Quelle von Stärke sein. Statt ihm zu dienen, erlauben Sie ihm, Ihnen zu dienen.

2. Entwerfen Sie eine Skala für die traditionellen und nichttraditionellen Rollen, die Sie spielen!

Um zu sehen, welchen Platz Sie auf dem Kontinuum zwischen traditionellen und nichttraditionellen Rollen einnehmen, sollten Sie eine Rollenskala von 1 bis 10 zeichnen: Dies ist eine graphische Methode, mit der Sie messen können, wie traditionell oder nichttraditionell Sie sich in verschiedenen Situationen oder Rollen verhalten. Die Rollenskala sieht folgendermaßen aus:

An welchem Ende des Spektrums leben und bewegen Sie sich typischerweise? Wenn Sie sich in der Rolle der fürsorglichen Mutter befinden, wo befinden Sie sich? Wo rangieren Sie, wenn Sie einen Stab von Angestellten beaufsichtigen, die an einem wichtigen Projekt arbeiten? Denken Sie an all die Rollen, die Sie im Laufe eines Monats erfüllen. Sind sie überwiegend traditionell? Nichttraditionell? Besteht eine angenehme Balance zwischen beiden? Falls Sie bemerken, daß Sie sich ständig an dem einen oder dem anderen Ende des Spektrums bewegen, stehen Sie unter einem größeren Risiko, mit dem TK in Konflikt zu geraten. Sie sind dann wahrscheinlich entweder zu traditionell für die Welt, in der wir leben, oder so nichttraditionell, daß Sie das Leben als generelle Attacke und ständigen Kampf gegen konservative Kräfte erfahren. Jedes Extrem macht uns anfällig für schlechte Gefühle. Wir sollten es schaffen, die Balance aufrechtzuerhalten, indem wir uns in der Mitte der Skala (3–7) geruhsam hin- und herbewegen, wo ein moderates, ausgeglicheneres Verhalten in kritischen Situationen gefragt ist.

Es kann ebenfalls erhellend sein, wenn Sie sich im Verhältnis zu anderen Frauen, die Ihnen nahestehen, betrachten. Ziehen Sie die Quersumme aus all den verschiedenen Rollen, die Sie erfüllen. Dann bewerten Sie Ihre Mutter, Großmutter, enge weibliche Verwandte, Freundinnen und Kolleginnen gleichermaßen. Es ist auch aufschlußreich, wenn Sie sich Ihrerseits von engen Freunden und Verwandten auf der Rollenskala einstufen lassen. Diskutieren Sie darüber, falls es Diskrepanzen zwischen Ihrer Eigeneinschätzung und deren Bewertung gibt. Notieren Sie auch, in welche Richtung sich Ihre Rollen mit der Zeit bewegen. Dieser schnelle Überblick wird Ihnen einen ersten Eindruck davon geben, wie traditionell Ihr Erbe ist und wie sehr Ihre Rollen mit denen der Frauen in Ihrer Umgebung in Widerspruch stehen oder sie ergänzen. Sie werden dadurch besser verstehen können, daß und warum sie manche Dinge möglicherweise anders sehen als Sie. Wenn Sie wollen, können Sie Ihr eigenes Verhalten entsprechend ändern, um ihnen näherzukommen. Im Kapitel zu den Beziehungsdepressionen werden wir uns mit Leitlinien beschäftigen, die Ihnen sagen, wie Sie Ihre Kommunikation und Ihr Verhalten effektivieren können, wenn Sie es mit standhaft traditionellen oder nichttraditionellen Menschen zu tun haben. Wenn Ihnen klarer ist, wer sie sind – und wer Sie sind –, wird dies Ihre Kommunikation und Beziehung gesünder und lohnenswerter machen.

3. Erstellen Sie eine Checkliste Ihrer typischen traditionellen Rollenkonflikte!

Stellen Sie eine Liste von Konflikten zusammen, unter denen Sie leiden, wenn Ihr Traditioneller Kern mit den Realitäten und Zwängen der modernen Welt zusammenprallt. Dies ist ein weiterer wichtiger Schritt zu einem besseren Verständnis Ihrer Gefühle. Sie werden begreifen, wann und warum Sie sich manchmal unbehaglich und depressiv fühlen, wenn Sie nichttraditionelle Rollen verfolgen und erfüllen. Sobald Sie sich dieser Gefühle bewußter werden, sind Sie dabei, die Macht, die sie über Sie besitzen, wirkungsvoll zu verringern. Gleichzeitig vergrößern Sie Ihre Fähigkeit, sie konstruktiv zu nutzen.

Um Ihnen ein wenig auf die Sprünge zu helfen, sind im folgenden einige Beispiele aufgelistet, die ich auf den Checklisten vieler Frauen immer wieder gesehen habe. Wie nahe kommen Sie Ihren eigenen Gefühlen und Bedenken? Fügen Sie dieser Liste eigene Stellungnahmen hinzu.

»Ich bin nie zufrieden mit meinen Entscheidungen.«
Ob wir uns nun entscheiden, Hausfrau oder Mutter zu sein, wir haben nie das Gefühl, so ganz die richtige Wahl getroffen zu haben. Sogar wenn wir neue Rollen erproben, die reizvoller zu sein scheinen, fühlen wir uns oft unwohl und so, als hätten wir einen Teil von uns selbst verloren. Konflikte mit dem TK können uns mit einem Gefühl der Unzufriedenheit und Unvollständigkeit zurücklassen. Selbst wenn wir etwas tun, was wir wirklich tun wollen – wie

Caroline, zurück auf die Uni zu gehen, oder Ruth, allein zu bleiben –, haben wir oft immer noch das Gefühl, wir würden möglicherweise die falsche Wahl treffen. Diese Gefühle haben sehr viel mehr mit der Kultur, in der wir leben, zu tun, als mit uns selbst oder unserer angeblich inadäquaten Wahl. Unsere Kultur ist inadäquat, weil sie versucht, mehr als der Hälfte ihrer Mitglieder die Wahlfreiheit über ihr Leben zu verwehren: den Frauen.

»Nichts, was ich tue, ist jemals gut genug.«

Gleichgültig, was wir tun, oft haben wir das Gefühl, es ist nie gut genug. Wir glauben, die Zeit, die wir mit unseren Kindern verbringen, müßte immer wunderbar sein, und doch ist sie das nur selten. Wenn wir Erfolg im Beruf haben, halten wir unser Privatleben oft für unvollständig und reparaturbedürftig. Unser TK erzählt uns, wir würden unsere Beziehungen und unsere Rolle der fürsorglichen Frau vernachlässigen aus dem selbstsüchtigen Streben heraus, beruflich etwas zu leisten und uns selbst zu verwirklichen. Wenn unsere Beziehungen rundum glücklich sind, fragen wir uns oft, warum wir beruflich nicht mehr aus uns machen. Weil wir nicht alles tun und alles haben können – zumindest nicht alles auf einmal –, passiert es uns oft, daß wir uns depressiv fühlen und uns für Versagerinnen halten, die dem kulturellen Standard von Perfektion nicht genügen.

»Ich habe das Gefühl, als ob ich meine Entscheidungen und Handlungen ständig rechtfertigen müßte, besonders im Hinblick auf andere Frauen.«

Frauen, die sich im Konflikt mit ihrem Traditionellen Kern befinden, fühlen sich oft in der Defensive und müssen ihre Wahl vor sich selbst und anderen rechtfertigen. Wenn wir unserem TK trotzen, indem wir etwas Nichttraditionelles tun, können wir die Wahl, die wir getroffen haben, nicht wirklich schätzen, weil sie sich nicht ganz »richtig« anfühlt. Wir neigen überdies dazu, uns selbst herunterzumachen, weil wir nicht in der Lage dazu sind, uns gleichzeitig in traditionellen wie nichttraditionellen Rollen hervorzutun. Viele von uns stehen in einem ständigen Dialog mit unserem Traditionellen Kern und rationalisieren und rechtfertigen jede Wahl, die wir

treffen. Oft betrachten wir unsere Freunde und unsere Familie als
Obersten Gerichtshof, der Lob oder Verdammung über unsere
Rollenwahl spricht. Häufig geben wir die Macht, unsere Entscheidungen und Wahlen selbst zu treffen, aus unseren Händen, als ob
andere irgendwie besser wüßten, was »richtig« für uns ist. Weil wir
so verletzlich sind, konkurrieren und vergleichen wir uns oft mit
anderen Frauen, um einzuschätzen, wie gut wir mit unserer eigenen
Rollenwahl klarkommen.

»Ich bin es leid, so viele Rollen auf einmal spielen zu müssen.«
Um die Bedürfnisse unseres Traditionellen Kerns mit den Anforderungen unserer nichttraditionellen Welt zu versöhnen, schlüpfen
wir oft in die verschiedensten Rollen. Mutter, Ehefrau, Haushälte-
rin, Angestellte, Freundin, Chefin, Nachbarin und Mentorin sind
nur einige derjenigen, die wir möglicherweise täglich spielen. Vielen
von uns erscheint es natürlich und notwendig, für alle Menschen
alles zu sein. Grenzen zu setzen würde schließlich bedeuten, das
Risiko einzugehen, sie zu enttäuschen und ihre Mißbilligung her-
auszufordern. Also machen wir weiter wie gehabt, obwohl uns das
Gefühl, in so viele unterschiedliche Richtungen gleichzeitig gezogen
zu werden, selten Freude bereitet. Wenn Sie sich häufig in den
verschiedensten Rollen wiederfinden, werden Sie wahrscheinlich
von Ihrem TK kontrolliert und sind anfällig für Depressionen, weil
Sie ausgelaugt, ärgerlich und zornig sind.

Wenn Sie sich jemals in der einen oder anderen Richtung entsprechend geäußert haben, sollten Sie der Sache Beachtung schenken.
Denken Sie darüber nach, welche Gebote des Traditionellen Kerns
Sie möglicherweise verletzen und woher die kulturelle Konditionierung für dieses Gebot kommt. Erinnern Sie sich daran, daß diese
alten und neuen kulturellen Erwartungen nicht länger Ihr Verhalten bestimmen müssen. Halten Sie all die Konflikte, die der TK bei
Ihnen verursacht, schriftlich fest. Stecken Sie Ihre Liste in eine
Schürze, einen weißen Handschuh, einen Korb, ein Nippesdöschen
oder irgendein anderes traditionelles Symbol, das Ihnen in den Sinn
kommt. Unternehmen Sie dann Ihren ersten symbolischen Schritt,

sich aus der Umklammerung Ihres negativen TKs zu lösen, indem sie das Ganze begraben oder in den Abfall werfen. Diese Aktion wird Ihre Verpflichtung, sich der ungesunden kulturellen Erwartungen bewußt zu bleiben, sichtlich stärken und Ihnen dann zu der Freiheit und Stärke verhelfen, die Sie brauchen, um eine Rollenwahl zu treffen, die wirklich gut für Sie ist.

Bevor wir zum nächsten Teil des Buches kommen, das die sechs Gesunden Depressionen beschreibt, ist es sinnvoll, noch einmal zusammenzufassen, wie all diese Depressionen mit dem Traditionellen Kern in Verbindung stehen. Die Pfade der Gesunden Depressionen, die vom Traditionellen Kern erzeugt werden und auf denen schon Millionen anderer Frauen mit uns gereist sind, sind ein unvermeidlicher Bestandteil des Frauseins in unserer heutigen Gesellschaft. Es ist leicht für Frauen, Depressionen »heranzuziehen«. Unsere Kultur pflanzt und düngt unsere Gesunden Depressionen — was ein kostengünstiger, wirkungsvoller Mechanismus ist, Frauen auf ihrem »angestammten Platz« zu halten. Wenn Sie einen Blick auf das folgende Diagramm zu den Pfaden der Gesunden Depressionen werfen, bekommen Sie einen besseren Einblick, wie dies alles vor sich geht und in welcher Wechselwirkung die Gesunden Depressionen zueinander stehen.

Wie Sie sehen, beginnen all unsere Gesunden Depressionen im oberen Feld mit dem Traditionellen Kern. Für manche von uns auch mit ererbten Depressionen. Der Traditionelle Kern ist Teil von uns allen, weil er unser kulturelles Erbe ist. Ererbte Depressionen können vorhanden sein oder auch nicht, abhängig von unserer genetischen Veranlagung. Ererbte Depressionen gehören zu den Depressionen, die zu Ungesunden Depressionen führen können, ohne daß kulturelle Einflüsse am Wirken sind, wie es wahrscheinlich bei der manischen Depression der Fall ist.

Die Gesunden Depressionen andererseits beruhen alle auf unserem kulturellen Erbe und unserer gegenwärtigen kulturellen Erfahrung. Wir können Gesunde Depressionen nicht vermeiden. Jede Frau erlebt in ihrem Leben mindestens eine oder mehrere, und oft erfahren wir verschiedene gleichzeitig. Aber wir haben die Wahl, wie wir mit ihnen umgehen. Wenn wir konstruktive Bewältigungs-

Pfade der Gesunden und Ungesunden Depressionen

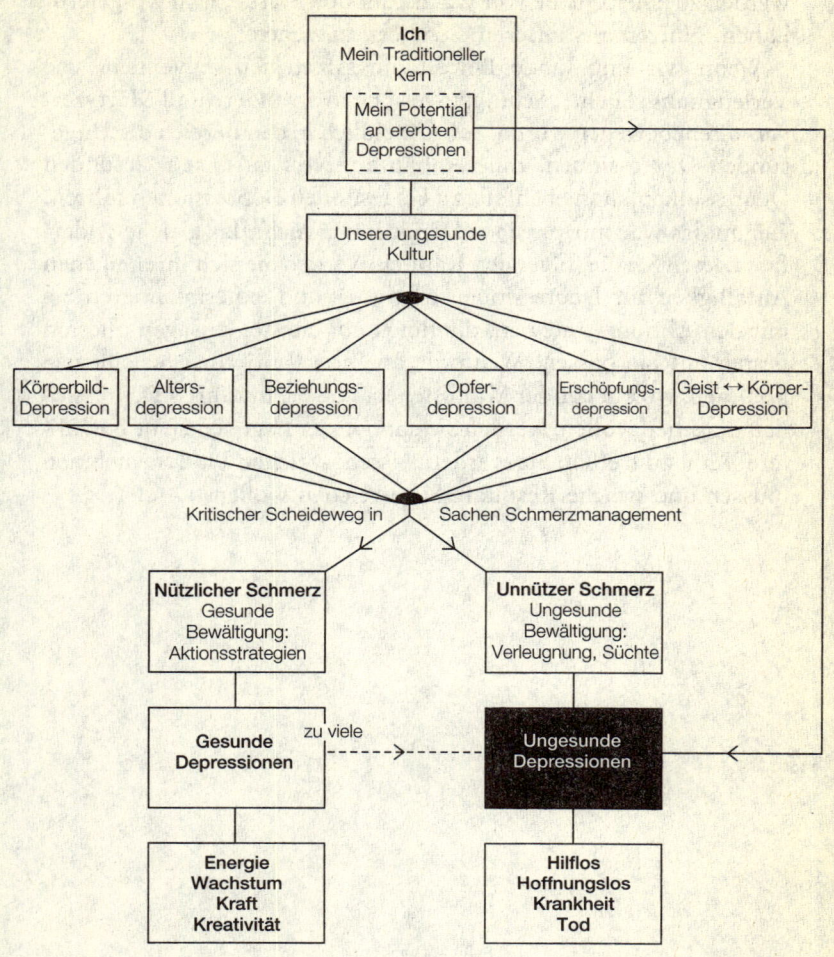

strategien anwenden, wie etwa die Aktionsstrategien in diesem Buch, bleiben unsere Depressionen gesund und handhabbar und werden zu einer Quelle von Wachstum und Stärke, weil wir gelernt haben, Nutzen aus unserem Schmerz zu ziehen.

Wenn wir ungesunde Bewältigungsstrategien anwenden, wie Verleugnung, Süchte, Schuldzuweisungen an andere und Märtyrerverhalten, bewegen wir uns unvermeidlich in den Bereich der Ungesunden Depressionen. Eine Anhäufung von zu vielen Gesunden Depressionen kann ebenfalls zu Ungesunden Depressionen führen. Genau das war mir passiert. Damit Ihnen nicht das gleiche widerfährt, lesen Sie die folgenden Kapitel. Werden Sie sich Ihrer eigenen Anfälligkeit für Depressionen bewußter und experimentieren Sie mit den Aktionsstrategien, die Ihnen am meisten zusagen und am besten auf Sie passen. Wenn Sie an Ihren kritischen Scheideweg kommen, wo Sie vor der Wahl stehen, wie Sie mit Ihren Depressionen umgehen wollen, werden Sie dann in der Lage sein, eine bewußtere Wahl zu treffen. Sie werden wissen, welchen Pfad Sie nehmen müssen und welche Resultate Sie erreichen wollen.

Teil II
Die sechs »Gesunden Depressionen«

4

Die Opferdepression

Männer dominieren immer noch; ihre Kritik kontrol-
liert immer noch; sie und ihre Werte herrschen überall.
Um die Wahrheit zu sagen über das Leben von Frauen,
braucht es Mut, Schmerz und Verbindlichkeit.«

Blanche Wiesen Cook von der Zeitschrift *Ms.*

»Was mir aus meiner Kindheit am meisten in Erinnerung geblieben ist, ist ein nagendes Gefühl, nicht gut genug zu sein«, sagt Sara, eine rundliche, temperamentvolle Frau, deren Sinn für Humor eine willkommene Bereicherung unserer Frauengruppe war. »Ich hatte immer das Gefühl, daß ich mich mehr anstrengen sollte, um meinen Eltern zu gefallen, speziell meinem Vater. Ich kann mich nicht daran erinnern, daß er mich jemals gelobt hätte. Erinnern kann ich mich an subtile Drohungen und Einschüchterungsversuche. Er hat mich nie geschlagen, aber er hat mir ernsthaft damit gedroht, er würde ›mir etwas antun, was ich nie vergessen würde‹, falls ich nicht brav wäre.«

Das Problem war, daß Sara nie herausfand, was ihr rigider, anspruchsvoller Vater unter »Bravsein« verstand. Seine Definition schien vage und wechselhaft. Was Sara statt dessen lernte, war, ruhig zu sein, sich Männern gegenüber gefällig und unterwürfig zu zeigen, den sicheren Weg zu gehen und Risiken zu vermeiden sowie Aggressionen durch Humor zu entschärfen. Sie betrachtet Männer als fremdartige, unzuverlässige Kreaturen und hält sie gewöhnlich auf Abstand.

Bedenkt man ihre Vorgeschichte und ihre Haltung Männern gegenüber, ist es nicht verwunderlich, daß Sara noch keinen Partner gefunden hat. Sie hat es jedoch geschafft, sich einen Boß zu suchen, der ihrem Vater in Temperament und Verhalten erstaunlich ähnlich ist. Ohne sich dessen bewußt zu sein, hat sich Sara eine Neuauflage ihrer unbewältigten Beziehung zu ihrem Vater geschaffen, indem sie für David arbeitet, einen notorisch strengen, unaufmerksamen Vorgesetzten, der glaubt, die einzige Art, eine Gruppe von zweiundzwanzig Frauen zu führen, bestehe darin, mit finsterer Miene und eiserner Faust zu regieren.

Wenn David kritisiert, was der Normalfall ist, schluckt Sara ihren Stolz und ihren Schmerz hinunter und gelobt sich im stillen, sich noch mehr anzustrengen. Aber was Sara mehr irritiert als die Behandlung, die sie durch ihren Boß erfährt, ist die Tatsache, daß es ihr nichts ausmacht, so behandelt zu werden. Als David ihr eines Nachmittags damit drohte, sie würde ihre Stelle als Sekretärin verlieren, sollte sie an dem Tag noch einen Tippfehler machen, war Sara ängstlich, aber nicht ärgerlich. Die Drohung, von einer männlichen Autoritätsperson verlassen, abgeschoben und zurückgewiesen zu werden, war ihr so vertraut, daß ihr sein Verhalten absolut normal vorkam. Mit sechsunddreißig Jahren war sie immer noch das Opfer. Das einzige, was sich wirklich geändert hatte seit den Tagen, als ihr Vater sie bedroht hatte, ist die Identität des Täters und die Methoden des Schikanierens.

Als Sara innerhalb weniger Monate zum dritten Mal eine Verwarnung erhielt, war sie in ständiger Sorge, gekündigt zu werden. Gleichzeitig fing sie an, an Magenkrämpfen, Kopfschmerzen und Müdigkeit zu leiden. Sie war sich sicher, daß ihre körperlichen Symptome damit zusammenhingen, daß sie in einem »schlechten Gebäude« mit unzureichender Belüftung arbeitete. Tatsächlich wurzelten die Symptome in einer Gesunden Depression, die von den ständigen emotionalen Schikanen genährt wurde, denen sie tagtäglich in ihrem Job ausgesetzt war. Es ist nicht ungewöhnlich, daß sich Gesunde Depressionen derart tarnen, daß sich psychischer Streß und negative Gefühle in körperliche Symptome verwandeln. Sara wollte unbedingt glauben, daß sie körperlich krank war. Sie hatte das Gefühl, mit einem körperlichen Problem besser fertig-zuwerden, aber nicht die geringste Ahnung, was sich gegen ihre schlechte Stimmungslage tun ließe.

Wie Sara war sich auch Maria, sechsundzwanzig Jahre alt, nicht bewußt, wie sehr ihre Vergangenheit ihre gegenwärtige Anfälligkeit für eine Opferdepression beeinflußte. Obwohl ihr Ehemann, Joe, ein anständiges Gehalt als Brandmeister bezog, schätzte Maria das Gefühl der Unabhängigkeit, das es ihr brachte, ebenfalls berufstätig zu sein und das ihre zur Haushaltskasse beizutragen. Sie war fest dazu entschlossen, ihr Leben völlig anders zu gestalten, als es ihre Mutter ihr vorgelebt hatte.

Maria wünscht, sie könnte sich an eine Zeit erinnern, in der sie ihre Mutter aufrichtig respektiert hätte. Sie wuchs als jüngste von drei Töchtern in einem traditionellen italienischen Haushalt auf, in dem die Rollen klar verteilt waren. Ihr Vater war Bauarbeiter, der den »Speck« nach Hause brachte; ihre Mutter war die Hausfrau, die diesen in die Pfanne warf und servierte. Es gab zwar Zeiten, in denen es fröhlich zuging im Haushalt, aber die Stimmung konnte jäh umschlagen. Wann immer ihre Mutter ihren Vater provozierte oder er ein Bier zuviel getrunken hatte, kulminierte das Ganze nicht selten in körperlicher Gewalt. Obwohl sie sich über viele Dinge uneins waren, schienen Marias Mutter und ihr Vater in einem Punkt übereinzustimmen: Es war die Aufgabe des Mannes, für Disziplin zu sorgen und der Frau zu zeigen, »wo es langging«.

»Meine lebhafteste Erinnerung an meine Mutter ist die, wie sie vor meinem Vater kauert und von ihm geschlagen wird«, erinnert sich Maria. »Nachdem er sie windelweich geprügelt hatte, pflegte er aus dem Haus zu stürmen und für den Rest des Abends von der Bildfläche zu verschwinden. Sie war dann so frustriert, daß sie es an uns Kindern ausließ. Ich machte nicht nur ihm Vorwürfe, weil er sie mißhandelte, sondern auch ihr, weil sie die Mißhandlung über sich ergehen ließ. Ich schwor, daß mir oder meinen Kindern so etwas nie passieren würde.«

Als sie ihr Ehemann Joe vor vielen Jahren zum ersten Mal schlug, war Maria ratlos. Sie arbeitete damals in der Nachbarschaft als Serviererin in einem gutbesuchten italienischen Restaurant und beschloß eines Tages, ihr eigenes Konto zu eröffnen. Maria sah gut aus und war geschickt bei der Arbeit, und nicht selten bekam sie sechzig Dollar Trinkgeld an einem Abend zusammen.

In den fünf Jahren, in denen sie verheiratet gewesen waren, war Joe nie gewalttätig geworden. Doch Marias Selbständigkeit stellte zunehmend eine Bedrohung für sein Ego dar. Eines Abends schlug er sie mitten ins Gesicht und schrie sie an, er würde es nicht zulassen, daß seine Frau arbeiten ging, wo sie nicht einmal in der Lage war, das Haus sauber zu halten. Einige Stunden später, nachdem er sich wieder beruhigt hatte, entschuldigte er sich überschwenglich und erklärte, er wüßte nicht, was in ihn gefahren wäre. Maria sagte ihm, daß sie ihn verlassen würde, sollte er sie jemals wieder schlagen. Aber was sie dann schließlich verließ, war ihre Arbeitsstätte.

»Die Arbeit verursachte einfach zu viele Spannungen in der Familie«, erinnert sich Maria. »Die Sache war das Geld nicht wert. Außerdem wollten wir Kinder bekommen, also dachte ich, es wäre am besten so.«

Dachte sie. Das nächste Mal, als Joe Maria schlug, verschwand sie für einen Nachmittag, war aber zu verängstigt und wußte nicht, wohin mit einem Neugeborenen. Sie kehrte zurück und wurde weiterhin das Opfer seiner sporadischen körperlichen Gewaltausbrüche. Maria glaubte, es sei nutzlos, zurückzuschlagen, weil Joe viel größer und stärker war. Und danach war er oft so liebevoll und zerknirscht, erinnert sich Maria, daß sie manchmal dachte, dieses bißchen Aufmerksamkeit wäre den Preis wert, den sie bezahlte.

Die achtundzwanzigjährige Amy, die in einer großen Immobilienfirma als Assistentin der Geschäftsleitung angestellt ist, würde es nie tolerieren, von einem Mann geschlagen zu werden.

»Ich trete den Hurensohn dorthin, wo es weh tut«, beteuert Amy. »Soweit es mich betrifft, bekommt jede Frau, die so eine Behandlung über sich ergehen läßt, genau das, was sie verdient. Man muß Grenzen setzen und sich klar darüber sein, was man akzeptiert und was nicht.«

Amy war genausogut im Abgrenzen wie im Setzen von Zielen. Sie war extrem ehrgeizig, erfolgreich im Beruf und immer »karrieremäßig gekleidet«. Sie hatte gehofft, innerhalb von sechs Monaten einen Platz im Traineeprogramm für Managernachwuchs ihrer Firma zu ergattern. Ihr Vater war ein angesehener, erfolgreicher Immobilienmakler gewesen. Sie wußte das gute Leben, das dies ihren Eltern ermöglicht hatte, zu schätzen, und hoffte sehr, die Anerkennung ihres Vaters zu gewinnen, indem sie in seine Fußstapfen trat.

Amys Privatleben war genauso gut geplant wie ihr Berufsleben. Sie lebte seit etwa drei Jahren mit ihrem Freund zusammen und war überzeugt davon, daß sie füreinander bestimmt waren. Gegen Ende des Jahres wollte sie verheiratet sein. Mit sechsunddreißig Jahren wollte sie zwei Kinder haben und wieder arbeiten. Sie sah keinen Grund, warum es ihr nicht möglich sein sollte, »alles« zu haben. Amy hatte das Gefühl, daß sie ihr Leben und ihre Zukunft absolut unter Kontrolle hatte, und besaß wenig Verständnis für Frauen, denen es in dieser Hinsicht anders erging.

Das einzige Hindernis in ihrem Superplan war Keith, seines Zeichens einer der Vizepräsidenten der Firma, dessen Büro sich zwei Türen weiter befand. Keith war ein Casanova und hatte Amy ins Visier genommen. Am Anfang lachte Amy über seine Annäherungsversuche und meinte scherzhaft, er solle sie für seine Frau aufheben. Aber als Keith immer beharrlicher wurde, war sie ratlos. Zum ersten Mal in ihrem Berufsleben wußte sie nicht, was sie tun sollte.

Sie setzte alles daran, Keith aus dem Weg zu gehen, und ihre Strategie schien erfolgreich. Aber auf der betrieblichen Weihnachtsfeier trieb Keith sie in die Enge. Als sie gerade aus der Toilette kam, fing er sie ab, hielt ihr einen Mistelzweig über den Kopf und versuchte, sie zu küssen. Je mehr sie sich wehrte, desto zudringlicher wurde er. Gerade als sie ihn wegstieß, wurden sie von einem Mitarbeiter überrascht, der Amys laute Stimme gehört hatte. Amy ging in die Toilette zurück, wie sie es schon einmal einige Jahre zuvor gemacht hatte, als sie den Händen ihres Cousins ausweichen wollte. Keith stolzierte wütend davon, peinlich berührt, vor einem Mitarbeiter gewissermaßen in flagranti ertappt worden zu sein, und besorgt über den Klatsch, der die Runde machen würde.

Am nächsten Morgen wurde Amy vom Leiter der Personalabteilung zu einer Unterredung zitiert und darüber informiert, daß sie entlassen sei, weil sie Firmengeheimnisse ausgeplaudert habe. Keine Erklärung. Keine Beweise. Keine Anhörung. Ihre persönlichen Habseligkeiten aus ihrem Büro waren in einen Karton gepackt worden. Das Schloß ihres Büros war bereits ausgewechselt geworden.

Amys sorgfältig geplante Zukunft löste sich vor ihren Augen in Luft auf. Ihr Selbstwertgefühl, ihre Reputation und ihre zukünftigen Berufsmöglichkeiten waren allesamt durch nichtfundierte Beschuldigungen und ein verletztes männliches Ego in Frage gestellt worden. Die Reaktion ihres Freundes verschlimmerte die Sache noch. Als sie ihm erzählte, was ihr passiert war, tat er zwar sein Bestes, um sie zu trösten, war aber sichtlich beunruhigt davon, daß Amy bei ihrer Firma in Ungnade gefallen war.

In den folgenden Tagen durchlief Amy gefühlsmäßig die ganze Skala von Wut bis Ungläubigkeit. Sie zog eine Anzeige wegen sexueller Belästigung in Betracht, aber ihr Vater überzeugte sie davon, daß es ein teurer und letztlich ergebnisloser Kampf sein würde. Obwohl sie wußte, daß sie hereingelegt worden war, wurde sie von einer quälenden Frage verfolgt: Welche Geheimnisse? Sie fing an, an ihrem Wahrnehmungsvermögen und vor allem an sich selbst zu zweifeln.

Ähnlich wie Sara, Maria und Amy haben die meisten Frauen bereits Erfahrungen mit der Opferdepression gemacht.

Eine Opferdepression wird definiert als die schlechten Gefühle, die von einer erlernten oder tatsächlichen Hilflosigkeit herrühren und dem Nichtvorhandensein von Bewältigungsstrategien, mit denen sich auf die Gewalt, Negativität und Diskriminierung antworten ließe, denen Frauen in unserer Gesellschaft oft ausgesetzt sind.

Viele Frauen bilden in Folge des vorherrschenden Sexismus und kulturellen Bestrafungssystems, denen wir aufgrund unserer Weiblichkeit von Geburt an ausgeliefert sind, ganz allmählich und wie selbstverständlich eine Opfermentalität heraus. Sich ständig bedroht zu fühlen, ob unterschwellig oder direkt, zermürbt und fordert seinen Tribut. Das gleiche gilt für unsere Gefühle der Hilflosigkeit und Machtlosigkeit. Und diese Machtlosigkeit ist etwas, was Frauen jeder Altersstufe erleben. Jüngere Frauen sind besonders anfällig für körperlichen und sexuellen Mißbrauch. Ältere Frauen sind gefährdeter für Medikamentenmißbrauch, Armut und Isolation. Sie sind einem höheren Risiko ausgesetzt, verlassen zu werden. Frauen mittleren Alters werden meist emotional und wirtschaftlich ausgebeutet und fallen exzessiven Rollenanforderungen zum Opfer.

Viele von uns sind schnell bereit, die Gefühle einer Opferdepression zu verleugnen, weil wir oft glauben, nicht die Gesellschaft, in der wir leben, wäre gestört, sondern wir selbst würden nicht richtig »ticken«. Schikaniert zu werden ist ein so fester Bestandteil unseres Lebensgebäudes, ist so vertraut und weit verbreitet, daß es uns schwerfällt, die Sache aus der Distanz zu betrachten und zu erkennen, daß diese Schikanen einer der Hauptgründe für unsere Anfälligkeit für Depressionen sind. Schwer zu diagnostizieren ist dies auch deshalb, weil es so viele Arten von Schikanen gibt.

Tatsächlich existieren vier grundlegende Erscheinungsformen von Opferdepressionen: Sie gehen zurück auf emotionale, ökonomische, körperliche und sexuelle Belästigungen.

Emotionale Schikanen

Eine emotionale Schikane erleben wir, wenn man uns droht, uns zu verlassen oder zu mißhandeln; wenn wir uns in emotionaler und/ oder körperlicher Hinsicht ständig gefährdet fühlen; wenn wir in einer abwertenden oder erniedrigenden Weise behandelt werden. Sara, die ihren drohenden Vater gegen einen drohenden Boß als zentrale männliche Bezugsperson im Leben tauschte, erlebte eine ständige emotionale Schikane. Wir würden uns wahrscheinlich ebenso eingeschüchtert, unsicher und verletzlich wie Sara fühlen, wenn wir pausenlos emotional schikaniert würden. Und wie Sara wären wir dann oft weniger effektiv bei der Arbeit und würden aller Wahrscheinlichkeit nach körperlich krank werden aufgrund dieser emotional zehrenden Erfahrung.

Die emotionale Schikane ist normalerweise die Art von Terror, die bei Frauen am häufigsten zu Opferdepressionen führt. Sie hat oft die schlimmsten Langzeitwirkungen, weil sie uns unserer Kraft beraubt und uns die Opferrolle gewissermaßen aufzwingt. Um uns selbst vor direkten oder indirekten Bedrohungen zu schützen, lernen wir, wie Opfer zu denken und zu handeln. Nach Ansicht von Experten kann sich dabei die ständige *Androhung* von körperlicher oder sexueller Gewalt genauso schädlich und lähmend auf das Leben einer Frau auswirken wie die tatsächliche Erfahrung des Geprügelt- und Vergewaltigtwerdens und anderer Formen sexuellen Mißbrauchs.

Frauen, die sich früh in ihrem Leben mit der emotionalen Opferrolle identifizieren, tun oft das, was auch Sara tat. Sie bevölkern ihr Privat- und Berufsleben mit Personen, die die emotionale Schikane, der sie als junges Mädchen oder Teenager ausgesetzt waren, widerspiegeln und weiterführen. So sehr es Frauen hassen, emotional schikaniert zu werden, so vertraut und manchmal sogar bequem ist das Übernehmen der Opferrolle.

Ökonomische Schikanen

Eine ökonomische Schikane ist die Erfahrung von ungleicher Behandlung, Abwertung und Unterdrückung, die eine Frau macht, wenn sie für ihre Arbeit nicht den gleichen Lohn erhält oder angemessen bezahlt wird; wenn sie mit Armut oder Verarmung bedroht wird, falls sie sich nicht so verhält, wie die Gesellschaft oder ihr Partner es von einer »anständigen« Frau erwarten.

Jede Frau ist dieser Art von Diskriminierung in verschiedenen Phasen ihres Lebens schon einmal begegnet, weil unsere Gesellschaft darauf ausgerichtet ist, uns finanziell zu diskriminieren. Gleichgültig, ob Sie eine Frau sind, deren beruflicher Erfolg sich in einem guten Gehalt widerspiegelt, oder eine Frau, die sich plötzlich in einer Arbeitswelt, die wenig Wert auf die vielseitigen Talente der traditionellen Frau legt, selbst über Wasser halten muß – Sie sind so oder so ein vorrangiges Ziel für ökonomische Schikanen. Geschiedene Frauen trifft es besonders hart. Studien belegen, daß der

Lebensstandard von Frauen nach einer Scheidung in Amerika um dreiunddreißig bis dreiundsiebzig Prozent fällt, während der Lebensstandard von Männern um ungefähr zweiundvierzig Prozent steigt.

In den letzten zwanzig Jahren hat sich an der finanziellen Front für Frauen nicht viel geändert. Fünfundsiebzig Prozent der Menschen, die in Amerika unterhalb der Armutsgrenze leben – von der amerikanischen Regierung definiert als die Haushalte, die über ein Einkommen von weniger als 5778 Dollar im Jahr verfügen – sind Frauen und Kinder. 1988 ergab eine Umfrage der *Time*, daß vierundneunzig Prozent der berufstätigen Frauen erheblich weniger verdienten als ihre männlichen Kollegen.

Obwohl berufstätige Frauen durch Geld und Status besser geschützt sind, spüren auch sie die Auswirkungen ökonomischer Schikanen. Größere Gewinne werden durch gleichermaßen große Verluste, speziell psychologischer und oft wirtschaftlicher Natur, »ausgeglichen«. Die Tatsache, daß berufstätige Frauen dreimal mehr zu Depressionen neigen als nichtberufstätige Frauen, könnte sehr gut eine Reflektion der wirtschaftlichen und emotionalen Schikanen sein, die sie erfahren. Viele berufstätige Frauen fühlen sich irgendwann einmal hilf- und hoffnungslos, wenn sie versuchen, die Karriereleiter zu erklimmen, immer nur gegen Mauern rennen und feststellen müssen, daß die Tür zu ihrer Zukunft von innen verschlossen ist. Mit der Zeit kann diese Frustration zu einer Gesunden Depression führen, weil die einzige gesunde, plausible Reaktion auf solch unfaire Konditionen darin besteht, sich schlechtzufühlen.

Körperliche Schikanen

Körperliche Schikanen bedeuten nicht nur, geschlagen zu werden. Dies beinhaltet jede Form von verletzendem oder ungewolltem körperlichen oder sexuellen Kontakt. Wie gefährdet sind Frauen dafür? Wahrscheinlich mehr, als Sie denken. Und sie sind dort am gefährdetsten, wo sie glauben, am sichersten zu sein – zu Hause. Häusliche Gewalt ist der häufigste Grund für Verletzungen amerikanischer Frauen, wenn man dem ehemaligen amerikanischen Gesundheitsminister C. Everett Koop und dem amerikanischen Institut für Geburtshilfe und Gynäkologie glauben will. In Amerika wird alle fünfzehn Sekunden eine Frau körperlich mißhandelt. Mehr als die Hälfte aller Paare kann auf mindestens einen Zwischenfall von häuslicher Gewalt zurückblicken, in dessen Verlauf die Frau körperliche Verletzungen davontrug. Zu körperlichen Schikanen kommt es auch in lesbischen Partnerschaften; es scheint jedoch weniger üblich als in heterosexuellen Partnerschaften zu sein.

Die verheerenden Auswirkungen dieser körperlichen Schikanen sind noch lange, nachdem die blauen Flecken verblaßt sind, zu spüren. Die Depression, die manche Frauen überfällt, läßt sich beispielsweise zum Teil auf nicht diagnostizierte Kopftraumen, zu denen es aufgrund der Schläge kam, zurückführen. Viele Frauen, die körperlich schikaniert wurden, leiden überdies an einer Art posttraumatischer Belastungsstörung, die von einer anhaltenden Hyperwachsamkeit für Gefahren und/oder der Konfrontation mit tatsächlichen Auswirkungen signifikanter körperlicher und emotionaler Traumen herrührt. Die chronischen Angstzustände, der körperliche Rückzug, die häufigen Alpträume, das tiefe Mißtrauen und die emotionale Abgestumpftheit, die Frauen erleben, nachdem sie körperlich, sexuell und emotional mißhandelt wurden, lassen sich womöglich teilweise auf diese posttraumatische Belastungsstörung zurückführen, deren volle Bedeutung in diesen Fällen erst noch erkannt werden muß.

Marias Mutter war eine dieser Frauen. Sie legte in Folge der chronischen körperlichen Schikane, der sie durch Marias trunksüchtigen Vater ausgesetzt war, ein Verhalten an den Tag, wie es für eine posttraumatische Belastungsstörung typisch ist. Die Mißhandlung zerstörte mit den Jahren nicht nur ihren Körper, sondern auch ihre Seele. Nachdem sie gesehen hatte, wie die passive Haltung ihrer Mutter ihr Elend nur noch geschürt hatte, schwor sich Maria, sich vor Joes gelegentlichen Übergriffen zu schützen. Aber eines Abends, als Joe sie schlug, verlor sie ihr Gleichgewicht und prallte mit dem Kopf gegen das Waschbecken. In den nächsten sechs Wochen litt sie an Kopfschmerzen und Schwindelanfällen. Joe redete ihr ein, daß alles nur »Einbildung« sei, und verbot ihr, für die Untersuchung bei einem Neurologen »Geld aus dem Fenster zu werfen«. Es ist absolut möglich, daß Maria an einem nichtdiagnostizierten Kopftrauma leidet, eine nur allzu häufig vorkommende Begleiterscheinung von Prügeleien. Aber sie wird es nie wissen, solange sie keinen Arzt konsultiert. Bei dieser Art von körperlicher Schikane wird sie überdies mit Sicherheit eine üble Ungesunde Depression entwickeln, die sich nur noch verschlimmern wird, falls sie sich nicht endlich gegen ihren Mann wehrt. Sie geht ein großes Risiko ein, genauso ein chronisches Opfer zu werden wie ihre Mutter.

Sexuelle Schikanen

Eine der schlimmsten Formen körperlicher Schikanen ist die sexuelle Schikane. Sie schließt jeden ungewollten sexuellen Kontakt mit ein, die Androhung eines solchen oder das Ausgeliefertsein an ungewollte sexuelle Erfahrungen oder Vorstellungen. Das kann so subtil sein, wie wenn sich beispielsweise im vollbesetzten Aufzug ein Fremder an Ihnen reibt, oder so gewalttätig wie eine brutale Gruppenvergewaltigung. Es kann Tätscheln, Exhibitionismus, Voyeurismus, oralen Sex, Geschlechtsverkehr und Sodomie beinhalten wie auch einfach das Ausgeliefertsein an diskriminierende sexuelle Bilder in den Medien oder im wirklichen Leben.

Wer mehr darüber erfährt, wie gefährdet gerade Frauen für sexuelle Schikanen sind, bekommt eine Lektion in Sachen Verletzlichkeit und Gewalt erteilt, die einem Hören und Sehen vergehen läßt. Alle sechs Minuten wird in Amerika eine Frau vergewaltigt. Mindestens eine von vier Frauen wird in ihrem Leben einmal vergewaltigt oder sexuell belästigt werden. Weil laut der *National Coalition Against Sexual Assault,* der Nationalen Koalition gegen sexuelle Übergriffe, nur eine von zehn Vergewaltigungen angezeigt wird, liegen die wirklichen Zahlen mit Sicherheit um einiges höher. Dieselbe Gruppierung schätzt, daß möglicherweise sogar jede dritte Frau Opfer einer Vergewaltigung wird.

Sexuelle Schikane ist in Amerika ein größeres Problem als in den meisten anderen Kulturen. Amerikanische Frauen tragen ein zwanzigmal höheres Risiko, vergewaltigt zu werden, als Frauen in Japan, und ein dreizehnmal höheres Risiko als Frauen in England. Die Anzeigen wegen Vergewaltigung stiegen in der ersten Hälfte des Jahres 1990 um zehn Prozent, was den höchsten Anstieg innerhalb von sechs Monaten seit den letzten zehn Jahren markiert. Was an diesen steigenden Zahlen besonders alarmierend ist, ist die Tatsache, daß die Vergewaltiger immer jünger werden. Die Zahl der Verhaftungen bei unter Achtzehnjährigen stieg um siebenundzwanzig Prozent, während es bei den unter Dreizehnjährigen sogar zweihundert Prozent waren.

Obwohl Vergewaltigungen sicherlich zu den brutalsten körperlichen Übergriffen auf Frauen zählen, sind sie nur *ein* Beispiel von sexueller Belästigung. Denn obgleich Amy niemals irgendeinen sexuellen Kontakt mit Keith hatte, dem Vizepräsidenten, der versuchte, sie zu küssen, verlor sie letzlich ihren Job durch sexuelle Belästigung und Schikane. In dem speziellen Klima, das in ihrer Firma herrschte, gehörte es gewissermaßen zu ihrer Arbeitsplatzbeschreibung, ein »süßes, junges Ding« zu sein und ihrem Chef überdies die sexuelle Bestätigung zu geben, die er wünschte. Speziell wenn es sich um etwas so »Harmloses« wie ein Küßchen auf die Wange oder einen verspielten Klaps auf den Po handelte. Als sie diese in sie gesetzten Erwartungen nicht erfüllen wollte, fühlte sich Keith absolut berechtigt dazu, sie ohne große Umschweife zu entlassen.

Sexuelle Schikane kann von obszönen Telefonanrufen bis hin zu Männern reichen, die sich vor uns öffentlich exhibitionieren. Es kann der Mann sein, der uns aus dem Nachbarfenster heimlich dabei beobachtet, wie wir uns umziehen, oder der Ehemann oder Freund, der unser Nein nicht akzeptiert, wenn wir ihm erklären, daß wir im Moment nicht in der Stimmung sind für Zärtlichkeiten.

Obwohl nichts von diesen Dingen emotional so verheerend ist wie eine Vergewaltigung, addieren sich die Vielfalt und die Häufigkeit dieser Art des sexuellen Mißbrauchs zu Zuständen, in denen Gesunde Depressionen absolut angemessene Reaktionen sind. Und es sind mehr von uns betroffen, als Sie vielleicht glauben mögen. Zahlreiche Experten behaupten, daß über fünfzig Prozent der ameri-

kanischen Frauen mindestens ein signifikantes körperliches und/
oder sexuelles Mißbrauchserlebnis vorzuweisen haben, bevor sie
einundzwanzig Jahre alt geworden sind.

Die Implikationen dieser Statistik sind ziemlich beunruhigend.
Es bedeutet, daß es in unserer Gesellschaft völlig normal ist, daß
Frauen, bevor sie das Erwachsenenalter erreicht haben, körperlich
und/oder sexuell mißbraucht werden. Unglücklicherweise ist es
genauso normal, daß diese Formen von Schikanen eine künftige
Depression praktisch garantieren. Und wenn Frauen solche
schrecklichen Gefühle durchmachen, wird ihre Depression noch
dadurch verstärkt, daß sie keine Ahnung davon haben, warum sie
sich eigentlich so schlecht fühlen.

Dieser »Schikanenschmerz« kann sehr intensiv sein. Wenn Sie
beim Lesen dieses Kapitels gelegentlich Gefühle der Abwehr, der
Distanz und der Depression verspüren, wissen Sie haargenau, wovon ich rede. Wahrscheinlich rührt das Gesagte zu sehr an eigenen
Erlebnissen; wahrscheinlich legt es den Finger auf eine Wunde, die
in Ihrem eigenen Leben immer noch schmerzt. In meinen Einzelthe-
rapiesitzungen erlebe ich immer wieder, daß viele meiner Klientinnen an diesem Punkt der Seelenerforschung ziemlich erschöpft oder
bedürftig reagieren. Wenn ich mit Frauen aus meinen Workshops
oder Therapiegruppen über Opferdepressionen diskutiere, rutschen die meisten von ihnen einfach in die Verleugnung ab. Die
typische Abwehrhaltung besteht darin, es weit von sich zu weisen,
sich jemals als Opfer gefühlt zu haben, und zu behaupten, daß das
Gesagte sicherlich für viele *andere* Frauen zutrifft, daß man selber
aber bislang von so etwas verschont geblieben ist.

Vielleicht ist dies Wunschdenken. Vielleicht ist es der Wunsch, zu
vergessen oder die Vergangenheit Vergangenheit sein zu lassen.
Vielleicht glauben viele Frauen, daß alles nur Übertreibung ist und
die Dinge sich mittlerweile zum Besseren wenden. Leider ist das
nicht der Fall. Die Zahl der brutalen Verbrechen an Frauen stieg in
den letzten fünfzehn Jahren um fünfzig Prozent, wie ein unlängst
veröffentlichter Bericht des amerikanischen Senats zeigt. Während
derselben Zeit *sank* die Zahl der Gewalttaten gegen Männer um
zwölf Prozent.

Frauen, die in ihrer Verleugnung aufgehen, tun solche Fakten als reine Statistiken ab und betrachten sie als irrelevant für ihr eigenes Leben. Wenn Sie zu diesen Frauen gehören, glauben Sie möglicherweise, daß das Wort *Schikane* eine zu harte Umschreibung für die schlechten Dinge ist, die Ihnen widerfahren sind. Möglicherweise haben Sie ganze Verleugnungsarbeit geleistet und wissen gar nicht mehr, daß Sie ähnliche Erfahrungen gemacht haben wie Sara, Maria oder Amy. Möglicherweise können Sie keine wirkliche Verbindung mehr herstellen zu Ihren schlechten Gefühlen und vernachlässigen im Grunde genommen den Schmerz, den Sie einmal verspürten.

Ironischerweise ist es genau diese Verleugnung, die uns noch anfälliger macht. Deshalb ist es so wichtig für Sie, daß Sie diese Statistiken, denen Sie in diesem Kapitel begegnet sind, als Realität begreifen – als Realität, der auch Sie vielleicht teilweise ausgesetzt waren – und dann die Zeit und Energie investieren, um herauszufinden, wie anfällig Sie für Opferdepressionen sind und was Sie dagegen tun können.

Der folgende Test wird Ihnen dabei helfen, Ihr gegenwärtiges Risiko für Opferdepressionen zu ermitteln.

Test zur Opferdepression

Beantworten Sie die folgenden Fragen oder Aussagen mit JA oder NEIN.

1. Meine Eltern, Verwandten, Lehrer, Freunde oder mein Ehemann sagen (sagten) oft solche Wörter wie »Idiot« oder »Schlampe« zu mir. Sie brüllen (brüllten) mich oft an und/oder verlassen (verließen) mich, wenn auch manchmal nur zeitweise. _____

2. Sie schlugen mich nie, drohten aber immer wieder oder drohen noch, mir ein Leid anzutun. _____

3. Sie gaben und geben mir oft das Gefühl, daß ich weniger wert bin, nur weil ich eine Frau bin. _____

4. Meine Mutter durfte nicht arbeiten oder war eine

alleinerziehende Mutter, so daß wir um das Nötigste zu
kämpfen hatten.   _____

5. Meine Brüder wurden finanziell und in anderer Weise
unterstützt, damit sie auf das College gehen konnten, weil
sie ja später einmal »eine Familie zu ernähren« hätten; ich
mußte mich selbst durchbringen. Ich wurde weder finanziell unterstützt, noch erhielt ich eine Berufsausbildung.   _____

6. Ich werde/wurde schlechter bezahlt als die Männer in
meinem Beruf, aber ich halte/hielt meinen Mund, weil ich
den Job brauche/brauchte.   _____

7. Meine Grundbedürfnisse (saubere Kleidung und Essen,
medizinische Versorgung, wenn ich krank war, usw.) wurden vernachlässigt, als ich ein Kind war.   _____

8. Ich wurde so stark verprügelt, geschlagen, getreten,
gezwickt, gebissen, verbrannt und/oder geschüttelt, daß
Blutergüsse, Kratzer oder Schmerzen die Folgen waren.   _____

9. Ich wurde zu oralem Sex, Geschlechtsverkehr, Sodomie
gezwungen und/oder sexuell berührt oder mußte eine andere Person sexuell berühren, obwohl ich es nicht wollte.   _____

10. Mein Mann oder mein Freund droht, mich zu verlassen oder seine finanzielle und emotionale Unterstützung
zurückzuziehen, wenn ich nicht mache, was er will.   _____

Anzahl der mit JA beantworteten Fragen: _____

Auswertung

**(0–2) Gratulation! Sie sind noch einmal davongekommen
oder haben nie Bekanntschaft mit Schikanen gegenüber Frauen
gemacht.**
Viele von uns sind nicht in der Lage, der Opfermentalität, die eine
Kreation der kulturellen Strafrichter ist, zu entfliehen. Das liegt
daran, daß die Wurzeln der Schikanen gegenüber Frauen so tief
reichen und sehr viele Jahre alt sind. Sie sind dem Ganzen entweder
entflohen oder von den Auswirkungen kultureller Bestrafung bislang verschont geblieben, also in der wunderbaren Situation, frei
von jeglicher Opfermentalität zu sein. Genießen und bewahren Sie
Ihre Freiheit und nutzen Sie sie, um kreativ zu sein und zu wachsen.

Wenn Sie andererseits vermuten, daß Sie möglicherweise anfälliger sind, als Sie gerne zugeben möchten, sollten Sie sich die *Checkliste: Verleugnung* auf Seite 133 vornehmen. Wenn Sie bei diesem Test einen hohen Verleugnungsgrad erreichen, wäre es besser, Sie blättern noch einmal zurück und arbeiten diesen Fragenkatalog nochmals durch, damit Sie einen schärferen Blick dafür bekommen, wie es um Ihre Anfälligkeit für diese potentiell lähmende Form der Depression wirklich bestellt ist.

(3–5) Vorsicht: Seien Sie nicht zu übermütig!

Sie wissen, was Schikanen sind, aber sie beherrschen nicht Ihr Leben. Sie leiden in geringem Maß an einer Opferdepression, die sich aber noch im gesunden Bereich befindet. Sie sollten dennoch auf Ihrem weiteren Lebensweg Vorsicht walten lassen, weil durchaus die Gefahr besteht, daß Ihre Depression wächst und gedeiht. Die Aktionsstrategien in diesem Kapitel können Ihnen dabei helfen, Ihre Anfälligkeit für Opferdepressionen in Grenzen und unter Kontrolle zu halten.

(6–7) Passen Sie auf: Sie haben eine Opferdepression.

Ihre Depression könnte ungesund werden, falls Sie nicht sofort gewisse Veränderungen vornehmen. Diese Punktzahl weist auf mögliche Langzeitschäden hin, die einer gewaltigen Menge direkter Aufmerksamkeit und Anstrengung bedürfen. Wenn Sie die Übungen und Strategien in diesem Buch gemacht haben und sich noch immer schikaniert fühlen, sollten Sie aufhören, für jeden das Opfer zu spielen, und sich die professionelle Hilfe suchen, die Sie benötigen. Selbst eine Kurztherapie wird von Nutzen sein und den Heilungsprozeß beschleunigen.

(8–10) Sie haben eine Ungesunde Opferdepression.

Dieses Buch wird Ihnen zwar möglicherweise dabei helfen können, Ihr Problem besser zu verstehen, aber es kann Ihnen nicht wirklich helfen, es zu heilen. Kein Ratgeberbuch kann das. Das Trauma, das Sie erlitten haben, ist so groß, daß Sie professionelle Hilfe brauchen, um damit fertigzuwerden und es zu heilen. Es ist einfach ein zu großer Schaden entstanden, als daß er auf eigene Faust in Ordnung gebracht werden könnte. Wenn Sie keine Hilfe suchen, ist es sehr wahrscheinlich, daß sich Ihre Ungesunde Opferdepression mit der Zeit verschlimmern wird, bis Sie geistig und/oder körperlich krank werden.

Lassen Sie es nicht soweit kommen! Sie sind bereits genügend schikaniert worden. Brechen Sie aus diesem Kreislauf aus. Ein Weg, wie Sie das tun können, besteht darin, sich Kapitel 10 »Wenn Selbsthilfe nicht mehr genügt« vorzunehmen. Lesen Sie den Abschnitt auf Seite 364, wo es um das Suchen und Finden eines guten Depressionsspezialisten geht. Überlegen Sie sich, wie Sie die Sache anpacken können, und dann *machen Sie sich unverzüglich ans Werk!* Sie können es sich nicht leisten, nichts zu tun.

Sobald Sie eine genauere Vorstellung davon haben, an welcher Art von Opferdepression Sie leiden und wie schwer sie möglicherweise ist, können Sie damit beginnen, die entsprechenden Schritte einzuleiten, um sie zu heilen – allein, wenn die Sache nicht so ernst ist, oder mit einem Therapeuten, wenn sie es ist. Es gibt eine Menge, was Sie gegen diese Art von Depression und für die Verringerung Ihrer Anfälligkeit tun können. Der erste Schritt besteht zunächst einmal darin, die kulturellen und individuellen Wurzeln der Schikanen zu verstehen.

Die Gründe einer Opferdepression

1. Jahrhundertelange männliche/weibliche kulturelle Konditionierung

Eine jahrhundertelange kulturelle Konditionierung hat Männer und Frauen dazu erzogen, klar definierte Rollen zu spielen. Männer lernten, aggressiv und durchsetzungsfähig zu sein. Frauen lernten, fürsorglich zu sein und sich schikanieren zu lassen. Männern wurde beigebracht, daß sie durch ihre körperliche Kraft und Statur für die Rolle des Ernährers wie geschaffen waren. Dahinter steckte natürlich auch die Vorstellung, daß der Mann für diese Rolle der Frau von Natur aus überlegen war. Aufgrund dieser Konditionierung glauben viele Männer heute immer noch, sie hätten gewisse exklusive Rechte und Privilegien, was auch die Vorherrschaft über die Frau einschließt, absolute sexuelle Kontrolle und sogar das Recht, gewalttätig zu werden, wenn Frauen nicht so wollen, wie sie es gerne hätten.

So wie die Aggression in unserer Gesellschaft gewöhnlich für »männlich« gehalten wird, tolerieren es Frauen oft, schikaniert zu werden, weil dies als typisch »weiblich« gilt. Uns wird von frühester Kindheit an Opferverhalten eingetrichtert. »Mädchen wird von Anfang an beigebracht, sich zurückzuziehen und allen Konflikten, koste es, was es wolle, aus dem Weg zu gehen«, sagt Shelley Neiderbach von den *Crime Counselling Services,* dem Verbrechensberatungszentrum in Brooklyn, New York. Viele Entwicklungspsychologen und klinische Psychologen würden ihrer Aussage aus tiefstem Herzen zustimmen.

Sogar die milderen Formen von Schikanen werden von vielen Frauen stillschweigend erduldet. Emotionaler Mißbrauch wird als etwas Normales betrachtet, so als wäre es der Preis dafür, eine Frau zu sein. All dies verstärkt weibliche Muster der Passivität, Abhängigkeit und Verleugnung. Es lehrt uns eine Art erlernter Hilflosigkeit. Wenn wir diese konditionierten Verhaltensmuster akzeptieren, garantiert uns das lebenslange Schikanen. Und wenn wir nicht lernen, uns dagegen zu schützen, garantiert uns das möglicherweise auch eine lebenslange Depression.

2. Frauen werden kulturell bestraft für ihren Wunsch nach Wachstum und Veränderung

Die Erfolge und Mißerfolge vorangegangener Generationen bereiten den Boden für die sozialen Privilegien und Tagesordnungspunkte der nächsten Generation. Tatsächlich wurzelt die kulturelle Bestrafung, die Frauen in den neunziger Jahren widerfährt, in starkem Maße in der Vergangenheit. Tatsache ist, daß Männer Frauen in vielen Phasen der Geschichte, sowohl in psychologischer wie auch juristischer Hinsicht, »besessen« haben. Und viele Frauen – manche bewußt, manche unbewußt – möchten »besessen« werden. Sie fühlen sich erst dann geliebt und als richtige Frau, wenn sie das Eigentum eines Mannes sind. In mancherlei Hinsicht mag dieses Verhalten reiner Selbstschutz sein. Schließlich ist es immer noch die sicherste und lohnenswerteste Rolle für Frauen in dieser Gesellschaft, einem anderen zu »gehören«, sich als sein »Eigentum« zu betrachten und von ihm beschützt zu werden. Es gibt keinen besseren Weg, den Frieden zu wahren, als die Aufrechterhaltung des Status quo.

Das Problem ist, daß diese traditionellen Rollen zwar bequem für beide Geschlechter sein mögen, sie aber genauso ungesund sind. Frauen scheinen diese Tatsache schneller begriffen zu haben als die meisten Männer. Zum ersten Mal in der Geschichte wollen viele Frauen nicht mehr wie Besitztümer behandelt werden. Wir haben begonnen, das Recht einzufordern, unsere eigenen Entscheidungen zu treffen, selbst über unsere Körper zu bestimmen und unser Schicksal selbst in die Hand zu nehmen.

Unsere Beweggründe sind sowohl wirtschaftlicher als auch emotionaler Natur. Die Wirtschaft in unserem Lande braucht in wachsendem Maße die Arbeitskraft von Frauen, ihre Mittel und Fähigkeiten, wenn sie mit anderen Weltmärkten konkurrenzfähig bleiben und unseren Lebensstandard erhalten will. Das traditionelle Szenario vom Mann als Brötchenverdiener ist nicht länger realistisch. Die meisten Frauen, ob verheiratet oder ledig, arbeiten heutzutage, weil sie müssen. Andere arbeiten, weil sie wollen, und zwar aus denselben Gründen wie Männer – als da wären: finanzielle Sicherheit, positiver Selbstwert, persönliche Herausforderung, Kontakt zu Gleichgesinnten, Selbstverwirklichung und um einen Beitrag zur Gesellschaftsentwicklung zu leisten.

Tiefgreifende wirtschaftliche und kulturelle Veränderungen haben sowohl bei Männern wie bei Frauen kollektive Beklemmungszustände ausgelöst. Viele von uns fühlen sich bedroht durch unsere schnellebige Zeit. Keiner weiß so recht, was vor sich geht oder wohin alles führen wird, und viele Frauen haben das Gefühl, sie würden auf der Verliererseite stehen, gleichgültig, welche Entscheidung sie treffen – was kein Wunder ist, wenn man die Mischungen von Botschaften bedenkt, die heutzutage auf Frauen niederpasseln. Diejenigen von uns, die sich entscheiden, zu Hause zu bleiben und sich um die Familie zu kümmern, werden kulturell hofiert, weil sie ihre traditionelle Rolle erfüllen, und bei gesellschaftlichen Ereignissen links liegengelassen, weil das, was sie tun, als »langweilig« gilt. Wir werden dazu ermuntert, finanziell abhängig zu bleiben, und stehen dann oft mittellos da, wenn es zu einer Scheidung kommt oder unser Mann vor uns stirbt. Diejenigen von uns, die einer außerhäuslichen Berufstätigkeit nachgehen, bekommen Beifall für ihre Entschlossenheit, aber oft weniger Geld als der Arbeitskollege eine Tür weiter.

Zum ersten Mal fühlen sich auch viele Männer so, als würde ihnen alles durch die Finger gleiten. Die traditionelle Machtstruktur des weißen Mannes ist am Zerbröckeln. Unsere Gesellschaft wird in ethnischer Hinsicht so kunterbunt, daß das Machtmodell des weißen Mannes nicht länger automatisch akzeptiert wird. Bereiche, die einst ausschließlich dem weißen Mann gehörten, werden jetzt von Frauen und ethnischen Minderheiten beansprucht. Männer treffen Frauen in den Vorstandsetagen und manchmal sogar in der Kaserne an. Viele Männer sind empört und deprimiert von dem, was sie als Invasion betrachten. Männer, die noch nie mit einer Frau zusammengearbeitet haben, müssen sich plötzlich vor einer Chefin verantworten. Manche glauben, daß ihnen die Frauen die Jobs wegnehmen. Diese sich rapide vollziehenden Rollenveränderungen bedrohen die innerste Identität des Mannes und seine geschichtlich verankerte, überlegene Machtposition von Grund auf.

Diese Angst und Wut, die heutzutage das Verhältnis zwischen den Geschlechtern beherrscht, hat einen unglaublichen Rücklauf gesellschaftlicher Bestrafung gegen Frauen ausgelöst. Obwohl sich viele Männer machtlos fühlen angesichts der Kraft des Feminismus, der vermeintlich über sie hinwegrollt, können sie zumindest einen Keil zwischen die einzelnen Teile der Maschine treiben. Indem sie Frauen – ob passiv oder aktiv – emotional, wirtschaftlich, ja körperlich und sexuell unterdrücken, meinen viele Männer unbewußt, ihren Teil dazu beitragen zu können, um ihre männliche Überlegenheit aufrechtzuerhalten und ihr persönliches Territorium zu verteidigen.

Wenn Sie verstehen, daß weibliche Bestrafung ein kultureller Prozeß ist, ein Vermächtnis des ausgehenden 20. Jahrhunderts, sind Sie nicht länger gezwungen, Ihre Kämpfe, Ängste und Ihren Schmerz als persönliche Unzulänglichkeit oder gerechte Bestrafung zu interpretieren. Sie können Ihre schlechten Gefühle als gesunde Reaktion auf die ungesunde Kultur, in der Sie leben, schätzen lernen. Diese Einsicht wird Sie dazu befähigen, mutig voranzuschreiten und sich nicht mehr von einem Prozeß bestimmen zu lassen, der ungerecht, unfair und ungesund für beide Geschlechter ist.

3. Die Medien verewigen das Opferimage von Frauen

Laut der *National Coalition on Television Violence,* dem Nationalen Ausschuß gegen Gewalt im Fernsehen, wird das typische amerikanische Kind vor seinem achtzehnten Lebensjahr zweihunderttausend Gewalttaten im Fernsehen gesehen haben. Und wie jeder weiß, der fernsieht oder ins Kino geht, ist der größte Teil dieser Gewalt gegen Frauen gerichtet. In einem *Newsweek*-Artikel hieß es dazu: »In der gesamten Populärkultur (wie auch in breiten Teilen der Gesellschaft) sind vorzugsweise Frauen die Opfer... Heutzutage durchzieht die Populärkultur eine furchtbare Welle von Feindseligkeit gegenüber Frauen – schön ist das nicht.« Diese Mediengewalt mag zwar die Gesellschaft widerspiegeln, aber sie fördert und schürt auch gleichzeitig den Mißbrauch und die Bestrafung von Frauen, weil sie diese Dinge als ganz natürlich erscheinen läßt und in manchen Fällen sogar so tut, als hätten die Frauen nichts anderes verdient.

Solche Schikanen sind allgegenwärtiger als je zuvor. Wohin man auch blickt – es gibt unzählige Beispiele dafür, wie weitverbreitet und tiefverankert die gesellschaftliche Bestrafung von Frauen in den Medien ist. Sie durchzieht die Film-, Fernseh- und Werbeindustrie von Grund auf. Das Wort »bitch« beispielsweise, was soviel wie »Schlampe, Miststück« bedeutet, findet sich häufig als Refrain in populären Songs. Schikanen gegenüber Frauen werden auf Plattencovers und Musikvideos verherrlicht. Frauen werden in Ketten abgebildet, als Geknebelte und Mißbrauchte dargestellt. Und in vielen Fällen suggeriert ihr Gesichtsausdruck auch noch, daß sie diese Behandlung genießen. 1987 beschloß die Vereinigung amerikanischer Medienfrauen, ihren jährlichen Preis, der für die positive Darstellung von Frauen in der Werbung ausgesetzt wurde, nicht zu vergeben. Warum? Weil sie der Ansicht war, es gäbe keine würdigen Kandidaten. 1988 erhielten vier von fünf Schauspielerinnen ihre Oscar-Nominierung in der Sparte der besten Schauspielerin für Opferrollen. Die einzige Ausnahme war Melanie Griffith, die in *Die Waffen einer Frau* ein Opfer spielte, das sich am Ende in eine Siegerin verwandelte.

Ironischerweise trägt sogar die Ratgeberliteratur mehr zur weiblichen Opfermentalität bei, als daß sie zu ihrer Auflösung beitragen würde. Trotz der guten Absichten der Verfasser/innen sind Bücher wie: *Wenn Frauen zu sehr lieben; Ganz Frau sein: Wie Sie Ihre Weiblichkeit ausleben und die Liebe finden* und *Gescheite Frauen, dumme Entscheidungen* kontraproduktiv. Sie legen zunächst in aller Ausführlichkeit dar, daß Frauen grundlegend falsche Denk- und Verhaltensmuster haben, und entwickeln dann einen »Genesungsplan« – vorgestellt von einem Experten, der so tut, als wäre er im Besitz aller Antworten.

Weil der Autor die Rolle des Experten innehat, gleichgültig, ob er die Ausbildung oder die Erfahrung hat, diese Position auch auszufüllen, wird der Leserin vermittelt, daß sie seinen Rat besser befolgen und ihre Unzulänglichkeit »reparieren« sollte, wenn sie nicht ganz dumm ist. Dies weist Frauen eine passive »Patientinnen«-Rolle zu. Sie werden als krank oder defekt betrachtet. Unsere Sichtung des wissenschaftlichen Materials zu Frauen und Depressionen legt jedoch nahe, daß dieses Experte/Patientin-, Überlegene/Unterlegene-Modell weibliche Depressionen eher verstärkt als abbaut. Wir haben herausgefunden, daß Frauen mit Depressionen besser beraten sind, wenn sie in gleichwertigen Partnerschaften mit Therapeuten zusammenarbeiten und wissen, daß beide zwar unterschiedliche Rollen innehaben, aber gleichermaßen zum Erfolg beitragen.

Es gibt eine Reihe weiterer Probleme bei dieser Art von Ratgeber-literatur. Eines der größten ist, daß primär von einer individuellen Unzulänglichkeit ausgegangen wird und weniger von einer gesellschaftlichen. Susan Faludi beschreibt dieses Problem eloquent in ihrem Buch *Backlash* (auf deutsch: Die Männer schlagen zurück. Wie die Siege des Feminismus sich in Niederlagen verwandeln und was die Frauen dagegen tun können):

> Statt den Frauen bei der Überwindung des Gegen-schlags zu helfen, trugen die Selbsthilfeexperten dazu bei, den Gegenschlag in den Köpfen und Herzen der Frauen zu verankern – indem sie den Frauen nahelegten, alle Zwänge des Gegenschlags ausschließlich als »ihr eigenes« Problem zu sehen.

Indem sie kulturelle Scheuklappen trugen, begünstigen die Verfasser einiger Ratgeber eine Erwartungshaltung, wonach Leserinnen sich allein durch Lektüre dieses Buches grundlegend verändern können. Falls wir Frauen das nicht schaffen oder tun, liegt der Fehler bei uns. Schließlich hat uns der Experte *gesagt,* was wir tun müssen – warum machen wir es also nicht einfach?

Die Antwort ist natürlich, daß wirkliche Veränderung, wenn sie von Bestand sein soll, erhebliche Entschlossenheit und Engagement erfordert. Die meisten von uns ducken sich vor Angst, während sie am Torbogen des Wachstums stehen. Es gibt keine einfachen Antworten und Abkürzungen und schnelle Lösungen sind gewöhnlich genau das, was Ratgeber anbieten. Die meisten simplifizieren die Sache zu sehr, weil ihr Geschäft die Hoffnung ist. Auch in diesem Buch haben wir an einigen Stellen auf die Simplifikation als brauchbares Hilfsmittel zurückgegriffen. Es ist ein Weg, effizienter über solch ein komplexes Phänomen wie die Depression zu sprechen. Wir haben jedoch eine geballte Anstrengung unternommen, einfache Begriffe für die weiblichen Erfahrungen zu finden, ohne irreführende, einfache, schnelle Lösungen zu propagieren. Wenn Experten solche Lösungen unterbreiten, wird die weibliche Depression nur noch vertieft und verschlimmert.

4. Unmögliche gesellschaftliche Erwartungen

Wie Ann Richards, die Gouverneurin von Texas, 1988 auf dem Nationalen Kongreß der Demokraten in einer Ansprache so schön sagte: »Ginger Rogers tat alles, was Fred Astaire tat, nur rückwärts und auf Stöckelschuhen.« Unsere Gesellschaft erwartet von uns, daß wir uns alle so brillant verhalten wie Ginger. Der Druck, in unseren vielfältigen Rollen unser Bestes zu geben, ist überwältigend. Nicht nur, daß wir mehr tun, wir sollen es auch noch besser tun. Man erwartet von uns, daß wir hübsch aussehen. Man erwartet von uns, daß wir Geld nach Hause bringen und zusätzlich noch die Energie haben, das Haus sauberzuhalten, die Kinder zu erziehen, die Wäsche zu waschen, den Kühlschrank zu füllen und das Sexualleben aufregend zu gestalten.

Die Erwartungen, die unsere Gesellschaft an uns stellt, sind unmöglich. Es ist kein Wunder, daß wir depressiv werden. Es ist nicht nur verständlich, es ist auch gesund. Wir werden auf diese Art von Depression im Kapitel 7 zur »Erschöpfungsdepression« und im Kapitel 8 zur »Körperbild-Depression« noch genauer eingehen. An dieser Stelle sollten Sie sich nur eines merken: Diese unmöglichen gesellschaftlichen Verhaltensmaßstäbe verursachen nicht nur Gesunde Depressionen, sie sind auch eine der beständigsten Quellen weiblicher Überforderung.

5. Frauen werden gesellschaftlich belohnt, wenn sie Opfer bleiben

»Nette Mädchen« und »anständige Frauen« werden in unserer Gesellschaft immer noch belohnt für ihr Verharren in der Opferrolle. In der Tat haben viele Frauen das Gefühl, daß es ihnen seit ihrer frühen Kindheit in vielfacher Hinsicht vergolten wurde, daß sie Opfer blieben, weshalb es ihnen sehr schwerfallen kann, diese Rolle aufzugeben. Zur Psychologie des Opfers gehört es natürlicherweise dazu, daß wir andere schikanieren, wenn sich die Gelegenheit dazu bietet, weil wir es nur als recht und billig empfinden, andere so zu behandeln, wie wir selbst behandelt wurden. Tatsache ist, daß Frauen, die schikaniert werden, ihrerseits schikanieren. Die Person, die schikaniert wird, reagiert negativ, Beziehungen werden problematischer, und die Depression verschlimmert sich.

Andere Frauen machen genau das Gegenteil und ziehen sich in ihre traditionelle weibliche Opferrolle zurück, wann immer sie sich gestreßt oder schikaniert fühlen. Ironischerweise tun das die Frauen, die gelegentlich oder dauernd in dieser Rolle aufgehen, deshalb, weil sie »beschützt« und »umsorgt« werden möchten. So können sie weniger für ihr eigenes Verhalten und ihre Entscheidungen verantwortlich gemacht werden. Sie können anderen die Schuld für ihren Schmerz zuschieben und leiden. Sie können sich weigern, Verantwortung für sich selbst zu übernehmen, und ihre Wut auch weiterhin durch das passiv-aggressive Verhalten ausdrücken, das bei Opfern überaus beliebt ist. All diese Herangehensweisen garantieren jedoch Gesunde Depressionen und steigern das Risiko von Ungesunden Depressionen in höchstem Maße. Nehmen Sie sich lieber die folgenden Aktionsstrategien vor. Indem Sie sie praktizieren, werden Sie eher imstande sein, sich von Opferdepressionen zu befreien und das Risiko einer Ungesunden Depression zu vermindern.

Strategien zur Überwindung von Opferdepressionen

1. Verabschieden Sie sich von der Verleugnung!

Verleugnung ist eine Weigerung, die Wahrheit zu sehen oder zuzugeben. Und viele von uns verleugnen die Wahrheit unserer schmerzlichen Erfahrungen, so gut es geht. Wir entwickeln oft eine »selektive Amnesie«, statt uns an unsere Opfererfahrungen zu erinnern. Dies gilt besonders für Dinge, die uns als Kinder widerfahren sind. Es würde uns zu verletzlich und zu machtlos machen, noch einmal die Ängste und den Schmerz der Kindheit zu spüren, also versuchen wir einfach zu vergessen, um uns selbst zu schützen.

Verleugnung und selektive Amnesie sind natürliche Reaktionen auf Schikanen und wurzeln oft in unserem Traditionellen Kern, der uns das Gefühl gibt, daß wir die Schuld an allem haben und daß es ganz natürlich ist, wenn Frauen schikaniert werden. Diese kulturelle Implikation ist so deprimierend, daß die meisten von uns gar nicht anders können, als zu verleugnen oder zu vergessen, wenn sie überleben wollen. Es ist sehr schwierig, diese Erwartungen in Frage zu stellen und zu versuchen, die Wahrheit, so wie wir sie sehen, aufzudecken und mitzuteilen.

Vor diesem Hintergrund betrachtet, erscheint Verleugnung als eine Art Überlebensstrategie für Frauen zunächst einmal Sinn zu machen. Aber obwohl diese Selbstverteidigungsstrategien verständlich und vertraut sind, sind sie gleichzeitig auch äußerst gefährlich und kontraproduktiv. Verleugnung schafft Scheuklappen, die uns daran hindern, potentielle Gefahren zu erkennen. Verleugnung beraubt uns unserer Gefühle und entzieht uns unsere emotionale Energie. Es fällt uns schwer oder es ist uns sogar unmöglich, den Schaden wiedergutzumachen, weil uns jedes wirkliche Gefühl dafür fehlt, was eigentlich repariert werden muß.

Die »Schikanen-Amnesie« ist überdies kontraproduktiv, weil sie einer echten Heilung im Wege steht. Oder wie der Autor und Therapeut John Bradshaw sagt: »Ohne Gefühl keine Heilung.« Wir können den Schmerz nicht fühlen, wenn wir es vorziehen, zu vergessen, oder so tun, als wäre die Sache nie passiert. Der erste

Schritt bei der Bewältigung von Opferdepressionen besteht darin, sich unserer Verleugnung zu stellen. Erst dann können wir damit beginnen, die Fähigkeiten und das Vertrauen zu entwickeln, die wir brauchen, um mit der Realität fertigzuwerden, gleichgültig, wie übel sie ist. Um sich von Verleugnung zu verabschieden, müssen Sie wissen, was Sie verleugnen und daß der Profit, den Sie aus dieser Verabschiedung ziehen, enorm ist. Wenn wir unser Leben offen und ehrlich gestalten, können wir konzentrierter, wachsamer, bewußter und energiegeladener sein. Jene, die sich ihrer Verleugnung gestellt und den Schmerz ihrer Vergangenheit bewältigt haben, stellen fest, daß sie mehr Energie und Vitalität besitzen, was ihnen das Gefühl gibt, stärker zu sein und weniger anfällig für weitere Schikanen.

Um sich von Ihrer Verleugnung zu verabschieden, sollten Sie zunächst die folgende Liste studieren.

Checkliste: Verleugnung

1. Was ihr passiert ist, könnte mir nie passieren. _____

2. Ich bin genausogut, wenn nicht besser als die Männer hier; es ist nur eine Frage der Zeit, bevor sie mir die Anerkennung geben, die ich verdiene. _____

3. Ich werde mich nicht einschüchtern lassen. Wenn ich nachts Lust habe, allein spazierenzugehen, werde ich das tun. Ich werde diese Kerle umbringen, wenn sie mich belästigen. _____

4. Er würde mich nie verlassen. Dazu liebt er mich viel zu sehr. _____

5. Ich wurde nie verletzt als Kind; ich hatte eine großartige Kindheit. _____

6. Ich kann »alles haben« – eine großartige Beziehung, Kinder, einen guten Job, einen schönen Körper etc. Es ist alles nur eine Frage der Organisation. _____

7. Ich wurde nie anders behandelt, nur weil ich eine Frau bin. _____

8. Ich weine nicht, und ich bin nie depressiv. Welchen Grund sollte es geben, depressiv zu sein? _____

Wenn Ihnen eines dieser klassischen Verleugnungsargumente vertraut vorkommt, sollten Sie auf der Hut sein! In praktisch jedem Fall sieht die Wirklichkeit wahrscheinlich genau umgekehrt aus. Wir alle sind anfällig für Schikanen. »Es« kann jeder von uns passieren. Viele von uns sind als Kinder mißhandelt worden, selbst wenn der Rest unserer Kindheit »großartig« war. Wenige von uns werden in ihrem Job die Anerkennung finden, die ihnen zusteht. Alle von uns haben wir an einem bestimmten Punkt unseres Lebens Diskriminierungen erlitten, weil wir Frauen sind.

Obwohl wir möglicherweise in der Lage dazu sind, »alles zu haben«, liegt es auf der Hand, daß wir realistischerweise nicht _alles auf einmal_ haben können. Frauen, die die Möglichkeit, verlassen zu werden, verleugnen, ignorieren die Statistiken, die zeigen, daß die Scheidungsrate bei Frauen über sechzig Jahren allmählich ebenso hoch ist wie bei jüngeren. Und obwohl die meisten von uns nichts lieber täten, als zu glauben, sie würden einen brutalen Angreifer umbringen, stellen viele Frauen, die sich in einer solchen Situation befinden, fest, daß sie Probleme damit haben, ihrerseits mit Brutalität zu antworten, selbst unter diesen Voraussetzungen. Männer sind darauf konditioniert worden, um ihr Leben zu kämpfen, aber unser Traditioneller Kern hat uns seit unserer Kindheit gelehrt, daß es verkehrt ist, gegen ein anderes menschliches Wesen Gewalt auszuüben. Wenn wir uns selbst verteidigen müssen, fühlen wir uns oft schwach oder sogar paralysiert.

Zweifellos haben Frauen allen Grund, sich depressiv zu fühlen. Aber wir haben auch einige zwingende Motivationen, etwas dagegen zu unternehmen. Wenn Sie bei irgendeinem der obigen Statements ein Kreuzchen machen konnten, gehen Sie noch einmal zurück und bewerten Sie, wie stark das Statement Ihrer Ansicht nach auf Sie zutrifft. Ordnen Sie es auf einer Skala von 1 bis 10 ein; wobei die 10 bedeutet, daß Sie sich absolut sicher sind, daß das Statement stimmt.

Je höher Ihre Punktzahl, desto stärker ist Ihr Verleugnungspotential und desto eher haben Sie es nötig, aufzupassen und auf bestehende oder potentielle Schikanen zu achten. Wahrscheinlich entgehen Ihnen wichtige Hinweise in Ihrer Umgebung, und wahrscheinlich vergessen oder ignorieren Sie wichtige Informationen aus Ihrer Vergangenheit. Wenn Sie sich Ihrer Verleugnung bewußter sind, wird es Ihnen leichterfallen, die nächsten Schritte in Richtung Bewältigung Ihrer Opferdepression zu unternehmen. Sie werden die Strategien in diesem Buch erfolgreicher anwenden können.

2. Erstellen Sie eine Opfergeschichte!

Wenn Sie sich von Verleugnung verabschieden und von Schikanierung befreien wollen, besteht der zweite Schritt darin, eine Geschichte Ihrer früheren und potentiellen Opfererfahrungen zu erstellen. Diese Vorgehensweise ist deshalb so sinnvoll, weil Sie auf diese Weise ermutigt werden, Ihre Erfahrungen aufmerksamer in Augenschein zu nehmen, als Sie es gewöhnt sind. Sie werden anfangen, darüber nachzudenken, wie die Dinge, die Ihnen als Kind und Jugendliche widerfahren sind, die Art, wie Sie heute leben, beeinflußt haben.

Beginnen Sie mit einer näheren Untersuchung der vier Bereiche potentieller Schikanen, denen Frauen ausgesetzt sind: emotionaler, ökonomischer, körperlicher und sexueller Schikanen und Belästigungen. Wenden Sie einige der Techniken aus Kapitel 2 an, betätigen Sie sich als Spurenleserin und suchen Sie Ihre Familiengeschichte nach möglichen Opfererfahrungen ab. Nutzen Sie den Test zur Opferdepression als Ausgangsbasis, um entsprechende Fragen an andere Familienangehörige und Freunde zu stellen oder vergangene Erfahrungen zu erinnern. Schreiben Sie alles nieder, woran Sie sich erinnern können oder was man Ihnen erzählt, so daß Sie später die Einzelteile des Informationspuzzles zusammensetzen können.

Falls Sie aufrichtig an die Sache herangehen und andere spüren, wie wichtig Ihnen diese Informationen sind, werden sie möglicherweise kooperationsbereiter sein, als Sie denken. Klären Sie ab, ob Ihr Familienarzt oder Ihr früherer Kinderarzt über irgendwelche

Informationen verfügt, nach denen Sie als Kind möglicherweise Schikanen ausgesetzt waren. Wenn Sie sich in Therapie befinden, bitten Sie Ihren Therapeuten darum, mit Ihnen gemeinsam an diesem Projekt zu arbeiten, selbst wenn es eine Methode ist, die er oder sie üblicherweise nicht anwendet. Die Information, die Sie möglicherweise aufdecken, wird von unschätzbarem Wert für Sie beide sein.

Falls Sie wenig oder gar keine Belege für Schikanen, wie etwa körperlichen oder sexuellen Mißbrauch, finden, obwohl Sie immer noch das Gefühl haben, daß da etwas war, stehen Sie mit dieser Erfahrung nicht allein. So geht es vielen. Manchmal bedeutet es wirklich, daß nichts passiert ist; aber Ihr Gefühl, daß etwas passiert ist, ist wichtig und sollte deshalb weiterverfolgt werden. Sie reagieren auf etwas Bedeutungsvolles, selbst wenn sich dies nicht auf ein spezielles traumatisches Erlebnis bezieht. Manchmal bedeutet es, daß die Schikanen tatsächlich stattfanden, es Ihnen aber einfach zu schwerfällt, sie abzurufen. Die konkrete Erinnerung wird möglicherweise später zum Vorschein kommen oder auch nicht. Manchmal bedeutet es, daß Sie unter der ständigen Bedrohung standen, Ihnen würde etwas Leidvolles angetan, was bei Ihnen ein Mißbrauchsgefühl auslöste, obwohl es niemals zu einem »echten« Mißbrauch kam. Wichtig ist einzig das *Gefühl* der Schikane. Dem muß nachgegangen, und es muß bewältigt werden.

3. Lernen Sie das Geheimnis der Aktionstherapie kennen: Aktion = Stärke!

Wenn Sie von Ihren Gefühlen, Erinnerungen und Reaktionen auf Schikanen profitieren wollen, ist es von entscheidender Bedeutung, daß Sie die enorm belebende Kraft erkennen, die darin liegt, in Aktion zu treten. Aus diesem Grund haben wir die Aktionstherapie als Ergänzung zu existierenden Therapietechniken für Depressionen entwickelt. Sie basiert auf einem Modell von Aktion = Stärke – ein Modell, das besonders gut bei Frauen wirkt. Wir haben entdeckt, daß es nicht ausreicht, einfach nur über die Vergangenheit nachzudenken oder über das zu sprechen, was passiert ist. Um den

Schmerz heilen und den Schaden reparieren zu können, ist es notwendig, daß Sie Ihre Gefühle auf direktem Wege ausdrücken und freisetzen. Die folgenden Techniken werden Sie daran erinnern, daß Worte nicht der einzige Weg sind, um zu kommunizieren, und manches Mal nicht einmal der beste.

Ein Wort zur Warnung: Wenn Sie sich darauf einstellen, wie im folgenden beschrieben vorzugehen, wird Ihr negativer Traditioneller Kern möglicherweise Botschaften aussenden, die denen, die Sie als Opfer zu hören bekamen, erstaunlich ähnlich sind: »Halt einfach den Mund, ja? Es gibt nichts, was du tun kannst. Es wird bald vorbei sein, meine Liebe.« »Es ziemt sich nicht für eine Dame, so wütend zu sein. Was ist überhaupt los mit dir?« »Du hast es so gut – warum beklagst du dich ständig?«

Statt auf diese antiquierte innere Stimme zu hören, sollten Sie es vorziehen, in einer modernen, aktionsorientierten Sprache zu kommunizieren. Das heißt, schnell und aktiv auf Erinnerungen und aktuelle Ereignisse zu reagieren, die Ihnen das Gefühl geben, schikaniert zu werden. Das heißt, jedes Gefühl, das Sie empfinden, wie auch immer es geartet ist, auszudrücken. Das heißt, sich nicht bei Menschen zu beklagen, die an der Situation nichts ändern können, sondern offen und ehrlich mit der Person zu kommunizieren, die es kann. Das heißt, aus vergangenen Ereignissen zu lernen, um sich selbst vor weiterer Schikanierung zu schützen und abzuschirmen.

Ich weiß, daß die Strategien in diesem Kapitel Ihnen helfen können, mehr Stärke zu entwickeln und die Schikanen zu reduzieren, weil sie bereits vielen anderen Frauen, einschließlich meiner eigenen Person, geholfen haben. Um soviel Nutzen wie möglich aus diesen Aktivitäten und Übungen zu ziehen, ist es entscheidend, daß Sie sich nicht zurückhalten. Erlauben Sie sich, *jedes Gefühl auf jede von Ihnen erwünschte Weise* auszudrücken, solange Sie nicht sich selbst oder einen anderen körperlich verletzen oder den Besitz eines anderen beschädigen.

Im folgenden nun eine Beschreibung des Aktionstherapieprogramms, das Sie auf eigene Faust durchführen können. Das Programm besteht aus zwei Schritten. Schritt eins heißt, die Übungen zu machen. Sobald Sie Ihre Gefühle auf direkte Weise ausdrücken, indem Sie im wahrsten Sinne des Wortes etwas »unternehmen«, ist es weniger wahrscheinlich, daß Sie die Schwere oder den Einfluß, den diese Gefühle auf Sie selbst und andere haben, verleugnen. Schritt zwei heißt, über das, was Sie erfahren haben und was es bedeutet, mit einem engen Freund, Verwandten, Partner zu sprechen oder es sich einfach selbst laut vorzusagen. Ein Warnhinweis: Wenn Sie zu früh versuchen, über Ihre Gefühle zu sprechen, ist das Risiko, daß Sie verleugnen, Gefühle rationalisieren und die Schwere der Schikanen verniedlichen, größer.

Viele von uns, die in diesem Bereich tätig sind, vermuten, daß Opfererfahrungen – gleichgültig, wie schwer sie sind – in gewisser Weise im Gehirn registriert werden, und sei es nur, daß sie sich in körperlichen Reaktionen auf Angst und/oder Mißbrauch ausdrükken. Daraus wäre zu folgern, daß Sie auch körperliche Mittel anwenden müssen, um Ihre Erfahrungen auszudrücken, weil Sie sich ansonsten mit hoher Wahrscheinlichkeit nicht ganz von ihnen lösen können. Es gibt bislang wenig definitive Forschungsergebnisse in dieser Richtung; das heißt, wir müssen uns hier ganz auf unser Gefühl und unsere klinische Erfahrung verlassen, bis diese Ideen klinisch getestet werden können. Simone de Beauvoir beschrieb in ihrem Buch *Das andere Geschlecht* bereits dreißig Jahre, bevor die Therapie offiziell entwickelt wurde, das Bedürfnis nach körperlichem Ausdruck – was die Essenz der Aktionstherapie ist: »Wut oder Widerstand, die nicht in die Muskeln gehen, bleiben Hirngespinste.«

An unserem psychologischen Zentrum setzen wir die Aktionstherapie gleichberechtigt neben der »Gesprächstherapie« ein, wobei wir oft Gesprächs- und Aktionsübungen kombinieren, gleichgültig, um welchen Gewaltaspekt es sich handelt. Die Ergebnisse, die bei unseren Klienten erzielt wurden, bestärken mich in meinem Glauben an die Wirksamkeit dieser Vorgehensweise. Die Aktion treibt Menschen schneller voran und bringt sie schneller in Kontakt mit ihren Gefühlen. Je mehr Menschen reden, desto wahrscheinlicher ist es, daß sie in einem See schlechter Gefühle untergehen, und desto schwieriger ist es für sie, konzentriert und bei der Sache zu bleiben. Sara drückte es, nachdem sie auf ein Kissen eingeschlagen hatte, das ihren repressiven Boß symbolisieren sollte, folgendermaßen aus: »Jetzt habe ich es kapiert! Aktionen sind beredter als Worte — sie setzen meine Gefühle auf direktere Weise frei.«

Im folgenden nun die effektivsten »Aktion = Stärke«-Übungen, die wir bis heute entwickelt haben und die Sie ohne professionellen Beistand durchführen können. Es sind Übungen für jede Jahreszeit darunter, wenngleich Sie die meisten das ganze Jahr über in Angriff nehmen können. Sie können zu jeder Zeit etwas tun, um mit vergangenen, gegenwärtigen oder zukünftigen Schikanen fertigzuwerden. Sie müssen nur lernen, wie.

Wenn Sie die »Aktion = Stärke«-Übungen zum ersten Mal probieren, werden Sie sie möglicherweise peinlich primitiv finden. Viele Frauen sind sich, wenn sie diese Übungen machen, ihres Körpers bewußter und fühlen sich unweiblicher als gewohnt. Falls es Ihnen ähnlich ergeht, so ist das nur von Nutzen. Es ist wahrscheinlich ein Hinweis darauf, daß Sie es richtig machen. Es ist exakt das, was Sie fühlen müssen, um sich von den Konventionen zu befreien, die der Traditionelle Kern propagiert: Danach sollen Sie zart, schüchtern, passiv sein — und prädestiniert zum Opfer.

Scheuen Sie sich nicht, zu brüllen, zu grunzen, zu schreien, zu treten, zu seufzen oder zu schlagen. Machen Sie alles, was Sie machen müssen, um die Gefühle aus Ihrem Körper herauszubekommen. Sie werden sich nicht lange unweiblich oder verlegen fühlen. Es wird zu einer Metamorphose kommen. Sie werden sich als Frau in wachsendem Maße stärker und effektiver fühlen, und schon bald werden Ihnen die »Aktion = Stärke«-Übungen natürlicher und notwendiger erscheinen, als Sie sich das zunächst vorstellen konnten. Die »Aktion = Stärke«-Erfahrung wird ein Teil Ihrer selbst werden.

Das Kürbisprojekt

Eine meiner Lieblingsübungen ist das Kürbisprojekt. Es hat Jahre gebraucht, es zu entwickeln und in die heute praktizierte Form zu bringen. Daß es wirklich funktioniert, habe ich dem Feedback vieler Frauen zu verdanken, die damit arbeiteten, um sich selbst zu helfen und aus Opfern Exopfer zu machen. Am besten führen Sie die Übung mit einer Freundin durch, aber Sie können sie auch allein machen. Kaufen Sie sich einen großen Kürbis. Im Sommer tut es auch eine Wassermelone. Im Winter oder Frühjahr können Sie auch die größte Honigmelone verwenden, die Sie finden. Breiten Sie über und unter dem Küchentisch Zeitungspapier aus oder gehen Sie diese Übung in der Garage oder im Freien an, wo das anschließende Saubermachen leichterfällt.

Mit einem schwarzen Filzstift malen Sie dann das Gesicht eines Ihrer »Haßpersonen« darauf, über den Sie sich geärgert haben. Die Zielperson kann – das gilt im übrigen für alle Übungen – jemand aus Ihrer Vergangenheit oder Ihrer Gegenwart sein (ein Verwandter, Freund oder Fremder), der Sie verletzt hat und gegen den Sie noch immer unverarbeitete Gefühle hegen. Machen Sie das Gesicht so häßlich, bösartig und negativ, wie Sie nur können. Achten Sie beim Malen des Gesichtes, und während Sie es später betrachten, genau auf Ihre Gefühle. Scheuen Sie sich nicht, all die Wut, die Traurigkeit, das Bedauern, den Schmerz und die Schuld zu empfinden, zu der Sie fähig sind, wenn Sie in dieses häßliche Gesicht blicken.

Schneiden Sie dann den oberen Teil des Kürbisses ab, so als wollten Sie eine Laterne basteln. Aber statt die Kerne ordentlich herauszukratzen, stellen Sie sich vor, es wären die Eingeweide jener Person, auf die Sie zornig sind. Reißen Sie diese Eingeweide mit Ihren bloßen Händen heraus und werfen Sie sie auf den Boden. Sie können vor Wut schreien, vor Angst wispern oder die Person mit Schimpfwörtern bedenken. Wichtig ist nur, daß Sie verbal das ausdrücken, was Sie wirklich fühlen. Dann nehmen Sie Ihre bloßen Hände dazu her, um den Kürbis auseinanderzureißen. Zerschmettern Sie ihn, zerschlagen Sie ihn, zerstampfen Sie ihn. Manche Frauen benutzen Messer, aber dagegen habe ich etwas einzuwenden, und zwar aus einem sehr einfachen Grund – man verliert sich sehr leicht in dieser Übung und schneidet oder sticht sich dann selbst oder jemand anderen.

Wie man mit den Resten des zerstörten Kürbisses umgeht, ist ebenfalls äußerst wichtig. Es ist nicht einfach damit getan, sie aufzuwischen und in den Abfall zu werfen. Eine Klientin pfefferte ihren Kürbis, der ihren Freund darstellen sollte, in die Mikrowelle. Eine andere briet ihren Exehemann, den Kürbis, auf dem Grill. Eine Frau, die wunderbar kreative »Todesriten« zelebrierte, packte ihre mißhandelnde Mutter in eine Plastiktüte und überfuhr »sie« mit dem Auto. Schadenfroh fuhr sie mit dem Wagen mindestens vierzigmal vor und zurück, während sie laute Heavy-Metal-Musik hörte, die ihre Mutter immer verabscheut hatte.

Eine andere Risikofreudige zerschmetterte ihre ehemalige beste Freundin an einem Feuerhydranten und warf die Reste dann in die Mülltonne. Ein Inzestopfer begrub ihren schikanösen Vater an einem abgelegenen Strand und veranstaltete eine Scheinbeerdigung für ihn, obwohl er noch quicklebendig war und ganz in der Nähe wohnte. Während des »Gedenkgottesdienstes« fühlte sie sich plötzlich zum ersten Mal in ihrem Leben frei von ihm. Die Dämmerung brach herein, und der Strand war menschenleer. Aus einem Impuls heraus streifte sie ihre Kleider ab und sprang ins Wasser. Während sie im glitzernden Wasser umherschwamm und die Wärme der untergehenden Sonne auf ihrem Gesicht spürte, weinte sie Freudentränen. Sie hatte sich niemals zuvor so frei, so stark und so rein gefühlt.

Wenn Sie nach dem Kürbisprojekt am Aufräumen sind, legen Sie sich einige der Kerne beiseite. Sie können sie einpflanzen, um das Wachstum und die Stärke zu symbolisieren, die daraus entspringen können, wenn wir uns direkt mit unseren schlechten Gefühlen und unseren Opfererfahrungen auseinandersetzen. Wenn Sie sich später in der Lage dazu fühlen, können Sie den Rest der Kürbiskerne auch braten und essen, um so zu symbolisieren, daß Sie bereit sind, zu vergeben, loszulassen und die positiven Seiten der Person oder Erfahrung zu sehen. In der Kette menschlicher Emotionen folgt auf Traurigkeit und Wut oft Vergebung, womit der Kreis geschlossen und die Opferdepression geheilt ist. Aber seien Sie vorsichtig. Üben Sie keine Vergebung, solange Ihr Ärger noch am Kochen ist, sonst machen Sie den Heilungsprozeß zunichte und bleiben ein Opfer.

Hausmittel: Eis und Telefonbücher

»Aktion = Stärke«-Übungen brauchen nicht unbedingt soviel Zeit zu beanspruchen wie das Kürbisprojekt. Viele Gegenstände, die sich ständig in unserer Reichweite befinden, können als Hausmittel und schnelle Antworten auf Opferdepressionen dienen. Eis ist ein großartiges Symbol dafür, wie sich unser Innerstes anfühlt, nachdem wir schikaniert worden sind. Viele Frauen erleben ihre Wut als ein kaltes, sprödes, gefrorenes Gefühl. Unser Traditioneller Kern läßt es nicht zu, daß sich unsere Gemüter »erhitzen«, wie das bei Männern manchmal der Fall ist. Von uns erwartet man, daß wir unseren Ärger in einer emotionalen Tiefkühltruhe verschwinden lassen, damit er dort auf ewig ruhe. Zornige Frauen sind einfach zu gefährlich, erklärt uns der Traditionelle Kern. Frauen, die ihre Emotionen eingefroren haben, sind einschätzbarer und weniger bedrohlich.

Um Ihnen zu helfen, Ihre Wut aufzutauen, sollten Sie die Eisübung ausprobieren. Nehmen Sie eine Packung Eiswürfel und schlagen Sie das Eis gegen die Wand Ihres Hauses, auf einen nahegelegenen Bürgersteig oder das Dach Ihres Wohngebäudes. Noch besser ist es natürlich, wenn Sie irgendwohin gehen, wo Sie keiner sieht, damit Sie nicht gehemmt sind, nur weil Sie Ihre Nachbarn stören könnten. Sie könnten beispielsweise in den Park um die Ecke gehen, auf den Sportplatz oder an den Strand. Werfen Sie die Eiswürfel mit aller Wucht, die Ihnen zur Verfügung steht, und schauen Sie zu, wie sie zerspringen, wenn sie auf das Pflaster oder die Steine knallen. Stellen Sie sich vor, Sie würden mit jeder Handvoll Eis, die Sie auf den Boden werfen, Ihre »Haßperson« zerschmettern.

Falls Sie kein Eis zur Hand haben oder Ihnen Eis nicht zusagt, Sie an die Stadt und Ihre Wohnung gebunden sind, können Sie die gleiche Art von Erleichterung erreichen, indem Sie ein altes Telefonbuch zerfetzen. Nehmen Sie sich das Telefonbuch, denken Sie an die Person, auf die Sie zornig sind, und reißen Sie diese Person entzwei, Seite für Seite. Zerknittern Sie die Person und werfen Sie sie auf den Boden. Veranstalten Sie ein richtiges Durcheinander um sich herum. Genießen Sie die Macht, Ihre »Haßperson« auf Müll zu reduzieren. Stecken Sie die Reste in eine Abfalltüte, wenn Sie saubermachen, und beseitigen Sie den Müll auf eine Weise, wie Sie es sich für diese Person gewünscht hätten.

Frühlingserwachen und Frühlingsheilkräutergarten

Frühling ist eine Zeit des Wachstums, der Erneuerung und der Expansion. Hier stehen Ihnen mehr »Aktion = Stärke«-Übungen zur Verfügung, die es Ihnen erlauben, die Rollen zu tauschen und den Aggressor zu spielen. Suchen Sie sich eine alte Puppe oder einen alten Teddybären oder schneidern Sie sich einen Körper aus Segeltuch, der die »Haßperson« repräsentieren soll, und werfen Sie Ihr Symbol aus einem Fenster des zweiten Stockes oder von der obersten Treppenstufe nach unten als Zeichen Ihres Aufbruchs. Treten Sie es, hauen Sie es, trampeln Sie darauf herum, zerschmettern Sie es, zerreißen Sie es, zerfetzen Sie es. Verhalten Sie sich bösartig, aber nur Ihrer »Haßperson« gegenüber – seien Sie niemals gewalttätig gegen sich selbst oder Ihre Umgebung. Seien Sie kreativ beim Ersinnen neuer Bestrafungsmethoden für die »Haßperson«. Wenn Sie mit der Übung fertig sind, vergessen Sie nicht, die Sache abzurunden, indem Sie den Körper auf die »richtige« Weise beseitigen.

Eine der heilsamsten Methoden, sich einer »Haßperson« zu entledigen, ist nach wie vor die Anlage eines Heilkräutergartens im Frühjahr, der in unserem Fall praktisch das ganze Jahr über gepflanzt werden kann. Nutzen Sie den Garten hinter Ihrem Haus, einen Blumenkasten in- oder außerhalb Ihres Apartments, eine spezielle Grünfläche im Stadtpark, das Land oder den Strand. Beerdigen Sie die Überreste der »Haßperson«, die Sie zerstört haben. Sie können in Ihrem neu angelegten Frühlingsgarten auch gleichzeitig zornige, häßliche Zeichnungen von anderen Personen mitbeerdigen. Halten Sie zum Schein einen Gedenkgottesdienst ab. Basteln Sie beispielsweise einen Sarg aus einer Schuhschachtel und umkleiden Sie diese mit schwarzer Pappe. Zünden Sie Kerzen an, die entweder schwarz sein können oder in lebensbejahenden Frühlingsfarben gehalten, und spielen Sie spezielle Musik (George Winstons »December« war in unseren Workshops sehr beliebt).

Wenn Sie diese Erfahrung gerne mit einem vertrauten Freund oder Verwandten teilen möchten, erklären Sie ihm/ihr den Kontext und die Bedeutung der Übung und fragen Sie ihn/sie, ob er/sie gerne mitmachen würde. Amy bat ihre beste Freundin darum, ihr dabei zu helfen, ein Modell ihres Büros anzufertigen. Sie sperrten darin eine kleine Puppe ein, die Keith repräsentieren sollte, und beerdigten sie im Blumenkasten. Während sie rote Geranien darüber pflanzte, schwor sie sich, daß sie sich niemals wieder so schikanieren lassen würde, ohne sich dagegen zu wehren. Sie können entweder Ihre Lieblingsblumen pflanzen, wie Amy es getan hat, oder einfach der Natur ihren Lauf lassen. Jedesmal, wenn Sie auf Ihren Garten schauen, werden Sie daran erinnert werden, daß diese Person Sie nicht länger verletzen oder Ihrem persönlichen Wachstum im Wege stehen kann.

Sommertrost

Die meisten von uns haben im Sommer mehr Energie und verfügen über mehr Zeit. Planen Sie also ein paar freie Tage ein, in denen Sie sich irgendwohin allein zurückziehen können, wo Sie sich nur mit sich selbst beschäftigen und einige Zeit damit zubringen, über die Opfererfahrungen, die Sie gemacht haben, nachzudenken, ihnen nachzuspüren und über sie zu schreiben. Nehmen Sie Ihr Gefühlstagebuch mit (genauer beschrieben in Kapitel 11 auf Seite 409–412), in das Sie Ihre Gefühle und Gedanken notieren und/oder zeichnen. Es ist eine großartige Möglichkeit, dem eigenen emotionalen Leben und der Entwicklung seiner Problemlösungsfähigkeiten auf der Spur zu bleiben. Während Ihrer Klausur sollten Sie unbedingt einen Brief an Ihre »Haßperson« schreiben, in dem Sie ihm/ihr mitteilen, wie Sie wirklich über das denken, was man Ihnen angetan hat, und wie Sie sich gerne dafür »revanchieren« würden. Leben Sie Ihre Rachegefühle ohne jede Rücksichtnahme aus. Alles ist erlaubt, solange die Sache symbolisch bleibt. Sie werden vielleicht irgendwann feststellen, daß Ihnen die Worte ausgehen. Wenn das passiert, hören Sie nicht auf, zu schreiben. Machen Sie einfach weiter, indem Sie Linien malen oder vor sich hinkritzeln, bis Sie wieder aus Ihren Gefühlen schöpfen können. Schreiben Sie so lange, bis Ihnen der Ärger und die Worte ausgehen; bis Sie schreiben können, ohne allzu emotional zu werden. Dies kann eine Seite dauern, es kann dreißig Seiten dauern. Was immer Sie tun, nehmen Sie keine Abkürzung.

Wenn Sie zu Ende sind und Muße hatten, Ihre Erfahrung zu verarbeiten, zeigen Sie Ihren Brief einem Freund/einer Freundin oder einem/einer Verwandten, der/die Sie versteht und nicht kritisieren wird. Bitten Sie diese Person, Ihnen dabei zu helfen, den Brief zu beerdigen oder zu verbrennen. Dies soll ein Zeichen dafür sein, daß Sie lernen können, nicht länger Opfer zu sein, und dabei Unterstützung finden. Schicken Sie Ihren Brief an Ihre »Haßperson« nicht wirklich ab, weil dies wahrscheinlich nur zu weiteren Schikanen führen würde.

Den Brief jemandem zu zeigen, dem man vertraut, ist aus zwei Gründen wichtig. Zum einen wird es Ihnen in einer Zeit, in der Sie verletzlich sind und Hilfe gebrauchen können, Rückenstärkung verschaffen. Aber wichtiger noch: Es wird Sie von Ihrer Rolle als schweigendes, willfähriges Opfer befreien. Sie sind so lange Opfer, wie Sie Ihre Opfererfahrungen als dunkle Geheimnisse im verborgenen halten. Indem Sie die Wahrheit kundtun und Ihren Schmerz gestehen, tun Sie einen mutigen Schritt nach vorne, um sich selbst von vielleicht Jahren der Wut und Scham zu befreien.

Bewegen Sie sich mit aller Kraft voran

Es gibt Zeiten, in denen wir uns als mächtig erleben müssen, um uns vor Schikanen zu schützen, in denen wir lernen müssen, mit aller Kraft voranzugehen. Dies wird Ihnen in jeder Lebenslage von Nutzen sein, besonders aber in Situationen, in denen Sie sich bedroht fühlen.

Atmen Sie tief. Flaches Atmen – auf das manche von uns irrigerweise und unbewußt zurückgreifen, wenn wir uns gestreßt oder verängstigt fühlen – verhindert den ungehinderten Zufluß von Sauerstoff in unser Gehirn. Als Folge davon verlangsamen sich unsere Reaktionen. Die Muskeln verspannen sich, und wir denken weniger klar.

Stehen Sie da wie eine Eiche. Wenn wir uns als potentielle Opfer fühlen, sacken wir meist in uns zusammen. Wissenschaftler nennen das den *somatischen Rückzug*, was bedeutet, daß wir auf eine Bedrohung reagieren, indem wir unseren Brustkorb beugen, krümmen und zusammenziehen, unsere Schultern hängen lassen und nach vorne klappen, unseren Nacken und unsere Wirbelsäule verspannen.

Diese Körpersprache lädt zu Schikanen ein, weil wir wie leichte Ziele aussehen. Wir beginnen überdies wie Opfer zu denken, so lange wir in dieser Haltung ausharren, weil das die Rolle ist, die wir mit einer derart defensiven Körpersprache assoziieren. Wir berauben uns dadurch nicht nur unserer mentalen Ressourcen – die Muskelspannung, die durch diese Körperhaltung verursacht wird, entzieht uns auch wertvolle körperliche Energie, die wir möglicherweise bräuchten, um uns zu verteidigen. Wenn Sie stehen und gehen, als wären Sie so groß und stark wie eine Eiche, ist die Wahrscheinlichkeit, daß Sie zum Opfer werden, geringer, denn dann werden Sie nicht wie ein Opfer wirken und sich auch nicht wie ein solches fühlen.

Sehen Sie sich als Problemlöserin. Wann immer sich Frauen gestreßt fühlen, reagieren sie üblicherweise mit einem Rückfall in die Opferrolle. Sie sollten statt dessen sofort geistig ansetzen, um Ihre Opfermentalität gegen eine Problemlösermentalität zu vertauschen. Statt zu denken: »Nicht zu fassen, daß sie mir das angetan haben«, sollten Sie sich sagen: »Wie kann ich diese Situation geradebiegen? Was kann ich tun, um dieses Problem zu lösen?« Nehmen Sie sich einen Moment Zeit, um diese Sätze niederzuschreiben. Es sind Losungsworte, die das positive Denken in Ihnen stimulieren sollen. Wenn Sie unter Streß stehen, sollten Sie sich an diese Losungsworte erinnern und sich Gedanken darüber machen, wie Sie die Lösung des Problems mit Geschick angehen können. Kommandieren Sie Ihre Gefühle in die Warteschleife ab. Sie werden noch genügend Zeit haben, sich später mit ihnen zu beschäftigen, nachdem Sie die stressige Situation gelöst haben, der Sie im Moment gegenüberstehen.

Akzeptieren Sie es, wenn die Realität stressig ist, und betrachten

Sie es als eine Gelegenheit, zu lernen und zu wachsen. Überlegen Sie schnell Ihre Alternativen und treffen Sie die beste Entscheidung, die Ihnen anhand der Informationen möglich ist. Dann handeln Sie. Selbst wenn Sie sich völlig machtlos fühlen, sollten Sie sich mit Entschlossenheit und Kraft vorwärtsbewegen, so als hätten Sie die Sache absolut im Griff. Diese Haltung und Strategie werden dazu führen, daß es sich ein potentieller Schikanierer zweimal überlegen wird, ob er weitere Schritte unternimmt. Es wird Ihnen überdies helfen, sich schneller aus Ihrer Opfermentalität zu befreien.

4. Schaffen Sie sich einen »Wutraum«!

Schaffen Sie sich in Ihrem Zuhause einen Platz, wo Sie wütend sein dürfen. Dies ist die Neunziger-Jahre-Version des *A Room of One's Own* (deutsch: Ein eigenes Zimmer), das Virginia Woolf vor vielen Jahren als so wichtig für die geistige Gesundheit einer Frau beschrieb. Die britische Schriftstellerin und Kritikerin glaubte, daß die geistige Gesundheit einer Frau davon abhing, daß sie einen eigenen Raum hatte: einen Platz, wo sie arbeiten, studieren oder sich entspannen konnte; einen Platz, wo sie sich von der Familie oder äußeren Ansprüchen zurückziehen konnte.

Sie war der Sache auf der Spur. Nicht nur, daß wir in räumlicher Hinsicht einen Platz für uns allein brauchen, wir brauchen ihn auch in emotionaler Hinsicht, um unsere intensiven negativen Gefühle auszudrücken und zu verstehen. In den heutigen Tagen brauchen wir nicht nur einen Raum, in dem wir uns pflegen und etwas für unseren Seelenzustand tun können, sondern wir brauchen auch einen Raum, in dem wir die Privatheit und die Werkzeuge finden, die es uns erlauben, unsere Wut richtig auszuleben. Um Opferdepressionen besser in den Griff zu bekommen, sollten wir uns einen »Wutraum« schaffen.

Das könnte eine Kellerecke sein, in der stellvertretend für Ihre »Haßperson« ein Punchingball hängt. Das könnte eine Schlafzimmerecke sein, wo Sie auf große Kissen einschlagen können. Ihr Wutraum muß nicht einmal im Haus selbst sein. Ich habe eine Klientin, die immer dann eine kurze Autofahrt unternimmt, wenn sie vor Wut platzt. Sie hält dann irgendwo am Straßenrand an und brüllt sich die Lungen aus dem Leib. Nach zwanzig Minuten ist die Sache gewöhnlich erledigt, und sie kehrt um einiges besser gelaunt wieder nach Hause zurück.

Stellen Sie sicher, daß Sie sich in Ihrem Wutraum völlig unbeobachtet fühlen. Besprechen Sie deshalb Ihre Bedürfnisse unbedingt mit Ihren Mitbewohnern. Erklären Sie Ihren Wutraum zu Ihrem ganz persönlichen Privatbereich und bitten Sie darum, dort nicht gestört zu werden. Ein »Bitte-nicht-stören-Schild« mag in dieser Hinsicht hilfreich sein. Was in einem Wutraum ebenfalls nicht fehlen sollte, ist eine Fotogalerie oder Zeichnungen von Leuten, die Sie schikaniert haben. Das macht die Personen plastischer und gibt ihnen eine Identität, die Sie sehen und berühren können. Auf diese Weise werden Ihre Gefühle direkter angesprochen. Und je aktiver Sie Ihre Wut ausdrücken, desto besser werden Sie sich fühlen.

Sie brauchen nicht zu erklären, was Sie tun oder warum Sie es tun. Sie brauchen nur zu verlangen, daß man Ihre Gefühle respektiert, und dafür zu sorgen, daß Sie Ihren Gefühlen die Zeit, den Raum und die Aufmerksamkeit schenken, die sie verdienen. Wenn es Ihnen unangenehm ist, Krach zu machen oder herumzuschreien, weil Sie von anderen gehört werden können, lernen Sie einfach die Kunst des stillen Schreis und die Fertigkeit des Luftboxens und -schlagens. Stellen Sie sich vor, Sie würden ein Abbild Ihrer »Haßperson« verprügeln. Treten und schlagen Sie in aller Stille nach ihm/ ihr. Schreien Sie ihm/ihr dabei zumindest im Geiste zu, was immer er oder sie zu hören verdient.

Selbst wenn Sie allein leben, sollten Sie sich einen speziellen Raum schaffen, in dem Sie wütend sein dürfen und all die Hilfsmittel beisammen haben, die Sie benötigen. Das letzte, was Sie gebrauchen können, wenn Sie auf hundertachtzig sind, ist die Herumsucherei nach irgendwelchen Gegenständen. Solche Gegenstände könnten beispielsweise sein: große Papierrollen für lebensechte Figuren, rote Farbe, Buntstifte, Scheren, Aufnahmegerät, Pfeile, Stecknadeln, Kissen, Kleiderpuppen, Stofftiere, ein Stapel alter Telefonbücher, ein Punchingball – kurzum alles, was Ihnen hilft, Ihre Wut symbolisch und aktiv auszudrücken und loszuwerden.

Wenn Sie sich die nötige Zeit lassen, um Ihre Wut richtig auszuleben, werden Sie den Wutraum nicht für lange brauchen. Aber wir alle brauchen zeitweise eine Rückzugsstätte, wo wir unsere gesammelte Wut abarbeiten können, die sich so leicht in Depression verkehrt.

5. Lernen Sie, sich nicht als Opfer zu fühlen, um emotionalen Schikanen zu entgehen!

Wie wir denken, entscheidet darüber, wie wir fühlen. Wenn wir wie Opfer denken, werden wir uns wie Opfer fühlen. Etwas an unserem Denken zu ändern, stellt einen der schnellsten Wege dar, aus unserer Opfermentalität auszubrechen. Diesen Wandel können wir bewerkstelligen, indem wir zunächst einmal verstehen, wie oft wir uns in die Opferrolle hineinbegeben, und uns anschließend daran machen, die Technik des »Nichtopferdenkens« zu erlernen.

Beginnen Sie, indem Sie drei Tage lang Protokoll über Ihr Opferdenken führen. Halten Sie es jedesmal schriftlich fest, wenn Sie sich als Opfer fühlen oder wie ein Opfer denken. Notieren Sie, wo Sie waren, warum Sie sich so fühlten und wie Sie genau reagierten. Sie brauchen kein Riesenprojekt daraus zu machen. Die Einträge können hingekritzelt und kurz sein. Wichtiger ist es, daß Sie das Ganze so schnell wie möglich niederschreiben, bevor Sie es vergessen.

Sie ergehen sich dann in Opferdenken, wenn Sie beispielsweise die Art von Äußerungen (gegenüber anderen oder sich selbst) machen, die unter die folgenden drei Kategorien fallen:

Kategorie 1: Es ist eine kalte, grausame Welt

> »Es ist so unfair! Warum muß das ausgerechnet mir passieren?«
> »Ich hätte etwas Besseres verdient, als so hart zu arbeiten.«
> »Ich helfe immer allen anderen, aber keiner hilft mir.«
> »Ich bemühe mich so sehr darum, eine gute Mutter zu sein. Aber was ist der Dank? Alles, was ich von meinen Kindern ernte, sind Widerworte und Kopfschmerzen.«

»Ich hätte etwas Besseres verdient.« Das ist der Kernsatz dieser Kategorie von Meinungsäußerung. Wir fühlen uns ungerecht behandelt und lassen wissen, daß wir eigentlich etwas anderes erwartet hatten. Der Trugschluß ist, daß wir so tun, als wäre die Welt fair und freundlich. Oft ist sie das nicht, besonders für uns Frauen. Anzunehmen, daß es doch so ist, setzt uns nur der Enttäuschung und chronischen Gefühlen der Unterdrückung und Belästigung aus.

Kategorie 2: Es ist hoffnungslos/Ich bin hilflos

>Ich werde es nie schaffen, abzunehmen.«

>Meine Falten machen mich alt und unattraktiv.«

>Es nützt ja alles nichts, es wird mir nie bessergehen.«

>Ich habe mich wirklich bemüht. Aber ich schaffe es einfach nicht.«

>Die Dinge werden sich nie ändern. Ich muß eben lernen, damit zu leben.«

Absolute, extreme Wörter wie »nie«, »immer«, »kann ich nicht«, »jeder«, »keiner« und »unmöglich« sind die Favoriten in dieser Kategorie. Wir möchten glauben, daß die Dinge nicht geändert werden können, damit wir uns nicht der Anstrengung unterziehen müssen, sie zu ändern.

Kategorie 3: Das wütende Opfer

>Ich hasse mein Leben und alles, was damit in Verbindung steht.«

>Jedesmal, wenn ich einem Mann mein Vertrauen schenke, werde ich verletzt. Ich werde keinem von ihnen jemals wieder die Chance geben, mich zu verletzen.«

>Sie war so schrecklich zu mir. Das werde ich nie vergessen.«

>Es ist ihre Schuld. Ich kann wirklich nichts dafür.«

In dieser Kategorie führt die unverarbeitete Wut dazu, daß wir keine Verantwortung für uns selbst übernehmen, womit wir in der

Opfermentalität steckenbleiben. Wenn Sie von der Wut und den Schuldvorwürfen nicht lassen können, werden Sie sich nur weiter als Opfer fühlen und auch so behandelt werden.

Wann immer Sie feststellen, daß Sie als Opfer denken, sollten Sie es aufschreiben. Notieren Sie jeden Gedanken, der Ihnen auch nur im geringsten vom Opferdenken infiziert erscheint. Später, wenn Sie Zeit dazu haben, sollten Sie Ihre Notizen noch einmal durchgehen, um zu reflektieren, wie Sie sich dabei gefühlt haben. Überlegen Sie sich einige Strategien und Lösungsvorschläge, die beschreiben, wie Sie Opferdenken in positives, problemlösendes Denken umwandeln können.

Wenn Sie zum Beispiel denken: »Das ist unfair. Warum muß das ausgerechnet mir passieren«, können Sie diesen Gedanken umwandeln in: »Das ist unfair, aber so typisch dafür, wie Frauen behandelt werden. Was kann ich tun, um damit fertigzuwerden? Ich werde mich jetzt zurückziehen, mich wieder beruhigen, später mit Freunden darüber sprechen, um herauszufinden, wie sie sich in ähnlichen Situationen verhalten haben, und die Sache dann mit aller Macht angehen, bis ich das Gefühl habe, sie wieder mehr im Griff zu haben.«

Statt zu denken: »Diese Falten sind so häßlich!« denken Sie: »Jede Falte ist ein Zeichen meiner hart erarbeiteten Weisheit. Eine Frau meines Alters sieht eben nicht mehr aus wie achtzehn. Außerdem, wer möchte schon noch mal achtzehn sein und das Ganze noch mal durchmachen müssen?«

»Ich hasse ihn« kann werden zu: »Ich bin so wütend, daß ich ihm wirklich etwas antun möchte. Aber er wird mich nicht auf diese Ebene ziehen und dazu zwingen, daß ich mich vor Haß verzehre. Ich werde mir jetzt ein paar »Aktion = Stärke«-Übungen vornehmen, um mich von meiner Wut zu befreien, so daß ich darüber nachdenken kann, was zu tun ist, wenn mein Kopf wieder klarer ist.« Das Geheimnis besteht darin, die Momente zu erkennen, in denen Sie sich in Opfergedanken ergehen, und diese Gedanken dann in ergebnisorientiertes, problemlösendes Denken zu verwandeln.

6. Entwickeln Sie finanzielle Potenz, um wirtschaftliche Schikanen zu vermeiden!

Frauen fühlen sich oft machtlos, wenn es ums Geld geht. Viele von uns sind in Haushalten aufgewachsen, in denen der Vater das Geld verdiente und kontrollierte. Geld wird von vielen Frauen als männlich betrachtet, als die Munition von mächtigen Männern. Als Folge davon fühlen wir uns oft unwohl mit Finanzen. Geldausgeben ist einfach, besonders wenn das Geld von einem Mann verdient oder von einem Mann abgesegnet wurde. Aber wenn es ums Geldverdienen geht, haben viele Frauen eine psychologische Sperre. Was das angeht, ist es sehr viel schwieriger, unseren Traditionellen Kern zu beschwichtigen, der uns erklärt, wir sollten einen Rückzieher machen und uns versorgen lassen. Es ist auch schwieriger für uns, realistische wirtschaftliche Zukunftspläne zu machen, weil unser Traditioneller Kern eine solche Art von Finanzplanung als irrelevant für unser Leben betrachtet. Durch all diese Umstände werden wir zu ungeheuer leichten Zielen in Sachen ökonomischer Schikanen. Die folgenden Strategien zeigen Ihnen, wie Sie mit dieser Anfälligkeit besser fertigwerden.

Lernen Sie, wirtschaftlich unabhängig zu werden!

Dies ist einer der wichtigsten Schritte, den Sie unternehmen müssen, um sich gegen Depressionen zu schützen. Solange Sie nicht in der Lage dazu sind, finanziell für sich selbst zu sorgen, sind Sie verwundbar. Gleichgültig, was unser Traditioneller Kern uns glauben machen möchte, es ist fast unmöglich, eine gleichberechtigte, ausgewogene Beziehung zu genießen, solange wir darauf angewiesen sind, daß eine andere Person für unsere grundlegenden Lebensbedürfnisse sorgt. Reduzieren Sie Ihre Anfälligkeit, indem Sie marktfähige Fähigkeiten entwickeln. Dies sollte oberste Priorität für Sie haben, selbst wenn das bedeutet, mit fünfzig Jahren noch einmal zurück auf die Universität zu gehen, mit einundzwanzig Jahren auf der Universität zu bleiben, oder lange genug in einem Betrieb zu arbeiten, um die nötige Qualifikation zu erreichen, die Sie auch für andere Arbeitgeber wertvoll macht. Wenn Sie finanziell nicht unabhängig sind, werden Sie mit Sicherheit später an Depressionen leiden.

Erstellen Sie einen Haushaltsplan!

Es ist bemerkenswert, wie viele Frauen keinen Haushaltsplan haben. Sie bleiben anfällig für wirtschaftliche Schikanen, weil sie nie wissen, wieviel sie haben oder wieviel sie brauchen. Mehr als sechzig Prozent meiner Klientinnen tragen ihre Schecks nicht ein. In manchen Fällen übernimmt das der Ehemann; in anderen wird es überhaupt nicht getan. Sich um solche finanzielle Angelegenheiten zu kümmern, schien für viele Frauen nie ein wichtiges Talent zu sein, außer sie wurden von ihren Männern darum gebeten, sich mit um die Familienfinanzen zu kümmern. Obwohl sich die Lage heutzutage etwas gebessert hat, empfinden viele Frauen immer noch größtes Unbehagen, wenn sie Finanzen verwalten müssen.

Es ist wichtig für Frauen, über die Finanzen Bescheid zu wissen und sich ihrer Macht bewußt zu sein. Gleichgültig, wie die Umstände beschaffen sind, in denen sie leben. Wenn Sie ledig sind und berufstätig, aber nie einen Haushalts- oder Finanzplan erstellt haben, wird es Zeit, daß Sie das ändern. Wenn Sie verheiratet sind und berufstätig, aber Ihr Mann das Finanzielle immer noch allein regelt, bitten Sie ihn, die Geldangelegenheiten mit Ihnen gemeinsam zu besprechen. Da Sie Ihren Teil dazu beitragen, ist es nicht zuviel verlangt, auch mitreden zu wollen, wie das Geld ausgegeben wird. Wenn Sie verheiratet sind, nie berufstätig waren und nie gelernt haben, mit Geld umzugehen, sprechen Sie mit Ihrem Mann über Ihren Wunsch, mehr Klarheit über Ihren finanziellen Status zu gewinnen, damit Sie, wenn Sie plötzlich allein dastehen, besser in der Lage sind, sich um Ihre Angelegenheiten zu kümmern.

Ein besseres Gespür für die Macht des Geldes können Sie bereits dadurch entwickeln, daß Sie Ihre Schecks eintragen. Wenn Sie sich nicht sicher sind, ob Sie es richtig machen, fragen Sie bei Ihrer Bank nach. Ich kenne einige Frauen, die soweit gegangen sind, ihr altes Konto zu löschen und ein neues zu eröffnen, das ihre neue Einstellung finanzieller Verantwortlichkeit symbolisiert.

Wenn Ihr Scheckbuch auf dem neuesten Stand ist, erstellen Sie einen Haushaltsplan. Sie können sich von einem Buchhalter beraten lassen, ein Buch über persönliches Finanzmanagement lesen, einen Freund oder ein Familienmitglied um Hilfe bitten oder einen Kurs besuchen.

Bringen Sie Ihren Haushaltsplan einmal im Monat auf den neuesten Stand, indem Sie Ihre Ausgaben vom Vormonat eintragen. Bald werden Sie genau darüber im Bilde sein, wieviel Sie ausgegeben haben, wo Sie es ausgegeben haben und was Sie gekauft haben. Sie werden das Verhältnis Einnahmen/Ausgaben besser im Griff haben und eher einschätzen können, ob die Art Ihrer Geldausgabe mit Ihren Prioritäten übereinstimmt.

Bereits wenn Sie diese ersten Schritte unternehmen, werden Sie die Kontrolle über Ihre Finanzen zurückgewinnen. Sie werden nicht nur besser dafür gerüstet sein, sich eine solide finanzielle Zukunft zu schaffen, sondern auch weniger anfällig für wirtschaftliche Schikanen. Wenn Sie einen Partner haben, der sich von Ihrem Wunsch nach finanzieller Unabhängigkeit bedroht fühlt, beruhigen Sie ihn und erklären Sie ihm, daß Sie nicht vorhaben, ihn zu verlassen. Erklären Sie ihm, daß es Ihr Ziel ist, sich in der Beziehung sicherer und geborgener zu fühlen.

Sie können auch darauf hinweisen, daß ihn Ihre Anstrengungen auf diesem Gebiet von dem ständigen Druck, Alleinverdiener und Alleinversorger zu sein, entlasten werden. Sie können an den Vor und Nachteilen dieser Position teilhaben. Falls Sie einen Partner haben, der sich immer noch weigert, zu kooperieren, hören Sie nicht auf, zu verhandeln. Bleiben Sie bei Ihrer Haltung, aber gehen Sie nicht übertrieben auf Konfrontationskurs. Sie besitzen Macht, denn Sie haben einen Rechtsanspruch darauf, Einblick in Ihre gemeinsamen finanziellen Unterlagen zu erhalten. Es kann sein, daß Sie dieses Recht im Interesse Ihres finanziellen und emotionalen Wohlergehens in Anspruch nehmen müssen, speziell dann, wenn Ihre Beziehung so einseitig ist, wie diese Situation vermuten läßt. Bescheid zu wissen über die eigenen finanziellen Mittel, ist eine emotionale und wirtschaftliche Notwendigkeit, so daß Sie es niemandem erlauben können, Ihnen in dieser Hinsicht Stolpersteine in den Weg zu legen.

Arbeiten Sie kurzfristig an langfristigen Zielen!

Nachdem Sie einen Haushaltsplan erstellt und Ihre finanziellen Prioritäten abgesteckt haben, lenken Sie Ihr Augenmerk auf spezielle Ziele und erstellen Sie eine Liste dessen, was für Sie am wichtigsten ist. Möchten Sie an einem Klassentreffen teilnehmen? Möchten Sie Ihre Tochter in ein Ferienlager schicken? Möchten Sie sich wieder an der Universität einschreiben? Möchten Sie ein neues Auto?

Falls Sie sich in einer traditionellen Rolle befinden und etwas haben möchten, was Sie sich bei Ihrem jetzigen Etat nicht leisten können, warum suchen Sie sich keinen Teilzeitjob mit einem speziellen Ziel vor Augen? Falls Sie ganztags arbeiten, könnten Sie es sich überlegen, an ein oder zwei Abenden in der Woche einen stundenweisen Job anzunehmen. Einige meiner Freundinnen und Klientinnen haben kreative und flexible Ideen entwickelt, was stundenweise Arbeit angeht. Eine bietet samstags ihre Babysitterdienste an. Sie liebt Kinder, möchte aber selber keine haben, ihre Arbeit befriedigt demnach verschiedene Bedürfnisse. Andere Frauen, die ich kenne, haben Stundenjobs angenommen, wie zu Hause Schreibarbeiten erledigen, sonntags im Restaurant bedienen, Buchführung machen, Aerobic-Kurse abhalten und an einigen Abenden oder in Urlaubszeiten als Verkäuferin in einem Warenhaus aushelfen. Manche haben sich für Überstunden im Betrieb angemeldet.

Alle diese Jobs, die ich gerade beschrieben habe, erfordern Fähigkeiten, die diese Frauen bereits hatten oder die sie sich problemlos aneignen konnten. Keine dieser Arbeiten muß Ihre ganze Freizeit in Anspruch nehmen, und alle können für einen befristeten Zeitraum durchgeführt werden, bis das gesteckte Ziel erreicht ist. Und im Gegensatz zu echten beruflichen Chancen, die schwer zu finden sind, gibt es solche Jobs in Hülle und Fülle. Schauen Sie die Stellenaushänge an der nahen Universität durch und studieren Sie die Kleinanzeigen. Strecken Sie Ihre Fühler aus, indem Sie Freunde, Nachbarn und Kollegen wissen lassen, daß Sie an einem Teilzeitjob interessiert sind. Lesen Sie die Stellenanzeigen, die im Supermarkt aushängen. Wenn Sie sich ernsthaft auf die Suche machen und wirklich bereit sind, zu arbeiten, werden Sie das Geld verdienen, das Sie brauchen. Und Sie werden Ihr Ziel erreichen, sich einflußreicher und finanziell weniger eingeschränkt zu fühlen.

7. Lernen Sie Selbstverteidigungstechniken, um sich vor körperlicher und sexueller Bedrohung zu schützen!

Wir Frauen müssen lernen, uns selbst zu schützen. Dazu müssen wir zunächst einmal unsere Stärke schätzen lernen und kapieren, daß Gehirnmasse oft mehr zählt als Muskelmasse. Wir müssen bereit dazu sein, uns mit unseren Ängsten und Verletzlichkeiten auseinanderzusetzen. Indem wir anerkennen, wie verletzlich wir für körperliche und sexuelle Schikanen sind, und indem wir lernen, uns selbst zu verteidigen, verringern wir unsere Chancen, Opfer zu werden, ungemein. Nach neuesten Statistiken können fünfundsiebzig Prozent möglicher Angriffe durch richtig eingeübte Selbstverteidigungstechniken abgewehrt werden.

Im folgenden werden Sie Bekanntschaft mit einigen Selbstverteidigungstechniken machen, die sich ohne spezielle Ausbildung im Kurs erleben lassen. Es geht dabei darum, daß Sie Ihren Gefühlen vertrauen und emotional und körperlich darauf vorbereitet sind, sich selbst zu verteidigen. Um Ihrer Verletzlichkeit für Opferdepressionen wirksamer zu begegnen, sollten Sie sich jedoch ernsthaft überlegen, ob Sie nicht irgendeine Form der Selbstverteidigung erlernen wollen. Solche Kurse werden von Frauenzentren, Volkshochschulen, Fitneßcentern oder Sportvereinen angeboten. Auch in den Gelben Seiten des Telefonbuchs finden Sie entsprechende Hinweise auf solche Kurse. In der Zwischenzeit sollten Sie die folgenden beiden Strategien, die auf dem gesunden Menschenverstand beruhen, in Ihr Selbstverteidigungsarsenal mit aufnehmen:

Vertrauen Sie Ihren Gefühlen!
Unser Traditioneller Kern ist ein einzigartiger Trainer, wenn es um die Entwicklung einer starken »weiblichen Intuition« und einem Gespür für das nicht Sichtbare geht. Dies gehört zu den eher positiven Eigenschaften, die unser Traditioneller Kern für uns bereithält. Nutzen Sie sie gut! Viele Frauen bezweifeln ihren sechsten Sinn und

fragen sich: »Was, wenn ich überreagiere oder mich irre?« Wir müssen lernen, unserer inneren Stimme zu trauen, damit wir, wenn wir aus irgendeinem Grund Gefahr vermuten, ob rational erklärbar oder nicht, auch entsprechend reagieren – beispielsweise fortlaufen oder etwas sagen bzw. tun, um uns zu schützen. Es ist immer besser, sich einmal zuviel zu irren, als ins offene Messer zu laufen.

Seien Sie gewappnet, falls Sie sich verteidigen müssen!
Jeder Preisboxer wird Ihnen erzählen, daß die anstrengendste Vorbereitung auf den Kampf geistiger Natur ist. Für Sie gilt dies ebenfalls. Sie müssen wieder und wieder überlegen, wie Sie sich gegen einen Angriff oder Prügel schützen können, bis Ihnen Ihre Selbstverteidigungsstrategie in Fleisch und Blut übergegangen ist.

Nur Sie wissen, wann und wo Sie sich am verletzlichsten fühlen. Machen Sie sich eine Liste der Gegenstände im Haus, die Sie ohne große Gefahr als Waffen benutzen können, falls Sie von einem Eindringling überrascht werden. Das kann ein Feuerlöscher sein, der sich unter Ihrem Bett befindet. Entscheiden Sie sich für eine nichttödliche Waffe, wie etwa einen Regenschirm, eine Anstecknadel, einen Schlüssel, und sorgen Sie dafür, daß Sie diese immer bei sich tragen. Gehen Sie in Gedanken durch, wie Sie diese Waffe einsetzen würden, wenn Sie auf der Straße mit einer gefährlichen Situation konfrontiert würden. Proben Sie das Ganze vor dem Spiegel, bis Sie automatisch wissen, was und wie es zu tun ist. Es ist wichtig, daß Sie sich mit dem Gedanken an Selbstverteidigung vertraut machen, selbst wenn das bedeutet, auf Gewalt mit Gegengewalt zu antworten.

Stellen Sie sich Situationen vor, die Sie motivieren könnten, sich selbst zu verteidigen. Eine Strategie, die bei mir funktioniert, besteht darin, mir vorzustellen, daß ich meine Kinder gegen einen Angriff verteidigen muß. Die Vorstellung, irgend jemand könnte ihnen ein Leid antun, versetzt mich dermaßen in Wut, daß ich meine ambivalenten Gefühle, was Gewalt angeht, vergesse. Ich gerate sofort in Aufregung und bin bereit, Feuer mit Feuer zu bekämpfen. Ich bin gewöhnlich keine gewalttätige oder aggressive Person, aber um meine Kinder zu beschützen, würde ich töten, ohne mit der Wimper zu zucken. Wenn ich in Kontakt mit diesem Gefühl nackter Gewalt bin, versuche ich das Bild meiner Kinder durch mein eigenes zu ersetzen, damit ich diese Energie für mich selbst nutzen und mich selbst ebenso erfolgreich verteidigen kann.

Als Folge davon haben sich meine Prinzipien der Gewaltlosigkeit verschoben. Jetzt, wo ich mehr über das alarmierende Ausmaß, die Häufigkeit und den Einfluß brutaler Schikanen von Frauen weiß, bin ich so weit, zu glauben, daß wir uns offen gegen die Gewalt wehren müssen. Wir müssen das nicht nur deshalb tun, um uns selbst zu schützen, sondern auch um Traumen zu neutralisieren, die zu lebenslangen Gefühlen der Angst führen können.

Nachdem ich intensiv mit Traumaopfern gearbeitet habe, kann ich Ihnen sagen, daß die Arbeit, die in einer traditionellen Therapie geleistet wird, nicht ausreicht, um die Gefühle, die durch brutale Schikanen entstehen, zu bewältigen. Worte allein können und werden zu keiner völligen Heilung führen. Es muß eine weiterführende Aktion geben, um dem Traumaopfer so schnell wie möglich wieder zu mehr Sicherheit zu verhelfen.

Die gute Nachricht – die Sie in diesem Moment sicherlich gebrauchen können – ist, daß Vergewaltigungsopfer und andere Opfer brutaler Übergriffe heute mehr Hilfsmöglichkeiten haben als jemals zuvor. Wenn Sie zum Opfer wurden oder werden, sollten Sie akzeptieren, daß Sie ein solches Trauma nicht mit eigener Kraft heilen können, und sich sofort bei einem Experten in Therapie begeben.

Die individuellen Bedürfnisse und Verhältnisse sind höchst verschieden, und es gibt nicht den *einen* richtigen Weg, wie man sich selbst besser schützen kann. Aber ich versichere Ihnen, daß ich, wenn ich jemals ernsthaft angegriffen würde oder etwas Derartiges ernsthaft befürchten müßte, lernen würde, mit Reizgas und einer Pistole umzugehen. Tatsächlich habe ich, um die Ideen für dieses Buch zu testen, Schießstunden genommen. Ich weiß jetzt, wie es sich anfühlt, die symbolischen Bilder der Vergangenheit oder potentielle Angreifer aufs Korn zu nehmen.

Schießen ist ein mitreißender Ausgleichssport, der bei mir zu einer größeren Befreiung von Opfergefühlen führte, als ich mir das vorgestellt hatte. Es kann ungeheure Kraft geben, auf das Pappkartonprofil eines Angreifers zu zielen. Machen Sie Ihrer Wut Luft und kehren Sie zum Schießstand zurück, wenn Sie von Rückblenden und Alpträumen gequält werden, die oft eine Folge traumatischer Erlebnisse sind. Wenn Sie feststellen, daß Ihnen das Schießen wirklich Spaß macht, könnten Sie sich sogar einem Verein anschließen.

Ich propagiere hier jedoch nicht den Besitz oder das Tragen von Pistolen, denn die Chancen, daß dies schiefgeht, sind außerordentlich groß. Zu viele Frauen wurden von Männern überwältigt, die die Pistole dann gegen die Frauen richteten, und zu viele haben mitansehen müssen, wie sich ihre Kinder zu Hause versehentlich damit verletzten. Das ist das Risiko nicht wert. Einen anderen Menschen zu erschießen, kann auch emotional sehr belastend sein. Es ist dabei egal, wie sehr unser Angreifer es verdient hat, verletzt zu werden. Schußgewalt steht unserer kulturellen Konditionierung als Frau so diametral entgegen, daß unser Traditioneller Kern daraufhin ziemlich durcheinandergeraten kann. Möglicherweise impft er uns jahrelange Gefühle der Schuld und des Zweifels ein, wenn wir töten oder verletzen.

Wenn wir uns unsicher fühlen oder bereits Opfer von körperlicher oder sexueller Gewalt wurden, müssen wir lernen, unsere Körper als Waffe zu gebrauchen. Auch Reizgas kann sehr effektiv sein. Sie sollten allerdings einen Kurs besuchen, um sich den richtigen Umgang damit zeigen zu lassen, denn auch dieses kann gegen Sie verwendet werden. Manche Behälter und Sprühtechniken bieten besseren Schutz und eine geringere Wahrscheinlichkeit, als Bumerang zu wirken. Ihre örtliche Polizeistation wird Ihnen entsprechende Informationen geben können.

Wenn Sie über solche Mittel verfügen wie etwa Reizgas, Traumatherapie und Selbstverteidigungstechniken und mehr über Opferpsychologie wissen, werden Sie besser geschützt sein und mehr Kraft haben, Opferdepressionen zu vermeiden oder zu bewältigen.

8. Leihen Sie sich Videofilme über Heldinnen aus!

Frauen brauchen Heldinnen, die gut auf sich aufpassen, die sich weigern, die Opferrolle zu spielen, die als starke, talentierte Problemlöserinnen fungieren. Obwohl Hollywood uns gewöhnlich eine Dauerdiät von Frauen in traditionellen Opferrollen serviert, gibt es einige seltene Anlässe, bei denen uns eine weibliche Filmfigur präsentiert wird, die uns eine Menge darüber beibringen kann, wie wir Schikanen bekämpfen und bewältigen können.

Im folgenden finden Sie fünf Beispiele weiblicher Rollenmodelle aus Filmen. Jede Frau lehrt uns eine andere Lektion, aber allen gemeinsam ist eine unerschütterliche Courage und eine innere Entschlossenheit, an ihrer Würde und ihren Werten festzuhalten. Wenn Sie diese oder andere Videofilme anschauen, ermitteln Sie die Art der Schikanen, mit der die Heldin konfrontiert wird. Was waren die Ursachen? Welche Art von Opfersymptomen zeigte sie? Was tat sie, um mit den Schikanen fertigzuwerden und die Probleme zu lösen? Welche ihrer Strategien könnten für Sie nützlich sein?

Sie können diese Übung allein oder mit einer kleinen Gruppe von Freunden durchführen. Eine meiner Klientinnen machte aus dieser Übung ein sechswöchiges Filmfestival, das sie »Marilyns Montagabendkino« taufte. Fast zwei Monate lang kamen jeden Montagabend fünf Freundinnen bei ihr in der Wohnung zusammen, um gemeinsam Popcorn zu essen, einen Film anzuschauen und intensive Gespräche darüber zu führen, wie die Heldin gegen die Schikanen rebellierte oder sie überwand.

Ob Sie diese Übung allein machen oder mit Freundinnen, bleibt sich gleich. Sie sollten Ihre Antworten jedoch unbedingt entweder schriftlich festhalten oder im Detail diskutieren, denn nur so kommen Sie in den vollen Wert dieser Übung. Es reicht nicht aus, einfach nur den Film anzuschauen. Der Wert liegt darin, sich an die Heldinnen zu erinnern und sie als Rollenmodelle herzunehmen, wenn Sie deren Stärke und Unterstützung in Ihrem eigenen Leben brauchen.

Das Schweigen der Lämmer – Opferdepression
Clarice (Jodie Foster) lehrt uns etwas über die Macht, die wir besitzen, wenn wir auf unsere emotionale Verletzlichkeit nicht defensiv reagieren. Sie zeigt uns, wieviel Macht wir gewinnen, wenn wir uns weigern, uns in die Opferrolle unserer Kindheit drängen zu lassen.

Die Waffen der Frauen – ökonomische Schikanen
Eine ehrgeizige Sekretärin (Melanie Griffith) lehrt uns, wie sich emotionale und ökonomische Schikanen überwinden lassen, indem sie marktgängige Fertigkeiten entwickelt und nicht lockerläßt, bevor sie ihr Ziel erreicht hat.

Aliens II – körperliche Schikanen
Ripley (Sigourney Weaver) lehrt uns, wie wir starken körperlichen und psychischen Terror meistern und unser Opferdenken überwinden, indem wir sogar unserem schlimmsten Alptraum mutig ins Auge sehen.

Angeklagt – sexuelle Schikanen
Eine provozierende Bedienung (Jodie Foster) wird von einer Bande vergewaltigt und schlägt vor Gericht zurück. Sie sucht nach Hilfe, statt die Qual sexueller Schikanen allein zu ertragen. Sie lernt, ihre Wut auszudrücken, und gibt nicht auf, als ihre ursprüngliche Strategie versagt.

Thelma & Louise – als klassisches Beispiel für die Schikanen gegenüber Frauen im allgemeinen
Thelma (Geena Davis) und Louise (Susan Saradon) lernen – und lehren uns – etwas über die Bedeutung von Freundschaft und gegenseitiger Unterstützung und zeigen uns, wie wir verborgene Quellen von Stärke erschließen können. Sie erzählen uns auch etwas darüber, wie unbewältigte Wut schließlich den letzten aller Preise fordert: den Tod.

Nachdem Sie sich einige (oder alle) dieser Videos angesehen und das Ganze durch eine Vielzahl von Aktionsstrategien ergänzt haben, werden Sie einige Veränderungen an sich feststellen. Ihre Opferstimme wird möglicherweise leiser werden. Ihre Körperbewegungen und Ihre Gedankenprozesse werden bestimmter und selbstbewußter werden. Sie werden respekteinflößender sein, weil Sie sich selbst mehr respektieren. Weil Sie Ihre Opferdepression, die ein Teil von Ihnen war, bewältigt haben, werden Sie andere weniger zu Schikanen auffordern. Sie werden ein stärkeres und freieres Leben führen als jemals zuvor.

5

Die Beziehungsdepression

Es liegt in der Natur der Sache, daß Liebeskummer meist Wolken der Verzweiflung nach sich zieht, die sich bedrohlich ballen und finster über allem schweben... dies ist einer der häufigsten Gründe für weibliche Depressionen.

Maggie Scarff, *Autonomie und Nähe*

Ayla, eine hochgewachsene, eindrucksvolle Afroamerikanerin Ende Dreißig war das, was man eine stolze und starke Frau nennt. Als Übersetzerin für Senegalesisch bei der UNO trug sie bevorzugt die fließenden Gewänder und Perlenketten aus dem Land ihrer Väter. Sie liebte es, um die Mittagszeit durch die Gänge des UNO-Gebäudes zu schlendern, um die Vielfalt der Menschen und Kulturen in sich aufzunehmen und sich an den lebhaften politischen und philosophischen Diskussionen zu beteiligen.

Ayla fühlte sich ihren Idealen und ihrer kulturellen Identität so sehr verpflichtet, daß sie auf ihre Umwelt einen starken Einfluß ausübte. Viele betrachteten sie als charismatischen Strom positiver Energie. Doch obwohl Ayla Licht in das Leben anderer Menschen bringen konnte, kämpfte sie im stillen mit einer schweren Depression, die ihr eigenes Leben bedrohlich überschattete.

Ihr letzter Liebhaber, Abdul, war dynamisch und gefühlsbetont gewesen – und das nicht nur im Bett; aber er war auch so dominant, daß sie die Beziehung vor fast zehn Jahren beendet hatte. Damals war sie dreißig Jahre alt gewesen. In diesem vergangenen Jahrzehnt hatte sich die Suche nach einem Mann, der ihre Stärke schätzen würde und bereit wäre, mit ihr eine gleichberechtigte Partnerschaft aufzubauen, als schwieriger erwiesen als die nach einem Parkplatz mitten in Manhattan. Die meisten Männer, denen sie begegnete, waren entweder verheiratet, schwul oder eingeschüchtert von ihrer Stärke und Intensität.

Ihre Beziehungen zu Frauen waren nicht viel besser. Nur wenige der alleinstehenden Frauen, mit denen sie zusammenarbeitete, schienen ihre Interessen zu teilen, und die meisten der verheirateten Frauen, deren Gesellschaft sie schätzte, hatten nur begrenzt Zeit, um soziale Kontakte außerhalb ihrer Arbeitszeit zu pflegen. Die wenigen Freundschaften, die Ayla aufrechterhalten konnte, waren oft von Konflikten und Mißverständnissen getrübt. Wann immer Probleme auftauchten, neigte Ayla dazu, sich zurückzuziehen und in ihrem Elternhaus Zuflucht zu suchen. So unerfreulich diese Umgebung oft auch war, so sicher fühlte sie sich dort. Manchmal war es einfach besser als das Alleinsein.

Ayla fühlte sich emotional völlig ausgebrannt. Obwohl sie Männern zwiespältig gegenüberstand, fragte sie sich immer wieder, ob sie nicht vielleicht glücklicher gewesen wäre, hätte sie den traditionellen Weg eingeschlagen, geheiratet und Kinder bekommen. Nun, wo sie auf die Vierzig zuging, hatte sie das Gefühl, die Zeit würde ihr davonlaufen. Sie spürte, daß die Zahl ihrer potentiellen Partner kleiner geworden war und daß diese Tatsache sehr viel mehr mit Rassismus und ihrem Alter zu tun hatte, als mit ihrem persönlichen Mißtrauen Männern gegenüber.

Tina und June waren gegen Depressionen besser gefeit als Ayla. Beide konnten sich aufeinander verlassen und gaben sich die Nähe und emotionale Sicherheit, die Ayla fehlten. Gemeinsam waren sie von den finanziellen Problemen, der Diskriminierung und den Depressionen verschont geblieben, die oft gerade denjenigen das Leben schwermachen, die abseits des *Mainstream* leben. Beide Frauen hatten, als sie Mitte Zwanzig waren, eine aufmerksame und liebevolle Beziehung zueinander entwickelt. Seit neun Jahren lebten sie nun gemeinsam in einem Haus in Ohio, das sie selbst entworfen und gebaut hatten und das direkt an einem Fluß lag.

Viele ihrer Freunde hielten Tina und June für das »ideale Paar«, weil sie sich auf eine für beide Seiten bequeme und befriedigende Arbeitsteilung geeinigt hatten und sich gut in ihren Interessen und ihrem Temperament ergänzten. Tina war die traditionell orientierte Frau. Sie vermißte ihren früheren Beruf als Stewardeß kaum und liebte es, zu Hause zu sein, zu kochen, sich um den Haushalt und die drei Hunde zu kümmern, ins Fitneßstudio zu gehen und ihr reges soziales Leben zu organisieren.

June, die Progressive, war chaotisch und ziemlich eigenwillig, aber sie war auch extrem erfolgreich in ihrem Beruf als politische Beraterin. Intelligent und ehrgeizig wie sie war, gab es wenig, was sie lieber tat, als erbitterte politische Schlachten zu schlagen – und zu gewinnen. Eine Zeitlang hatte June genug verdient, um Tina und sich ein bequemes Leben zu ermöglichen. Da Geld, Status und das Gefühl, zu gewinnen, entscheidende Bestandteile von Junes Selbstwert waren, paßte ihr anspruchsvoller Job zu ihrer Persönlichkeit wie angegossen. Aber seit ungefähr einem Jahr rüttelten eine Reihe politischer Niederlagen und mißlungener Kampagnen schwer an ihrer Stabilität. Sie begann sich zu fragen, ob sie das »gewisse Etwas« verloren hatte, das ihr früher so gute Dienste geleistet hatte.

June begann, ihre Frustration an Tina auszulassen. Sie war noch keine vierundzwanzig Stunden von einer Werbekampagne zu Hause, und schon war sie mit Tina in einen hoffnungslosen Streit verstrickt. June fing an, sich nach einer emotional und finanziell ebenbürtigen Partnerin zu sehnen. Sie wünschte sich die Freiheit, weniger Kunden anzunehmen, was sie nicht konnte, solange Tina nicht ins Berufsleben zurückkehrte. Tina hatte jedoch weder den Wunsch noch die Absicht, sich nach außerhäuslicher Arbeit umzusehen. Sie war überzeugt davon, daß June nur »eine Phase durchmachte« und ärgerte sich darüber, daß June ihren Beitrag zur gemeinsamen Beziehung nicht in vollem Maße anerkannte. Tina fühlte sich angegriffen und abgewertet und war immer weniger in der Lage, Junes Feindseligkeit zu tolerieren. Sowohl June als auch Tina fühlten sich mißverstanden, alleingelassen und überfordert. Ihre Auseinandersetzungen und Frustrationen wurden immer häufiger und intensiver, weil ihre traditionellen und nichttraditionellen

Rollen mittlerweile aufeinanderprallten statt sich – wie vorher – zu ergänzen. Als Folge davon hielten beide noch rigider, unerbittlicher und starrer an ihren Rollen fest. Unfähig, einen Kompromiß zu finden, der das Gleichgewicht wiederhergestellt hätte, verschlimmerten sich ihre Depressionen, während ihre Beziehung langsam zerbrach.

Dana und Jack wissen, wie frustrierend Spannungen in einer Beziehung sein können. Die beiden sind seit vier Jahren verheiratet, kennen und lieben sich aber schon seit acht Jahren. Damals waren sie sich in ihrem letzten Collegejahr über den Weg gelaufen. Jack war einer der wenigen sensiblen »New Age«-Männer, denen Dana begegnet war, die von ihrem Ehrgeiz nicht eingeschüchtert waren. Genauer gesagt liebte Jack Danas Elan, ihren scharfen Verstand und ihren ausgefallenen Sinn für Humor. Während Jack sein Jurastudium auf der University of Southern California (USC) beendete, schloß Dana ihr MBA-Studium auf der University of California, Los Angeles, (UCLA) ab.

Jack wurde ein angesehener Anwalt für Familienrecht. Seine Mandanten schätzten an ihm die seltene Kombination aus Warmherzigkeit und der Fähigkeit, hart zu verhandeln. Dana wurde eine erfolgreiche Börsenmaklerin und spezialisierte sich auf Japan und den pazifischen Raum. Beide nahmen ihre Arbeit sehr ernst, halfen sich aber auch gegenseitig beim Aufbau ihrer Karrieren. Bei ihnen war die Rollenverteilung nicht so eindeutig festgelegt wie bei Tina und June, ihre Rollen überschnitten sich. Sie teilten sich die finanziellen und häuslichen Pflichten, und über Hausarbeit stritten sie nie, weil sich damit keiner von ihnen abgab. Sie engagierten eine Haushaltshilfe, die sich stundenweise um die Wäsche und das Putzen kümmerte.

Doch genau wie Tina und June hatten auch Jack und Dana Probleme. Beide waren so damit beschäftigt, sich um ihr Berufsleben zu kümmern, daß sie oftmals vergaßen, sich um ihre Beziehung zu kümmern. Mit der Zeit fühlte Jack sich immer ausgelaugter durch die fordernden, aufgebrachten Mandanten in seiner Kanzlei. Er war immer sehr stolz auf seine Fähigkeit gewesen, zuhören, verstehen und Vertrauen erwecken zu können, nun jedoch mußte er feststellen, daß er mit jedem Tag ungeduldiger und gereizter wurde – nicht nur bei der Arbeit, sondern auch zu Hause.

Was sich Jack mehr als alles andere wünschte, war eine Frau, die ihm zuhören, sich um ihn kümmern und ihm dabei helfen würde, ins Gleichgewicht zurückzufinden und die Dinge wieder nüchterner zu sehen. Doch wem er tatsächlich begegnete, war eine Frau, die von Anforderungen und Terminstreß ihrer eigenen Welt genauso aufgefressen wurde wie er von den seinen. Obwohl Jack stolz auf Danas Leistungen war, ärgerte es ihn, daß sie ständig irgendwelche Flußdiagramme zu studieren oder Marktanalysen auf dem Computer zu erstellen schien. Ein Teil seiner Frustration rührte auch daher, daß Dana im folgenden Jahr wahrscheinlich mehr verdienen würde als er. Aber die weitaus größere Sorge bereitete es ihm, daß sie sowenig Zeit füreinander hatten.

Dana konnte Jacks Unbehagen nicht verstehen. Sie hatten vereinbart, sich in Jobangelegenheiten gegenseitig zu unterstützen, doch nun sah Jack Danas Engagement zunehmend als Egoismus an. Folglich fielen ihre Gespräche entweder sehr knapp aus oder sie arteten in Streit aus. Sex – oder besser das Fehlen von Sex – war zu einem echten Problem geworden. Jack war der Überzeugung, er »verdiene« eine zärtliche Partnerin, mit der er nach einem anstrengenden Arbeitstag schlafen könnte – noch dazu, wo er zu Hause so ein »braver Junge« war.

Wie viele nichttraditionelle Männer sprach Jack jedoch selten direkt über seine Bedürfnisse. Er bemühte sich, besonders sensibel auf Danas Bedürfnisse einzugehen – oft auf Kosten seiner eigenen. Dana ignorierte seine indirekten sexuellen Annäherungsversuche meist und forderte ihn auf, ruhig schon ohne sie schlafen zu gehen. Sie fürchtete, die Arbeit würde ihr über den Kopf wachsen, wenn sie nicht regelmäßig bis spät in die Nacht daran saß. Häufig ging Jack enttäuscht und verärgert ins Bett und fragte sich, ob er mit einer traditionelleren Frau vielleicht glücklicher geworden wäre oder ob er sich einfach eine Geliebte suchen sollte, die ihn zu schätzen wüßte.

Dana war keineswegs weniger frustriert als Jack. Sie war wütend über sein herablassendes Verhalten und seine unausgesprochene

Unterstellung, ihre Arbeit könnte unmöglich so anspruchsvoll sein und sie könnte durchaus Zeit und Nerven sparen, würde sie nur effektiver arbeiten. Sie hatte kaum noch Energie, sich um sich selbst zu kümmern, geschweige denn auf Jacks subtile Ansprüche einzugehen, die er immer häufiger stellte. Mehr als einmal überlegte sich Dana, ob es nicht einfacher wäre, wieder allein zu leben. Obwohl sie Jack liebte und genau wußte, daß auch er sie liebte, schuf das aufreibende Berufsleben der beiden Probleme, denen beide hilflos gegenüberstanden.

Ayla, Tina, June, Dana und Jack machten alle eine Beziehungsdepression durch.

Eine Beziehungsdepression ist die Summe der traurigen, zornigen und negativen Gefühle, die durch das Fehlen einer ersehnten bedeutungsvollen Beziehung entstehen oder durch die Konflikte, Enttäuschungen, Frustrationen und das Mißtrauen, die mit dem Aufrechterhalten von bedeutungsvollen Beziehungen notgedrungen einhergehen.

Eine Beziehungsdepression kann zwei Ursachen haben:

● Einen geringen Selbstwert, der uns von vornherein davon abhält, überhaupt eine Beziehung einzugehen oder uns in ungesunde oder negative Beziehungen treibt.
● Eine fehlende Beziehungsfähigkeit, die gewöhnlich zu unbefriedigenden, problembelasteten Beziehungen führt.

Aylas Beziehungsdepression gedieh, weil sie enge Freundschaften brauchte, aber nicht hatte. Ein Teil dieses Problems war kulturell bedingt: Es hing mit einem enormen Rassismus, Jugendlichkeitswahn und Sexismus zusammen. Aber ein anderer Teil des Problems war persönlicher Natur. Ayla litt an einem geringen Selbstwertgefühl, das man bei berufstätigen Frauen häufiger antrifft. Im Job war ihr Selbstwertgefühl ungebrochen, doch wenn es darum ging, enge, dauerhafte Bindungen einzugehen, in denen sie sich wirklich wohl fühlte, fühlte sie sich oft unfähig und unzulänglich. Das führte dazu, daß sie sich nicht mehr in dem Maße auf ihre Mitmenschen einließ, wie es nötig gewesen wäre, um adäquate Beziehungen zu knüpfen und aufzubauen.

Obwohl June in einer Beziehung lebte, wie Ayla sie verzweifelt gesucht hatte, litt sie ebenfalls unter einem geschwächten Selbstwertgefühl. Sie hatte zwar eine Beziehung, aber keine Ahnung, wie man diese pflegte. Weil sie sich selbst nicht gut behandelte, konnte sie auch Tina nicht gut behandeln. June fehlte eine ganze Reihe grundlegender zwischenmenschlicher Fähigkeiten. Der Mangel an diesen Fähigkeiten war die Hauptursache ihrer wachsenden Beziehungsdepression.

Andererseits hatten weder Dana noch Jack Schwierigkeiten mit ihrem Selbstwertgefühl. Beide waren in vorbildlicher Weise selbstsicher und kompetent, kamen aber über die einfachen Grundvoraussetzungen, die in eine Beziehung miteingebracht werden sollten, nicht hinaus. Sie verfügten nicht über jene fortgeschritteneren Fähigkeiten, die gefragt sind, wenn es darum geht, eine Partnerschaft durch die unvermeidlichen kritischen Zeiten zu bringen, die es in jeder Beziehung gibt.

Wir können Beziehungsdepressionen haben, ob wir ledig oder verheiratet sind, ob es sich um eine Freundschaft oder eine Romanze handelt, ob die Beziehung platonischer Natur ist oder sexueller. Beziehungsdepressionen können ihren Ursprung in vergangenen oder gegenwärtigen Bindungen haben; sie können auf unsere Kindheitsbeziehungen zu Eltern, Verwandten, Lehrern und Freunden zurückgehen. Beziehungsdepressionen tauchen nur dann auf, wenn wir Gefühle in eine andere Person investieren und erwarten, daß unsere emotionalen Bedürfnisse von dieser befriedigt werden. Diese Depressionen entstehen nicht bei Fremden, Arbeitskollegen oder Bekannten, weil wir diesen Menschen nicht auf so intime, liebevolle Weise verbunden sind.

Obwohl Beziehungsdepressionen Frauen und Männer gleichermaßen treffen können, sind Frauen im allgemeinen anfälliger dafür. Wir Frauen neigen eher dazu, uns über Beziehungen zu definieren als über Leistungen, die wiederum für Männer der wichtigere Maßstab sind. Wir sind dazu erzogen worden, sensibler auf die natürlichen Höhen und Tiefen einer Partnerschaft zu reagieren und uns für sie verantwortlich zu fühlen. Oft machen wir auf diese Weise den Schmerz von anderen zu unserem eigenen.

Unsere gesellschaftliche Prägung ist so durch und durch gelungen, daß es vielen Frauen fast abnormal vorkäme, wenn sie diesen chronischen Beziehungsschmerz nicht verspürten. Aus diesem Grund sind die Beziehungsdepressionen die am häufigsten vorkommenden Gesunden Depressionen. Die Opferdepression ist die destruktivste aller Depressionen, doch Beziehungsdepressionen sind mittlerweile so alltäglich geworden, daß sich viele Frauen ein Leben ohne sie gar nicht mehr vorstellen können.

Der Haken an der Sache ist nur, daß, gleichgültig, wie gut eine Beziehung ist, sie sich ständig weiterentwickelt. Und es liegt in der Natur von Veränderungen, daß sie Unsicherheit, Konflikte und phasenweise Gesunde Depressionen erzeugen. Das gilt für alle von uns. Es gibt Zeiten, in denen auch die beste Beziehung einen hohen Preis von uns verlangt und wir mehr investieren als zurückbekommen. Ich beispielsweise habe mich schließlich damit abgefunden, daß für mich Trennungen und Enttäuschungen in Beziehungen immer extrem schwierig zu verkraften sein werden. Das liegt daran, daß ich als Kind so viele bittere Erfahrungen auf diesem Gebiet gemacht habe und mich als Erwachsene immer noch für viel zu viele Dinge in einer Beziehung verantwortlich fühle. Wenn ich zuviel für andere tue und dabei meine eigenen Bedürfnisse vernachlässige, schaffe ich mir meine Beziehungsdepression selbst.

Im Laufe der Jahre habe ich gemerkt, daß ich nicht die einzige bin, die anfällig für Beziehungsdepressionen ist. Viele von uns sind in Familien groß geworden, in denen Verlust, Sucht, Gewalt und Kommunikationsarmut Themen waren. Vor einem solchen Hintergrund ist der Verlust einer Beziehung jedesmal wieder ein traumatisches Erlebnis, gleichgültig, wieviel Therapie- oder persönliche Wachstumsarbeit wir leisten. Wir haben zu früh Verluste erfahren, die sich zu tief in unser Innerstes eingegraben haben.

Da sich diese Anfälligkeit nicht hinwegreden läßt, ist es wichtig, daß wir lernen, mit ihr umzugehen und sie in Grenzen zu halten, damit sie unser Leben nicht dominiert. Diese Anfälligkeit ist ein weiteres Beispiel dafür, daß es durchaus gut sein kann, sich schlechtzufühlen. Wir können sie nämlich in eine gewaltige Kraftquelle verwandeln, aus der wir mehr Sicherheit beziehen und folglich auch mehr Intimität in unserem Leben gewinnen können. Wir kreieren diese »intime Stärke«, indem wir lernen, unsere Verletzlichkeit zuzugeben und sie dazu zu benutzen, das einzufordern, was wir brauchen und wollen. Wie verwandeln wir Verletztlichkeit nun in intime Stärke? Bei den meisten Frauen funktioniert das Ganze folgendermaßen:

Verletzlichkeit mit jemandem teilen = Intimität = Bindung = Stärkezuwachs

Intimität läßt sich auf zwei verschiedene Arten erzeugen. Zum einen, indem wir unsere Verletzlichkeit jemandem preisgeben, der uns versteht, aber nicht verurteilt – und wir ihm umgekehrt dasselbe zugestehen. Im zweiten, manchmal zunächst unangenehmen Fall, entsteht Intimität aus einem Konflikt heraus. Wenn Sie irgendwann einmal im Leben ernsthafte Probleme mit einem Menschen hatten und diese für beide Seiten befriedigend lösen konnten, wird das Band zwischen Ihnen anschließend nur noch enger werden – gleichgültig, wie enttäuscht Sie gewesen sind oder wie hart Sie gekämpft haben.

Es ist die Intimität, die Gefühle der Verbundenheit schafft, die eine so fundamentale Erfahrung darstellt, daß wir sie brauchen, um körperlich und geistig gesund zu bleiben. Die wechselseitige Unterstützung und Bestätigung, die wir in Beziehungen finden, gibt uns neue Kraft. Das Positive an unserer »Beziehungspflege« besteht in der Tatsache, daß wir mehr Möglichkeiten als Männer haben, Intimität und Verbundenheit zu erfahren und daraus Stärke zu ziehen. Ich habe so viele Frauen gesehen, die allein aufgrund der Unterstützung und Energie, die sie aus engen und guten Beziehungen zogen, die nötige Stärke fanden, um eine schwierige Herausforderung zu bestehen. Diese Gefühle des Verbundenseins erlauben es uns, »die emotionalen Muskeln spielen« zu lassen. Wir fühlen uns innerlich stabil, energiegeladen und wie neugeboren; wir sind nicht länger allein mit unseren Schwierigkeiten. Infolgedessen gelingt es uns besser, die anstehenden Probleme in unserer Umgebung anzupacken.

Bei den Männern scheint dies nicht ganz so zu funktionieren. Die eigene Verletzlichkeit zuzugeben ist einfach nicht das, was man gemeinhin unter »männlich« versteht. Das ist auch der Grund, weswegen Jack solche Schwierigkeiten damit hat, Dana seine Bedürfnisse und Verletzlichkeiten auf direktem Wege mitzuteilen. Lieber leidet er stumm an seiner Einsamkeit und Frustration, als Dana zu sagen, wie dringend er ihre Zeit, Aufmerksamkeit und Bestätigung nötig hätte. Natürlich sind diese kulturellen Rezepturen nichts als tragische Zeitverschwendung für beide Geschlechter.

Einer der besten Wege, wie wir diesen Kreislauf des Leidens durchbrechen können, besteht in der Bewältigung unserer eigenen Beziehungsdepression. Nur wenn wir dazu fähig sind, uns selbst zu helfen, können wir den Männern wirklich Mut dazu machen, ihre eigenen Verletzlichkeiten zu erforschen, ohne daß sich einer von uns bedroht oder minderwertig fühlen müßte. Beginnen Sie zunächst damit, indem Sie die folgenden Fragen beantworten. Sie sollen Ihnen dabei helfen, Ihren persönlichen und familiären Hintergrund auszuleuchten und herauszufinden, wie anfällig Sie zur Zeit für eine Beziehungsdepression sind.

Test zur Beziehungsdepression

Beantworten Sie die folgenden Fragen mit JA oder NEIN. (Wenn ein Elternteil oder beide Elternteile nicht die Hauptbezugsperson(en) in Ihrer Kindheit war(en), setzen Sie statt dessen den Namen der Person oder die Namen der Menschen ein, die am ehesten Elternstelle an Ihnen vertraten.)

1. Meine Eltern ließen sich vor meinem zwanzigsten Lebensjahr scheiden.   _____

2. Ein Elternteil oder beide Elternteile starb(en) vor meinem zwanzigsten Lebensjahr.   _____

3. Ein Elternteil oder beide Elternteile war(en) während meiner Kindheit mehr als ein Jahr lang schwer oder chronisch krank.   _____

4. Ich wurde als Kind physisch oder sexuell mißbraucht. _____

5. Ein Elternteil oder beide Elternteile war(en) Alkoholiker, Spieler, drogenabhängig, kaufsüchtig, eßsüchtig, etc. _____

6. In der Schule oder in meiner Arbeitsstelle wurde/werde ich gemieden oder schlecht behandelt aufgrund meines Geschlechts, Alters, Glaubens, meiner Rasse, meiner sexuellen Orientierung oder anderer persönlicher Eigenschaften, die ich nicht ändern kann oder will. _____

7. Ich bin bereits ein- oder mehrmals geschieden. _____

8. Mein Partner hatte bereits eine oder mehrere Affären. _____

9. Meine Freunde oder meine Familie sind oft nicht für mich da, wenn ich sie brauche. _____

10. Intimität ist für mich eine heikle Sache; ich scheine mir immer die »falschen« Freunde zu suchen oder sabotiere Freundschaften, die »gut« für mich sein könnten. _____

Anzahl der mit JA beantworteten Fragen: _____

Auswertung

(0–2) Sie besitzen außerordentliche soziale Fähigkeiten und stammen aus gesunden familiären Verhältnissen.
Die Frauen, die in diese Punktekategorie fallen, können sich wirklich glücklich schätzen. Wenn Sie dazugehören, sind Sie gar nicht oder kaum anfällig für Beziehungsdepressionen. Sie haben hervorragende soziale Fähigkeiten entwickelt und stammen höchstwahrscheinlich aus gesunden, normalen Familienverhältnissen.

Aber achten Sie darauf, daß Sie nicht nur deshalb in dieser niedrigen Punktekategorie rangieren, weil Ihre Antworten eher Ihren *Wunschvorstellungen* und weniger der Wahrheit entsprechen. Sie öffnen der Beziehungsdepression Tür und Tor, wenn Sie vergangene und gegenwärtige Beziehungen durch die rosarote Brille betrachten. Sollten Sie sich dabei ertappen, wie Sie Ihre Kindheit als »ideal« bezeichnen, gehen Sie noch einmal in sich. Vielleicht machen Sie sich selbst etwas vor oder haben sich selbst etwas vorgemacht, weil die Wahrheit über Ihr Leben schwierig zu fassen oder zu ertragen ist.

(3–5) Sie machen möglicherweise gerade eine mittlere Beziehungsdepression durch.

Sie erleben die Art von Beziehungsschmerz und Verletzlichkeit, die den meisten Frauen vertraut ist. Dieses Maß an Beziehungsdepression scheint der Preis zu sein, den wir als Frauen in dieser Gesellschaft dafür zu zahlen haben, daß wir auf die Rolle der »Beziehungspflegerin« und »Intimitätsbewahrerin« konditioniert und festgeschrieben sind. Wobei daran nicht alles schlecht ist. Tatsächlich können uns diese fürsorglichen Rollen, wenn wir sie nicht übertreiben, viel geben. Aber genau diese Balance zu finden, ist schwierig in einer Kultur, die selbst so gründlich aus dem Gleichgewicht gekommen ist und die Bedürfnisse der halben Bevölkerung nicht kennt. Beziehungsdepressionen werden immer dann schlimmer, wenn wir nicht wissen, was mit uns passiert, warum es passiert und wie wir damit umgehen können.

(6–7) Vorsicht! Sie befinden sich bereits im fortgeschrittenen Stadium einer Gesunden Beziehungsdepression.

Wenn Sie diese Punktzahl erreicht haben, haben Sie wahrscheinlich schon so viele Verluste und Enttäuschungen in Ihren vergangenen und gegenwärtigen Beziehungen hinter sich, daß Sie ein ganzes Bündel unbewältigten Beziehungsschmerzes mit sich herumtragen. Dieses hohe Maß an Verlust und Schmerz macht Sie besonders anfällig für Beziehungsdepressionen. Überdies sind Sie wahrscheinlich viel zu bedürftig in Beziehungen, was weitere Beziehungsprobleme praktisch garantiert und schließlich zu einer noch schlimmeren Beziehungsdepression führt. Ihre Beziehungsdepression ist so stark und ausgeprägt, daß Sie auf dem besten Wege sind, eine Ungesunde Depression zu entwickeln, falls dies nicht schon geschehen ist.

Ob dies der Fall ist, können Sie selbst herausfinden, indem Sie die Beziehungsbestandsaufnahme vornehmen, die weiter hinten zur Sprache kommen wird, wo es um die Aktionsstrategien zur Bewältigung von Beziehungsdepressionen geht. Wenn Sie in den meisten oder all Ihren Beziehungen ein Muster chronischen Scheiterns oder der Unzufriedenheit feststellen oder wenn Sie sich ganz von Beziehungen zurückgezogen haben und den Großteil Ihrer Zeit allein verbringen, ist Ihre Beziehungsdepression wahrscheinlich in eine ungesunde Phase vorgestoßen. Falls das so ist, werden Sie professionelle Hilfe in Anspruch nehmen müssen, um die negativen geistigen und körperlichen Konsequenzen dieser Depression auf ein Mindestmaß zurückzuschrauben.

(8–10) Sie sind in ernster Gefahr! Ihre Beziehungsdepression ist ungesund und zerstörerisch. Wenn Sie keine Hilfe bekommen, werden Ihre Beziehungen auch weiterhin unbefriedigend und kräfteverschleißend sein.
Bei Ihrem Hintergrund an negativen Erfahrungen mit Beziehungsschmerz und Beziehungsverlust hatten Sie nie eine echte Chance, die Eigenschaften zu entwickeln, die unabdingbar sind für den Aufbau einer gesunden, liebevollen Beziehung. Sie sollten sich eingestehen, daß der Verlust und das Scheitern von Beziehungen immer wiederkehrende Themen in Ihrem Leben sind. Dies ist ein ungesunder und unnötiger Zustand, der für jeden von uns schwer zu ertragen ist und lebensbedrohliche Formen annehmen kann. Es ist beinahe unmöglich, ein solches Ausmaß an Verlust und Schmerz allein zu bewältigen. Suchen Sie Hilfe bei einem Spezialisten. Und zwar am besten bei einem, der sich auf interpersonale Therapie spezialisiert hat, denn diese Form der Therapie konzentriert sich auf den Aufbau von Beziehungen und sozialen Fähigkeiten. Eine Gruppentherapie könnte Ihnen ebenfalls gute Dienste leisten, weil sie Ihnen einen sicheren Rahmen und einen Kreis Gleichgesinnter gibt, der es Ihnen ermöglicht, Ihren Beziehungsängsten und -fehlern angstfrei auf die Spur zu kommen und neue Beziehungsstrategien einzuüben. Falls Sie der Test zur Beziehungsdepression traurig oder bedrückt gemacht hat, denken Sie daran: Sie sind mit Ihrer Erfahrung nicht allein. Sie erleben Gefühle, wie sie zahlreiche Frauen vor Ihnen schon beschrieben haben, nachdem sie den Test in meinen Workshops machten. Weil wir Frauen sind, schiebt uns die Gesellschaft die Verantwortung für Beziehungsprobleme und den daraus resultierenden Beziehungsschmerz zu; dieser Schmerz ist ein wesentlicher Grund für unsere größere Depressionsanfälligkeit. Um

uns vor solchen Depressionen zu schützen, ist es notwendig, daß wir befriedigende Beziehungen aufbauen und am Leben erhalten und daß wir wissen, wo die Wurzeln für diese Beziehungsdepressionen zu suchen sind. Nur so können wir beurteilen, wieviel davon eher auf gesellschaftliche Gegebenheiten und weniger auf persönliche Unzulänglichkeiten zurückzuführen ist.

Die Wurzeln einer Beziehungsdepression

1. Frauen sind als Folge gesellschaftlicher Konditionierung von Geburt an anfälliger für Beziehungsdepressionen

Die wichtigste und einflußreichste Rolle bei der Entstehung von Beziehungsdepressionen spielt die gesellschaftliche Konditionierung. Bereits in den ersten Tagen ihres Lebens werden Mädchen und Jungen von ihren Eltern unterschiedlich behandelt. Aber haben sich die Zeiten nicht geändert? Gibt es heute nicht eine neue Generation von Kindern mit sehr viel bewußteren Eltern? Sie werden überraschende Antworten auf diese Fragen erhalten, sobald Sie den örtlichen Kindergarten aufsuchen. Dort, wo mein Sohn in den Kindergarten geht – sowohl in New York City als auch im Süden Kaliforniens – ermutigen die Eltern, die ihre Erziehungsmethoden als modern bezeichnen würden, ihre Söhne dazu, über ihre Gefühle zu sprechen, und ihre Töchter, Fußball zu spielen.

Dennoch lassen sich immer noch deutliche Unterschiede in den Einstellungen und Herangehensweisen von Jungen und Mädchen beobachten. Ein kleines Mädchen ist sehr viel beziehungs- und gefühlsorientierter. Wenn sich eine Spielkameradin weh getan hat oder wenn sie traurig ist, werden die meisten Mädchen versuchen, sie aufzuheitern. Sie werden ihr ein Spielzeug anbieten, ein freundliches Wort schenken oder eine Umarmung. Passiert das gleiche einem Jungen, wird er die Situation meist ignorieren – selbst wenn er sie verursacht hat – und leichten Herzens die nächste Aktivität in Angriff nehmen.

Dieser Unterschied wird noch augenfälliger in der Pubertät, wenn unser »Traditioneller Kern« mehr Macht ausübt als zu jeder anderen Zeit im Leben. Als Teenager wird den meisten Mädchen zum ersten Mal bewußt, was es bedeutet, in unserer Gesellschaft eine Frau zu sein: Nämlich sich anzupassen und anderen zu gefallen, und zwar oft auf Kosten des eigenen Vergnügens. Die Gesellschaft ermutigt sie dazu, ihre Prioritäten zu verschieben: weg von Leistung, hin zu Beziehungen. Die Noten purzeln, die Röcke werden kürzer, und die Bestätigung durch andere, vor allem männliche Personen, wird zum Programmpunkt Nummer eins.

Wenn weibliche Teenager sich Männern zuwenden, ob es sich dabei um ihre Väter oder ihre Freunde handelt, stellen sie oft fest, daß es ihnen unmöglich ist, Zugang zur weicheren emotionalen Seite des Mannes zu finden. In der Männerwelt geben Faktoren wie Leistung, Macht, Konkurrenz und Kontrolle den Ton an, während der Wunsch und die Fähigkeit zur Fürsorge eher unwichtig sind. Also wenden sich die Mädchen an andere Frauen – an Mütter, Schwestern, Freundinnen und Lehrerinnen – und haben oft Schwierigkeiten, das zu bekommen, was sie brauchen, weil diese Frauen ihnen nicht die Perspektive und Bestätigung geben können, die sie selbst nicht haben. Als Folge davon haben weibliche Teenager mehr Depressionen und ein geringeres Selbstwertgefühl als ihre männlichen Altersgenossen.

Als erwachsene Frauen leiden wir dann wahrscheinlich an Beziehungsdepressionen, ob wir eine Beziehung haben oder nicht. Neueste Untersuchungen kamen zu dem Ergebnis, daß es die Anfälligkeit von Frauen für Depressionen vergrößert, wenn sie keine intime Beziehung zu einem Ehemann oder einem Freund haben – wie man am Beispiel von Ayla gesehen hat. Aber auch wenn wir eine Beziehung haben, können uns die unvermeidlichen Probleme und Konflikte, die sich aus ihr ergeben, depressiv machen. Dafür sind hauptsächlich zwei Gründe ausschlaggebend. Der erste besteht darin, daß wir als Frauen eine unverhältnismäßig große Verantwortung für den Fortbestand einer Beziehung auf uns nehmen, was uns oft der Energie beraubt, die wir eigentlich für uns selbst bräuchten. Der zweite besteht darin, daß wir dazu erzogen wurden, Beziehungsprobleme als persönliches Versagen zu betrachten. Wir neigen dazu, unseren Wert daran zu bemessen, wie glücklich unsere Beziehungen sind.

Unsere gesellschaftliche Konditionierung ist zwar schuld daran, daß wir besonders anfällig für Beziehungsdepressionen sind. Das heißt aber nicht, daß wir von Natur aus schlechte Karten hätten. Viele von uns spielen sie nur falsch aus. Denn unsere Erziehung hat uns auch mit Qualitäten und Fähigkeiten ausgestattet, die uns im Leben treffliche Dienste leisten können. Diese Erziehung ermöglicht Frauen eine Qualität und Quantität an Beziehungen, die den meisten Männern versagt bleibt. Sie verleiht Mädchen eine größere verbale Ausdrucksfähigkeit als Jungen, macht sie zu besseren Gesprächspartnerinnen, wenn es um persönliche Erfahrungen geht, und sensibler für die Gefühle anderer. All das sind Fähigkeiten, die in unserer immer anonymer und aggressiver werdenden Welt dringend benötigt werden. Frauen wissen um die Weisheit und die Stärke, die sich einzig in Beziehungen finden lassen; wir müssen es nur fertigbringen, beides nicht immer nur an andere zu verschenken, sondern auch konsequenter für uns selbst zu nutzen.

2. Wir verleugnen den unvermeidlichen Schmerz und die Verletzlichkeit, die Beziehungen mit sich bringen, oder wir leiden still vor uns hin

Obwohl glückliche Beziehungen entscheidend für unser Wohlbefinden sind, können sogar die liebevollsten und befriedigendsten Beziehungen manchmal von Konflikten und Enttäuschungen geschüttelt sein. Nur wenige von uns möchten dieser grundlegenden Tatsache des Lebens ins Auge sehen. Wir halten verzweifelt an dem Glauben fest, daß wir nur die richtige Beziehung finden, die richtige Ratgeberliteratur lesen, die richtige Talk-Show sehen oder den richtigen Experten konsultieren müssen, damit wir uns die ideale Beziehung schaffen und somit dem Schmerz entfliehen können. Also verleugnen wir den Schmerz oder leiden still vor uns hin, weil wir glauben, daß es unser eigener Fehler ist, wenn wir einen solchen Beziehungsschmerz verspüren.

Wenn es doch nur so einfach wäre! Auch wenn wir alles richtig machen, gibt es Zeiten, in denen alles irgendwie schiefläuft. Das passiert jedem von uns. Wir kämpfen, scheitern, geben auf, lecken unsere Wunden und versuchen es erneut. Beziehungen sind derart komplex, dynamisch und veränderlich, daß eine Methode, die gerade noch bei diesem einen Menschen glänzend funktioniert hat, zehn Minuten später schon vergebene Liebesmühe sein kann. Die Bedürfnisse einer Beziehung fordern viel und verändern sich ständig – das macht es einem leicht, die wenigen Regeln zu vergessen, die von bleibender Gültigkeit sind: Versuchen Sie, den anderen nicht zu verletzen. Seien Sie vertrauenswürdig. Kümmern Sie sich ebensosehr um den anderen wie um sich selbst – aber nicht mehr. Und was vielleicht am wichtigsten ist: Akzeptieren Sie, daß Konflikte unvermeidlich sind, wenn Sie wachsen, lernen und eine größere Intimität erreichen wollen.

Mit Konflikten muß man immer rechnen zwischen zwei Menschen, die ein enges Verhältnis zueinander aufbauen möchten. Denn beide bringen verschiedene Vorstellungen und Bedürfnisse mit – daran ändern auch guter Wille, noch so große Reife und ausgeprägte soziale Fähigkeiten nichts. Wir alle kennen solche spannungsgeladenen Momente, wenn die gegensätzlichen Bedürfnisse zweier Menschen aufeinanderprallen und sich aneinander »reiben«. Die Funken sprühen spätestens dann, wenn Kompromisse nötig werden oder einer zurückstecken muß, weil nicht alle Bedürfnisse gleichzeitig befriedigt werden können. Es liegt in der Natur der Sache, daß Reibungspunkte Wut, Rückzug, Schmerz, Angst und Depressionen verursachen, solange diese Gefühle nicht durch Gespräche und Kompromisse aufgearbeitet werden. Ist die Beziehung ungesund, begünstigen Reibungspunkte Schikane-, Rache- und Rückzugsgefühle. Oft versuchen wir so zu tun, als hätten Reibungspunkte nichts zu bedeuten. Doch wenn sie nicht gelöst werden, bilden sie eine bedrohlich tickende Zeitbombe, die eine ganze Beziehung in Schutt und Asche legen kann.

Obwohl Reibungspunkte zu Mißtönen in einer Beziehung führen, kann es noch destruktiver sein, sie totzuschweigen. Wenn man sie dazu verwendet, zu wachsen, weisen sie einem den Weg zu mehr

Intimität und einer ausgeprägteren Bewußtheit. Indem wir uns den Konflikten, die wir mit einem Menschen haben, stellen und sie lösen, lernen wir diesen Menschen sehr genau kennen. Wir erfahren etwas darüber, wer er wirklich ist und ob man sich auf ihn verlassen kann. Dies sind die Erfahrungen, aus denen der Kitt gemacht ist, der Beziehungen zusammenhält. Sie sind es, die zu mehr Nähe, Intimität und größerer Bereitschaft führen, uns verletzlich zu zeigen.

3. Wir unterschätzen den Zeit- und Energieaufwand, der notwendig ist, um eine Beziehung auszuloten, aufzubauen und aufrechtzuerhalten

In jedem Stadium einer Beziehung sind andere Fähigkeiten gefragt, und viele Frauen haben im Lauf ihrer Erziehung nie gelernt, daß es notwendig ist, diese Fähigkeiten zu entwickeln. Noch weniger wissen sie, wann und wie sie einzusetzen sind. Wir neigen dazu, die falschen Fähigkeiten im falschen Stadium einer Beziehung zum Zuge kommen zu lassen, oder an Fähigkeiten festzuhalten, die sich einmal bewährt haben, aber nicht länger angemessen sind, weil die Beziehung bereits in ein neues Stadium eingetreten ist. Oft handeln wir überstürzt und zeigen eine Art Torschlußpanik. Wir glauben, daß wir *diese* spezielle Art von Beziehung mit *dieser* speziellen Art von Mensch brauchen, damit unser Leben »rund und ganz« wird. Wenn wir aus einer solchen Verzweiflung heraus handeln, wird unsere Beziehung zwangsläufig genauso instabil werden wie ein Haus, das auf der San-Andreas-Spalte steht.

Neue Beziehungen aufzubauen ist eine schwierige Arbeit für Frauen, weil dies Verhaltensweisen verlangt, die aus unserer Erziehung traditionell ausgeklammert werden. Es beinhaltet, daß wir lernen, uns angemessene Möglichkeiten zur Kontaktaufnahme zu schaffen, und es erfordert unsere Bereitschaft, das Risiko von Zurückweisung einzugehen.

Es verlangt einen beträchtlichen Zeit- und Energieaufwand, wirklich wertvolle Beziehungen zu schaffen und einzugehen. Und sobald wir eine aufgebaut haben, erfordert deren Aufrechterhaltung harte Arbeit, gemeinsame Ziele, Geduld, Einfühlungsvermögen, Kompromißbereitschaft und die Bereitschaft, langfristige Ziele anzusteuern – selbst wenn dies bedeutet, zunächst einmal Opfer für die Freundschaft oder Partnerschaft zu bringen. In diesem Stadium braucht es ebenfalls die Fähigkeit, mit Wut, Konkurrenzgefühlen und Konflikten umzugehen. Die meisten Frauen neigen dazu, Konflikte zu vermeiden – besonders die mit anderen Frauen –, weil sie davon überzeugt sind, daß »Streitereien« die Beziehung aufs Spiel setzen würden. Auch wenn das ständige Schlucken und Schweigen Beziehungsdepressionen zur Folge hat, ist das trotzdem der Weg, den viele Frauen wählen.

Eines der Hauptprobleme in modernen Beziehungen ist die Zeit oder besser gesagt der Zeitmangel. In gewissen Phasen unseres Lebens erfordern persönliche Beziehungen ein höheres Maß an Zeit- und Energieaufwand als unsere Arbeit. Für Frauen, die ohnehin schon mit Rollenüberlastung zu kämpfen haben, ist Zeit das kostbarste Gut überhaupt. Gefühle der Erschöpfung und des Ausgebranntseins werden wie Beziehungsdepressionen oft als unvermeidbare Realitäten unseres modernen Lebens hingenommen. Dennoch gibt es eine Anzahl von Techniken, die Frauen anwenden können, um diese »Unvermeidbarkeit« zu vermeiden.

Aktionsstrategien zur Bewältigung von Beziehungsdepressionen

Glückliche Beziehungen basieren auf vier Lernstufen, die Sie unten anhand der Beziehungspyramide dargestellt sehen. Die unteren Stufen sind breiter angelegt, weil sie das Fundament bilden, auf dem alle Beziehungen aufgebaut sind. Es ist unerläßlich, daß Sie jeden einzelnen dieser Schritte und ihre Abfolge verstehen, bevor Sie die Aktionsstrategien zur Bewältigung von Beziehungsdepressionen in Angriff nehmen.

Stufe 1 – der Aufbau eines starken Selbstwertgefühls und einer gesunden, liebevollen Beziehung zu uns selbst – ist das Fundament jeder von Grund auf befriedigenden Beziehung. Stufe 2 beinhaltet das Erlernen grundlegender Beziehungsfähigkeiten, wie beispiels-

Die Beziehungspyramide

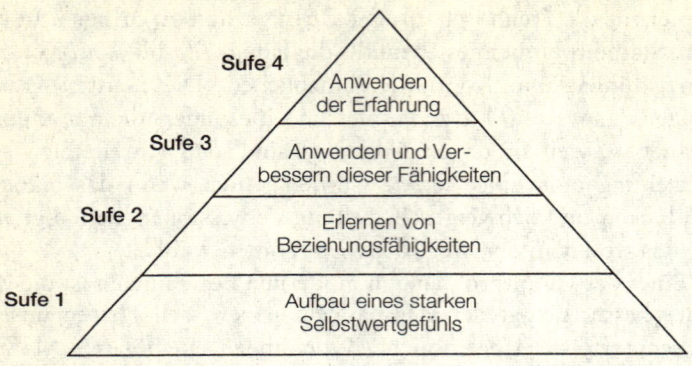

Sufe 4 — Anwenden der Erfahrung

Sufe 3 — Anwenden und Verbessern dieser Fähigkeiten

Sufe 2 — Erlernen von Beziehungsfähigkeiten

Sufe 1 — Aufbau eines starken Selbstwertgefühls

weise der folgenden: Wie kommuniziere ich effektiver? Wie begegne ich den Menschen, die für mich als Freunde oder Partner in Frage kommen? Wie kann ich mich vor zu großer emotionaler Verletzlichkeit schützen? Wie vertiefe ich meine Beziehungen, wenn ich auf Vertrauen und Partnerschaft setze und gemeinsamen Interessen nachgehe? Wie weiß ich, wann ich geben und wann ich nehmen kann? In Stufe 3, wo es um das Ausprobieren und Verbessern dieser Beziehungsfähigkeiten geht, lernen Sie, wie man mit destruktiver und konstruktiver Wut umgeht, wie man Konflikte löst, wie man wirkliche Intimität herstellt, wie man die Qualität und die Quantität von Beziehungen, die einem wichtig sind, aufrechterhält, und wie man das Wachstum von Menschen fördert, die einem am Herzen liegen. Diese Fähigkeit erlernt man nur durch Erfahrung, nicht einfach dadurch, daß man etwas über Beziehungen liest oder darüber redet. Wir sind nun an der Spitze der Pyramide angelangt, bei Stufe 4. Das Anwenden der Erfahrung beinhaltet die Konsolidierung und konsequente Verwertung der drei vorangegangenen Schritte. Jetzt geht es darum, die Ernte unserer Beziehungserfahrung einzufahren und in jeder Lebenssituation unmittelbaren Nutzen aus ihr zu ziehen.

Konzentrieren wir uns nun darauf, wie sich der Beziehungsschmerz in eine Kraft- und Energiequelle umkehren läßt. Die folgenden Aktionsstrategien entstanden in meinen Workshops und Kursen, wobei ich jenen den Vorzug gegeben habe, die von vielen meiner Patientinnen und Studentinnen als die für sie wertvollsten bezeichnet wurden. Einige meiner Lieblingsstrategien sind ebenfalls darunter. Sie können diese Übungen machen, ob Sie nun ein Single sind oder in einer Partnerschaft leben oder gemeinsam mit nahen Verwandten oder engen Freunden.

Manche Strategien werden Sie mehr, manche weniger ansprechen. Denken Sie daran, daß nicht jede Übung oder jede Strategie auf jeden Menschen gleich gut paßt. Sie haben jeweils die freie Wahl. Richten Sie sich nach Ihrem Gefühl und machen Sie nur die Übungen, die Ihnen im Moment interessant erscheinen. Auf die anderen können Sie später immer noch zurückkommen, aber versuchen Sie, sich zumindest auf zwei Strategien einzulassen. Wenn Sie aktiv werden und Ihre Beziehungsfähigkeiten verbessern, sind Sie Ihrem Ziel, Ihre Beziehungsdepression zu entschärfen, schon einen großen Schritt nähergekommen.

Stufe 1: Aufbau eines starken Selbstwertgefühls

1. Werden Sie selbständiger und lernen Sie, allein zu sein, um wieder zu sich selbst zu kommen!

Wenn wir ein stärkeres Selbstwertgefühl aufbauen wollen, müssen wir zunächst einmal eine ehrliche Bestandsaufnahme vornehmen, wie sehr wir uns selbst tatsächlich lieben und schätzen. Kümmern wir uns genug um uns selbst oder vernachlässigen oder – schlimmer noch – mißbrauchen wir unseren Körper und Geist? Können wir etwas mit uns selbst anfangen, wenn wir allein sind, und können wir dieses Alleinsein genießen?

Wenn wir nicht sorgsam genug mit unseren eigenen Bedürfnissen umgehen, können Beziehungsdepressionen zwingende Beispiele dafür sein, daß es auch schlecht sein kann, sich schlecht zu fühlen, und alles nur noch schlimmer macht. Wir besitzen keine wirkliche Macht oder Sicherheit in einer Beziehung, bevor wir nicht über die Stärke und Fähigkeit verfügen, sie notfalls aufzugeben. Wenn uns bereits der Gedanke, allein zu sein, unsicher macht oder bedrohlich erscheint, sind wir in einer denkbar schlechten Ausgangsposition, die uns die Möglichkeit nimmt, den Menschen zum Freund oder Partner zu gewinnen, den wir gerne hätten. Und in den Beziehungen, die wir haben, werden wir besonders anfällig für Manipulationen, Schikanen und Drohungen, daß man uns verläßt. Wir werden wahrscheinlich auch dann noch die Beziehung aufrechterhalten, wenn sie ungesund und gefährlich ist, nur weil wir Angst davor haben, allein zu sein.

Wenn Frauen über einen längeren Zeitraum allein sind, wird dies von vielen als eine Art Bestrafung oder Armutszeugnis empfunden, weil wir Frauen gelernt haben, unseren Wert an der Anzahl der herzlichen Beziehungen zu messen, die wir pflegen. Das hat zur Folge, daß wir die kostbare »persönliche Zeit«, die wir haben, damit vergeuden, uns zu fragen, *warum* wir allein sind, statt daß wir diese Zeit einfach genießen.

Statt diese wichtigen Chancen, zu wachsen und zu uns selbst zu kommen, so mir nichts, dir nichts zu verschwenden, sollten wir erkennen, daß Alleinsein – ob hin und wieder für einen Tag oder für die Dauer von Jahren – manchmal das Gesündeste und Beste für uns ist. Ironischerweise ist es besonders wichtig, sich Zeit für sich selbst zu nehmen, wenn wir uns in einer Liebesbeziehung befinden. Die Zeit, die man für sich allein hat, wirkt sich positiv auf die Zeit zu zweit aus, besonders bei rollenüberlasteten Frauen.

Wir wissen, daß uns die Selbständigkeit nicht in den Schoß fällt. Sie muß kultiviert und gepflegt werden. Aber wie? Stufe 1 soll Ihnen zeigen, wie wesentlich es ist, ein gutes Verhältnis zu anderen haben zu können. Ob Sie nun ledig oder verheiratet sind, nehmen Sie sich jeden Tag etwas Zeit für sich – auch wenn es nur die zehn Minuten sind, bevor Sie ins Bett gehen oder von der Arbeit nach Hause kommen. Nutzen Sie diese Zeit, um über Ihr Leben nachzudenken und sich Ihrer wahren Gefühle und Bedürfnisse bewußt zu werden. Sich Zeit nehmen kann auf vielerlei Arten geschehen. Für manche ist es der kleine Abstecher in die Bücherei, statt auf direktem Wege nach der Arbeit nach Hause zu fahren. Für andere bedeutet es eine kleine Reise mit Übernachtung an einem Ort, den sie noch nicht kennen. Egal für was wir uns Zeit nehmen, Hauptsache, wir verbringen sie so, daß sie eine Bereicherung für uns selbst und folglich auch für andere darstellt.

Gewöhnen Sie sich daran, während Ihrer Zehnminutenpausen ein »Gefühlstagebuch« zu schreiben oder zu zeichnen (wie in Kapitel 11 auf Seite 409–412 beschrieben). Nach einem Jahr werden Sie auf diese Weise mehr als sechzig Stunden über sich selbst nachgedacht und eine viel klarere Vorstellung davon haben, welche Veränderungen Sie vornehmen müssen, um Ihre Ziele zu erreichen.

Weiten Sie Ihre Zehnminutenpause zu einem Ausflug aus, den Sie allein unternehmen – auch wenn es sich nur um ein oder zwei Tage handelt. Dies kann belebend sein und Ihrem Leben eine andere Richtung geben. Es ist eine großartige Möglichkeit, den Kreislauf unproduktiven und unbefriedigenden Alleinseins zu durchbrechen und sich klarer darüber zu werden, wie es mit dem eigenen Leben weitergehen soll.

Ihr Ausflug braucht gar nicht lange zu dauern oder teuer zu sein. Eine Übernachtung in einem preiswerten, ordentlichen Hotel genügt bereits. Sie können das Haus von Freunden oder Verwandten hüten, während diese verreist sind. Sie können eine Reise in der Nachsaison buchen. Ideal wäre es natürlich, wenn Sie sich mehrere Tage Zeit nehmen könnten, aber ein Tagesausflug ist besser als gar nichts. Versuchen Sie, irgendwohin zu fahren, wo Sie genügend Raum und Ruhe haben. Suchen Sie sich beispielsweise eine landschaftlich reizvolle Gegend, wo Sie ungestört wandern, sitzen und nachdenken können. John Muir, der bekannte Naturforscher, der den Yosemite-Nationalpark erkundete, traf den Nagel auf den Kopf, als er diesen Vorgang als »ausgehen, um in sich zu gehen« bezeichnete.

Für welche Art von Ausflug Sie sich auch entscheiden, vergessen Sie nicht, warum Sie ihn unternehmen. Sind Sie ein Single, verrennen Sie sich nicht in die Vorstellung, Sie könnten unterwegs dem Mann Ihres Lebens begegnen. Sind Sie verheiratet oder haben Sie Kinder, verschwenden Sie Ihre kostbare Zeit nicht damit, sich um Ihren Ehemann oder Ihre Kinder zu sorgen. Ziel Ihrer »Reise« ist es, sich wieder mit sich selbst anzufreunden.

Allein zu verreisen war mit die erfolgreichste Methode, die ich in meinen trübsten Tagen als Single und später auch als verheiratete Frau einsetzte. Als ich Single war, besuchte ich zweimal den Yosemite-Nationalpark, wo ich hinauf zu den Wasserfällen wanderte. Ich hatte eine Feldflasche, Obst, einen Notizblock und einen Füller dabei, so daß ich, wann immer mir danach zumute war, eine kurze Rast machen konnte, um zu schreiben oder zu zeichnen. Ein anderes Mal fuhr ich an die Küste von Oregon in das Haus meiner Kindertage, wo ich an einsamen Stränden spazierenging, im Seegras ein Nickerchen machte, Clam Chowder* kochte, die Tagebücher las, die ich mit dreizehn geschrieben hatte, und in mein Gefühlstagebuch eintrug, zu welchen neuen Erkenntnissen ich gekommen war und wie ich aufgrund dessen mein Leben verändern wollte.

Andere Male, vor allem dann, wenn ich deprimiert war, fuhr ich allein in die Wüste oder in die Berge, um zu wandern, zu schreiben und nachzudenken. Selbst als ich verheiratet war, empfand ich diese gelegentlichen Ausflüge als noch genauso wichtig für mich, auch wenn es sich nur um eine Nacht handelte, die ich außer Haus in einem Landgasthof oder einem Hotel in der Stadt verbrachte.

Solche Ausflüge geben unserem Selbstwertgefühl einen positiven Schub, weil sie uns daran erinnern, daß wir uns auch allein durchschlagen können, gleichgültig, was unser Gefühlsbarometer gerade anzeigt. Sie verschaffen uns eine klarere Vorstellung davon, was war, was ist, wohin wir gehen, und sie helfen uns, zu regenerieren, wieder zu uns zu kommen und neue Energie zu tanken.

In ihrem Buch *An Unknown Woman* beschreibt Alice Koller eloquent die typischen Probleme, denen sich so viele Frauen gegenübersehen, wenn sie vor der Entscheidung stehen, ob sie sich Zeit für sich selbst nehmen und allein wegfahren sollen oder nicht. Sie sagen sich: Wir sind zu müde; wir haben nicht genug Geld; wir haben zuviel Angst; wir wissen nicht, wohin wir fahren sollen; wir haben kein Ziel. Ihre Geschichte macht Mut, weil sie uns daran teilhaben läßt, wie sie langsam und mühsam jedes einzelne dieser Probleme löst, indem sie sich zugesteht, allein zu sein und sich

---

* (ein amerikanisches Muschelgericht, Anm. d. Übers.)

186

schlechtzufühlen, um aus ihrem Tief wieder herauszufinden. Nachdem sie einige Wochen in aller Abgeschiedenheit über sich nachgedacht hatte, begann sie sich eine neue Identität und ein neues Leben aufzubauen, das weit vielversprechender wirkte als alles, was gewesen war.

Für diejenigen, die sich nicht mit der Vorstellung anfreunden können, allein zu verreisen, gibt es spezielle Gruppenreisen, die ganz gezielt Zeit für das persönliche Wachstum einplanen. In Amerika ist »Vision Quest« so ein Beispiel. Es ist eine Art Reiseunternehmen, das in seiner »Suche nach Visionen« zurück auf die Kultur der amerikanischen und australischen Ureinwohner geht, bei denen diese Seelensuche Teil der Initiationsriten war, die den Übergang von der Kindheit zum Erwachsenenalter markierten. In der zeitgenössischen Version treffen sich Menschen aus allen Teilen des Landes, um für einige Tage oder Wochen zu Workshops und rituellen Erlebnissen zusammenzukommen. Sie verwenden eine Vielzahl von Techniken, die alle darauf ausgerichtet sind, starke Emotionen freizusetzen, gehen etwa hinaus in die Natur – zum »Herzen von Mutter Erde« – und kehren dann zur Gruppe zurück, um die anderen an ihren Erfahrungen teilhaben zu lassen.

Falls Sie Interesse an solchen Veranstaltungen haben, sollten Sie sich die einschlägige Literatur besorgen, die Anzeigen in New-Age-Magazinen durchstöbern oder mit Menschen in Kontakt treten – persönlich, telefonisch oder schriftlich –, die in alternativen Buchläden arbeiten oder zu der eher esoterischen Ecke der Frauenbewegung gehören.

Falls Sie eine Beziehungsdepression durchmachen, weil Sie zu oft allein sind – weil Sie Single sind oder Ihr Partner ständig unterwegs ist –, sollten Sie sich überlegen, was Sie tun können, um die Zeit, die Sie für sich haben, sinnvoller zu verbringen. Sie könnten damit beginnen, den Fernseher auszuschalten und das Telefon abzustellen und die eingesparte Zeit dazu verwenden, in Ihr Gefühlstagebuch zu schreiben. Beschließen Sie, Ihre »persönliche Zeit« besser zu nutzen und sich mehr Bestätigung zu verschaffen. Wenn Sie sich täglich diese Art von Zeit nehmen, werden Sie sich besser auf Ihre Wünsche und Bedürfnisse, die Sie für den nächsten Tag haben, konzentrieren können. Sie können sich auf diese Weise realistische kurzfristige Ziele setzen, wie Sie besser auf sich achten wollen. Halten Sie Ihre Ziele schriftlich fest. Am nächsten Abend beurteilen Sie, wie erfolgreich Sie beim Verfolgen Ihrer Ziele waren. Machen Sie diese Übung zwei Wochen lang, und Sie werden feststellen, daß Sie auch Ihren größeren Zielen ein erhebliches Stück näherkommen, weil Sie konzentrierter sind und über mehr Kontrolle verfügen.

Wenn Sie zu oft allein sind, sollten Sie darüber hinaus etwas für die Entwicklung Ihrer Beziehungsfähigkeiten tun. Nehmen Sie sich beispielsweise vor, einem Gesprächskreis beizutreten oder einer Gruppe, die es sich zur Aufgabe gemacht hat, anderen zu helfen. Denken Sie an Selbsthilfegruppen, spezielle Kurse, Wochenend-Workshops oder kirchliche Organisationen. Oder werden Sie Mitglied in einem Verein, der für eine Sache kämpft, die Ihnen wichtig ist. Schließen Sie sich einer Gruppe an, die für den Umweltschutz eintritt, an ältere Menschen »Essen auf Rädern« verteilt oder Geld für den Tierschutz sammelt.

Durch die Teilnahme an solchen Gruppen profitieren Sie in dreifacher Hinsicht. Erstens wird Ihr Selbstwertgefühl gestärkt, da Sie etwas Sinnvolles tun. Zweitens schaffen Sie sich eine Bindung zu anderen, was Ihre Anfälligkeit für Beziehungsdepressionen verringert. Und drittens werden Ihnen diese Gruppenerfahrungen dabei helfen, die Fähigkeiten zu entwickeln, die Sie brauchen, um intimere und befriedigendere Beziehungen aufzubauen, was besonders wichtig ist im Hinblick auf die extrem bedeutsame »Wahlfamilie«, die wir in Kapitel 11 vorstellen werden.

Diese Aktionsstrategien stellen einen Weg dar, auf dem Sie emotionale Unabhängigkeit erlangen können, indem Sie etwas Sinnvolles für sich und andere, mit sich und anderen tun. Möglicherweise schreckt Sie jedoch die Vorstellung, alleine zu sein, noch immer. Das geht vielen Frauen so. Aber schon der kleinste Schritt in Richtung erfolgreichen Alleinseins hebt das Selbstwertgefühl, weil es Frauen so viel Selbstbestätigung beschert, auf produktive Weise allein zu sein. Mit dieser Selbstbestätigung im Rücken können wir auch anderen mehr Bestätigung geben und schneller auf Stufe 2 der Beziehungspyramide voranrücken.

2. Lernen Sie, Ihre Kommunikation effektiver zu gestalten, so daß Ihre Beziehung davon profitiert!

Nichts ist wichtiger in einer glücklichen Beziehung als körperliches und emotionales Vertrauen, ob es sich nun um eine enge Freundschaft oder die Beziehung zu Verwandten oder einem Partner handelt. Bevor sich nicht beide Menschen in der Beziehung sicher und gut aufgehoben fühlen, wird keine wirkliche Intimität entstehen und gedeihen können.

Es ist die Grundlage jeder Intimität, daß wir völlig wir selbst sein und unsere Verletzlichkeit zugeben können. Indem wir die Stärken und die Schwächen voneinander kennenlernen, bildet sich ein Vertrauensverhältnis heraus. Wir schaffen diese von Grund auf wesentliche Sicherheit, indem wir über unsere eigenen Bedürfnisse genausogut Bescheid wissen wie über die der anderen, und indem wir wissen, wie wir uns durch einen »Dialog der Stärke« und entschiedenes Auftreten dagegen verwahren können, wenn unsere Bedürfnisse oder unsere Integrität verletzt werden.

Der Dialog der Stärke ist keine mysteriöse Geheimsprache. Die meisten Frauen kennen ihn nur nicht. Wie Deborah Tannen in ihrem Buch *Du kannst mich einfach nicht verstehen* so treffend geschrieben hat, reden Männer und Frauen in zwei verschiedenen Sprachen. Wir benutzen zwar dieselben Wörter, aber wie wir sie benutzen und welche Bedeutung sie für den jeweils anderen haben, differiert erheblich. Die Muttersprache des Traditionellen Kerns ist der »Passive Dialog«, wie ich das Sprachsystem bezeichne, das Frauen von Kindheit an beigebracht wird: Schwimm mit dem Strom, flüstert man uns zu, gib Ruhe und halt still, damit der Friede gewahrt bleibt. Und so befriedigen wir die Bedürfnisse von anderen oft auf Kosten unserer eigenen.

Der Dialog der Stärke dagegen ist eine Sprache, durch die wir Grenzen setzen, unsere Bedürfnisse und Werte zum Ausdruck bringen und deutlich machen, was wir akzeptieren können und was nicht. Diese Fähigkeit, klare Grenzen zu setzen, ist entscheidend für die Entwicklung von Intimität und das Wachstum jeder Beziehung. Aber gerade dieses Grenzensetzen fällt Frauen schwer, weil unser Traditioneller Kern uns lehrt, daß Frauen entweder sehr flexible Grenzen haben oder gar keine. Tatsache ist, daß viele von uns sehr wenig Erfahrung mit dem Dialog der Stärke haben. Unsere Schwierigkeiten rühren daher, daß wir dazu gezwungen sind, den Bedürfnissen anderer weniger Beachtung zu schenken oder sie zu ignorieren, wenn wir uns Zeit für uns selbst freihalten wollen. Tun wir dies, meldet sich unser Traditioneller Kern zu Wort, um uns dafür zu tadeln, wie selbstsüchtig und unweiblich unser Verhalten ist. Hören wir auf diese Stimme, bereiten wir andererseits der Beziehungsdepression den Boden, weil wir es vorziehen, im wesentlichen passiv zu bleiben, ein abhängiges Opfer unserer eigenen Unfähigkeit, Bedürfnisse zu formulieren und sie auszusprechen.

Der erste Schritt, der zur Entwicklung dieser Beziehungsfähigkeit führt, besteht deshalb darin, sich einzugestehen, daß man legitime Bedürfnisse *hat* und diese durch das Setzen von Grenzen schützen muß. Dies ist der schwierigste Schritt. Als Tina, Junes traditionell eingestellte Partnerin, nach ihren Bedürfnissen gefragt wurde, antwortete sie: »Bedürfnisse? Wovon sprechen Sie überhaupt? So etwas habe ich nicht.«

Es gibt viele Frauen wie Tina, die sich daran gewöhnt haben, ihre Bedürfnisse herunterzuspielen oder zu verleugnen. Aber um uns weiterzuentwickeln, müssen wir unsere Bedürfnisse ernst nehmen und sie verstehen lernen. Wenn wir uns mit weniger zufriedengeben, ist das der sichere Weg hinein in eine Beziehungsdepression.

Der zweite Schritt besteht darin, daß wir lernen, eines der einfachsten, aber wirkungsvollsten Worte der deutschen Sprache zu benutzen: NEIN. Dieses kleine Wörtchen hat die Macht, die gesamte Richtung unseres Lebens zu verändern – falls wir lernen, es immer dann zu gebrauchen, wenn wir uns in einer Beziehung unwohl oder nicht gut aufgehoben fühlen. Wir stecken bereits mitten in einer unguten Beziehung, wenn sich unser Gegenüber konkurrierend, überkritisch und tadelsüchtig verhält und Dinge von uns verlangt, die wir nicht tun wollen. Es ist ungesund und inakzeptabel, wenn man uns mit Gewalt oder mit dem Abbruch der Beziehung droht. Es ist ungesund, in einer Beziehung auszuharren, in der uns die andere Person, ob mit oder ohne Absicht, ständig das Gefühl vermittelt, nichts wert zu sein.

Diese Situationen sind Beispiele dafür, wann ein Dialog der Stärke angebracht ist. Halten Sie Ihr »Nein« so kurz wie möglich. Geben Sie keine langen Erklärungen ab, kommen Sie sofort zum Punkt. Ihre Worte, Ihre Körpersprache und Ihr Tonfall sollten keinen Zweifel daran lassen, daß Sie wirklich meinen, was Sie sagen. Energisches Auftreten bringt wesentlich mehr als Aggressivität. Indem Sie deutlich klarstellen, wie Sie sich fühlen und was Sie brauchen, erhöhen Sie Ihre Chancen, es auch zu bekommen, um ein Vielfaches. In seinem Buch *The Performance Edge* schlägt Dr. Robert Cooper folgendes Modell für eine effektive Kommunikation vor, das besonders gut wirkt, wenn intensive Gefühle mit im Spiel sind:

Wenn du X tust, fühle ich mich Y, weil Z.

Sagen Sie klipp und klar, welches Verhalten Sie ärgert, was Sie dabei fühlen und warum. In einer engen Beziehung zu einem Freund, Verwandten oder Partner könnten Sie etwa sagen: »Wenn du derart laut wirst, rege ich mich so auf, daß ich mich nicht mehr auf das konzentrieren kann, was du sagst.« Das ist ein Beispiel für einen Dialog der Stärke. Sie hätten auch sagen können: »Wenn du derart laut wirst, rege ich mich so auf, daß es uns beiden nichts bringt, weil ich nicht mehr klar denken kann und wir so das Problem nicht lösen können.« Ein weiteres Beispiel für einen Dialog der Stärke in einer Partnerschaft wäre auch: »Wenn du mir mit Liebesentzug drohst, werde ich wütend, womit die Diskussion für keinen von uns beiden mehr Sinn macht, weil ich dann überlege, wie ich dir zuerst eins auswischen kann.« In einer Partnerschaft oder einer Beziehung mit einem Verwandten oder Freund könnten wir auch sagen: »Wenn du an mir herumkritisierst, macht mich das unglücklich. Die Folge davon ist, daß es vermutlich auch dich unglücklich macht, weil ich mich aus Selbstschutz von dir zurückziehe.«

Es gibt zahlreiche Techniken im Rahmen dieses Dialogs der Stärke, die sich bewährt haben. Im folgenden einige, die sich besonders gut für Frauen eignen, weil sie deren Schwierigkeiten mit dem Durchsetzungsvermögen Rechnung tragen: **Ein Sprung in der Schallplatte.** Eine von mir bevorzugte Methode stammt aus Manuel Smiths Buch *Sage nein ohne Skrupel*. Sie funktioniert folgendermaßen: Sie müssen einfach nur immer wieder dasselbe wiederholen, als hätte Ihre Schallplatte einen Sprung. Sie können dabei dieselben oder jedesmal andere Worte benutzen und sollten damit so lange fortfahren, bis Sie entweder eine andere Reaktion auf das Gesagte erhalten oder sich dazu entschließen, das Gespräch vorerst abzubrechen. Es gibt beispielsweise bestimmt mehr als ein Dutzend Arten, auf die Sie sagen können: »Damit bin ich nicht zufrieden. Wir müssen einen Kompromiß finden.« Es kann durchaus sein, daß Sie dies neunmal variieren müssen, bevor Sie mit Anlauf Nummer zehn ins Schwarze treffen und die andere Person endlich »versteht«, was Sie sagen und ihr Verhalten ändert. Falls Ihr Gegenüber Sie einfach nicht verstehen kann oder will, versuchen Sie es mit einer neuen Version oder ziehen Sie sich zurück, um sich selbst zu schützen. Was immer Sie aber auch tun, geben Sie nicht klein bei, wenn das, was Ihr Gegenüber sagt oder tut, bei Ihnen ungute oder unangenehme Gefühle auslöst.

Versetzen Sie sich in die Lage des anderen. Frauen werden dazu erzogen, sich auf ihre Intuition zu verlassen, sich in andere Menschen hineinzuversetzen und in ihren Gefühlen und Bedürfnissen wie in einem offenen Buch zu lesen. Nutzen Sie diese besondere Gabe bei Ihrem Dialog der Stärke, um Gefühlsaufwallungen Ihres Gesprächspartners zuvorzukommen. Sie könnten etwa sagen: »Ich verstehe, wie du dich fühlst. Und ich verstehe auch, warum du dich so fühlst.« Erläutern Sie das Gesagte kurz, um zu veranschaulichen, daß Sie wirklich verstehen und akzeptieren, was in dem anderen Menschen vorgeht. Sie könnten auf den anderen auch eingehen, indem Sie ihm beipflichten: »Wenn ich an deiner Stelle wäre, würde ich mich jetzt genauso fühlen, weil...«

Wann immer Sie in einen Konflikt mit einer anderen Person verwickelt sind, denken Sie darüber nach, wie bzw. ob die Bedürfnisse von beiden befriedigt werden können, ohne daß einer übertrieben zurückstecken muß. Ziel ist ein Kompromiß oder eine Problemlösung, die beiden Seiten gerecht wird. »Recht« zu haben und einen Streit zu »gewinnen«, schafft eine Illusion von Sieg – mit dieser Einstellung gewinnen Sie vielleicht einen Punkt, verlieren aber das Spiel, weil es keinen »Sieger« ohne »Verlierer« gibt und der andere es Ihnen später möglicherweise »zurückzahlen« wird.

Nehmen Sie »Auszeiten«. Es gibt Zeiten, in denen eine effektive Kommunikation schlichtweg unmöglich ist und man für Konflikte einfach keine Lösung findet. Das kann daran liegen, daß beide Parteien sehr emotional, wütend oder bedürftig sind, daß jeder sich wünscht, vom anderen gehört zu werden, und keiner bereit ist, den anderen zu hören. Wenn Gefühle überkochen, ist es mit der Objektivität vorbei. Das kann daran liegen, daß sich einer (oder beide) in diesem Moment einfach zu bedroht oder zu müde fühlt. Es könnte aber auch sein, daß es gar nicht mehr über die Sache an sich geht. Vielleicht ist es ein Geist aus der Vergangenheit, mit dem Sie kämpfen. Vielleicht reagieren Sie so, als würden Sie mit Ihrem Vater oder Ihrer Mutter sprechen und nicht mit Ihrem Ehemann oder Freund.

Wann immer Sie sich in einer solchen Situation befinden, versuchen Sie, sich eine »Auszeit« zu gönnen. Die meisten von uns assoziieren damit die wütende Mutter, die ihr Kind zum Abkühlen ins Zimmer schickt, oder die paar Minuten beim Sport, in denen das Spiel ruht und neue Strategien ausgetüftelt werden, aber auch für die Kommunikation zwischen Erwachsenen können »Auszeiten« äußerst nützlich sein. Genau wie beim Volleyball oder Football sind sie dazu da, die erhitzten Gemüter wieder zu beruhigen und die eigenen Positionen und Strategien mit kühlerem Kopf überlegen zu können.

Ob wir in einen Konflikt mit unserem Ehemann, einer Freundin oder Verwandten verwickelt sind, spielt keine Rolle. »Auszeiten« sind in jedem Fall eine ausgezeichnete Methode, um sich selbst und die Beziehung wieder in den Griff zu kriegen. Sie funktioniert allerdings nur, wenn beide Parteien dazu bereit sind, die Grenzen des anderen zu respektieren, und entsprechende Zusagen machen, sie im Verlauf des Konflikts auch einzuhalten. Am besten spricht man über »Auszeiten«, wenn man gerade keine braucht. Sie sollten darauf zu sprechen kommen, wenn Sie beide offen und entspannt sind und sich freimütig darüber unterhalten können. Es ist wichtig, daß Sie sich vorher darauf einigen, daß jeder von Ihnen eine »Auszeit« nehmen kann, wenn er eine braucht. Sie sollten sich ebenfalls darauf einigen, wie diese »Auszeit« angekündigt wird.

In einigen Beziehungen ist es zum Beispiel so, daß man einfach nur »Auszeit« sagt. Andere Paare verständigen sich per Handzeichen oder geben sich eine schriftliche Notiz, auf der steht: »Ich brauche eine Pause.« Wenn die Gefahr besteht, daß es zu Handgreiflichkeiten kommt, können Sie gemeinsam einen Zufluchtsort im Haus bestimmen, wohin sich derjenige flüchten kann, der sich bedroht fühlt. Sie können sich darauf einigen, ein Schloß an der Tür anzubringen, falls nötig.

Jede Methode ist erlaubt, solange beiden klar ist, wie sie funktioniert. Dort, wo Auszeiten erfolgreich angewandt werden, zeigt die Person, die eine Auszeit braucht, meist auch an, wie lange diese Pause dauern soll. Abhängig von der Intensität der Diskussion und den Streitgründen kann eine Auszeit fünf Minuten, fünf Stunden oder auch fünf Tage dauern. Manche Auszeiten bedeuten auch einfach nur, daß über ein bestimmtes Thema für einen bestimmten Zeitraum nicht geredet wird. In anderen Fällen wird die gesamte Kommunikation zwischen den beiden Parteien bis auf weiteres eingefroren.

Grundvoraussetzung für eine erfolgreiche Auszeit ist, daß sie von beiden akzeptiert wird und daß beide dieser Art von Konfliktbewältigung ihren Lauf lassen können. Wenn Sie eine solche Übereinkunft erst einmal getroffen haben, müssen Sie sie auch respektieren. Passen Sie auf, daß Ihr Temperament nicht mit Ihnen durchgeht. Nichts, was Sie im Lauf einer hitzigen Debatte loswerden möchten, ist wirklich unaufschiebbar. Während einer Auszeit ist es oft besser, sich zeitweilig aus der Situation auszuklinken. Gehen Sie spazieren oder ins Kino. Ziehen Sie sich an einen ruhigen Ort zurück, an dem Sie schreiben oder zeichnen können. Sammeln Sie sich und stellen Sie sich der Situation erst dann wieder, wenn Sie die Kontrolle über sich zurückgewonnen haben.

Wenn Sie bei jemandem zu Besuch sind und plötzlich ein Konflikt aufbricht, von dem Sie glauben, daß Sie ihn während dieses Besuchs nicht lösen können, dann sagen Sie dem-/derjenigen, daß Sie nicht bleiben können, weil Sie zu aufgewühlt sind. Sagen Sie einfach, Sie bräuchten eine Auszeit, und verzichten Sie auf weitere Erklärungen oder Rechtfertigungen. Bevor Sie gehen, sollten Sie Ihrem Gegenüber jedoch einen Anhaltspunkt geben, wann Sie sich wieder bei ihm melden werden. Machen Sie ihr/ihm deutlich, daß Sie nur deshalb gehen, weil Sie sich sammeln wollen, damit Sie den Konflikt zu einem späteren Zeitpunkt bereinigen können.

Dieser letzte Schritt ist eine entscheidende Beziehungsfähigkeit. Durch sie hält man die Verbindung zum anderen aufrecht, während man sich gleichzeitig eine gesunde Phase der Trennung zugesteht. Es ist eine Sache des Verantwortungsbewußtseins, den Menschen, die uns wichtig sind, zu versichern, daß wir sie nicht verlassen, zurückweisen oder die Beziehung beenden werden, nur weil wir Zeit zum Nachdenken oder Abkühlen brauchen.

Einer der besten und wirkungsvollsten Wege, wie Sie nach einer Auszeit wieder zum anderen finden – Sie können dadurch Auszeiten auch vermeiden –, besteht darin, Ihren eigenen Beitrag, den Sie zum Problem eingebracht haben, einzugestehen, auch wenn Sie überzeugt davon sind, daß er nur minimal war. Bei den meisten Konflikten in engen Beziehungen verteilt sich die Schuld zu gleichen Teilen. Auch wenn wir beispielsweise »nicht angefangen« haben, reagieren wir oft auf eine Art und Weise, die den Konflikt erst richtig anheizt oder auf die Spitze treibt. Wir sollten deshalb einfach unseren Anteil am Konflikt untersuchen und die Verantwortung für ihn übernehmen, statt unsere Zeit und Energie darauf zu verschwenden, den anderen dazu zu zwingen, seine Verantwortung zu akzeptieren und sich zu ändern. Das macht uns freier und stärker, gleichgültig, wie sich der andere verhält.

Wenn Sie nach objektiver Überlegung zu dem Schluß gekommen sind, daß Sie sich falsch verhalten haben, dann sagen Sie das auch. Nehmen Sie das Risiko einer aufrichtigen Entschuldigung in Kauf. Akzeptieren Sie auch, daß der andere möglicherweise noch wütend auf Sie ist und Zeit und Abstand braucht, um Ihre Entschuldigung anzunehmen. Vielleicht muß er auch erst seine eigenen Probleme lösen, bevor sich seine Wut legt. Wenn Sie das tolerieren können, schaffen Sie mit Ihrem Zugeständnis die Bedingungen dafür, daß sich die Atmosphäre klärt und der andere seine Kampfhaltung schließlich aufgibt. Wenn Sie bereit sind, Ihre Verantwortung zu akzeptieren, kann dies äußerst befreiend und nützlich sein. Sie können dadurch alles erreichen, was Sie wollen: eine Lösung des Konflikts, die erneute Nähe zum Partner und die Freiheit, die aus dem Wissen entsteht, daß Sie alles in Ihren Kräften Stehende getan haben, um den Konflikt zu lösen.

3. Betrachten Sie Videofilme, um sich mit Beziehungsproblemen auseinanderzusetzen und Ihre Beziehungsfähigkeiten weiterzuentwickeln!

Sie können sehr viel über Beziehungen erfahren – welche funktionieren, welche nicht, und warum –, wenn Sie sich mit einigen der interessanteren Beziehungen beschäftigen, die in Filmen dargestellt wurden. Ich empfehle Ihnen zu diesem Zweck, sich folgende Filme anzuschauen:

Eine verhängnisvolle Affäre
Ein faszinierendes Beispiel dafür, wie traditionelle und nichttraditionelle Rollen von den Massenmedien verstanden und porträtiert werden. In diesem Film wird nur die nichttraditionelle Frau als labil, zerstörerisch und gefährlich dargestellt. Wir kennen dieses Klischee aus Film und Fernsehen zur Genüge, doch so drastisch wurde es bisher selten gezeigt.

Der Rosenkrieg
Dieser unbequeme Film zeigt, wie es in Liebesbeziehungen zur Tragödie kommen kann, wenn man auf Gewalt und Aggression immer nur mit Gegengewalt und Gegenaggression antwortet.

Harry und Sally

In diesem neueren Film geht es darum, wie nichttraditionelle Beziehungen heutzutage funktionieren. Im Gegensatz zu traditionellen Paaren, die vorwiegend durch ihr Rollenverhalten und den Austausch von Ressourcen miteinander kommunizieren, finden es nichttraditionelle Paare wesentlich, daß sie über ihre Gefühle sprechen und sich die Rollen teilen, um ihre Beziehung aufzubauen und zu pflegen.

Das Gesetz der Macht

Von Maggie, einer sehr erfolgreichen, äußerst konservativen Rechtsanwältin, lernen wir, daß wir uns von unseren Eltern nur lösen können, wenn wir entdecken und akzeptieren, wer sie sind, und nicht, indem wir sie bekämpfen.

Der große Frust

Dies war der erste Film, der uns zeigte, wie aus einem Netzwerk enger Freunde, die die unterschiedlichsten Rollen von traditionell bis nichttraditionell besetzen, eine »Wahlfamilie« entstehen kann, die uns genausoviel Trost spendet, genausoviel Hilfe gewährt und genausoviel Intimität vermittelt – wenn nicht sogar noch mehr – wie die Familie, in die wir hineingeboren wurden.

4. Machen Sie eine Bestandsaufnahme Ihrer Beziehungen!

Blättern Sie noch mal zurück zur Definition von Beziehungsdepressionen, wie wir sie zu Anfang dieses Kapitels gegeben haben, und schreiben Sie sie auf ein Blatt Papier. Das wird Ihnen gute Dienste leisten, wenn Sie an die Bestandsaufnahme Ihrer Beziehungen gehen. Diese Bestandsaufnahme soll Ihnen dabei helfen, die Qualität Ihrer Beziehungen zu ermitteln und herauszufinden, ob diese Beziehungen eher depressionsfördernd oder eher depressionsvermeidend sind.

Schreiben Sie zunächst die Namen aller Familienmitglieder, enger Freunde, wichtiger Männerbekanntschaften, Arbeitskollegen und sonstiger Personen auf, die eine Schlüsselrolle in Ihrem gegenwärtigen Leben spielen und zu denen Sie eine enge Bindung haben. Schreiben Sie jeden Menschen auf, der Ihnen in den Sinn kommt, ob Sie ihn nun mögen oder nicht. Wenn Sie einigermaßen sicher sind, daß Ihre Liste komplett ist, studieren Sie diese und überlegen Sie, ob Sie an irgendeiner Art von Beziehungsdepression leiden, die mit einer dieser Personen in Verbindung stehen könnte. Wie fühlen Sie sich jeweils, wenn Sie mit diesen Menschen zusammen sind? Hat es Ihnen mit der Zeit eher genützt oder geschadet, daß sie eine Rolle in Ihrem Leben spielten? Was geben sie Ihnen, und was nehmen sie Ihnen? Weshalb fühlen Sie sich mit dem einen gut und mit dem anderen unwohl?

Um sich über Ihre gegenwärtigen Beziehungen klarzuwerden, nehmen Sie nun ein Blatt Papier. Unter »Positiv« setzen Sie die Namen derjenigen Menschen, die Sie am meisten dabei unterstützen, Depressionen zu vermeiden, und die etwas für Ihr Selbstbewußtsein tun, indem sie Sie akzeptieren und immer für Sie da sind. Unter die mittlere Überschrift »negativ« kommen alle, die selten oder nie etwas dazu beitragen, damit Sie sich nicht depressiv fühlen, die eher noch Ihre Gefühle der Leere oder Sinnlosigkeit fördern, indem sie unzuverlässig und ichbezogen sind und mehr nehmen, als sie zu geben bereit sind, oder einfach nie da sind, wenn Sie sie brauchen. Unter die letzte Überschrift »Toxisch« fallen alle Personen, die permanent dazu beitragen, daß Sie sich schlechtfühlen und die Ihr Selbstwertgefühl durch Kritik, ausbeuterisches Verhalten, Konkurrenzdenken oder Angriffe vergiften. Schreiben Sie neben jeden Namen ein bis zwei Stichworte, die Sie daran erinnern, warum diese Person gerade in dieser Kategorie steht. Die Überschriften Ihrer Beziehungsliste könnten so aussehen:

Meine Beziehungsbestandsaufnahme

Positiv	**Negativ**	**Toxisch**
Erzeugen Intimität/ positive Gefühle	Erzeugen Gefühle der Leere/ Sinnlosigkeit	Vergiften mein Selbstwertgefühl

Einige Menschen fallen möglicherweise unter zwei oder gar alle drei Kategorien. Sollte das der Fall sein, dann tragen Sie die betreffenden Namen in alle drei Spalten ein und verbinden Sie sie durch Pfeile, damit Ihnen klar wird, wie fließend bei diesen Menschen die Übergänge zwischen positivem und absolut negativem Einfluß sind.

An diesem Punkt ziehen es viele Frauen aus den Workshops vor, ihre Beziehungsliste noch einmal neu zu ordnen – und zwar in der Reihenfolge von der »positivsten Person« zu der »toxischsten«. Was sie dabei – manchmal zu ihrer eigenen Überraschung – feststellen, ist die Tatsache, daß die Männer, eingeschlossen jene, die sie lieben, sich meist in den »Negativ«- und »Toxisch«-Kategorien zusammenballen, während die Frauen, die ihnen nahestehen, oft in der »Positiv«-Spalte zu finden sind – ein logisches Resultat unserer sexistischen Kultur.

Bevor Ayla die Bestandsaufnahme ihrer Beziehungen machte, war ihr nicht wirklich bewußt gewesen, daß dies auch für die meisten Männer in ihrem Leben galt. Diese waren im Grunde genommen entweder irrelevant, weil ihre traditionelle Erziehung sie daran hinderte, Ayla zu verstehen (wie ihr Vater zum Beispiel), manchmal aber auch toxisch (wie Abdul, ihr ehemaliger Liebhaber), weil sie versuchten, Aylas Wahlmöglichkeiten zu beschneiden und ihren männlichen Überlegenheitsanspruch durchzusetzen, indem sie Ayla das Gefühl der Minderwertigkeit, Abhängigkeit und der Kontrolle gaben.

Im folgenden nun die Beziehungsbestandsaufnahme von Ayla. Einige Eintragungen wurden von mir hinzugefügt, um die jeweilige Beziehung der betreffenden Person zu Ayla zu verdeutlichen.

Aylas Bestandsaufnahme ihrer Beziehungen

Positiv	Negativ	Toxisch
Sheena (beste Freundin)		
Maxine (Arbeits-kollegin und Freundin)	Maxine (betrachtet mich als Konkurrenz)	
Charles (Jugendfreund)	Charles (labil und anstrengend)	
Tanya (Freundin)	Tanya (zu depressiv)	
	Kyle (sehr strenger Vater)	
Abdul (aufregender Liebhaber)	Abdul (Macho/unsensibel)	Abdul (erstickte mein Selbstwertgefühl)
	Edna (zornige Mutter)	Edna (kritisiert mich ständig)

Edna, Aylas Mutter, war eine Klasse für sich. Sie war die toxischste Person überhaupt, weil sie sich so bedroht fühlte von Aylas Unabhängigkeit und ihren »liberalen« Entscheidungen, daß sie Aylas Unbehagen noch verstärkte, indem sie alles, was ihre Tochter tat, übertrieben kritisierte. Dieses Verhaltensmuster hatte sich bereits in Aylas Kindheit herausgebildet und verschlimmerte sich, je erfolgreicher sie wurde. Ednas Abneigung und ihr Mißtrauen Männern gegenüber hatten ebenfalls auf Ayla abgefärbt. Als sie ihre Beziehungsbestandsaufnahme durchlas, erkannte Ayla, daß sie, wenn sie die Personen nach der Reihenfolge ihrer Schädlichkeit einordnete, den Namen ihrer Mutter ganz ans Ende der Liste setzen mußte, weil die Beziehung zu ihr diejenige war, von der Ayla am wenigsten profitierte und die letztlich am zerstörerischsten für sie war.

Zum ersten Mal in ihrem Leben wurde Ayla klar, daß sie eine ganze Menge selbst dazu beitragen konnte, um sich vor einer Beziehungsdepression zu schützen. Sie fing an, ihre Gefühle mit den anderen Teilnehmerinnen des Workshops zu erörtern. Es wurde deutlich, daß sie nicht genügend Zeit mit den Menschen verbrachte, die eine positive Wirkung auf ihr Selbstwertgefühl ausübten. Sie verbrachte viel zuviel Zeit mit ihren Eltern in der Hoffnung, diese würden sie endlich akzeptieren und ihr die Bestätigung geben, die ihr Selbstwertgefühl so dringend brauchte. Nun wußte sie, daß es dazu nie kommen würde. Sie konnten ihr nicht eine Bestätigung geben, die sie sich selbst nicht geben konnten.

Ayla war aufgewacht. In den Wochen, die folgten, nahm sie eine Reihe von Veränderungen vor, die ihre Lebensqualität entscheidend verbesserten. Sie schloß sich einer Selbsthilfegruppe berufstätiger Frauen an, die sich regelmäßig traf, um darüber zu diskutieren, wie man Beziehungen aufbaute und in ihnen lebte. Ayla machte es sich zur Pflicht, an diesen Treffen regelmäßig teilzunehmen, gleichgültig, wie müde sie sich fühlte, denn sie gaben ihr jedesmal neue Energie. Darüber hinaus entschloß sie sich, Leute zu suchen, mit denen sie eine Wohngemeinschaft gründen konnte, damit sie sich nicht mehr so isoliert fühlte und von ihren Eltern weniger abhängig war.

Heute teilt sie sich eine große Wohnung mit einer alleinerziehenden Mutter chinesischer Abstammung und einem schwarzen Hochschulabsolventen, der an der City University of New York Afrikanistik studiert. Sie haben in ihrem Haushalt eine Atmosphäre geschaffen, in der alle die Freiheit finden, sich selbst zu entfalten und herauszufinden, wer sie wirklich sind. Der gegenseitige Beistand in dieser »Wahlfamilie« ist bislang stark genug gewesen, um jeden von ihnen vor Beziehungsdepressionen zu schützen, die zu Hause oder in der Welt draußen auf der Lauer liegen. Sie sind zu einer einzigartigen, gesunden, weitverzweigten Familie zusammengewachsen. Ayla fand heraus, daß die intimen Beziehungen, die sie brauchte, nicht die Form einer Partnerschaft mit einem Mann annehmen mußten, um Erfüllung, Glück und ein Gefühl der Verbundenheit in ihr Leben zu bringen.

Stufe 3: Einüben und Verbessern von Beziehungsfähigkeiten

5. Basteln Sie sich eine Anti-Beziehungsfrust-Puppe, um Wunden zu schließen, die eine Beziehung geschlagen hat!

Nachdem Sie Ihre Beziehungsbestandsaufnahme nun hinter sich haben, werden Sie eine wesentlich klarere Vorstellung davon haben, welche Menschen aus Ihrem Umfeld am meisten zu Ihren Beziehungsdepressionen beigetragen haben. Wahrscheinlich haben Sie überdies von den betreffenden Menschen und deren Verhalten jetzt eine sehr viel schlechtere Meinung als vorher. Um mit solch negativen Gefühlen fertigzuwerden, sollten Sie sich eine Anti-Beziehungsfrust-Puppe basteln. Da dies eine unserer typischen Workshop-Übungen ist, kommt sie Ihnen – so aus dem Zusammenhang gerissen – vielleicht etwas kindisch vor. Vielleicht würden Sie diese Übung lieber überspringen. Aber wenn Sie gerade in der Stimmung dazu sind, etwas zu riskieren, geben Sie sich einen Ruck. Es macht wirklich Spaß, eine solche Puppe zu basteln, und es kann Ihnen ungeheuer dabei helfen, Ihren Beziehungsschmerz zu erkennen und loszulassen.

Machen Sie sich zunächst eine Liste von all den Menschen, von denen Sie während der letzten fünf Jahre ausgenutzt, verletzt oder verlassen worden sind. Das brauchen nicht nur Menschen zu sein, die Sie zurückgewiesen oder verlassen haben, sondern es können auch solche sein, die ständig zuviel von Ihnen verlangt haben. Wenn Sie die Sache allein durchführen, ist es besser, wenn Sie sich nur mit Ihrer jüngsten Vergangenheit beschäftigen. Auf diese Weise wird es Ihnen gelingen, sich Ihren Beziehungsproblemen als Erwachsene zu stellen und sie zu lösen. Wenn Sie Ihre Beziehungsdepression jedoch bis in Ihre Kindheit zurückverfolgen wollen, würde ich Ihnen raten, sich an einen Psychologen zu wenden. Kindheitsschäden lassen sich nur sehr schwierig mit eigener Kraft verarbeiten, und Sie gehen ein größeres Risiko ein, eine Ungesunde Depression zu erleiden, wenn Sie alte Erlebnisse aufwühlen. Sie brauchen einen erfahrenen Helfer, der Ihnen zur Seite steht und der Sie auf Ihrer Reise in die Vergangenheit begleitet.

Sobald Sie die Liste derer, die Sie in letzter Zeit zurückgewiesen, verlassen oder sich wie eine Klette an Sie gehängt haben, fertiggestellt haben, legen Sie sich auf ein großes weißes Leintuch oder ein großes Stück Packpapier. Bitten Sie jemanden, mit einem Stift die Konturen Ihres Körpers nachzuziehen. Ist keiner da, der Ihnen helfen könnte, malen Sie einfach eine Figur, die aussieht wie ein Mensch. Schneiden Sie die Figur nun aus. Dies ist der Grundriß Ihrer persönlichen Anti-Beziehungsfrust-Puppe. Gestalten Sie nun das Leid, das Sie als Erwachsene in Ihren Beziehungen erfahren mußten, so anschaulich wie möglich, indem Sie Ihre Puppe mit Symbolen ausstaffieren, die für folgende Kategorien stehen:

Die Herzensbrecher. Schneiden Sie rote Herzen aus. Zerbrechen oder zerreißen Sie sie oder schneiden Sie ein Zickzackmuster hinein.

Die Kontrolleure. Basteln Sie Papierketten als Symbol für die Kontrolle und die Einschränkungen, denen Sie bei solchen Menschen unterworfen sind.

Die Blutsauger. Schneiden Sie Löcher in Ihre Puppe, um zu demonstrieren, wie Sie ausgesaugt wurden und nichts als innere Leere zurückblieb. Oder schneiden Sie statt dessen eine Klappe hinein, um zu zeigen, daß Sie nach außen hin ganz in Ordnung scheinen, aber in Ihrem Inneren Leere herrscht.

Die Zerstörer. Basteln Sie Messer und Knüppel als Symbole für den physischen oder emotionalen Schaden, der Ihnen durch diese gewalttätigen, aggressiven Typen zugefügt wurde. Zerstörer versuchen zu verletzen, weil sie glauben, sie hätten das Recht dazu, weil sie aus Gewohnheit aggressiv sind oder weil sie einfach nichts anderes kennen.

Die Kletten. Dies sind die Menschen, die das Bedürfnis haben, mit uns zu verschmelzen und lieber ihr Leben durch uns leben, als unabhängig und für sich selbst verantwortlich zu sein. Sie wollen uns für ihr Wohl verantwortlich machen und lassen uns auch dann nicht in Ruhe, wenn wir kein Interesse an ihnen zeigen. Schließen Sie Verlängerungskabel und Stecker an Ihrer Puppe an als Zeichen dafür, wie diese Menschen sich bei Ihnen »einstöpseln«, von Ihrem Energiestrom leben und Ihnen kaum noch etwas für Ihr eigenes Leben übriglassen.

Schaffen Sie sich zusätzlich eigene Symbole. Basteln Sie Objekte, die die Vielfalt Ihrer Leidenserfahrung als Erwachsene darstellen. Schreiben Sie den Namen des/der Schuldigen auf das dazugehörige Symbol und stecken oder kleben Sie es dort an Ihre Puppe, wo es Ihrer Meinung nach hingehört. Schreiben Sie eine neue »Schuldigenliste« auf die Puppe, und zwar dort, wo Sie mehr Kontrolle ausüben können, wie zum Beispiel unter ihren Fuß oder auf die Faust. Viele Frauen aus meinen Workshops befestigen die neue Liste unter dem Fuß der Puppe, weil das die Stelle ist, an der sie diese Menschen am liebsten gehabt hätten, um sie mit einem Fußtritt aus ihrem Leben zu befördern.

Wenn Sie sich sicher sind, daß Sie keinen von denjenigen vergessen haben, die Sie verletzt haben, hängen Sie die Puppe an die Wand, lehnen sich zurück und betrachten, was Sie sehen. Stellen Sie sich dabei die folgenden Fragen und schreiben Sie sich die Antworten und Gefühle, die Ihnen in den Sinn kommen, umgehend auf, ohne sie zu bewerten oder zu beschönigen:

Welche Art von Leidensmustern sehe ich?
Welche Art von Problemen scheine ich anzuziehen?

Wer hat mir auf vielerlei Arten Leid angetan?

Was empfinde ich jetzt, wo ich vor Augen habe, was mit mir in den letzten paar Jahren geschehen ist?

Was ist all meinen schmerzlichen Erfahrungen gemeinsam?

Wie hält mich dieser Schmerz aus meiner jüngsten Vergangenheit davon ab, mich weiterzuentwickeln und mich für neue, bessere Beziehungen zu entscheiden?

Lassen Sie Ihre Anti-Beziehungsfrust-Puppe eine Weile an der Wand hängen, damit sie Sie daran erinnert, über Ihren Beziehungsschmerz nachzudenken und ihn zu analysieren. Dieser Erkundungsprozeß kann einige Stunden, einige Tage oder auch ein paar Wochen dauern. Je mehr Zeit Sie auf ihn verwenden, desto mehr wird die Sache Ihnen bringen. Sie können sogar eine Art Beziehung zu Ihrer Puppe eingehen, ihr die Hand halten und sie trösten, wenn Sie traurig über das Leid sind, das man ihr zugefügt hat; oder tätscheln Sie Ihre Puppe im Vorbeigehen als Zeichen der Bestätigung und erfolgreichen Heilung. Konzentrieren Sie sich darauf, was Sie aus dem Leid gelernt haben; schreiben Sie es auf, damit Sie es nicht wieder vergessen. Sobald Sie glauben, Sie hätten aus der Übung alles herausgeholt, was herauszuholen war, können Sie mit der Puppe symbolisch Ihr Leid in die Mülltonne werfen. Vielleicht möchten Sie die Puppe vorher noch fotografieren: Auf diese Weise haben Sie ein kleines Andenken daran, was sie Sie gelehrt hat.

Einige meiner Patientinnen haben sogar Trauerfeiern für ihre Puppe abgehalten. Wieder andere haben am Strand ein Feuerchen veranstaltet und ihre Puppe verbrannt. Ich kenne Frauen, die ihre Puppe in tausend winzige Fetzen zerrissen und sie die Toilette hinunterspülten oder sie wie die Asche eines Toten ins Meer streuten. Manche durchforsteten alte Fotoalben nach den Bildern ihrer Peiniger und zerfetzten diese zusammen mit der Puppe. Entscheidend ist nur, daß Sie die Symbolik der Handlung erkennen und es zu schätzen wissen, soviel altes Leid wie möglich loszuwerden. Akzeptieren Sie, daß die Zeit reif dafür ist, alles Leid und allen Schmerz über Bord zu werfen. Wann wäre es besser, Ihre Beziehungsdepression gegen intime Stärke einzutauschen, als jetzt und heute?

6. Ermöglichen Sie jemandem, den Sie lieben, eine kleine intime Flucht aus dem Alltag!

Wenn Sie Ihre Beziehungsfähigkeiten anwenden und verfeinern wollen, müssen Sie verstehen lernen, was intime Stärke ist und welche Schritte nötig sind, um sie zu entwickeln. Intime Stärke bedeutet das Wissen darum, wie man die eigene Verletzlichkeit und die der anderen in Stärke verwandelt, um den einen wie den anderen Bedürfnissen Rechnung zu tragen. Im Gegensatz zum traditionellen Machtverhalten, das auf Kontrolle und Abhängigkeit beruht – »Wenn du tust, was ich will, werde ich dir geben, was du willst« –, wurzelt intime Stärke in unserer Fähigkeit, andere durch unser gutes Beispiel und unsere guten Ideen – nicht etwa durch Zwang und Gewalt – zu inspirieren und zu führen. Intime Stärke entspringt unserer Fähigkeit, unsere Gefühle ehrlich und effektiv mitzuteilen; unserer Freiheit, jenen Menschen unsere Verletzlichkeit zu zeigen, denen wir vertrauen, unserer Wertschätzung für andere Menschen, in dem, was sie sind, und bei dem, was sie tun; und unserem Bemühen, Problemlösungen zu finden, die beiden Parteien gerecht werden und nicht den einen Partner zum Verlierer machen. Intime Stärke ist ein besonders wirkungsvolles Machtinstrument für Frauen.

Das Ziel von intimer Stärke ist nicht Kontrolle, denn Kontrolle ist unvereinbar mit Intimität. Schlimmer noch, gewöhnlich schlägt sie zurück, weil sie Gefühle des Grolls und Machtkämpfe hervorruft. Ziel von intimer Stärke ist es vielmehr, eine Atmosphäre der Sicherheit und des beiderseitigen Verständnisses zu schaffen, die beide Partner in der Beziehung stärker macht und ihnen hilft, das zu bekommen, was sie wollen.

Um intime Stärke herzustellen, braucht es mehr Bewußtheit als Zeit. An Ihrer Arbeitsstelle genügen ein paar Augenblicke: Loben Sie eine Mitarbeiterin oder einen Mitarbeiter für eine besonders gut erledigte Aufgabe; machen Sie jemandem ein Kompliment über ihr hübsches Kleid oder seine ansprechende Krawatte; denken Sie an die Geburtstage und Jubiläen anderer, und schicken Sie ihnen eine Karte oder telefonieren Sie kurz; springen Sie für jemanden ein, auch wenn es eigentlich nicht Ihr Job ist; bringen Sie jemandem, der krank oder deprimiert ist, ein kleines Geschenk oder etwas zu essen mit; und zeigen Sie Humor, wann immer es Ihnen möglich ist. Lachen verbindet Menschen mehr als alles andere – also lernen Sie, die Dinge humorvoller zu sehen und auszudrücken. Sie werden mit dem Aufbau von intimer Stärke dafür belohnt werden.

Eine der besten Möglichkeiten für Paare, Fähigkeiten der Stufe 3 zu entwickeln, besteht darin, daß einer der beiden den anderen mit einem kleinen Ausflug überrascht. Das kann eine einmalige Übernachtung in einem preiswerten Hotel am anderen Ende der Straße sein oder ein verlängertes Wochenende an einem noblen Ferienort tausend Kilometer vom Haus entfernt. Am wichtigsten ist, daß die Person, die eine solche »kleine Flucht« plant, sich nach den Launen, Wünschen und Phantasien des anderen richtet, selbst wenn dies bedeutet, daß die eigenen Bedürfnisse an diesem Wochenende zu kurz kommen. So kompliziert dies auch alles klingen mag – es funktioniert. Wenn Sie jemandem, den Sie lieben, zu einer kleinen Flucht aus dem Alltag verhelfen, haben Sie damit eine der wichtigsten und wirkungsvollsten Aktionsstrategien zum Aufbau von intimer Stärke in die Tat umgesetzt.

Obwohl diese Strategie hauptsächlich von Paaren angewandt wird, haben zahlreiche Frauen festgestellt, daß »kleine gemeinsame Fluchten« auch dann sehr wirkungsvoll sind, wenn es darum geht, die Bindung zu anderen wichtigen Menschen – wie beispielsweise engen Freunden oder Verwandten, und hier besonders Müttern und Schwestern – wieder aufzubauen oder zu verstärken. Wenn wir Zeit miteinander verbringen, weil wir unsere Bindung zueinander vertiefen und den anderen besser kennenlernen wollen, schaffen wir dadurch einen Rahmen, in dem größere Intimität gedeiht, und bereiten die Grundlage dafür, daß zukünftige Konflikte leichter gelöst werden.

Nie hätten es Dana und Jack für möglich gehalten, daß ein einziges Wochenende ihre Ehe so nachhaltig verändern könnte – aber genau das passierte. Dana hatte zum ersten Mal durch eine Freundin aus dem Maklerbüro, die etwas Derartiges für ihren Mann plante, von der Möglichkeit einer intimen kleinen Flucht gehört. Das kommende Wochenende wäre perfekt dafür, dachte sie. Sie begriff allmählich, daß Jacks Wut, die daher kam, daß er sich von ihr ignoriert und übergangen fühlte, ihr Leben spannungsgeladen und unglücklich machte. Sie stand vor der Wahl, ihre Beziehung entweder zu verbessern oder sie zu beenden. Dana entschied sich dafür, eine intime kleine Flucht für Jacks kommenden Geburtstag zu arrangieren.

Die Planungen für das Wochenende verschlangen mehr Zeit und Energie, als Dana gedacht hatte. Darüber hinaus kostete sie die Sache viel Geld, das sie eigentlich gar nicht hatte. Aber nachdem sie sich noch mal den erbärmlichen Zustand ihrer Ehe mit Jack ins Gedächtnis gerufen hatte, entschied sie, daß sie es sich auf gar keinen Fall leisten konnte, es nicht zu versuchen.

Anfang der Woche teilte Dana Jack mit, sie habe eine kleine Überraschung für ihn geplant, weswegen er Freitag nachmittag ab vier Uhr verfügbar sein müsse. Sie erklärte ihm, daß ihn jemand bei der Arbeit anrufen würde, um ihm weitere Instruktionen zu geben, wohin er zu gehen und was er zu tun hätte. Jack war amüsiert und fasziniert, aber auch etwas ängstlich. Er befürchtete, Dana würde es in ihrem Egoismus, den sie in letzter Zeit an den Tag gelegt hatte, möglicherweise nicht einmal bemerken, falls ihn ihre »Überraschung« verletzte.

Pünktlich um vier rief Dana in Jacks Büro an. Sie hatte ein Taschentuch um den Hörer gebunden und weihte Jack mit einer tiefen gebieterischen Stimme in seine »geheime Mission« ein. Das einzige Problem bestand darin, daß Dana, obwohl sie die Sache geprobt hatte, so furchtbar lachen mußte, daß sie nicht mehr reden konnte. Schon seit Monaten hatte sie nicht mehr so befreit gelacht. Allein dies war schon »das Geld wert«, dachte sie sich.

Dana fühlte sich wunderbar selbstbewußt. Seit einem halben Jahr hatte sie keine so hohen Schuhe mehr getragen, und noch nie zuvor war sie so verspielt und abenteuerlustig gewesen, in der Öffentlichkeit nichts weiter als ein paar hochhackige Schuhe, einen Trenchcoat und ein Lächeln zu tragen. Das entfachte in ihr ein seltsames neues Gefühl von Energie. Ohne ein Wort bedeutete sie ihm, ihr zu folgen. Schweigend fuhren sie auf der überfüllten Rolltreppe nach oben. Sobald sie im Zimmer waren, nahm Dana Jacks Hand und führte ihn ins Badezimmer, in dem bereits ein verführerisches Schaumbad, umgeben von zartduftenden Kerzen, auf sie wartete. Neben der Badewanne stand eine Flasche Champagner in einem Eiskühler bereit. Im Hintergrund erklang leise Schmusemusik. Dana schlüpfte aus ihrem Trenchcoat und begann, Jack langsam auszuziehen. Sie küßte ihn, ließ den Champagnerkorken knallen und reichte ihm ein Tablett mit Kaviar, Cräckern und den Erdnußriegeln, die er schon als Kind so geliebt hatte. Als sie miteinander anstießen, sagte sie schließlich: »Herzlich willkommen. Ich liebe dich.« Und sie dachte: »Das hoffe ich zumindest.«

Den darauffolgenden Tag verbrachten sie fast ausschließlich im Bett. Sie ließen sich vom Zimmerservice bedienen, lasen Zeitschriften und liebten sich mit einer Leidenschaft, wie sie sie beide schon lange nicht mehr verspürt hatten. Am Sonntag morgen genossen sie einen zwanglosen Brunch und machten einen ausgedehnten Spaziergang im Park. Statt sich auf die ernsteren, praktischen Gesprächsstoffe zu stürzen, die Dana bevorzugte, hielt sie ihre Unterhaltung – getreu dem Versprechen, das sie sich selbst gegeben hatte – bewußt locker und entspannt und gab Jack so Gelegenheit, seine kleinen Scherze anzubringen, die er so liebte.

Als der Sonntag nachmittag gekommen war, verstand Dana, was intime Stärke bedeutete. Genau wie Jack. Beide waren erstaunt darüber, wie sie es geschafft hatten, ihrer Routine zu entfliehen und sich völlig auf ihre Beziehung zu konzentrieren. Beides hatte schließlich dazu geführt, daß sie ihr typisches Rollenverhalten ablegen konnten und einfach nur noch die gemeinsame Zeit genossen. Noch Wochen später spürten sie die positive Wirkung, die ihr »spezielles Wochenende« auf ihren Alltag hatte. Ermutigt durch Danas Geste und ihre Bereitschaft, etwas für die Beziehung zu tun, begann Jack, sich am Kochen, Einkaufen und Beaufsichtigen der Putzhilfe zu beteiligen. Mit Jacks zunehmendem Engagement wuchs auch Danas Bereitschaft, ihre Prioritäten zu überdenken, wenn Jack sie brauchte, und sie wurde in emotionaler und sexueller Hinsicht verfügbarer. Und dank der Lektionen, die beide daraus zogen, ist ihre Ehe heute stabiler als je zuvor.

Viele Frauen könnten das, was Dana an diesem Wochenende getan hat, nicht tun, ohne sich gedemütigt, benutzt oder passiv zu fühlen. Wenn Sie ähnlich empfinden, sollten Sie Ihre Gefühle respektieren. Glauben Sie nie, Sie müßten sich rechtfertigen. Achten Sie darauf, daß Sie bei der Fantasie, die Sie Ihren Partner erleben lassen, nie so weit gehen, daß Sie Ihre bzw. seine physische oder emotionale Gesundheit gefährden. Ein derartiges Verhalten würde den eigentlichen Zweck verfehlen.

Darüber hinaus gibt es drei weitere wichtige Punkte, auf die Sie achten sollten, wenn Sie etwas intime Stärke in Ihr Leben bringen möchten: Konzentration, Phantasie und Spaß. Verwenden Sie Zeit und Energie darauf, intime Situationen für sich und Ihren Partner zu schaffen, in denen Sie beide ungestört sind. Gestalten Sie diese Zeit so locker und ausgelassen wie möglich. Eine intime kleine Flucht ist nicht der richtige Augenblick, um Beziehungsprobleme zu besprechen. Ein kurzzeitiger Tapetenwechsel ist ideal dafür, eine entspannte, intime Atmosphäre herzustellen. Sie können aber auch einen »speziellen Abend« zu Hause arrangieren, falls Zeit und Geld knapp sind. Dana und Jack empfanden diese Abende als so wohltuend für ihre Beziehung, daß einer von beiden den anderen von nun an alle paar Monate mit einem Fantasieabend überraschte. Indem sie ihre Verletzlichkeit dazu verwandten, sich näherzukommen und stärker zu werden, haben Dana und Jack gelernt, wie man die intime Stärke am Leben erhält.

Stufe 4: *Anwenden der Erfahrung, die man in Beziehungen gewonnen hat*

7. Schaffen Sie sich Ihr eigenes Verzeichnis von Beziehungserfahrungen!

Viele von uns übersehen die großartige Möglichkeit, die darin besteht, aus den Erfahrungen, Geschichten, Fehlern und Erlebnissen von anderen zu lernen. Wann haben Sie das letzte Mal aus den Erfahrungen einer Freundin, Nachbarin, Mitarbeiterin, älteren Verwandten oder zufälligen Bekannten Nutzen gezogen? Steigen

Sie ins Gespräch ein, indem Sie der anderen Person erklären, Sie würden gerne von ihrem Weitblick und ihrer Erfahrung profitieren. Sagen Sie der Betreffenden genau, was Sie wollen – nämlich aus ihrer Erfahrung lernen. Sie könnten mit einer einfachen Frage beginnen: »Könntest du mir in dieser Sache einen Rat geben?« Bedenkenswert sind auch folgende Fragen:

> Was weißt du heute über Beziehungen, was du gerne vor einem Jahr gewußt hättest oder als du in meinem Alter warst?
> Welches ist der größte Fehler, den du je in einer Beziehung gemacht hast, und was hast du daraus gelernt?
> Welchen Rat würdest du jemandem geben, der sich das erste Mal auf eine Beziehung einläßt? Für welchen Typ oder Ratschlag wärst du damals dankbar gewesen, als du angefangen hast, mit Jungs auszugehen?

Wenn Ihre Gesprächspartnerin dazu neigt, die Sache eher unter analytischen Gesichtspunkten zu betrachten oder anfängt, zu intellektualisieren, statt frei zu erzählen, dann bringen Sie die Unterhaltung wieder zurück auf den Kern der Sache. Nur so können Sie von der Lebenserfahrung und den innersten Einsichten Ihres Gegenübers profitieren. Ermutigen Sie Ihre Gesprächspartnerin dazu, ihren Gedanken freien Lauf zu lassen. Es ist Ihre Aufgabe, dafür zu sorgen, daß die Unterhaltung in Schwung kommt. Wenn die andere erst einmal in Fahrt gekommen ist und mehr darüber berichtet, was sie im Lauf ihres Lebens gelernt hat, werden Sie wahrscheinlich erstaunt feststellen, daß Sie gerade eines der anregendsten, aufschlußreichsten Gespräche Ihres Lebens führen.

Wenn Sie mit anderen Menschen – Frauen wie Männern – sprechen, nutzen Sie deren Gedanken als Denkanstöße. Führen Sie Ihr eigenes Beziehungserfahrungsbuch, in das alles Eingang finden sollte, was Sie in den vergangenen Jahren über das Funktionieren und Nichtfunktionieren von Beziehungen gelernt haben. Tragen Sie inspirierende Zitate aus Büchern oder Zeitschriften ein, oder beschreiben Sie kurz die Erfahrungen, die Sie gemacht oder von denen Sie gehört haben und die Ihnen wichtig erscheinen.

Solche Notizen stellen eine unschätzbare Quelle des Trostes dar und helfen Ihnen über die unvermeidlichen Stolpersteine hinweg, die es in jeder engen Beziehung gibt. Konzentrieren Sie sich auf die drei wichtigsten Beziehungen in Ihrem Leben. Legen Sie für jeden dieser Menschen eine Art Dossier an, in dem Sie festhalten, welche Vorteile Ihnen der Umgang mit dieser betreffenden Person bringt. Kommt es dann irgendwann einmal zum unvermeidlichen Konflikt, besinnen Sie sich auf Ihre Liste. Betrachten Sie sie als Quelle der Inspiration, Hoffnung und Erinnerung, die Ihnen sagt, warum Sie bereit sind, soviel in eine Beziehung zu investieren, die manchmal so schwierig ist.

Dann sollten Sie daran arbeiten, Ihre gewonnene Erfahrung in der Welt auch umzusetzen. Engagieren Sie sich für eine Sache, an die Sie glauben. Wenn Sie das tun, haben Sie Stufe 4 der Beziehungspyramide erklommen. Beispiele für Stufe-4-Frauen sind beispielsweise: Gloria Steinem; Mutter Teresa; die Ärztin und Autorin Elisabeth Kübler-Ross, die als erste die verschiedenen Stadien des Sterbens beschrieb und die Idee der Sterbeklinik in den USA verbreitete; Barbara Marx-Hubbard, international bekannte Schriftstellerin, Aktivistin und Gründerin der »Global Family«; Peggy Charren, Gründerin der »Action for Children's Television«, die treibende Kraft hinter der Verabschiedung des Children's Television Act 1990 und zahlreichen anderen Reformen des Kinderfernsehens.

Alle diese Frauen sind Mitte bis Ende Fünfzig oder älter und sprühen nur so vor Energie und Enthusiasmus. Sie und auch viele andere erleben Stufe 4 als so motivierend und befriedigend, daß viele von denjenigen, die ein Singledasein führen, von sich sagen, sie bräuchten bzw. wollten keine feste Beziehung, weil diese sie zu sehr einschränken und davon ablenken würde, ihre Ziele zu verfolgen und ihre Visionen umzusetzen. Sie pflegen statt dessen enge Kontakte zu einer selbstgewählten »Familie« von Menschen, die ihren Tatendrang und ihre Ideale, die Welt zu verbessern, teilen. Dieses Gefühl von Verbundenheit und Erfüllung gibt ihnen mehr, als sie brauchen, um sich vor Beziehungsdepressionen zu schützen und intime Stärke zu entwickeln, die ihnen selbst und den anderen zugute kommt.

Diese Übungen stärken uns emotional den Rücken, damit wir in die Lage versetzt werden, unsere Beziehungsdepression gegen intime Stärke einzutauschen. So wie wir unsere Hülle kulturell konditionierter Kraftlosigkeit abstreifen und Eigenverantwortung für unser emotionales Wohlergehen übernehmen, werden wir die Freiheit und Stärke erfahren, die intime Stärke unbezahlbar macht. Wann immer uns eine Beziehung zu entgleiten oder unangenehm zu werden droht, können wir uns an unsere Vision klammern, was wir vom Leben erwarten. Zögern Sie nicht, einige dieser Übungen auszuprobieren oder zu wiederholen, wenn Sie Hilfe suchen oder Anregung brauchen. Arbeiten Sie so lange daran, bis Sie die positiven Ergebnisse und die positiven Beziehungen erreicht haben, die Sie haben wollen. Wenn Sie genügend Zeit und Energie aufbringen, wird es Ihnen gelingen.

6

Die Altersdepression

Die Vergangenheit ist vorbei; es ist die Gegenwart, in der ich alles verändern kann ... Ich verschwende keine Zeit darauf, Gefühle des Grolls zu hegen oder mir Gedanken über die Vergangenheit zu machen ... Je mehr Zeit ich mit Wut, Mitleid oder einem anderen Gefühl dieser Art verbringe, ohne daß ich ein Ventil finde, etwas zu verändern, ist es für meinen Körper schädlich.

Virginia Satir, die »Entdeckerin der Familientherapie«

Janet und ihre beste Freundin Gwen hatten ihre Karten für das Musical *Les Miserables* schon fast vier Monate im voraus gekauft. Sie freuten sich beide auf den Theaterabend, wobei es beinahe weniger wichtig war, wohin sie gingen, als daß sie gemeinsam gingen. Sie waren jetzt seit gut dreißig Jahren befreundet, seit der Zeit, als sie noch Nachbarinnen gewesen waren. Inzwischen lebten sie neunzig Meilen voneinander entfernt, hatten aber beide jeweils nur eine Stunde Fahrzeit, um nach New York City zu kommen. Seit fast acht Jahren trafen sie sich hier jeden ersten Mittwoch im Monat zu ihrem »Frauen-Ausgehtag«.

Janet und Gwen hatten immer viel Spaß miteinander, aber als sie dieses Mal nach der Show bei einem Glas Wein beisammensaßen, sprachen sie ungewöhnlich offen und aufrichtig miteinander. Ihr Gespräch entzündete sich an einem populären Song aus der Show,

»I Dreamed a Dream«, gesungen von einer geschlagenen, desillusionierten Gestalt namens Fantine. Fantines Lied beschreibt, wie leicht wir uns damit tun, Träume zu verschenken, solange wir noch jung sind, weil die Zukunft mit all ihren großartigen Möglichkeiten noch vor uns zu liegen scheint und weil wir glauben, es würde immer so bleiben. Aber die gebrochene, verbitterte Fantine erkennt, daß das Leben unsere Träume manchmal verraten kann und aus dem, was eigentlich der Himmel auf Erden hätte werden sollen, die Hölle macht.

»Als ich dieses Lied hörte, war ich so ergriffen, wie schon lange nicht mehr«, erinnert sich Janet und wischt sich die Tränen aus den Augen. »Ich hatte das Gefühl, als ob die Person, die es geschrieben hatte, in mein tiefstes Innerstes geblickt hätte. Seit Franks Tod hatte ich nicht mehr so geweint. Als ich mit Gwen sprach, erkannte ich, daß das Lied in vielerlei Hinsicht mein Lebensgefühl in den letzten paar Jahren widerspiegelte. Ich erinnere mich noch gut an die Zeit, als ich geglaubt hatte, daß die Zukunft praktisch grenzenlos wäre. Was heute nicht passierte, würde eben morgen passieren. Es kam mir nie in den Sinn, daß es vielleicht kein Morgen geben würde. Ich dachte, wenn ich über Fünfzig wäre, wäre meine Mutter nicht mehr da, die Kinder würden ihr eigenes Leben führen, und ich und Frank hätten endlich die Zeit und das Geld, um unsere Träume wahrzumachen.«

In den letzten zwei Jahren hat das Leben jedoch viele von Janets Träumen zunichte gemacht. Sie ist nun achtundfünfzig – ein Alter, von dem sie annahm, es würde ihr »bestes« sein – und hat wenig Zeit, die Freuden zu genießen, die sie stets auf später verschoben hatte. Frank, ihr Ehemann, mit dem sie gemeinsam ein erfolgreiches Cateringunternehmen betrieb, erlitt eines Oktobernachmittags einen Schlaganfall, als er gerade im Garten arbeitete. Sechs Tage später war er tot. Das jüngste ihrer vier Kinder, der fünfundzwanzigjährige Gary, lebt immer noch zu Hause und stellt Janets Geduld beharrlich auf die Probe. Und Janets einundachtzigjährige Mutter Dorothy – die wahrscheinlich hundert werden wird, wie Janet inzwischen glaubt – ist eine chronische Belastung für Janets begrenzte emotionale und finanzielle Reserven. Dorothy ist eine wahre Meisterin im Manipulieren, kennt Janets Schwachstellen und zögert nicht, diese auch zu berühren.

»Um Ihnen die Wahrheit zu sagen, ich habe beim Blick in die Zukunft niemals daran gedacht, daß meine Mutter eine Rolle darin spielen würde«, gibt Janet zu. »Ich weiß, es klingt schrecklich, aber ich dachte niemals, daß meine Mutter lange genug leben würde, um mich in dem Maße zu brauchen, wie sie es tut. In den letzten zwanzig Jahren kränkelte sie viel, man kommt schwer mit ihr zurecht, und sie hat immer etwas zu jammern und zu nörgeln. Nichts kann man ihr recht machen. Sie treibt mich noch zum Wahnsinn! Ich habe mich nie zuvor so gestreßt gefühlt.

Da ich soviel Zeit mit meiner Mutter verbringe, werde ich dauernd daran erinnert, wie zermürbend der Altersprozeß sein kann«, erklärt Janet. »Er ist entmutigend, restriktiv und sehr frustrierend. Manchmal behalte ich es einfach für mich, wenn ich mich aufgrund meiner eigenen Schmerzen und Probleme erschöpft, deprimiert oder fix und fertig fühle. Ich fühle mich schuldig, wenn ich mich beklage, weil ich weiß, daß es meiner Mutter noch um einiges schlechtergeht. Und ich weiß, daß sie sowieso kein Mitleid mit mir haben würde.«

Wenn meine eigene Großmutter, Muriel, zufällig Janet begegnen würde, weiß ich genau, was sie sagen würde. »Junge Frau«, würde sie zweifellos ansetzen, »besinnen Sie sich auf das Gute. Die Witwenschaft ist ein neues Kapitel, aber sie ist sicherlich nicht das Ende des Buches! Und hören Sie auf damit, mir zu erzählen, Sie wären alt – ich bin alt! Das Alter steht für Sie frühestens in dreißig Jahren zur Debatte. Wenn Sie erst einmal neunzig sind, haben Sie möglicherweise wirklich Grund, sich zu beklagen.«

Meine Großmutter ist keine, die sich beklagen würde, auch wenn sie allen Grund dazu hätte. Als sie noch jung war, war sie sehr aktiv und unabhängig. Sie arbeitete in Chicago als Kassiererin in einer Bank, kümmerte sich um einen chronisch kranken Ehemann und zog zwei Töchter groß. Sie betätigte sich auch als Unternehmerin. Während der Depression begann sie, ihre Hühnchenpastete töpfchenweise an städtische Restaurants, Ortsvereine und Nachbarn zu verkaufen. Ihr Geschäft florierte, bis der Zweite Weltkrieg ausbrach und die Reifenrationierung ihr blühendes Unternehmen buchstäblich zu einem kreischenden Halt brachte.

Die Zeiten änderten sich, und mit ihnen auch ihr Körper. Ihre Arthritis behindert sie inzwischen so stark, daß sie manchmal Schwierigkeiten damit hat, das Gleichgewicht zu halten. Als ich sie das letzte Mal mit meiner Familie besuchte, nahmen wir sie in ihr Lieblingsrestaurant zum Essen mit. Als sie aus dem Wagen stieg, verlor sie das Gleichgewicht und fiel zu Boden. Glücklicherweise landete sie in einem Blumenbeet und nicht auf dem Pflaster. Verlegen und wütend, daß ihr Körper sie wieder einmal im Stich gelassen hatte, gab sie eine Reihe deftiger Flüche von sich. Für einen Moment standen wir alle um sie herum, wie erstarrt vor Schreck. Doch meine Großmutter mußte innerhalb von Sekunden realisiert haben, wie lächerlich sie aussah, so langgestreckt in den Stiefmütterchen. Sie begann zu kichern. »Ich bin nicht in der Stimmung für ein Nickerchen«, prustete sie. »Zieht mich hoch, damit wir essen können.«

Als wir später beim Essen saßen, entschuldigte sich meine Großmutter dafür, daß sie vor den Kindern die Kontrolle verloren hatte. »Ich bin manchmal so frustriert«, bekannte sie. »In meinem Herzen fühle ich mich immer noch wie ein junges Mädchen. Ich möchte immer noch Hühnerpastete machen und im Lake Michigan schwimmen. Aber mein Körper läßt mich nicht mehr. Manchmal fühle ich mich gefangen. Humor hilft, aber auch nicht immer.«

Janet und Muriel erleben beide ihre jeweils persönliche Form der Altersdepression.

Altersdepression ist die gesunde Bandbreite von schlechten Gefühlen, die Frauen überfällt, wenn sie älter werden, weil unsere Gesellschaft uns zu dem Glauben erzieht, daß Altern für Frauen nur mit Verlusten verbunden ist.

Was hinter all diesen kulturellen Lehren steckt, ist die Überzeugung, daß wir Frauen, wenn wir älter werden, unsere Attraktivität verlieren, unsere Konzentrationsfähigkeit, unsere Sehkraft und unser körperliches Leistungsvermögen und daß wir weniger Geld, weniger Glück, weniger Freunde und Familie haben.

Obwohl uns das Alter auch die Weisheit lebenslanger Erfahrung bringt, wird der Prozeß des Alterns von der überwiegenden Mehrheit der Frauen in unserer Gesellschaft gefürchtet. Und das mit gutem Grund. Frauen tragen beim Altern eine doppelte Last. Wir erleben nicht nur dieselben unvermeidlichen körperlichen und sozialen Verluste wie die Männer, sondern man bürdet uns auch noch eine gesellschaftliche Zusatzlast auf. Während ältere Männer oft größeren Respekt genießen und als würdig und weise betrachtet werden, wertet man Frauen im wesentlichen ab, wenn sie altern.

Jede von uns lebt in dem Bewußtsein, daß Altern mit Schmerz und Verlust verbunden ist. Eine Menge von dem, was in Büchern und Magazinen geschrieben steht und in Film und Fernsehen gezeigt wird, konzentriert sich auf die negativen Seiten des Älterwerdens. Was praktisch von der Bildfläche verschwunden ist, sind die positiven Erfahrungen des Alterns. Um dieses Ungleichgewicht wieder geradezurücken, beschäftigt sich dieses Kapitel vor allem mit den »Altersvorteilen«, konzentriert es sich auf Methoden, wie wir die Qualität unserer Alterserfahrung bereichern und verbessern können.

Will ich damit etwa behaupten, daß Altern einfach nur wundervoll ist? Daß Falten, körperliche Einschränkungen und die Verluste, die wir zwangsläufig erleben, wenn wir älter werden, lustig sind? Nicht im geringsten. Ich hasse die Zeichen des Älterwerdens ebensosehr wie jede andere Frau, die ich kenne. Wie die meisten Frauen in meinem Alter sehe ich Falten um meine Augen, die vor zehn Jahren noch nicht dort waren. Ich würde mir wirklich wünschen, sie wären es heute auch noch nicht. Einige meiner Freunde, die vor zehn Jahren noch vital und dynamisch waren, haben einen Gang heruntergeschaltet. Einige wenige von ihnen sind jung gestorben, der Aids-Epidemie zum Opfer gefallen. Es gibt vieles, von dem ich mir wünschte, es wäre anders.

Wir müssen diese Verluste erleiden. Daran läßt sich nichts ändern. Aber wir können daran etwas ändern, wie wir diese Verluste wahrnehmen. Den meisten von uns hat man beigebracht, Altern mit einem Verlust an Möglichkeiten und Unabhängigkeit gleichzusetzen. Wenn wir so denken, verhalten wir uns gewöhnlich auch danach und schaffen eine Art »Self-fulfilling-Prophecy«.

Wenn wir es lernen, die Unvermeidbarkeit des Alterns konstruktiv zu leben, haben wir uns damit einer einzigartigen entwicklungsbedingten Herausforderung gestellt. Es wird uns später, wenn wir es wirklich brauchen, neue Stärke geben. Wir leben in aufregenden, aber auch erschreckenden Zeiten. Oder wie der Psychologe Daniel Levinson schreibt, der die »Seasons«, wie er sie nennt, die einzelnen Lebensphasen von Männern und Frauen ausführlich studiert hat: »Es gibt kein angehäuftes kulturelles Wissen, das uns dabei helfen würde, mit unserem allmählich überbordenden Maß an Möglichkeiten umzugehen, das entsteht, wenn wir zu Pionieren einer neuen Phase der menschlichen Geschichte werden.«

Wir stehen kurz vor dem Eintritt in eine neue Ära, in der Weiblichkeit endlich mit echter Stärke verbunden sowie Altern mit Weisheit und Respekt gleichgesetzt werden kann. Wenn die Generation der Babyboomer in die Jahre kommt, können jene von uns, die zu dieser Generation gehören, von Grund auf neu definieren, was Altern für Frauen und Männer bedeutet. Gelingen kann uns dies allein durch unsere Zahl und indem wir das anwenden, was wir über den Umgang mit sozialem Wandel gelernt haben. Altern kann bedeuten, daß wir unseren Blick nach innen richten und uns nicht mehr auf das konzentrieren, was gegenwärtig im Zentrum des Interesses steht: äußerliche Verluste. Statt mit zunehmendem Alter zunehmend unsichtbarer zu werden, können wir sichtbarer werden und einflußreicher, indem wir unsere Lebenserfahrung dazu benutzen, um daraus das praktische Wissen abzuleiten, das für sozialen und individuellen Wandel notwendig ist.

Damit wir einen solchen Wandel bewirken und jede unserer höchst individuellen persönlichen Reisen erfüllender gestalten können, müssen wir uns der gesamten Spanne unseres Lebens von unserer Geburt bis zu unserem Tod bewußt sein und wissen, was wir in jeder Entwicklungsphase zu erwarten haben. Unsere Lebensreisen sind fließende, sich windende Flüsse konstanten Wandels. Wenn Sie jemals bei einem Wildwasser-Rafting dabei waren, werden Sie wissen, was ich mit dieser Analogie meine. Sie kennen dann nämlich die unvorhersagbare Kraft und Strömung eines Flusses aus erster Hand. Sie wissen, wie schnell sich ein Fluß von einem beschaulichen Bach in einen reißenden, lebensbedrohlichen Strom verwandeln kann und wie wichtig es ist, zumindest eine ungefähre Vorstellung davon zu haben, was einen hinter der nächsten Biegung erwartet.

In seinem exzellenten Buch *Adulthood and Aging* bezeichnet Douglas C. Kimmel das Älterwerden als den »Fluß des Lebens« und beschreibt den Wert eines solchen Begriffes. Wir haben dieses Konzept erweitert und in den Workshops als anschauliche Analogie dafür hergenommen, wo unser Leben seinen Ursprung hat und wohin es führt. Jeder unserer Lebensflüsse folgt einem anderen Kurs. Manche sind wild, aber kurz; andere sind sanft und lang. Es gibt immer mindestens zwei starke Strömungen, die konstant am Fließen sind, die eine zieht in Richtung Düsterheit und Verzweiflung, die andere in Richtung Leben und Wachstum. Jede Biegung, die unser Fluß nimmt, hält eine einzigartige Herausforderung bereit. Wenn wir diese Herausforderung erfolgreich bestehen, wird uns das Durchfahren dieser Passage vergolten und wir betreten ruhigere Gewässer, bis wir uns wieder der nächsten Phase unseres Wachstums nähern.

In den Perioden, in denen wir unseren »Lebensfluß« zu schätzen wissen, treiben wir für eine Weile stromabwärts, genießen die Fahrt und die Aussicht. Aber Sie können sicher sein, daß irgendwo Stromschnellen auf Sie warten, die überwunden und bewältigt werden wollen, wenn Ihnen weiterhin an Wachstum und gutem Leben gelegen ist. Jede dieser Wachstumsphasen enthält ihre eigenen tückischen Strömungen schlechter Gefühle. Jede führt Gesunde Depressionen mit sich, die ein natürlicher Teil dieser Phasen sind. Diese depressiven Phasen müssen bewältigt werden, oder wir stranden in einem Sumpf Ungesunder Depressionen.

Wenn wir älter werden, scheinen unsere Flüsse schneller zu werden, und auch die Zeit vergeht sehr viel schneller. Am Ende unserer Reise stehen wir alle einem Wasserfall des Übergangs gegenüber: dem Tod und was immer das für jeden von uns bedeuten mag. Der Tod ist möglicherweise ein vielgefürchteter brutaler Sturz auf die

Felsen. Für einige ist es zu riskant, sich ins Unbekannte zu stürzen, also schwimmen sie verzweifelt und vergebens gegen den Strom an, in einem letzten Versuch, nicht über die Kante geschwemmt zu werden. Die Neugierigen und Hoffnungsvollen können davon träumen, mit geliebten Menschen, die vor ihnen gestorben sind, wiedervereinigt zu werden. Für andere ist der Wasserfall des Übergangs eine willkommene Erleichterung, ein befreiender Sprung in einen unbekannten sprudelnden See aus mysteriösem Licht und Energie. Manche glauben, daß sie sich direkt in die ausgestreckten Hände Gottes hineinbegeben.

Was immer das Ende der Reise für jeden von uns persönlich bedeuten mag, wir müssen unseren eigenen Fluß des Lebens befahren und uns mit den Realitäten des Älterwerdens beschäftigen, die uns am verletzlichsten machen. Frauen sind sich, gleichgültig, welchen Alters, bewußt, daß uns das Älterwerden in dieser Gesellschaft der Möglichkeiten, Optionen, Alternativen und der Macht beraubt – nichts, was wir jemals im Übermaß besessen hätten. Dieser Entzug weiblicher Wahlmöglichkeiten ist eine meisterhafte Form kultureller Bestrafung, weil wir für etwas verurteilt und abgewertet werden, was wir nicht vermeiden oder ändern können: älter zu werden.

Statt die Möglichkeit in Betracht zu ziehen, daß Älterwerden eine andere Art von Schönheit und neugeprägter Weisheit repräsentiert, werden Frauen dazu ermutigt, blindlings die Vorstellung zu akzeptieren, daß weibliches Altern Verfall, Verlust der Sexualität und Nutzlosigkeit zu bedeuten hat. Kein Wunder, wenn sich eine Frau schlechtfühlt angesichts dieser sexistischen Vorurteile. Sie zeigt damit eine gesunde Reaktion auf die negative Realität, mit der Frauen konfrontiert werden, wenn sie altern. Das Geheimnis besteht darin, aus diesem Schmerz, sooft und so gut es geht, Nutzen zu ziehen und diese negativen Gefühle zu überwinden.

Um dies zu schaffen, müssen Sie wissen, woher Sie kommen und wohin Sie Ihr eigener Fluß des Lebens wahrscheinlich noch führen wird. Es ist deshalb nützlich, wenn Sie Ihren Fluß des Lebens vom Anfang bis zum Ende zeichnen. Auf diese Weise bekommen Sie einen klareren Überblick über die tatsächlichen oder potentiellen

Stromschnellen, Sümpfe und Belohnungen, die auf Ihrem Weg möglicherweise noch auf Sie warten.

In diesem Kapitel gibt es keinen Test, der Ihnen sagt, wie groß Ihre Altersdepression möglicherweise ist. Warum? Weil Sie mit ziemlicher Sicherheit, gleichgültig, wie alt Sie sind, ein gerüttelt Maß an Wut und Depression empfinden, wenn Sie ans Älterwerden denken oder sich bereits mitten im Prozeß des Älterwerdens befinden. Eine graphische Darstellung Ihres »Lebensflusses« wird Ihnen eine bessere Diagnose liefern, was Ihre Altersprobleme und Anfälligkeiten angeht, als ein Test.

Lassen Sie uns zunächst einmal einen Blick auf den Fluß des Lebens werfen, den Janet in einem der Workshops zeichnete. Das wird die Sache für Sie anschaulicher machen. Als sie zunächst mit dem Zeichnen begann, hörte sie kurz danach wieder auf und sagte, sie könnte es nicht. Nur wenige sind anfangs wild darauf, dieses Schaubild anzufertigen, weil es sie dazu zwingt, sich ihrer Vergangenheit, Gegenwart und Zukunft zu stellen. Mit ein wenig Ermutigung machte Janet schließlich ein paar zögerliche Striche und ging dann in zunehmendem Maße in ihrer Aufgabe auf. Schließlich war sie eine der letzten der Gruppe, die ihre Zeichnung fertigstellte. Janet begann mit dem Lebensflußmuster aus diesem Kapitel und variierte es dann entsprechend ihrer eigenen individuellen Erfahrungen.

Als Janet ihre Zeichnung betrachtete, war sie überrascht, einige Gesetzmäßigkeiten zu erkennen, die ihr vorher nicht aufgefallen waren. Seit ihrer Jugend war sie mit gewisser Regelmäßigkeit immer wieder im Sumpf gelandet, weil sie sich angesichts von Herausforderungen oft hilflos fühlte, sich schließlich zurückzog und eine Opferhaltung einnahm, wie das auch ihre Mutter öfter tat. Nun stellte sie fest, daß sie erneut im Sumpf feststeckte, diesmal in dem des mittleren Erwachsenenalters, wobei sie jetzt eine Opferhaltung sowohl gegenüber ihrer Mutter als auch gegenüber ihrem Sohn einnahm. Dies war besonders beunruhigend, weil der Wasserfall des Übergangs näher zu sein schien als je zuvor. Nachdem sie ihren Fluß des Lebens studiert hatte, war Janet entschlossen, nicht auch noch als Opfer zu sterben. Sie würde bei sich zu Hause Veränderun-

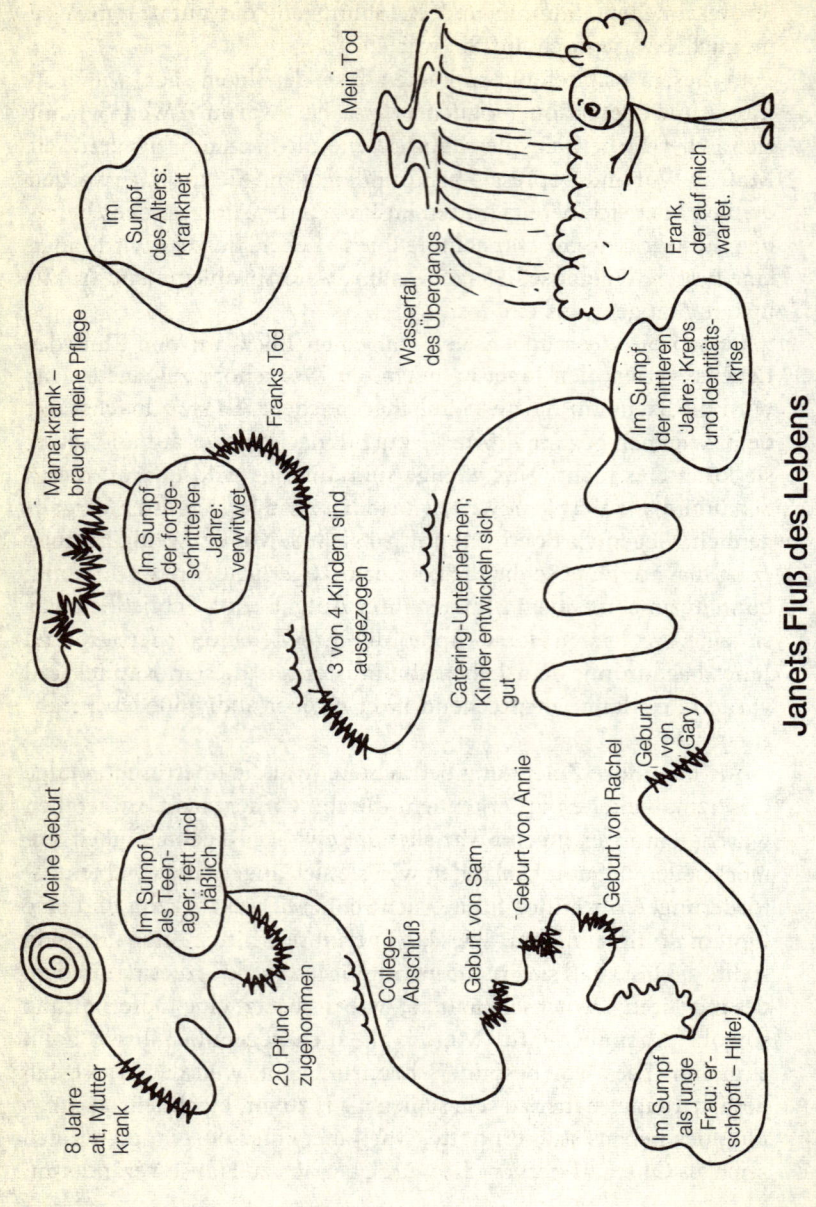

Janets Fluß des Lebens

Meine Geburt

8 Jahre alt, Mutter krank

Im Sumpf als Teenager: fett und häßlich

20 Pfund zugenommen

College-Abschluß

Geburt von Sam

Geburt von Annie

Geburt von Rachel

Geburt von Gary

Im Sumpf als junge Frau: erschöpft – Hilfe!

Mama krank – braucht meine Pflege

Im Sumpf der fortgeschrittenen Jahre: verwitwet

Franks Tod

3 von 4 Kindern sind ausgezogen

Catering-Unternehmen; Kinder entwickeln sich gut

Im Sumpf der mittleren Jahre: Krebs und Identitätskrise

Im Sumpf des Alters: Krankheit

Mein Tod

Wasserfall des Übergangs

Frank, der auf mich wartet.

222

gen vornehmen, die es ihr erlauben würden, mehr Zeit zu haben für ihre Hobbys, und darauf bestehen, daß sowohl ihre Mutter als auch ihr Sohn mehr Verantwortung für sich selbst übernahmen.

Durch die graphische Darstellung ihres Lebensflusses wurde ihr nicht nur bewußt, wie schnell ihr Leben vorüberglitt, sondern sie sah auch, wie viele Leute sie in ihrem Boot mit sich schleppte und wie sehr diese Leute sie aufhielten. Sie ermutigte ihren Sohn, sich ein eigenes Apartment zu suchen, und bestand darauf, daß ihre Mutter anfing, außerhäusliche Interessen zu entwickeln. Dorothy besucht nun das Gemeindezentrum für Senioren und fährt zu den meisten ihrer Arzttermine mit dem Seniorenbus. Zur Feier des Tages tauschte Janet ihren großen Sedan gegen einen kleinen silbernen Sportwagen um. Er ist ein Zweisitzer und zu niedrig, als daß ihre Mutter bequem ein- und aussteigen könnte. Wann immer Janet ihre Mutter zum Doktor fährt, nimmt sie den Wagen von ihrem Catering-Unternehmen. Janet liebt das neue Gefühl von Unabhängigkeit, das ihr kleiner Wagen symbolisiert. Obwohl sie noch immer familiäre Verpflichtungen hat, führt sie nun ein eigenes, freies Leben, das ganz allein ihr gehört.

Zeichnen Sie nun Ihren eigenen Fluß des Lebens. Sie können dazu das Muster in diesem Buch benutzen oder sich ein eigenes Modell ausdenken. Wenn Sie das Muster in diesem Buch benutzen wollen, malen Sie es zunächst ab oder fotokopieren Sie es. Oder Sie gestalten Ihre eigene Version, indem Sie ein großes Stück Papier (rechteckig und mindestens DIN A4; eine Rolle Butterbrotpapier oder die Pappe von einem Poster) in fünf Abschnitte unterteilen: Kindheit, Adoleszenz, junges Erwachsenenalter, mittleres Erwachsenenalter und spätes Erwachsenenalter. Dann lesen Sie, was auf den folgenden Seiten über die Depressiven Phasen dieser Entwicklungsstufen, die jeder durchfahren muß, bevor er einen dieser Abschnitte erfolgreich abschließen und sich weiterentwickeln kann, geschrieben steht.

Eine »Depressive Passage« ist ein Begriff, den ich entwickelt habe, um die vorhersagbare, allgemeine Phase schlechter Gefühle zu erklären, die wir beim Durchreisen der einzelnen Etappen unseres Erwachsenendaseins durchmachen müssen, bevor wir einen höheren Entwicklungsgrad erreichen. Gemeint sind nicht die normalen biologisch bedingten Lebensabschnitte, denen wir alle begegnen. Die Depressiven Passagen sind vielmehr jene typischen Phasen schlechter Gefühle, die die meisten Frauen überwinden müssen, um die nächste Alters- und Reifestufe zu erklimmen.

Das Problem ist jedoch, daß es vielen Frauen schwerfällt, gewisse Depressive Passagen zu durchschiffen und sie schließlich im Sumpf einer Ungesunden Depression steckenbleiben. Dort einmal angekommen, stagnieren sie und sterben, wenn sie nicht den Weg zurück finden, der sie auf den Kurs gesunder Entwicklung führt. Fachleute nennen dies einen »Entwicklungsstau«, was heißen soll, daß ein Teil unserer Entwicklung in der Zeit festgefroren ist und wir nicht weiterwachsen können, bevor die Probleme nicht »aufgetaut« und gelöst sind. Wenn Ihnen klarer ist, was Sie zu erwarten haben – und Sie die Belohnungen, die Ihnen nach dem erfolgreichen Durchschiffen dieser Passagen winken, mehr zu schätzen wissen –, werden sie wacher für die Herausforderungen jeder Entwicklungsstufe und besser für deren Bewältigung gerüstet sein.

Entscheidend ist, daß Sie die Belohnungen, die nach dem Durchschiffen dieser Passagen auf Sie warten, kennen und zu schätzen wissen, denn nur so verstehen Sie auch, warum es sich für Sie lohnt, die Reise durch die Depressive Passage anzutreten und durchzustehen. Wenn Sie Angst vor dem Wasser haben, stellen Sie sich vor, daß Sie in einem sicheren Rettungsboot sitzen und einen Rettungsring als Schutz dabei haben. Welche Abschnitte Ihres Flußlaufs sind wahrscheinlich gefährlich? Wo könnten Sie ertrinken, weil sie nicht richtig informiert oder richtig vorbereitet auf die Probleme des Älterwerdens sind? Wo befinden sich die Raststätten entlang Ihres Weges, und wo können Sie Nachschub tanken, um Ihre Reise fortzusetzen? Wenn wir uns mit realistischen Erwartungen auf die Reise machen, werden wir die unvermeidbaren Turbulenzen im Wasser mit sehr viel größerem Geschick bewältigen. Denken Sie an die folgenden Depressiven Passagen und an die Belohnungen, die nach dem erfolgreichen Durchschiffen jedes Entwicklungsabschnittes auf Sie warten, wenn Sie Ihren Fluß des Lebens zeichnen.

Mein Fluß des Lebens

Meine Geburt

Kindheit

Im Sumpf als Heranwachsende

Depressive Passage als Jugendliche

Im Sumpf als junge Erwachsene

Depressive Passage als junge Erwachsene

Im Sumpf der mittleren Jahre

Depressive Passage der mittleren Jahre

Im Sumpf des Alters

Depressive Passage des Alters

Meine Todes-Passage

Wasserfall des Übergangs

Adoleszenz

Depressive Passage: Die adoleszente Passage fordert oft zum ersten Mal ernsthaft Tribut von unserem Selbstwertgefühl. Als Teenager beginnen Frauen zu verstehen, daß in unserer Kultur »weiblich sein« heißt, weniger zu sein und weniger zu haben: weniger Freiheit; weniger Privilegien; weniger Möglichkeiten, Geld zu verdienen; und weniger Schutz vor körperlichem und sexuellem Mißbrauch.

Belohnung für die Durchfahrt: Wenn wir diese Passage erfolgreich durchschiffen, gewinnen wir ein Gefühl von Kompetenz und Könnerschaft, das uns niemand mehr nehmen kann. Wir vermeiden es, uns wie Bürger zweiter Klasse zu fühlen. Wir wissen die Stärke und Schönheit unserer Körper zu schätzen, ungeachtet dessen, welche Form sie haben, und beginnen, uns von den kulturellen Strafrichtern und ihren willkürlichen Standards von Perfektion loszusagen.

Junges Erwachsenenalter

Depressive Passage: In unseren Zwanzigern und Dreißigern durchleben wir gewöhnlich schlechte Gefühle aufgrund von wirtschaftlicher Diskriminierung sowie der Erschöpfung und den Konflikten, die entstehen, wenn wir versuchen, mit Beruf, Beziehung und Familienplanung zu jonglieren, oder uns bemühen, uns gemütlich in unserem Singledasein einzurichten. Gleichgültig, für was wir uns entscheiden, und gleichgültig, in welcher Reihenfolge wir versuchen, es zu bekommen, die meisten Frauen überkommt das Gefühl, es irgendwie nicht richtig gemacht zu haben.

Belohnung für die Durchfahrt: Es kommt zu einer Integration der verschiedenen Teile unseres Selbst, so daß wir, wenn wir Anfang vierzig geworden sind, in jeder Hinsicht unser Bestes geben können. Wir entwickeln mehr Kompetenz bezüglich Arbeit, Liebe und Freizeit. Wir beginnen zu verstehen, was wir wirklich brauchen und wer wir sind, gleichgültig was Familie, Freunde und Kultur uns darüber erzählen, was wir wollen »sollen« und was wir tun »sollen«. Daß wir und unsere Gefühle uns selbst gehören, erzeugt eine unglaubliche Freiheit und Energie, die wir in uns selbst investieren können, in unsere Beziehungen und in die Lebenswelt unserer letzten beiden Phasen: dem mittleren und späten Erwachsenenalter.

Mittleres Erwachsenenalter

Depressive Passage: Während dieser Passage erleben wir die ersten sichtbaren körperlichen Zeichen des Alterns. Wir entdecken Altersflecken und Falten auf unserem Gesicht und an den Händen. Unser Sehvermögen ist möglicherweise nicht mehr so ungetrübt wie früher. Wir werden mit der Tatsache konfrontiert, daß wir körperlich nicht mehr dazu in der Lage sind, alles in der Ausgiebigkeit zu tun, wie wir es früher gewöhnt waren, wie sehr wir uns auch bemühen. Wir machen uns Sorgen darüber, hilflos, nutzlos, alt und arm zu werden. Freunde und Familienmitglieder sterben.

Belohnung für die Durchfahrt: Wir sind geistig gesünder, besitzen eine größere Fähigkeit, mit Streß umzugehen, haben lohnenswertere Beziehungen, mehr Zeit, um unsere eigenen Interessen zu verfolgen und neuen Hobbys nachzugehen, finden größere Erfüllung am Arbeitsplatz, mehr Möglichkeiten zur Kreativität, mehr Zeit für Naturerlebnisse und entwickeln ein generelles Gefühl von Stärke und Selbstvertrauen, wie es viele Frauen bis zu diesem Stadium ihres Lebens nicht gekannt haben.

Spätes Erwachsenenalter

Depressive Passage: Dies ist eine Zeit, in der wir beginnen, vielfältige Verluste zu erfahren, die das Ergebnis körperlichen Verfalls, der Krankheit und des Todes sind. Wir leiden an einem Angriff auf unser Selbstwertgefühl, was damit zusammenhängt, daß wir in einer Kultur leben, die von uns verlangt, wir sollten in wachsendem Maße unsichtbar werden, wenn wir altern. Viele von uns erleben einen Rückgang des Lebensstandards. Einige rutschen in die Armut ab. Unsere Körper fühlen sich wie Gefängnisse an, und wir haben das Gefühl, wir seien eine Last für alle, die um uns herum sind.

Belohnung für die Durchfahrt: Die Belohnung für die gelungene Durchfahrt dieser Passage stellt eine der schönsten dar, die das Leben zu bieten hat. Wir können aus der tiefen Quelle der Weisheit schöpfen, die nur vom Alter kommt, und haben die Zeit, Möglichkeit und Befriedigung, kreativ zu sein, anderen zu helfen, ihnen wertvolle Lektionen über das Leben zu erteilen und unserer Umwelt etwas von Wert zurückzugeben. Wir wissen soviel mehr darüber, wie die Welt funktioniert. Wir wissen, was wichtig ist und was unsere Energie nicht wert ist. Spiritualität bekommt eine neue, tiefere Bedeutung und kann für einige von uns eine Quelle großen Trostes sein. Wenn wir diese Depressive Passage vorsichtig durchschifft haben, gewinnen wir ein tiefes Gefühl von Frieden und Zufriedenheit.

Mit diesen Depressiven Passagen und Belohnungen für die gelungene Durchfahrt im Kopf, zeichnen Sie jetzt Ihren eigenen Fluß des Lebens, indem Sie das Schaubild durch Ihre individuellen Erfahrungen ergänzen, wie das auch Janet getan hat. Während Sie diese vergangenen Erfahrungen hinzufügen, denken Sie über Ihren gesamten Lebenszyklus nach. Kramen Sie in Erinnerungen, um eine Linie bis zu Ihrem gegenwärtigen Alter zu ziehen. Zeichnen Sie dann weiter bis in die Zukunft, in der Sie möglicherweise gehen werden. Überlegen Sie, was passieren könnte, und beurteilen Sie Ihr Potential für positive Erfahrungen ebenso wie Ihre Anfälligkeiten für Armut, Krankheit, Isolation, Langeweile, Abhängigkeit oder Verzweiflung. Denken Sie über Ihre Wünsche und Sehnsüchte nach. Welche Altersvorteile und Altersverluste erlebten Ihre Mutter und Ihre Großmütter? Die Antworten geben Ihnen hervorragende Hinweise darauf, was auch Ihnen möglicherweise widerfahren wird. Notieren Sie auf Ihrer Zeichnung auch Ihre Verletzlichkeiten und Ängste. Wenn Sie dann den Fluß Ihres Lebens vor sich liegen haben, setzen Sie sich mit den potentiellen Quellen Ihrer Altersdepression auseinander und ändern oder modifizieren Sie Ihre Zeichnung, sobald Sie neue Ideen oder Assoziationen haben.

Die Wurzeln einer Altersdepression

1. Die gesellschaftlichen Strafrichter

Es gibt drei primäre Quellen gesellschaftlicher Bestrafung für uns Frauen, wenn wir älter werden: das Gesundheitssystem, die Kosmetikindustrie und die Medien. Jeder dieser kulturellen Strafrichter übt einen signifikanten und starken Einfluß auf die Entwicklung und Förderung von Altersdepressionen bei Frauen aus, weil ihre Präsenz so allumfassend ist, daß es unmöglich ist, ihnen zu entkommen.

Wenn wir uns von diesen gesellschaftlichen negativen Instanzen beeinflussen lassen, wird der natürliche Prozeß des Alterns zu einem Verlust, der uns mit jedem Jahr, das vorüberzieht, per Definition für mangelhafter und mangelhafter erklärt. Wir werden oft wie Kinder behandelt von einer, von Männern dominierten medizinischen Gruppe, die viel zuviel Tabletten verschreibt und viel zu selten auf die speziellen Gesundheitsbedürfnisse der Frauen eingeht. Man dreht uns Wundermittelchen an, von denen die Kosmetikindustrie behauptet, sie würden uns helfen, Falten zu vermeiden und unsere »jugendliche Spannkraft« zu bewahren. Wir werden bombardiert mit Bildern wunderschöner Models, die als Idealfrauen präsentiert werden – schlank und jung. Wer die Medienversion unserer Gesellschaft akzeptiert, muß notgedrungen zur Überzeugung gelangen, daß Frauen über Fünfzig eine aussterbende Spezies sind oder sein sollten.

Lassen Sie uns nun einen Blick darauf werfen, wie diese Erfahrungen als eine Form gesellschaftlicher Bestrafung wirken, die für die meisten Frauen Altersdepressionen begünstigt und am Leben erhält.

Das Gesundheitssystem

Altersdepressionen kommen teilweise durch die systematische Diskriminierung von Frauen im amerikanischen Gesundheitssystem zustande. Wir haben keine große Lobby, wenn es um die Qualität unserer medizinischen Betreuung geht. Folglich sind alternde

Frauen auch kein vorrangiges medizinisches Thema. In ihrem Buch *Women Over Forty* nennt Dr. Jean Grambs alternde Frauen »unsichtbare Frauen«. Sie weist darauf hin, wie schwierig es für sie war, Informationen und Forschungsarbeiten über ältere Frauen zu finden, weil alles nach Männern standardisiert ist. Frauen wurden bemerkenswert selten als separate Population mit einzigartigen gesundheitlichen Bedürfnissen erforscht. Vor 1970 war die Gesundheit von Frauen sogar so gut wie gar kein Thema. Diese gesellschaftliche Bestrafung spiegelt sich auch im Haushalt der National Institutes of Health wieder, wo gerade dreizehn Prozent des 7,7 Milliarden schweren Budgets für die Gesundheitsbedürfnisse von Frauen ausgegeben werden, obwohl Frauen einen bedeutenden Teil der Rechnung, die für die NIH-Forschung anfällt, mit ihren Steuergeldern bezahlen. Die vorherrschende Meinung scheint zu sein, daß das, was gut genug für Männer ist, mehr als gut genug für Frauen ist.

Unsere Erfahrung lehrt uns natürlich, daß nichts von der Wahrheit entfernter ist. Frauen haben sehr wohl sehr unterschiedliche Gesundheitsbedürfnisse, die möglicherweise verschiedene Arten und Dosierungen von Medikamenten erfordern. Beispielsweise leiden Frauen seltener an Herzkrankheiten als Männer, bevor sie fünfzig sind. Männer entwickeln Herzkrankheiten zehn bis zwanzig Jahre früher als Frauen gleichen Alters. Aber die Herzinfarkte, die wir nach Fünfzig erleiden, sind mit höherer Wahrscheinlichkeit tödlich. Warum? Eine Erklärung ist, daß Ärzte ältere Frauen weniger exakt auf Herzkrankheiten hin überwachen als ältere Männer. Sie brauchen länger, um Probleme zu entdecken und Operationen zu empfehlen. Sie sind sich des gestiegenen Risikos für Herzerkrankungen, das von dem Verlust des Östrogens nach der Menopause herrührt, nicht bewußt.

Doch trotz dieser medizinischen Unterschiede zwischen Männern und Frauen können Sie davon ausgehen, daß Ihr Arzt oder Ihre Ärztin, wenn er oder sie eine Diagnose stellt oder Medikamente verschreibt, diese Empfehlungen primär aufgrund des Wissens ausspricht, die man über Erkrankungen und medikamentöse Bedürfnisse von Männern hat. Es bleibt uns nichts anderes übrig, als unsere eigenen Gesundheitsexpertinnen und -managerinnen zu werden. Das kostet Zeit und Mühe, ist aber der einzige Weg, wenn wir vermeiden wollen, daß uns das Gesundheitswesen im Alter nicht noch kränker macht.

Die Kosmetikindustrie

In Kapitel 8, wo es um die Körperwahn-Depression geht, werden wir uns noch im Detail mit der Frage beschäftigen, wie es die mächtige Kosmetikindustrie so charmant wie raffiniert geschafft hat, sich die Robe eines gesellschaftlichen Oberstrafrichters von Frauen umzuhängen. Wenn es um das Altern von Frauen geht, spielt dieser spezielle gesellschaftliche Strafrichter eine besonders bedeutsame Rolle, weil er die Vorstellung erzeugt und begünstigt, daß der natürliche Prozeß des Älterwerdens etwas ist, das repariert, in Ordnung gebracht, korrigiert, maskiert, verzögert und vermieden werden kann und sollte – natürlich nur durch die Benutzung ihrer Beautyprodukte. Einige dieser Produkte sind nützlich, aber viel zu oft werden sie als letzte Lösung für eine Situation angepriesen, gegen die kein Kraut gewachsen ist.

Wir sind bereit, ihnen diesen unmöglichen Traum abzukaufen, so daß wir alle Vernunft vergessen und Produkte erwerben, die wir nicht brauchen und uns oftmals auch nicht leisten können. Frauen über Fünfzig geben mehr für Gesundheits- und Schönheitsartikel aus als jede andere Altersgruppe. Sie sind im wahrsten Sinne des Wortes ein reifer Markt, und die Industrie beutet sie aus. Mit Werbeslogans wie: »Auch mit Fünfzig muß die Schönheit noch kein Ende haben!« werden Frauen im Pensionsalter beharrlich dazu ermuntert, den Versuch zu wagen, jünger auszusehen, indem sie fortwährend in den bodenlosen Springbrunnen der Jugend tauchen, den die Kosmetikindustrie für sie bereithält.

Es gibt jedoch keinen wirklichen Beweis, daß die Produkte, die von der Kosmetikindustrie hergestellt und vermarktet werden und die angeblich Falten reduzieren oder Cellulitis eliminieren sollen, irgendeinen substantiellen Unterschied machen, obwohl Milliarden von Dollar für Werbung ausgegeben werden, um uns vom Gegenteil zu überzeugen. Wie *Newsweek* 1990 berichtete, waren praktisch alle Werbeversprechen der angeblichen »Verbesserung«, »Erneuerung« oder »Wiederherstellung« alternder Haut »betrügerisch«, weswegen die Food and Drug Administration dreiundzwanzig Kosmetikfirmen dazu aufforderte, sofort ihre irreführenden Kampagnen für diese Produkte zu stoppen.

Die Botschaft hinter diesen Marketingstrategien ist eindeutig: Es ist untragbar, die Zeichen des Alterns zu akzeptieren. Wir müssen unbedingt etwas gegen Alterserscheinungen tun, weil wir ansonsten in unserer Mission als Frauen versagt haben. Die subtile und manchmal weniger subtile Botschaft ist die, daß wir, um attraktiv zu sein, alle Zeichen der Persönlichkeit, die wir mit der Zeit geworden sind, ausmerzen oder übertünchen müssen, weil Altern unakzeptabel ist. Diese Botschaft tönt uns ständig in den Ohren und springt uns dauernd in die Augen; sie sickert in unser Dasein. Konfrontiert mit diesen endlosen Angriffen, ist es kein Wunder, daß sich so viele von uns schlechtfühlen, wenn sie altern.

Die Medien

Die Medien sind die Augen und die Ohren unserer Gesellschaft. Und mit wenigen Ausnahmen haben sie nur Augen und Ohren für die jungen Menschen. Die Werbung benutzt Models, die fünfzehn Jahre jünger sind als das Zielpublikum. Auf Modefotos wird so getan, als ob es in ganz Amerika keine Frau über Dreißig gäbe, obwohl Frauen mittleren Alters mehr Kleider kaufen als jede andere Bevölkerungsgruppe. Selbst Magazine, die auf ältere Leser ausgerichtet sind, verlassen sich auf jüngere Models. Als Frances Lear *Lear's* riskierte, das erste Magazin speziell für die Zielgruppe der älteren Frauen, wurde sie dafür kritisiert, daß sie jüngere Models beschäftigte. Aber sie wußte, daß sie Jugend brauchte, um Werbekunden anzuziehen und ihr neues Magazin zu halten, weil Jugend das ist, was sich verkauft.

In Film und Fernsehen werden ältere Schauspielerinnen meist dazu degradiert, die Rolle der Helferin zu spielen – ihr Daseinszweck besteht darin, den jüngeren, meist männlichen Charakteren zur Seite zu stehen, deren Abenteuer zentral für die Handlung sind. Es gibt wenig Ausnahmen. Sowohl Geraldine Page als auch

Jessica Tandy gewannen in den letzten zehn Jahren beide einen Oscar in der Kategorie der besten Darstellerin für ihre jeweilige Leistung in *The Trip to Bountiful* und *Miss Daisy und ihr Chauffeur*. Die Mehrheit der Fernseh- und Filmstars ist jedoch unter Vierzig. Im Fernsehen sind weniger als drei Prozent der Darsteller über Fünfundsechzig, obwohl die über Fünfundsechzigjährigen mehr als zwölf Prozent der amerikanischen Bevölkerung ausmachen und mehr Zeit vor dem Fernseher verbringen als jede andere Altersgruppe.

Und hinter der Bühne sieht es nicht anders aus. Autoren, die für Film und Fernsehen arbeiten, haben nach allgemeiner Überzeugung zwischen dreißig und fünfunddreißig die besten Jahre schon »hinter sich«. »Wir reden hier einem extremen Alterswahn das Wort. Wenn Sie es bis Vierzig nicht geschafft haben, ist es vorbei mit Ihrer Karriere«, meinte der Medienanwalt David Colden in einem Interview mit der *Los Angeles Times*. Die Medien tragen mehr als alle anderen Formen der Populärkultur zum Vorurteil bei, daß Männer reifen und an Weisheit gewinnen, während Frauen einfach altern und verblühen.

2. Altern verletzt den Traditionellen Kern

Unsere Altersdepressionen bekommen Nahrung durch die mächtigen äußeren Kräfte in Gestalt der gesellschaftlichen Strafrichter, aber die Dinge gehen viel tiefer. Der Traditionelle Kern ist auf der Annahme aufgebaut, daß die einzig wünschenswerte Frau eine junge Frau ist. Altern stellt somit eine grundlegende Verletzung des Traditionellen Kerns dar, weil dem Traditionellen Kern niemals erlaubt wurde, erwachsen zu werden. Solange wir jugendlich und fürsorglich sind, uns um alle kümmern, ist alles in Ordnung.

Aber Jugend ist ein Stadium, aus dem wir alle herauswachsen. Frauen leben heute länger als jemals zuvor. Das größte Wachstumssegment der Bevölkerung in den USA stellen in der Tat die Frauen über Achtzig dar. Für den Traditionellen Kern sind solche Veränderungen nicht »real«. Er funktioniert, indem er auf Hochtouren verleugnet. Entweder er ignoriert die körperlichen Veränderungen einfach, oder er akzeptiert die Vorstellung, wonach der Alterungsprozeß mit Hilfe der richtigen Gesichtscreme, Schönheitschirurgie, spezieller Gymnastik oder Ernährung »geheilt« werden könne.

Wenn diese Lösungen nicht greifen, vermittelt uns der Traditionelle Kern ein noch größeres Gefühl der Hilflosigkeit und Unzulänglichkeit. Er hilft uns nicht einmal, die grundlegend falschen und ungesunden Annahmen, auf welchen das weibliche Altern beruht, in Frage zu stellen. Er ermutigt uns nie dazu, die Ressourcen und Vorteile des Alters schätzen zu lernen. Statt dessen machen der Traditionelle Kern und unsere gesellschaftlichen Strafrichter das Altern zur konsequentesten Erfahrung im Leben einer Frau, die zur Abhängigkeit und Entwicklung einer Opfermentalität führt. Weil wir durch das Altern natürlich in größerem Maße körperlichen Einschränkungen unterworfen sind, scheint es uns ganz normal, von medizinischen Autoritäten, erwachsenen Kindern, Freunden und unserer Familie abhängiger zu werden als nötig. Wir sehen uns in wachsendem Maße als Opfer, was teilweise seine Berechtigung hat und teilweise mit der Tatsache zusammenhängt, daß in der Opferhaltung ein gewisser Trost liegt, weil sie uns vertraut ist.

Was, wenn wir es uns verbieten würden, im Alter zu Opfern zu werden? Stellen Sie sich die Kraft unserer kollektiven Wut vor, die entstehen würde, wenn ältere Frauen allerorten sich weigerten, sich durch ihr Alter entwertet zu fühlen und statt dessen ihre Wut nach außen, gegen die Gesellschaft richteten, wenn sie unmißverständlich forderten, in gesellschaftlicher, medizinischer, finanzieller und politischer Hinsicht als Gleichberechtigte behandelt zu werden. Unserer sexistischen Kultur bliebe gar nichts anderes übrig, als sich grundlegend zu ändern. Die Energie und der Einfluß der Grauen Panther und die Lobbyistenkraft der *Association for the Advancement of Retired Persons,* der Vereinigung von Pensionisten in den USA, illustrieren, wie effektiv gemeinschaftliches Vorgehen sein kann. Wenn wir die Art ändern, wie wir über das Altern denken, und von anderen fordern, daß sie uns mit dem Respekt behandeln, der unserer Stellung gebührt, befinden wir uns auf einem der besten Wege, um eine Altersdepression zu neutralisieren.

3. Ökonomische Diskriminierung von Frauen

Eine weitere Quelle von Altersdepressionen liegt im ökonomischen Status von alternden Frauen und ihrem potentiell unzureichendem Einkommen verborgen. Frauen über Fünfundsechzig bilden die größte Gruppe derer, die unterhalb der Armutsgrenze lebt. Die Anfälligkeit für Frauen, zu verarmen, reflektiert den allgegenwärtigen und anhaltenden Sexismus: jahrelange Hausarbeit ohne Bezahlung; unterbrochene Berufstätigkeit, die in einer begrenzten oder nichtexistenten Rente resultiert; beschränkter Zutritt zu höher dotierten Jobs, und die Realität, daß achtzig Prozent aller vollzeitbeschäftigten Frauen immer noch »weniger als zwanzigtausend Dollar im Jahr verdienen, beinahe die Hälfte weniger als die Männer«.

Obwohl Frauen bei der Bekämpfung dieser Ungleichheit in gewissen Bereichen bedeutende Fortschritte machen, deuten einige Studien darauf hin, daß die finanzielle Zukunft vieler junger Frauen in zunehmendem Maße trostlos aussieht. Nach einer Studie von Peter Uhlenberg, einem Soziologieprofessor an der University of North Carolina, sind die meisten Frauen, die heute Anfang dreißig sind, später, wenn sie älter sind, eher geschieden als verwitwet und haben wahrscheinlich mit größeren finanziellen Schwierigkeiten zu kämpfen als die Älteren heutzutage. Die traurige Realität ist, daß Altersdepressionen für die gegenwärtige Generation junger Frauen wahrscheinlich eine größere Bedrohung darstellen werden als jemals zuvor.

Statt wütend oder deprimiert über das zu sein, was wir verloren haben oder verlieren werden, müssen wir unsere Gefühle als angemessene Reaktionen betrachten und akzeptieren. Wir müssen verstehen, warum wir sie haben, und diese Gefühle dazu benutzen, um die Reichtümer des Alterns zu ernten. Wir müssen bereit dazu sein, in unsere eigene Zukunft als ältere Frau zu investieren. Eine der besten Wege, dies zu tun, besteht in der Anwendung der folgenden Aktionstechniken. Sie können Ihnen helfen, die Ströme Ihrer Wut zu erkennen, die von Ihrem Traditionellen Kern gespeist werden, und diese Wut in produktive Taten und Lösungen umzuleiten.

Die Strategien werden Ihnen helfen, wenn Sie Angst vor dem Älterwerden haben, wenn Sie in einer bestimmten Phase des Alterungsprozesses feststecken oder wenn Sie sich von Ihren Altersdepressionen befreien wollen. Sie werden Ihnen zeigen, wie Sie diese schlechten Gefühle umwandeln können in Wertschätzung für die bemerkenswerte Reise, die Ihr Fluß des Lebens bietet, sobald Sie lernen, die Fahrt darauf zu genießen. Damit Sie sich stets der Gefahren und des Potentials Ihrer eigenen Reise bewußt sind, sollten Sie die Zeichnung Ihres Lebensflusses griffbereit neben sich liegen haben, wenn Sie mit den folgenden Aktionsstrategien arbeiten.

Aktionsstrategien zur Bewältigung von Altersdepressionen

1. Lernen Sie die Geheimnisse qualitativen erfüllten Alterns kennen und wenden Sie sie an!

Es gibt spezifische Strategien für »qualitativ erfülltes Altern«, die Sie hier und heute lernen müssen – gleichgültig, wie alt Sie sind –, wenn Sie Ihre Lebensqualität in späteren Jahren verbessern (und den Fluß Ihres Lebens erfolgreich befahren) wollen. Es sind Lebenstechniken, die sich bereits in früheren Lebensphasen gewinnbringend einsetzen lassen, die aber ganz besonders in späteren Jahren wichtig werden, wenn wir vor den Herausforderungen des Alterns stehen. Zu den bewährten Strategien des qualitativ erfüllten Alterns zählen:

● Sorgfältige Zukunftsplanung, besonders finanziell, damit Sie die maximale Kontrolle Ihres Lebens behalten.
● Aufbau und Aufrechterhalten eines starken sozialen Netzwerks aus Familie, Freunden und Kollegen.
● Einhalten einer fettarmen, faserhaltigen Diät und Berücksichtigung der neuesten Ernährungsinformationen.
● Aufstellen eines persönlichen Übungsprogramms, das Aerobic

mit Krafttraining verbindet, und/oder ein flotter Spaziergang, was zum Tag so selbstverständlich gehören sollte wie das Essen oder Schlafen.

● Ausarbeiten eines Tagesschemas, so daß Sie keinen ziel- oder planlosen Tag verbringen; das Erstellen definitiver Einjahres- oder Fünfjahrespläne, auf die Sie aktiv zuarbeiten, wie alt Sie auch sind.

● Auf keinen Fall rauchen.

In einer Studie über qualitativ erfülltes Altern fanden die Wissenschaftler heraus, daß Altern für die Frauen »ein Beruf war ... eine ernsthafte Verpflichtung, zu überleben, einschließlich gewisser Standards und klar definierter langfristiger Ziele, deren Erreichung allgemeine Beachtung und innere Zufriedenheit schenkte.« Erik Erikson, einer der geschätztesten und einflußreichsten Männer in der modernen Psychologie und im Bereich der menschlichen Entwicklung, glaubt, daß erfülltes Altern ein »Entschluß ist, das hohe Alter lebenswert zu gestalten. Wenn du weiterleben willst, solltest du dich besser auch weiterentwickeln. Ab und zu habe ich etwas Schmerzen, aber das hält mich nicht davon ab, gewisse Dinge zu tun.«

Diese Entschlossenheit ist das gemeinsame Band, das Jane Brody, Gesundheitsredakteurin der *New York Times,* bei all ihren gesunden, aktiven, älteren Freunden beobachtet. Nicht einer von ihnen überläßt seine Spannkraft dem Zufall. Alle streben nach »geistiger Potenz« und arbeiten hart an ihren Strategien des »erfolgreichen Alterns«. Durch sie lernte Jane die Vorteile des Alterns schätzen, so daß sie bei ihrem fünfzigsten Geburtstag stolz einen Button tragen konnte, auf dem geschrieben stand: »50: Die Legende lebt weiter.« Nun, *das* ist erfülltes Altern!

2. Erstellen Sie Ihre eigene Liste der »Altersvorteile«!

Um diese Vorteile des Alterns besser erkennen und schätzen zu lernen, sollten Sie sich eine Liste all des Lohnenswerten zusammenstellen, das auf Sie als Resultat eines erfolgreichen Alterns wartet.

Qualitatives Altern bedeutet, auf geistig und körperlich gesunde Weise zu leben, um die Verluste des Alters zu minimieren und die Vorteile zu maximieren. Altersvorteile sind realistische Gewinne, die wir beim Älterwerden machen können, wenn wir den Richtlinien folgen, die in diesem Kapitel – und in anderen Büchern, die die geistige und körperliche Gesundheit der späteren Lebensjahre zum Thema haben – beschrieben werden. Ich habe für Sie die Liste eröffnet, indem ich einige der Schlüsselergebnisse gegenwärtiger Forschung zusammengefaßt habe. Kopieren Sie sich die folgende Liste, damit Sie sich die immer wieder gern vergessene Tatsache ins Gedächtnis rufen können, daß Altern in vielerlei Hinsicht ein Gewinn ist.

Liste der Vorteile des Alterns

1. Das Altern ermöglicht es Frauen, innerlich ausgewogener, ausgeglichener und aktiver zu werden.
2. Weisheit ist immer eine Frage des Alters – und der Anstrengung.
3. Die Intelligenz nimmt tatsächlich zu, wenn wir altern. Wir müssen nur aktiv und interessiert am Lernen bleiben.
4. Die Lebensjahre sagen nichts darüber aus, wie »alt« Sie sind; ganz im Gegensatz zu Ihrer Einstellung und Ihrem Aktivitätslevel.
5. Die meisten älteren Frauen leiden unter weniger Unzufriedenheit und psychologischem Streß als zu jeder anderen Zeit ihres Lebens.
6. Wir tauschen PMS (Prämenstruelles Syndrom) gegen PML (Postmenopausale Lebensfreude).
7. In Zukunft wird es mehr und bessere Betätigungsfelder für ältere berufstätige Frauen geben.
8. Die meisten von uns verlieren ihre Angst vor dem Sterben nach den mittleren Jahren.

Lesen Sie nun im folgenden, was die Experten – kurz zusammengefaßt – zu diesen acht Altersvorteilen zu sagen haben. Überlegen Sie, welche Vorteile Ihnen persönlich am meisten bedeuten und wie Sie diese Vorteile in Ihrer Zukunft am besten für sich nutzen können.

Realistische Vorteile qualitativen Alterns

Das Altern ermöglicht es Frauen, innerlich ausgewogener, ausgeglichener und aktiver zu werden.

Frauen werden mit den Jahren aktiver, durchsetzungsfähiger und berufsorientierter, während viele Männer sanfter und demütiger werden, weniger an Macht, sondern mehr an Intimität und Beziehungen interessiert sind. Das Altern ermöglicht es Frauen, vollständiger und ausgeglichener zu werden. Eine kürzlich durchgeführte Lou Harris/*Lear's*-Studie an Frauen zwischen sechzig und fünfundsechzig Jahren, die über ein Haushaltseinkommen von mindestens vierzigtausend Dollar verfügten, kam zu dem Ergebnis, daß es eine Anzahl positiver Eigenschaften gibt, die mit den Jahren vermehrt zum Tragen kommen: ein »Gespür für Erfolg, Beredsamkeit, Mut, Gelassenheit, Würde und Attraktivität«. Das Altern scheint uns die Möglichkeit zu bescheren, fehlende oder unterentwickelte Teile unseres Selbst wiederzugewinnen.

Janet, die Theaterliebhaberin, der wir zu Beginn dieses Kapitels begegnet sind, ist dafür ein wundervolles Beispiel. Nachdem sie zahlreiche der Strategien, die in diesem Kapitel angesprochen werden, angewandt hatte, nahm sie all ihren Mut und all ihre Kreativität zusammen, um sich einen lebenslangen Traum zu erfüllen und Schauspielunterricht zu nehmen. Sie mußte dabei den Spott ihrer Mutter ertragen: »Es ist ein wenig spät, um Starlet zu werden, meinst du nicht auch, meine Liebe?«, und die Klagen ihres erwachsenen Sohnes: »Wann wirst du nach Hause kommen und mir mein Essen kochen?«

Sie freute sich, als sie entdeckte, daß die Schauspielerei nicht nur Energie und Glanz in ihr Leben brachte, das düster und leer geworden war, sondern daß sie auch noch gut war. Sie hatte sich niemals zuvor so attraktiv und erfolgreich gefühlt wie an dem Tag, als sie die Hauptrolle in einer örtlichen Theaterproduktion des Stückes *Am Goldenen See* bekam. Seither ist sie in irgendeiner Weise an jeder Bühnenproduktion ihrer lokalen Theatertruppe beteiligt gewesen.

Weisheit ist immer eine Frage des Alters – und der Anstrengung.
Erik Erikson und seine Frau, Joan Erikson, haben eine hochproduktive Autorengemeinschaft entwickelt, die immer noch anhält, obwohl beide schon in ihren Neunzigern sind. Die Eriksons meinen, daß das Alter einen Kampf des Menschen darstellt zwischen seinem Gefühl von Vollständigkeit auf der einen Seite und seinem Gefühl von Verzweiflung über sein Leben in dieser Phase normalen physischen Verfalls auf der anderen Seite. Weisheit, so sagen die Eriksons, ist das Resultat dieses Kampfes. Es ist das klassische Beispiel dafür, warum es gut sein kann, sich schlecht zu fühlen, denn die Erfahrung schlechter Gefühle ist wesentlich, will man zu Weisheit gelangen. Neugierde und Risikofreude sind ebenfalls wesentliche Weisheitsbringer. Wie auch das Fehlermachen. Zu den weisesten Menschen gehören jene, die Risiken eingehen, die die größten Fehler machen und dann Zeit und Kraft investieren, um aus beidem zu lernen.

Weil die meisten von uns lieber ihre Fehler verstecken, wird es Sie wahrscheinlich nicht überraschen, daß die Eriksons der Überzeugung sind, daß »eine Menge alter Leute nicht weise ist, aber man nicht weise wird, bevor man alt ist«. Weisheit ist einer der wichtigsten Vorteile hohen Alters. Wir brauchen »vitale Beteiligung«, wie es die Eriksons nennen, die Energie und die Aktion, die beide notwendig sind, wollen wir uns verändern, lernen und wachsen, bevor wir Weisheit ernten und erfolgreich altern.

Die Intelligenz nimmt tatsächlich zu, wenn wir altern. Wir müssen nur aktiv und interessiert am Leben bleiben.
Die Forschung stützt die Theorie der Eriksons. Wir lernen schneller, als wir vergessen. Die Wissenschaft, die sich mit der lebenslangen Entwicklung menschlicher Fähigkeiten beschäftigt, zeigt, daß Menschen, die starke Interessen haben, sich in unterschiedlichster Weise betätigen und gesellschaftlich aktiv bleiben, ihre IQ-Werte in der Tat noch steigern können, wenn sie altern. Nur wenn wir uns von der Welt aufgrund von Depression oder Krankheit zurückziehen, tritt das ein, was Dr. Janet Belsky zusammenfassend in *Here Tomorrow: Making the Most of Life After 50* so sagt: »Was

verlorengeht, übersteigt das, was hereinkommt, und die Intelligenz, die sich herauskristallisiert hat, verfällt.«

Wir haben die Wahl, wie wir altern wollen. Karen DeCrow, die frühere Präsidentin der National Organization for Women, hat dabei folgendes beobachtet: »Mit Fünfzig erkennt man, daß viele Menschen das Extreme suchen, um größere intellektuelle Anstrengung zu vermeiden. Sie verfallen dem Okkulten, suchen sich gefährliche und unpassende Sportarten oder widmen ihre Aufmerksamkeit der Seifenoper persönlicher Kämpfe.« Wenn wir in die Falle laufen, die DeCrow beschreibt, und unsere Motivation, zu lernen, verlieren, nehmen unsere Gehirnleistungen ab und unsere IQ-Werte sinken tatsächlich. Dagegen gibt es eine aktive Verpflichtung, zu lernen und zu wachsen, unserem Gehirn Nahrung für das ganze spätere Leben. Wenn Sie also nächstes Mal ein Problem haben, denken Sie daran, daß aktives Herangehen und Lösen des Problems Möglichkeiten sind, Ihrem Gehirn die Stimulation zu verschaffen, die es braucht, um weitere Gehirnzellen zu produzieren.

Die Lebensjahre sagen nichts darüber aus, wie »alt« Sie sind; ganz im Gegensatz zu Ihrer Einstellung und Ihrem Aktivitätslevel.
Man trifft auf enorme körperliche Unterschiede, wenn man gleichaltrige Menschen zwischen fünfundsechzig und neunzig Jahren betrachtet. Das liegt daran, daß der Unterschied zwischen »typischem« und »qualitativem« Altern sehr groß ist. Qualitativ erfülltes Altern bedeutet, daß wir den Alterungsprozeß akzeptieren und es lernen, ausgesprochen gut auf uns zu achten, damit wir nicht in unseren Möglichkeiten eingeschränkt werden, wie das die Gesellschaft von älteren Menschen erwartet. Gesunde siebzigjährige Alte können beinahe ebenso kraftvoll und sportlich sein wie zwanzigjährige Junge, auch wenn sie etwas langsamer sind. Pete Hamill, ein altgedienter New Yorker Kolumnist, beschrieb diesen Prozeß sehr anschaulich in *Lear's*, wo er nach einem Besuch auf der Rancho La Puerta Health Spa seiner Bewunderung für ältere Frauen Ausdruck gab:

Aber die ernsthaft Engagierten waren wirklich außergewöhnlich. Sie trieben ihre Körper in die Gymnastikkurse, arbeiteten sich ab und litten Qualen, oftmals ohne großes Ergebnis... Die meisten von ihnen waren in ihren Vierzigern und Fünfzigern, im Leben erfolgreich, und es war offensichtlich, warum sie das waren: Sie zeigten Willenskraft, Entschlossenheit, Intelligenz und Zähigkeit in deren beste Bedeutung. Wieder und wieder stachen diese älteren Frauen die jüngeren, die dazu neigten, viel zu schnell aufzugeben, aus. Sie taten das ohne jede Verbissenheit; sie lachten über sich selbst, über die Absurdität, soviel Geld dafür auszugeben, daß man ihnen das Essen verweigerte und sie dazu zwang, ihre alternden Körper zu traktieren.

Diese Frauen verstanden, was Karen DeCrow über Fünfzigjährige sagte: »Mit Fünfzig weiß eine Frau etwas, das sie mit Dreißig nur vage wußte. Sie wird nicht genug Zeit haben, um alles zu machen, also muß sie sich auf das konzentrieren, was ihr wichtig ist.«

Die meisten älteren Frauen leiden unter weniger Unzufriedenheit und psychologischem Streß als zu jeder anderen Zeit ihres Lebens. Nach dem Stereotyp, das von älteren Frauen existiert, sind sie zu krank, zu arm oder zu einsam, um sich des Lebens zu erfreuen. Doch Frauen, auf die diese Beschreibung zutrifft, sind zweifellos in der Minderheit. Tatsächlich ergab eine landesweite Lou-Harris-Umfrage, die vor ein paar Jahren durchgeführt wurde, etwas völlig anderes: Danach erklärte ein Drittel der über fünfundsechzigjährigen, interviewten Frauen, momentan sei die beste Zeit ihres Lebens. Andere Studien berichten ebenfalls von hohen Graden an Zufriedenheit, falls die Frauen, die befragt wurden, nicht arm oder ausgesprochen krank waren. Bei einer Umfrage der *Los Angeles Times* waren die über Fünfundsechzigjährigen sehr viel glücklicher mit ihrem Leben als jüngere Leute. Tatsächlich sagten beinahe zwei Drittel, daß sie sehr glücklich seien über die »Art, wie die Dinge liefen« in ihrem persönlichen Leben.

Wenn wir älter sind, können wir mit Rückschlägen besser umgehen und besitzen eine größere Fähigkeit, mit Krankheiten fertigzuwerden. Eine Studie zeigte beispielsweise, daß die Zwanzig- bis Neunundvierzigjährigen bei Rückschlägen eher dazu neigen, entweder eine Opferhaltung anzunehmen, Zuflucht im Zorn zu suchen oder in die Phantasie zu fliehen. Ab dem Alter von fünfzig Jahren wissen die meisten Frauen sehr gut, daß Zorn, Phantasie und Opfermentalität nichts als Zeit- und Energieverschwendung sind. Stärke, die aus der Lebenserfahrung kommt, und ihre wachsende Weisheit erlauben es den Frauen über Fünfzig, einen effektiveren Kampf mit den zehn Geboten des Traditionellen Kerns zu führen. Wir sind zunehmend in der Lage dazu, uns von unserem kulturellen Gewissen zu lösen, mit der Folge, daß Opfermentalität und -verhalten nicht länger zu unseren üblichen und allseits erwarteten Reaktionen auf Streß und Konflikte zählen.

Statt dessen werden soziale Absicht, Souveränität und Fruchtbarkeit (unsere Fähigkeit, produktiv zu bleiben und der Welt und den Menschen weiterhin etwas von Wert zu geben) wichtiger, wenn wir in die mittleren und späteren Jahre kommen. Die Studie zur »Entwicklung Erwachsener«, durchgeführt an der Harvard University und dem Dartmouth College, kam zu dem Ergebnis, daß wir im mittleren Lebensalter viermal häufiger zu »reifen Abwehrmechanismen« greifen als in früheren Jahren. Diese »reifen Abwehrmechanismen« beinhalten Altruismus, Humor, Unterdrückung (dem Verdrängen von unnötigen schlechten Gefühlen und Erinnerungen), Antizipation (das Erwarten positiver Erfahrungen) und Sublimierung (das Kanalisieren schlechter Gefühle in konstruktive Taten und die anschließende Übernahme aktiver Verantwortung für unser emotionales und körperliches Wohlergehen anstelle der Erwartung, daß andere das für uns übernehmen). Reife psychologische Abwehrmechanismen gehören zum Besten, was das Alter zu bieten hat; sie tragen entscheidend zur Reduzierung von Streß und zu einer gesteigerten Lebenszufriedenheit bei. Reife Abwehrmechanismen sind immer eine Frage des Alters, des Wachstums und der Anstrengung.

Wir tauschen PMS (Prämenstruelles Syndrom) gegen PML (Postmenopausale Lebensfreude).

Vieles, was unsere Kultur als Altersverlust betrachtet, ist in Wirklichkeit ein Gewinn für uns. Jahrelang dachte man, die meisten Frauen stürzten in eine tiefe Depression, wenn ihre Kinder das Haus verließen, um ihr eigenes Leben zu führen. Man behauptete, das Phänomen wäre so weit verbreitet, daß man ihm schließlich sogar einen Namen gab: »Leeres-Nest-Syndrom«.

Die jüngste Forschung zeigt dagegen, daß genau das Gegenteil stimmt. Die meisten Frauen sind zufriedener mit sich und ihrer Ehe, nachdem das letzte Kind das Haus verlassen hat. Eine Achtjahresstudie der University of Nebraska kam zu dem Ergebnis, daß die Ehe, gleichgültig, wie »gut« die Kinder sich zu Hause benahmen, besser wird, sobald die Kinder »flügge« werden. Im allgemeinen empfinden die Frauen Erleichterung, weil sie die meiste Arbeit mit den Kindern hatten und nun mehr Zeit für sich selbst haben und auch glauben, daß sie es »verdient« haben.

Die Menopause ist ein weiterer Meilenstein des mittleren Lebensalters, von dem man annimmt, er würde uns in Depression und Verzweiflung stützen. Selbst Psychologen bestätigten jahrelang dieses Stereotyp. Eine der berühmtesten Analytikerinnen, Helene Deutsch, nannte die Menopause die »letzte traumatische Erfahrung einer Frau als sexuelles Wesen«, »eine Demütigung, die nur schwer zu überwinden ist«, und bestand darauf, daß »das Meistern der physiologischen Reaktion auf organischen Verfall eine der schwierigsten Aufgaben im Leben einer Frau ist«. Als Teil derselben kulturellen Voreingenommenheit gegenüber Frauen wurde Anfang des Jahrhunderts eine diagnostische Kategorie in der Psychiatrie entwickelt, »involutionierte Melancholie« genannt, womit die Depression gemeint war, die Frauen angeblich in mittleren Jahren als Antwort auf die Menopause, das Leere-Nest-Syndrom und das Altern überfällt.

Die Psychiater mußten diesen diagnostischen Begriff vor etwa fünfzig Jahren aus dem Verkehr ziehen, nachdem sich bei der Sichtung der existierenden wissenschaftlichen Studien herausgestellt hatte, daß sich nirgendwo Hinweise auf dieses Syndrom finden ließen. Tatsache ist, daß viele Frauen keine Depression als Folge der Menopause oder anderen Meilensteinen der mittleren Jahre erleben. Nachdem das New England Research Institute zweitausenddreihundert Frauen über fünf Jahre lang wissenschaftlich begleitet hatte, berichtete es, daß die meisten von ihnen »Erleichterung darüber ausdrückten, sich keine Sorgen mehr über Schwangerschaft, Verhütung und Menstruation machen zu müssen«. Fünfundachtzig Prozent der menopausalen Frauen, die befragt wurden, erklärten, daß sie niemals depressiv wegen ihrer Menopause waren. Eine andere Studie verglich jeweils eine Gruppe von prämenopausalen und postmenopausalen Frauen miteinander und fand keinen Unterschied in dem Grad von Angst, Wut, Streß, Depression oder Zufriedenheit im Beruf, den sie empfanden. Obwohl die Verluste der mittleren Lebensjahre bei einigen Frauen Depressionen auslösen können, sollten Sie nicht vergessen, daß diese Frauen eher die Ausnahme sind als die Regel.

Die meisten menopausalen Frauen tauschen Depression und PMS gegen das ein, was die Anthropologin Margaret Mead *PMZ* (postmenopausal zest = postmenopausale Lebensfreude) nannte, die enorme Freisetzung von Energie, die Frauen nach der Menopause zuteil wird. PMZ versorgt uns mit Stößen neuer Energie, die uns sowohl in Beziehungen als auch im Beruf zu weiteren Leistungen treibt. Wir sind nun weniger eingeengt von kulturellen und körperlichen Zwängen (beispielsweise der Furcht, schwanger zu werden, oder der Behinderung, uns um kleine Kinder kümmern zu müssen), die unsere Möglichkeiten in jüngeren Jahren so signifikant einschränkten.

Margaret Mead schlug zweifellos Kapital aus ihrer PMZ, denn einige ihrer besten Arbeiten entstanden erst nach ihrem fünfzigsten Lebensjahr. Dasselbe gilt für viele der Frauen zwischen vierzig und fünfundsechzig Jahren, die in der bereits erwähnten Lou Harris/ *Lear's*-Umfrage zu Wort kamen. In dieser landesweiten Erhebung, bei der siebenhundert Frauen befragt wurden, berichteten die meisten, daß ihre Energie mit den Jahren wachse. Fünfundneunzig Prozent der Frauen im Alter zwischen sechzig und fünfundsechzig Jahren sagten, sie fühlten sich absolut energiegeladen, verglichen mit dreiundfünfzig Prozent der Frauen zwischen fünfzig und neunundfünfzig Jahren. Drei Viertel der befragten Frauen waren berufstätig, einschließlich zweiundvierzig Prozent der Frauen im Alter zwischen sechzig und fünfundsechzig Jahren. Nur drei Prozent wünschten sich, sie könnten weniger arbeiten, während einundfünfzig Prozent der Frauen ihr eigenes Geschäft eröffnen wollten. Ehrenamtliche Arbeit schuf dieselben Gefühle von Energie und Zufriedenheit. Altern gab all diesen Frauen eine neue Freiheit, Energie und Klarheit, das zu tun, was sie wirklich tun wollten, ungeachtet dessen, ob sie sich damit auf traditionelles Gebiet begaben oder auf nichttraditionelles.

In Zukunft wird es mehr und bessere Betätigungsbereiche für ältere berufstätige Frauen geben.
Die Unternehmen werden die in Jahren gewachsene Berufserfahrung älterer Frauen zunehmend zu schätzen wissen und sie auch brauchen. In seinem Buch *Megatrends 2000* sagt John Naisbitt: »Vielleicht haben die Frauen das Industriezeitalter verpaßt, aber in den Industrie der Zukunft haben sie sich heute schon fest etabliert.« Frauen werden bessere Arbeitsbedingungen genießen und öfters als je zuvor als Führungskräfte herangezogen werden, weil sie schließlich »einen wesentlichen Anteil in praktisch allen Angestelltenberufen, besonders im Wirtschaftsleben« ausmachen werden. Bereits jetzt stellen wir dreißig bis fünfzig Prozent aller Angestellten in solch lebenswichtigen Geschäftsbranchen wie der Buchhaltung, dem Computerwesen oder dem Bankengeschäft. Obwohl wir in den meisten dieser Bereiche in die niedriger dotierten Jobs gedrängt werden, bringt uns die Tatsache, daß wir einen »wesentlichen Anteil« ausmachen, in die Position, enorme Macht und Möglichkeiten für Frauen erreichen zu können, wenn wir unsere Reihen mobilisieren.

Wenn man bedenkt, daß uns ein Arbeitskräftemangel aufgrund des »Geburtenknicks« bevorsteht und ein Mangel an weißen berufstätigen Männern, so wird die Nachfrage nach älteren berufstätigen Frauen steigen. Immigranten und jüngere Leute werden einiges von dieser Nachfrage im niedrigdotierten Lohnbereich abdecken, aber wenn sich die »Vergreisung Amerikas« fortsetzt, wird die Facharbeiterschaft der neunziger und späteren Jahre älter werden müssen. In den nächsten acht Jahren wird die Zahl der Arbeiter, die über fünfundvierzig und älter sind, in der Tat dreimal schneller ansteigen als die der übrigen Belegschaft. Die Zahl berufstätiger Frauen wird zweimal schneller als die der Männer wachsen. Gegen Ende dieses Jahrhunderts werden die Frauen beinahe die Hälfte aller Arbeitsplätze in Amerika besetzt haben.

Einer der Gründe für diese Entwicklung besteht darin, daß ältere Frauen mehr Reife, Ausdauer und ein größeres Verantwortungsgefühl besitzen. Sie finden sich durch ihre Erfahrungen in der Familienarbeit besser in Gruppen zurecht oder zeigen durch ihr Singledasein eine beeindruckende Unabhängigkeit, die geschärft ist vom Überlebenskampf in einer männlich dominierten, paarorientierten Gesellschaft. Die Fähigkeiten älterer Frauen passen überdies besser in das Informationszeitalter, als sie zur industriellen Ära gepaßt haben, wo überwiegend Körperbau und Körperstärke gefragt waren. Soziale und kommunikative Fähigkeiten werden in der Arbeitswelt des 21. Jahrhunderts weit stärker den Ton angeben als reine Muskelkraft.

Die meisten von uns verlieren ihre Angst vor dem Sterben, wenn sie älter werden.

In seinem *Handbook of Aging and the Social Sciences* (Handbuch des Alterns und der Sozialwissenschaften) berichtet Richard Kalish, daß nur jeder vierte Erwachsene über Fünfundsechzig den Tod fürchtet. Im Vergleich dazu sind es im Alter zwischen achtzehn und vierundzwanzig Jahren noch fünfundfünfzig Prozent. Eine andere Studie fand heraus, daß die Furcht vor dem Tod und dem Sterben abnimmt, je älter die Menschen werden. Der Tod selbst wird sehr viel öfter als »langer Schlaf« angesehen denn als schreckliches Ereignis. Die meisten älteren Frauen betrachten den Tod, »ohne besonders aufgewühlt und erschüttert zu sein ... als ob sie es mit einer entwicklungsbedingten Aufgabe zu tun hätten, der sie adäquat begegneten«. Für viele birgt die Akzeptanz des Todes eine unersetzliche Weisheit über das Leben an sich und ist eine Quelle ultimativer Freiheit.

Wie die gegenwärtige Forschung zum Thema Altern bestätigt, gibt es viele realistische Vorteile, die wir genießen können. Nun, wo Sie einige davon kennen, erstellen Sie Ihre eigene Liste der Altersvorteile. Mit ein wenig Anstrengung und Kreativität werden Sie wahrscheinlich auf mindestens fünf oder zehn realistische Altersvorteile kommen können, denen Sie entgegensehen. Ihre persönliche Liste könnte solche Möglichkeiten beinhalten wie: Zeit zu reisen und neue Hobbys zu verfolgen; an einen Ort zu ziehen, wo Sie schon immer leben wollten, ernsthafte kreative Tätigkeiten zu verfolgen; zurück zur Universität zu gehen; Ihre Zeit einer lohnenden Organisation oder Sache zu widmen; Ihre Spiritualität zu entwickeln oder die Freuden zu genießen, die erwachsene Kinder und Enkelkinder mit sich bringen.

Heften Sie eine Kopie der Liste aus diesem Buch und Ihrer eigenen Liste eine Zeitlang an Ihren Badezimmerspiegel, bis Ihnen das Geschriebene plausibel und vertraut ist und Sie glauben, was dort steht. Diese Listen erinnern uns an die Kraft und die Weisheit, die das letzte Jahr brachte, und das kommende Jahr bringen kann.

3. Kalkulieren Sie realistische Verluste ein und wählen Sie praktikable Bewältigungsstrategien!

Die Gefahren des Älterwerdens drehen sich um Verluste. Wenn wir in die mittleren Jahren kommen, ist es entscheidend, daß wir verstehen, welche Verluste in welchem Alter realistisch sind, und zur Kenntnis nehmen, daß wir die große Mehrheit dieser Verluste bewältigen können. Andernfalls sind wir dazu verdammt, von ihnen überwältigt zu werden. Studieren Sie die folgende Liste realistischer Verluste und realistischer Bewältigungsstrategien, die die vorhersagbaren Verluste des Älterwerdens zeigen und einige bewährte, erfolgreiche Bewältigungsstrategien vorstellen. Das wird Ihnen dabei helfen, die Verlustgefühle in einem vernünftigen Rahmen zu halten und herauszufinden, wie Ihre Bewältigungsversuche aussehen sollten – denn manches können wir ändern, und manches müssen wir akzeptieren.

Weibliches Altern:
realistische Verluste/realistische Bewältigung

Verlust: Unsere Geisteskraft läßt mit dem Alter nach.

1. Die elektrische Aktivität im Gehirn nimmt ab. Das EEG ist um eine Frequenz langsamer.
2. Das zentrale Nervensystem arbeitet langsamer.
3. Wir brauchen länger, um uns von Streß zu erholen und unsere Ausgeglichenheit wiederzugewinnen.
4. Wir brauchen länger, um Informationen aus unseren Datenbanken abzurufen.

Bewältigung: Ein älterer Geist funktioniert ebensogut wie ein jüngerer, nur etwas langsamer.

1–4. Der ältere Geist arbeitet immer noch gut, aber einfach langsamer. Man braucht eben ein wenig länger, um Dinge zu verarbeiten und zu erinnern. Vieles von der vermuteten Atrophie unserer Gehirnfunktionen läßt sich auf eine Reduzierung neuer Stimuli zurückführen, die das Alter mit sich bringt. Wir verlieren weder unser Wissen noch unsere Lernfähigkeit. Unsere Lernfähigkeit wächst mit dem Alter schneller, als unser Gedächtnis schwindet.

Verlust: Unsere Körper arbeiten weniger effektiv.

1. Das Seh- und Hörvermögen nimmt ab. Wenn wir etwa Fünfzig sind, werden fünfundsiebzig Prozent von uns Brillen tragen. Mit Fünfundsechzig werden fünfundneunzig Prozent Brillen tragen, und neunundzwanzig Prozent werden Hörschäden haben. Zur gleichen Zeit werden wir in unserem Geruchssinn beeinträchtigt sein, und unsere Geschmacksknospen werden verkümmern und weniger sensibel sein.
2. Wir verlieren Herz- und Lungenkapazität; wir geraten schneller außer Atem und sind nach Anstrengungen erschöpft.
3. Wir reagieren empfindlicher auf Hitze und Kälte und sind krankheitsanfälliger bei extremen Temperaturen.
4. Wir haben mehr Schlafprobleme als in jüngeren Jahren und wachen leichter und früher auf, als wir möchten.

5. Die Haut verliert ihre Elastizität und wird faltig, schlaff und oft sehr trocken; sie entwickelt braune Flecken.

6. Das Haar verliert Pigmente und wird grau; außerdem verlieren viele von uns Zähne aufgrund von Paradontose. Dreiundvierzig Prozent der Fünfundsechzig- bis Vierundsiebzigjährigen haben falsche Zähne. Nach fünfundsiebzig Jahren trifft es die Hälfte von uns. Ab dem Alter von fünfundfünfzig Jahren bekommen wir zweimal häufiger Karies als in Kindertagen.

7. Wir werden schwammiger und dicker. Frauen legen gewöhnlich in ihren mittleren Jahren zwischen fünfundzwanzig und fünfunddreißig Prozent Gewicht zu. Bei Männern sind es fünf bis sechzehn Prozent.

Bewältigung: Die Einschränkungen können reguliert und oft »repariert« werden.

1. Brillen, Hörhilfen und Augenoperationen bei grünem Star sind üblich und sofort durchführbar. Neunzig bis fünfundneunzig Prozent der Operationen bei grauem Star sind erfolgreich. Ebenfalls nützlich: das Anbringen hellerer Lichtquellen und eine kleine Taschenlampe, die Sie immer bei sich haben, damit Sie an schummrigen Orten lesen können. Akzeptieren Sie, daß Ihr Geruchs- und Geschmackssinn möglicherweise nachläßt, und kompensieren Sie es, indem Sie gesunde Nahrungsmittel zu sich nehmen, die Ihnen wirklich Appetit machen.

2. Wenn Sie regelmäßig Sport treiben, können Sie diese Verluste ausgleichen und beinahe so fit und energiegeladen sein wie in jüngeren Jahren.

3. Achten Sie besonders auf das Klima; tragen Sie angemessene Kleidung, wenn Sie nach draußen gehen; vermeiden Sie Extreme, bleiben Sie mittags beispielsweise im Haus oder bereisen Sie gemäßigte Breiten; oder betrachten Sie das Klima als Herausforderung, die es zu überwinden gilt, und folgerichtig als Quelle Ihres Selbstwertgefühls. Mit vierundachtzig Jahren schwamm Katharine Hepburn immer noch in den kühlen Fluten des Long Island Sund.

4. Entspannungsübungen und Meditation tragen in signifikanter

Weise zu einem besseren Schlaf bei. Selbst unter Berücksichtigung der typischen Probleme des Alterns schlafen achtzig Prozent der über Fünfundsechzigjährigen mehr als sechs Stunden pro Nacht.

5. Meiden Sie die Sonne; benutzen Sie Sonnencreme; lernen Sie mit Ihren Falten zu leben und betrachten Sie sie als Zeichen Ihres Mutes und Ihrer Lebenserfahrung.

6. Lernen Sie, Ihre neue Haarfarbe zu mögen, oder färben Sie sich Ihre Haare; was die Zähne angeht, benutzen Sie Zahnseide, Mundwasser und gehen Sie öfter zum Zahnarzt.

7. Gewichtszunahme muß nicht sein. Wenn Sie Diät halten und Sport treiben, neutralisiert dies die Tendenz zum Ansetzen von Pfunden. Die Gewichtszunahme hat weniger mit dem Altern zu tun, sondern mehr damit, daß wir zuviel sitzen, wenn wir älter werden. Unglücklicherweise richten sich die meisten älteren Frauen nicht nach diesen Informationen. Nur ein Viertel der Seniorinnen treibt regelmäßig Gymnastik oder Sport.

Verlust: Wir sind anfälliger für Krankheiten.

1. Wir sind anfälliger für Krankheiten, aber erst im hohen Alter wirkt sich das in signifikanter Weise aus. Vier von fünf Frauen leiden an chronischen Beschwerden wie Arthritis, Hypertonie, Herzschwäche oder einer Verminderung ihres Hörvermögens.

2. Frauen sind anfälliger für Osteoporose (Knochenschwund, der die Knochen zerbrechlicher und poröser macht). Mit fünfundsechzig Jahren werden fünfundzwanzig Prozent von uns Frakturen haben, die meisten verursacht von einer Osteoporose.

3. Frauen sind anfälliger für ernsthafte Herzerkrankungen. Beinahe sechzig Prozent von uns werden Probleme mit dem Herzen bekommen, wenn wir die Achtzig überschritten haben. Die Wahrscheinlichkeit, innerhalb von fünf Jahren einen zweiten Herzinfarkt zu erleiden, ist bei Frauen zwei- bis dreimal höher als bei Männern.

4. Frauen sind anfälliger für rheumatische Arthritis – unsere üblichste chronische Beschwerde. Mit fünfundsechzig Jahren leiden achtzig Prozent aller Menschen an Osteoarthritis, einer

Verschleißerkrankung der Gelenke, bei der wir mit Schmerzen und Steifheit zu kämpfen haben.

Bewältigung: Bessere Ernährung und Sport helfen enorm.

1. Die durchschnittliche Lebenserwartung von Frauen liegt inzwischen bei achtundsiebzig Jahren. Erst ab dem Alter von fünfundachtzig Jahren geht die Häufigkeit von Krankheiten signifikant in die Höhe, die invalide werden lassen. Vor dieser Zeit sind wir gewöhnlich frei von ernsthaften Erkrankungen, *falls* wir auf uns aufpassen. Die üblichen chronischen Beschwerden können alle behandelt werden und führen nicht zur Invalidität.

2. Eine Osteoporose kann oft durch Diäten und Verhaltensänderungen verhindert werden, falls die Anfälligkeit früh genug erkannt wird. Trinken Sie mindestens drei Gläser Milch jeden Tag, schlucken Sie Kalziumtabletten oder ernähren Sie sich mit kalziumhaltiger Kost. Sie sollten jeden Tag mindestens achthundert Milligramm Kalzium zu sich nehmen, besonders wenn Sie die Menopause erreichen und Ihr Östrogenspiegel sinkt. Vitamin D, niedrige Dosen von Östrogen und Krafttraining mit Gewichten verlangsamen den Knochenschwund ebenfalls. Rauchen und Trinken verdoppeln jeweils das Risiko, eine Osteoporose zu entwickeln.

3. Wenn Sie sich als mündige Patientin verhalten (siehe auch Kapitel 9), sich entsprechendes Wissen aneignen, regelmäßig Sport treiben und sich gut ernähren, wird das die Risiken und Symptome auf signifikante Weise reduzieren.

4. Halten Sie die Augen nach Fortschritten in der Arthritisforschung offen. Kürzlich fand man beispielsweise heraus, daß zwei extrastarke Dosen Aspirits, viermal am Tag eingenommen, genauso wirksam sind wie die gewöhnlich verschriebenen Arthritismedikamente, die Krebs verursachen und die Nierenfunktion beeinträchtigen können.

Verlust: Wir leiden unter gesteigerten Ängsten, weil wir durch das Altern verletzlicher werden.

1. Wachsende Furcht vor Verbrechen. Ältere Frauen haben sehr

viel größere Ängste, Opfer eines Verbrechens zu werden, als ältere Männer.

2. Furcht vor Mißbrauch. Etwa zwei Millionen Senioren, darunter mehr Frauen als Männer, wurden 1988 Opfer eines Mißbrauchs. »Die üblichsten Formen... in steigender Reihenfolge ihrer Schwere sind: Vernachlässigung, körperlicher Mißbrauch, finanzielle/materielle Ausbeutung, emotionaler Mißbrauch/Vernachlässigung und sexueller Mißbrauch.«

3. Furcht vor dem Verlust sowie tatsächlicher Verlust geliebter Menschen.

4. Furcht vor dem Ruhestand.

5. Furcht, in ein Pflegeheim »abgeschoben« zu werden. Frauen stehen dabei vor einem beträchtlich größeren Risiko; drei von vier Altenheimbewohnern sind Frauen. Dies liegt teilweise daran, daß die primären Pflegepersonen von älteren Frauen ihre erwachsenen Kinder sind, während die primären Pflegepersonen älterer Männer ihre Frauen sind.

6. Furcht vor Armut.

7. Gesteigerte Gefühle der Wertlosigkeit.

Bewältigung: Sich eingestehen, daß Ängste normal sind; dann zur Problemlösung übergehen.

1. Die Realität: Menschen, die fünfundsechzig Jahre oder älter sind, fallen mit geringerer Wahrscheinlichkeit einem Verbrechen zum Opfer als Menschen jeder anderen Altersgruppe. Falls Sie jedoch einem gewalttätigen Verbrechen zum Opfer fallen, werden Sie mehr Probleme mit der Wiederherstellung Ihrer Gesundheit haben – planen Sie deshalb, sorgsamer und vorsichtiger zu sein.

2. Vor Mißbrauch können Sie sich schützen, indem Sie sich ein starkes Unterstützersystem außerhalb Ihrer Familie aufbauen, da Familienmitglieder in über fünfzig Prozent der Fälle für den Mißbrauch verantwortlich sind.

3. Sie haben eine Zweidrittelchance, mit fünfundsiebzig Jahren verwitwet zu sein, aber die Veränderung wird möglicherweise nicht so schwierig sein, wie Sie sich das vorstellen. Witwen sind

zehn Jahre nach dem Tod ihres Mannes in keiner anderen psychologischen Verfassung als jene Frauen, die noch verheiratet sind. Viele Witwen entschließen sich, sich nicht wieder zu verheiraten, auch wenn eine Chance dazu bestünde. Kinder, Freunde und Verwandte werden wahrscheinlich für Sie dasein; fast achtzig Prozent von uns haben zumindest noch einen Bruder oder eine Schwester, die am Leben sind. Eine Studie führte zu dem Ergebnis, daß dreiviertel der Frauen zwischen fünfzig und Ende achtzig Kinder hatten, die nur eine halbe Stunde von ihnen entfernt wohnten. Wir glauben, daß wir im Alter einsam und allein sein werden, aber Forschungen legen nahe, daß das Gegenteil richtig ist, wenn wir uns bemühen.

4. Der durchschnittliche Ruhestand verursacht weder Unzufriedenheit noch Krankheit; die typischen Gefühle sind Erleichterung, Erwartungsfreude und Enthusiasmus gepaart mit etwas Angst- und Verlustgefühlen, die in den Griff zu kriegen sind.

5. Die Mehrheit der älteren Frauen lebt nicht in Pflegeheimen. Verglichen mit der Allgemeinbevölkerung haben Sie als Frau im Alter zwischen fünfundsiebzig und achtzig Jahren eine vierzigprozentige Chance und im Alter zwischen fünfundachtzig und neunzig Jahren eine sechsundvierzigprozentige Chance, in ein Pflegeheim zu kommen. Wie auch immer, entscheidend ist, daß Sie fit bleiben und auf sich aufpassen, um das Risiko einer Einweisung in ein Altenheim zu minimieren.

6. Armut zählt möglicherweise zu den realistischsten Ängsten, die ältere Frauen haben können. Fünfzehn Prozent der älteren Frauen leben unterhalb der Armutsgrenze, verglichen mit achteinhalb Prozent bei den Männern. Frauen müssen im Alter große finanzielle Einbußen hinnehmen, deshalb ist eine frühzeitige Finanz- und Berufsplanung sehr wichtig für sie, wenn sie überleben wollen. Dies gilt besonders für ethnische Minderheiten, die mit einer größeren ökonomischen Diskriminierung konfrontiert sind.

7. Mit Anstrengung, Ausbildung und vereinten Bemühungen können wir die Definition des Alterns in unserer Kultur verändern, den Jugendwahn abwehren und die Vorteile des Alterns wirklich genießen lernen.

4. Bekommen Sie Ihr Leben besser in den Griff, indem Sie sich mit Ihrem Tod auseinandersetzen!

Wenn Sie mit dem Fluß Ihres Lebens effektiv umgehen wollen, besteht ein entscheidender Schritt darin, zu akzeptieren, daß dieser Fluß des Lebens schließlich zu einem Wasserfall des Wandels führen wird: dem Tod. Indem wir Verständnis für den Tod entwickeln, verlieren wir die Angst davor und gewinnen mehr Kontrolle über die Qualität unseres Lebens und Todes. Etwas über den Tod in Erfahrung zu bringen, schützt uns überdies gegen Ungesunde Depressionen, weil das, was wir entdecken werden, uns dabei helfen wird zu erkennen, daß wir nichts zu befürchten haben. Rollo May, ein angesehener psychologischer Theoretiker, sagte es sehr schön folgendermaßen: »Die Auseinandersetzung mit dem Tod gibt uns die ... positive Realität des Lebens an sich. Sie macht die individuelle Existenz real, absolut und konkret.«

Wie sehen Sie den Tod? Sobald Sie ein paar Gedanken an diese Frage verschwendet haben, sollten Sie Ihren Wasserfall des Übergangs zeichnen, ihn an das Ende Ihres Blattes mit dem Lebensfluß kleben, alles an eine Wand hängen und anschließend betrachten, was es Ihnen zu sagen hat. Nehmen Sie sich vor, sich Ihr eigenes positives Bild vom Tod zu entwickeln, vor allem, wenn Ihnen unbehaglich wird bei dem, was Sie sehen. Es gibt zahllose Aktionsstrategien, mit denen Sie sich ein positives Bild vom Tod erarbeiten können.

Beschäftigen Sie sich damit, welche Bedeutung der Tod in den großen Religionen hat. Sprechen Sie mit Geistlichen, Priestern und/oder Rabbis über den Tod. Ihr Blickwinkel und ihre Erfahrung werden aufschlußreich für Sie sein, ob Sie sich mit ihren Überzeugungen nun zufällig identifizieren und diese teilen oder nicht. Lesen Sie eines oder mehrere der Bücher, die den Tod behandeln: die Bibel, den Koran, die Thora, das Buch der Wunder oder Bücher über östliche Religionen, um sich die Informationen zu holen, die Sie brauchen, um Ihr eigenes Konzept und Ihre eigene Theorie über den Tod zu entwickeln.

Leihen Sie sich Videofilme aus, in denen der Tod eine »Hauptrolle« spielt, wie *Ghost – Nachricht von Sam, Flatliners* oder den Klassiker *Harold und Maude*. Diese und andere Filme beschäftigen sich mit dem Tod und dem Sterben auf positive, lebensbejahende Weise. Sehen und diskutieren Sie diese Filme im Kreise Ihrer Familie und mit geschätzten Freunden. Nehmen Sie sich aus den Filmen die Elemente, die plausibel für Sie klingen, um sich Ihr eigenes positives Bild vom Tod zu schaffen.

Ein anderer Zugang, sich mit dem Tod auseinanderzusetzen, besteht darin, Elisabeth Kübler-Ross' klassisches Werk *Leben bis wir Abschied nehmen* oder ihr späteres Buch *Sterben lernen, leben lernen* zu lesen. Sie war die erste, die die vorhersagbaren Gefühle, die von jenen erfahren werden, die sich einer ernsten Krankheit oder dem Tod gegenübersehen, erkannt und beschrieben hat: Verleugnung und Distanzierung, Wut, Verhandlungen, Depression und Akzeptanz. Diese Gefühle müssen nicht unbedingt in einer speziellen Reihenfolge auftreten, und nicht jeder Mensch zeigt jedes dieser Gefühle. Aber das Wissen um die typischen Reaktionen auf Krankheit und Tod bietet uns den Trost, daß wir nicht allein sind mit unseren Gefühlen, und versorgt uns mit Informationen darüber, was wir zu erwarten haben.

Tröstlich bei der Erforschung des Todes kann es auch sein, etwas über die Hospize zu erfahren, die in den Vereinigten Staaten zahlenmäßig zunehmen. Diese Einrichtungen bieten Patienten, die sich im Endstadium ihrer Krankheit befinden, die Möglichkeit, liebevoll betreut zu werden und in Würde zu sterben. Das Hospizpersonal ist darum bemüht, den Patienten dabei zu helfen, die Medikamentierung selbst in den Griff zu bekommen, so daß sie eine größere Kontrolle erhalten und schmerzfreier leben können. Hospize sind Spitäler, in denen ein Patient nie allein sein oder seine Krankheit oder Symptome verbergen muß.

Es wird Ihnen und denjenigen, die Sie lieben, helfen, wenn Sie sich auf die Details Ihres Todes, sowohl in mentaler wie in materieller Hinsicht, so früh wie möglich einstellen, gleichgültig, wie alt Sie sind. Auf diese Weise werden Sie das, was letztlich ein unkontrollierbares Ereignis ist, am ehesten unter Kontrolle bekommen. Machen Sie ein Testament, um sicherzustellen, daß Ihr materieller

Besitz auch dort landet, wo Sie es gerne hätten. Geben Sie klare, schriftlich niedergelegte Anweisungen über die Art der Trauerfeier und Bestattung, die Sie wünschen. Bereiten Sie ein Patiententestament vor, in dem deutlich steht, ob Sie unter bestimmten Umständen künstlich am Leben erhalten werden wollen oder nicht. Auf diese Weise sind Ihre Angehörigen nicht auf bloße Vermutungen angewiesen. Diese Art von mentalen und juristischen Vorbereitungen wird für Sie ein unschätzbares Gefühl der Stärke, des Friedens und der Akzeptanz Ihrer eigenen Sterblichkeit mit sich bringen.

5. Pflegen Sie enge Beziehungen zu anderen, um sich gegen die vorhersehbaren Verluste, speziell Ihre Witwenschaft, zu schützen.

Emotionale Nähe ist lebenswichtig für erfolgreiches Altern. Je mehr Beziehungen wir haben, desto gesünder bleiben wir. Aus diesem Grund ist eine der wichtigsten Strategien bei der Bewältigung von Altersdepressionen die folgende: Pflegen und bewahren Sie enge persönliche Bindungen!

Mit einer Sache müssen praktisch die meisten Frauen rechnen: Selbst wenn sie verheiratet sind, werden sie wahrscheinlich alleinstehend sein, wenn sie älter sind. Es gibt dreimal mehr Witwen als Witwer, und Frauen überleben ihre Männer gewöhnlich um fünfzehn Jahre.

Die Witwenschaft ist eine ganz eigene Phase des Lebens, und Sie sollten sich gegen sie wappnen – denn auch wenn Sie heute noch verheiratet sind, wissen Sie nicht, was morgen sein wird. Die Witwenschaft verläuft in verschiedenen Phasen, und fast jede Frau, die den Tod ihres Mannes erlebt, wird Ihnen sagen, daß die ersten drei Jahre die schmerzlichsten und schwierigsten sind. Viele Klientinnen haben mir erzählt, daß der anfängliche Schmerz beim Tod ihres Ehemannes so stark war, daß sie ernsthaft befürchteten, sie würden ihn nicht überleben. Dr. Janet Belsky beschrieb es in ihrem Buch *Here Tomorrow: Making the Most of Life after 50* folgendermaßen:

Einen geliebten Menschen zu verlieren ist mit einer tiefen körperlichen Verletzung vergleichbar. Am Anfang ist der Schmerz unerträglich, dann läßt er allmählich nach. Wenn die Wunde heilt, gibt es viele Tage, an denen die schlimme Qual fast vergessen ist, und andere, an denen sie mit voller Wucht zurückkehrt. Obwohl es von Mensch zu Mensch unterschiedlich ist, wie lange der Heilungsprozeß dauert, ist die Wiederherstellung im allgemeinen früher oder später abgeschlossen. Eine Narbe bleibt, aber die Person ist dazu fähig, wieder ein erfülltes Leben zu führen.

Nicht für jede Frau funktioniert es auf diese Weise. Ein Drittel aller Witwen ist »untröstlich« in ihrem Kummer, und jede fünfte erholt sich nie wieder ganz von dem Verlust, den sie erlitten hat, auch wenn der schlimmste Schmerz mit der Zeit verebbt. Einige verlieren sogar ihren Lebenswillen und sterben am Syndrom des »gebrochenen Herzens«. Aber so muß es nicht kommen. Es gibt einiges, was Sie dagegen tun können, um nach dem Tod des Ehemannes nicht in einem emotionalen Todestal hängenzubleiben.

Direkt nach dem Verlust ist es entscheidend, daß Sie sich aktiv an den Vorbereitungen zur Beerdigung und Trauerfeier beteiligen und offen für das Gespräch mit Freunden und Verwandten bleiben, die Ihnen beim Übergang in dieses neue Stadium Ihres Lebens helfen können. Beerdigungen sind eine seltene Gelegenheit, um Raum und Unterstützung zu finden für Ihre Trauer und Ihre Gesunden Depressionen. Wie Neil Krause von der University of Texas herausgefunden hat, spielt die Unterstützung durch Freunde und Familie »bei der Abwehr von Depressionen nach dem Tod eines Ehemannes eine wichtigere Rolle als während jeder anderen Krise unseres Lebens«.

Die schlimmste Phase für Männer stellt im allgemeinen die Zeit direkt nach dem Tod ihrer Frau dar. Frauen sind gewöhnlich zwei bis drei Jahre später am verletzlichsten. Sind Sie jedoch schon älter, wenn Ihr Mann stirbt, bringen Sie die besten Voraussetzungen mit, um die Sache in den Griff zu bekommen, und werden am wenigsten wahrscheinlich krank. Auch hier sagt die Wissenschaft wieder, daß Frauen emotional robuster und besser in der Lage sind, einen Verlust zu verarbeiten. Die gesunde Einstellung auf die neue Situation erfordert gewöhnlich das Durchleben einer depressiven Phase von Furcht und Einsamkeit, aber die meisten Frauen lernen, wie man mit den Veränderungen, die das hohe Alter mit sich bringt, fertig wird und entdecken, daß es ihnen sehr viel besser geht und daß sie sehr viel weniger einsam sind, als sie befürchteten. Tatsächlich sind zweiundsiebzig Prozent der über Fünfundsechzigjährigen »zufrieden mit ihrem Leben«, wie eine Lou-Harris-Umfrage ergab, und sechzig Prozent zeigen keine größeren Ängste angesichts der Zukunft.

Auch wenn Sie geschieden sind oder niemals verheiratet waren, durchlaufen Sie einen ähnlichen Prozeß wie eine Witwe – denn auch Sie verlieren enge Freunde und Verwandte. Und auch Sie werden mit derselben altersbedingten Herausforderung konfrontiert wie eine Witwe – genügend Beziehungen von Qualität aufzubauen und zu bewahren, damit Sie sich niemals ganz allein fühlen. Entscheidend ist, daß Sie zumindest einen engen Vertrauten haben, der als Puffer fungiert gegen die Verluste des Lebens. Gesunde Lebensgewohnheiten sind nicht annähernd so wichtig für ein langes Leben wie soziale Faktoren. »Es gibt keine Krankheit, an der so viele Menschen sterben, wie an der Einsamkeit«, meinen Drs. Robert Ornstein und Charles Swencionis, zwei anerkannte Gesundheitspsychologen.

Frauen ohne enge persönliche Bindungen geraten sehr viel eher in Gefahr, das Altern auf gleiche Weise zu erleben, wie Männer das tun. Männer sterben jünger, sind im hohen Alter depressiver und selbstmordgefährdeter. Sie werden eher depressiv, wenn sie pensioniert werden und ihre Arbeit, die die Quelle ihres Selbstwerts war, verlieren. Die meisten älteren Männer in unserer Kultur haben niemals die Beziehungsfähigkeiten erlernt, die nötig sind, um echte Nähe herzustellen, und sind deshalb emotional isoliert, wenn sie älter werden. Die meisten älteren Männer berichten, daß sie nur eine echte Vertraute haben: ihre Frau. Wenn sie vor ihnen stirbt, sind sie in besonderem Maße anfällig für Krankheit und Tod.

Versicherungsunternehmen werden Ihnen sagen, daß ihre risikoreichsten Klienten ältere Männer sind, die vor kurzem ihre Frau verloren haben. Frauen andererseits können üblicherweise vier oder fünf Vertraute aufzählen, bei denen sie sich emotionale Unterstützung holen können, wenn sie mit einem Verlust konfrontiert werden.

Wie stellt man Nähe her? Sie sollten damit sehr früh im Leben beginnen, indem Sie verstehen, wie wichtig Beziehungen für Ihre emotionale und körperliche Gesundheit sind. Sie sollten sich vornehmen, enge Beziehungen zu einer Handvoll adäquater Männer und Frauen aufzubauen, die Sie mögen und denen Sie vertrauen, und die Strategien praktizieren, die in Kapitel 5 empfohlen werden, wo es um die Beziehungsdepressionen geht, und in Kapitel 11, wo es darum geht, sich eine »Wahlfamilie« aufzubauen.

6. Pflegen Sie Ihre Sexualität!

Obwohl sich die kulturellen Maßstäbe in Sachen Sex im Alter in den letzten zwanzig Jahren ein wenig verschoben haben, gibt es immer noch die gesellschaftliche Position, daß Menschen über Fünfzig eigentlich kein sexuell aktives und erfülltes Leben mehr führen sollten und das auch nicht wollen. Im allgemeinen geht man davon aus, daß das Interesse am Sex – ganz zu schweigen vom Vergnügen am Sex – mit dem Alter schwindet. Wir leben in einer Kultur, die unseren Hauptwert nach wie vor darin sieht, daß wir auf Männer anziehend wirken und Kinder bekommen. Wenn die Gesellschaft uns als weniger attraktiv betrachtet, weil wir gealtert sind und nicht länger Kinder austragen können, hält man uns auch nicht länger für sexuelle Wesen, denn angeblich besteht ja kein »Bedarf« mehr für uns.

Es ist wichtig, daß wir verstehen, wie weibliche Sexualität im Alter funktioniert, und nicht zulassen, daß uns in dieser Hinsicht von der Gesellschaft Einschränkungen auferlegt werden. Sexualität ist eine wundervolle Quelle der Energie, Kreativität und Erfüllung, aus der Frauen schöpfen können. Die Verluste, die wir in unserer Sexualität erfahren, sind sehr viel wahrscheinlicher psychologischer als körperlicher Natur. Wenn wir den Weg des Traditionellen Kerns akzeptieren, wonach Frauen ab einem bestimmten Alter »ausgetrocknet« und nicht länger sexuell attraktiv sind, lassen wir zu, daß man uns eine sehr reiche Gabe raubt.

Masters und Johnson sowie eine Anzahl weiterer glaubwürdiger Sexualwissenschaftler haben herausgefunden, daß sich an der sexuellen Fähigkeit von Frauen mit dem Alter nur wenig ändert. Ältere Frauen sind körperlich genausogut in der Lage, einen Orgasmus zu erreichen, wie jüngere Frauen. Erregung und Leistungskraft nehmen nur unwesentlich ab; tatsächlich steigern sie sich manchmal sogar noch, wenn Frauen die Fünfzig überschritten haben, weil sie nun auf ein gesteigertes Selbstbewußtsein zurückgreifen können und keine Angst mehr davor haben müssen, schwanger zu werden.

Obwohl es zu gewissen körperlichen Veränderungen kommt, die von der reduzierten Östrogenzufuhr nach der Menopause herrühren, gibt es doch Möglichkeiten, die meisten dieser Veränderungen auszugleichen. Das Problem der trockeneren Vagina beispielsweise läßt sich durch die Anwendung eines Gleitgels beheben, das überdies den zusätzlichen Vorteil bringt, die sexuelle Empfindungsfähigkeit zu erhöhen. Erwarten Sie jedoch nicht, daß Ihr Arzt Ihnen mit solchen Vorschlägen kommt. Vielen Ärzten ist es peinlich, über Sex zu sprechen, besonders mit älteren Frauen. Aber Sie können diese und andere Informationen auch auf andere Weise erhalten: aus Büchern, in Frauengruppen, von älteren weiblichen Vertrauten und Spezialisten, die sich in der Psychologie und Physiologie von älteren Frauen auskennen.

Nehmen Sie sich vor, daß Sie es nicht zulassen werden, daß sich Ihre Sexualität in Luft auflöst, nur weil Sie geschieden, alleinstehend, verwitwet, jenseits der Menopause oder mit einem unaufmerksamen Ehemann verheiratet sind. Halten Sie Ihre sexuelle Vitalität am Leben, indem Sie eine sexuelle Beziehung pflegen, die Sie sich selbst schaffen. Wie? Es gibt viele Möglichkeiten. Hier einige Ideen:

● Masturbieren Sie. Kaufen Sie sich im Kaufhaus oder über einen Mail-Order-Katalog ein Massagegerät für den Rücken und benutzen Sie es als Vibrator. In den meisten Städten werden Sexspielzeuge für Erwachsene, früher sprach man von »Ehe-Hilfen«, in bestimmten Shops oder bei Home-Partys verkauft.

● Entwickeln Sie sexuelle Phantasien von Männern oder Frauen, die mit Ihnen arbeiten oder Ihnen in der Stadt über den Weg laufen – und genießen Sie diese Phantasien. Verurteilen Sie diese Phantasien nicht. Erleben Sie sie einfach und genießen Sie sie.

● Suchen Sie sich nichtpornographische, sexuell anregende Romane, Zeitschriften und Videos. Sie können die Bücher in der Belletristikabteilung der meisten größeren Buchhandlungen unter »Anonymus« finden oder in der Abteilung zur menschlichen Sexualität, die in den meisten zeitgenössischen oder esoterischen Buchhandlungen geführt wird.

● Flirten Sie mit Männern oder Frauen jeden Alters. Besuchen Sie einen Tanzkurs oder werden Sie Mitglied eines anderen Vereins, um als sexuelles Wesen mit der Welt in Verbindung zu bleiben.

Sie werden vielleicht überrascht sein, wohin Sie Ihre neugewonnene sexuelle Unabhängigkeit führen wird. Es ist bekannt, daß Frauen mittleren Alters, die durch eine Scheidung oder den Tod eines Ehemanns zum Single werden, sich nun zum ersten Mal in ihrem Leben anderen Frauen zuwenden, um eine intime sexuelle Bindung einzugehen.

Eine meiner Klientinnen erklärte ihre Wahl folgendermaßen: »Die verfügbaren Frauen in meiner Altersstufe sind um Klassen besser als die wenigen verfügbaren Männer, so daß Frauen in meiner jetzigen Lebensphase eine reizvollere Alternative als Sexual- oder Lebenspartner darstellen als Männer.«

Eine andere Alternative, die eine wachsende Zahl älterer Frauen ausprobiert, ist Sex mit jüngeren Männern. In den Jahren um Vierzig wird Sex zu einer eher körperlichen Angelegenheit. Er ist für uns weniger mit dem Gefühl verknüpft, wir müßten jemanden lieben, um Sex mit ihm zu haben. *Harper's Bazaar* faßte die jüngsten Forschungsergebnisse auf diesem Gebiet in einem Artikel zusammen, der damit schloß, daß »eine Frau in ihren Vierzigern mehr mit einem Mann in seinen Zwanzigern gemein hat als mit Männern ihres eigenen Alters«.

In einer Studie, die von Wissenschaftlern der University of Kansas und der Florida State University durchgeführt wurde, gaben einundsechzig Prozent der befragten Frauen im Alter zwischen zweiundzwanzig und fünfunddreißig Jahren an, daß sie primär Sex hätten, um ihre Liebe auszudrücken. Zweiundsechzig Prozent der befragten Frauen im Alter zwischen sechsunddreißig und siebenundfünfzig Jahren berichteten, daß ihre Gründe für Sex mehr körperlicher als emotionaler Natur seien, während fünfzig Prozent der älteren Männer »Liebe« und »Intimität« als primäre sexuelle Motive nannten.

Einer der Gründe, weswegen es zu dieser Umkehr in Erfahrung und Motivation zwischen Männern und Frauen kommt, besteht in der Tatsache, daß sowohl Männer wie Frauen das Hormon Testosteron bilden, wenn sie jünger sind. Testosteron ist die Hauptquelle unserer sexuellen Energie. Wenn Männer in die Jahre kommen, nimmt ihr Testosteronspiegel jedoch ab. Bei Frauen bleibt er konstant. Zusammen mit der Tatsache, daß ältere Frauen weniger weibliche Hormone wie Östrogen produzieren, führt das dazu, daß viele von ihnen ein Gefühl eines gesteigerten Sexualtriebes haben, während die männliche Sexualität gewissermaßen einen »Dämpfer« erhält.

Überdies sind auch psychologische Faktoren wirksam, wenn Frauen in fortgeschrittenen Jahren sexuell aktiver werden. Ende dreißig legen viele Frauen frühere Ängste und Hemmungen allmählich ab. Sie scheinen einfach nicht mehr relevant oder zweckdienlich zu sein. Frauen, die in ihren Zwanzigern und frühen Dreißigern Orgasmusprobleme hatten, stellen oft fest, daß sie ab Mitte Dreißig häufigere und intensivere Orgasmen erleben als jemals zuvor.

Vergeuden Sie diese Quelle der Freude und Lebenskraft nicht. Seien Sie erfinderisch und experimentierfreudig. Finden Sie ungefährliche, gesunde Ventile für Ihre Sexualität und widersetzen Sie sich den kulturellen Strafrichtern, die Sie der grundlegendsten und befriedigendsten aller menschlichen Erfahrungen berauben wollen. Falls Sie sich in einer festen Beziehung oder langjährigen Ehe befinden, nutzen Sie Ihr gesteigertes sexuelles Potential, um Ihren Ehemann oder Liebhaber zu erregen, der möglicherweise aufgrund seines gesunkenen Testosteronspiegels mehr Stimulation braucht. Seien Sie spielerisch und bereit, die Führung zu übernehmen. Sie werden Ihren Partner vielleicht empfänglicher und bereiter finden, als Sie es sich vorstellen können. Indem Sie die Hand nach ihm ausstrecken, werden Sie ihn dazu ermutigen, daß er Ihnen die seine auch in anderen Bereichen Ihres Lebens reicht.

7. Lernen Sie qualitativ erfülltes Altern von Vorbildern!

Profitieren Sie von der Weisheit anderer Frauen, die es geschafft haben, ihr Alter glänzend zu meistern. Machen Sie sich eine Liste von fünf oder sechs Frauen, von denen Sie das Gefühl haben, sie seien im Alter glücklich und erfolgreich gewesen. In meinen Workshops und Kursen kamen beispielsweise immer wieder die folgenden Namen zur Sprache:

Martha Graham, die tanzte, bis sie fünfundsiebzig Jahre alt war, und choreographierte, bis sie 1990 im Alter von sechsundneunzig Jahren starb.

May Sarton, die im Alter von dreiundachtzig Jahren ihr erstes Buch schrieb, das ein Bestseller wurde.

Georgia O'Keeffe, die malte, bis sie über neunzig Jahre alt war, und ihre letzten Jahre mit einem sehr viel jüngeren Lebensgefährten in ihrer kargen, schönen Einöde zubrachte.

Eleanor Roosevelt, die noch mit über Siebzig die Sozialpolitik beeinflußte und zur Entwicklung neuer Programme beitrug.

Imogen Cunningham, die bis ins hohe Alter die Essenz des weiblichen Geistes in ihren Fotografien einfing.

Grandma Moses, die noch malte und illustrierte, als sie hundert Jahre alt war.

Tina Turner, die ihre Karriere als Rockstar erneut begann, als sie bereits über Vierzig war, und die jetzt, wo sie über Fünfzig ist, noch immer das hat, was ein Musikjournalist einmal als die »besten Beine Amerikas« beschrieb.

Lesen Sie Autobiographien von Frauen, die qualitativ erfüllt gealtert sind, und listen Sie die Strategien auf, die diese Frauen anwendeten. Diskutieren Sie diese Strategien mit Freunden, um herauszufinden, welche sinnvoll sind und welche nicht. Erstellen Sie anschließend eine Liste der besten Strategien, die Sie in Ihrem eigenen Leben anwenden können, und kleben Sie sie irgendwohin, damit Sie ständig daran erinnert werden, daß Sie die Kraft haben, zu altern, und daß das Altern auch einzigartige Vorteile mit sich bringt.

8. Schöpfen Sie aus der Weisheit Ihrer Familie und Ihrer Freunde, indem Sie Gespräche über »qualitatives Altern« führen!

Statt sich einzig und allein auf Bücher zu verlassen, sollten Sie sich auch jenen widmen, die Sie persönlich kennen. Bereichern Sie Ihre Erfahrungen, indem Sie sich an Ihre eigene Familie und Ihre Freunde wenden. Sprechen Sie mit älteren Frauen. Setzen Sie sich mit Ihren älteren, noch lebenden Verwandten zusammen – Großmütter, Mutter, Tanten – und führen Sie ein »Altersinterview« mit ihnen, um von ihren Erfahrungen zu lernen. Wenn keine der älteren Frauen aus Ihrer Familie verfügbar ist – weil sie weit entfernt wohnen oder tot sind –, suchen Sie sich ältere Freundinnen oder Nachbarinnen.

Wenn Sie mit älteren Frauen von Angesicht zu Angesicht reden und ihren Erfahrungen und Beobachtungen lauschen, können Sie sicher sein, daß Sie von ihrer Weisheit profitieren und neue Einsichten über das Älterwerden gewinnen werden. Sobald Sie erst einmal angefangen haben, zu reden, läuft die Unterhaltung gewöhnlich fast wie von allein. Ältere Menschen, die man dazu ermutigt, über sich selbst zu sprechen, begrüßen diese Gelegenheit, sich mitzuteilen. Sie sollten sie unbedingt fragen, welchen Eindruck sie von Ihnen haben. Welchen Rat würden sie Ihnen angesichts der Probleme oder Sorgen, die Sie haben, geben? Was sollten Sie ihrer Meinung nach tun? Wenn Sie so vorgehen, zeigen Sie ihnen, daß Sie ihre Sicht der Dinge zu würdigen und zu schätzen wissen. Sie werden dadurch zu mehr als bloßen Interviewobjekten – es gibt ihnen das Gefühl, Einfluß zu nehmen zu können und involviert zu sein. Wenn die Atmosphäre entspannter ist und die Frauen offener, können Sie unter anderem die folgenden Fragen stellen:

● Wie fühlt man sich in deinem Alter? Was findest du schön an deinem Alter und was weniger schön? Inwiefern ist es anders, als du erwartet hast?

● Was war die beste Zeit in deinem Leben? Warum? Was war die schrecklichste Zeit? Warum? Warum war die beste soviel besser als die schrecklichste?

● Wie sehr und wie oft haben sich die Einstellungen zu Frauen während deines Lebens geändert? Inwiefern ist es heute besser oder schlechter? Haben wir Fortschritte erzielt oder an Boden verloren?

● Was weißt du heute, was du gerne als junge Frau gewußt hättest?

● Was kann ich tun, um qualitativ erfüllt zu altern? Was tust du?

● Welche Fehler hast du gemacht? Hast du etwas getan, was das Altern für dich schmerzhafter und schwieriger machte? Was war das? Was würdest du heute anders machen, wenn du könntest?

● Wie denkst du über den Tod? Was, glaubst du, wird passieren, wenn wir sterben? Wann, glaubst du, wirst du sterben? Wie? Gibt es etwas, was ich oder ein anderer tun kann, um dir bei dieser Erfahrung zu helfen?

Einige meiner Klientinnen haben ihre Gespräche auf Video aufgenommen. Video ist eine wundervolle Möglichkeit, um sich die Unterhaltungen, wann immer man will, wieder ins Gedächtnis zu rufen und von der Lebensklugheit der Gesprächspartnerinnen zu profitieren. Wenn eine Videoaufzeichnung nicht möglich ist oder es der Person, die Sie interviewen wollen, unangenehm ist, versuchen Sie, einen kleinen Kassettenrecorder benützen zu können. Wenn weder das eine noch das andere angemessen erscheint, machen Sie sich Notizen. Falls die Frauen, die Sie interviewen möchten, noch nicht entschieden haben, ob sie mitmachen sollen oder nicht, sollten Sie ihnen versichern, wie wichtig und hilfreich die Informationen für Sie sind, wie sehr Sie sie als Vorbild schätzen und wie sehr sie es zu würdigen wissen, von ihrer Erfahrung profitieren zu dürfen.

Wenn die Frauen, mit denen Sie reden, sich damit einverstanden erklären, daß ihre Geschichten auch anderen weitergegeben werden, stellen Sie ihre Gedanken und Einsichten in einer weiblichen Familienchronik zusammen und überreichen Sie Kopien davon allen jungen Frauen und Männern Ihrer Familie zum Geburtstag. Sie könnten die Interviews auch durchschauen, um nach Zitaten und Kommentaren zu suchen, die Sie am meisten bewegten und die für Sie am aufschlußreichsten waren. Schreiben Sie sie nieder und deponieren Sie den Zettel an einem sichtbaren Platz, wie auf Ihrem Schreibtisch oder an Ihrem Kühlschrank. Auf diese Weise werden Sie, was Ihren eigenen Alterungsprozeß angeht, ständig inspiriert und vorbereitet werden.

9. Schauen Sie sich Videos über qualitativ erfülltes Altern an

Beschränken Sie sich nicht auf Bücher und Familieninterviews, um mehr über qualitativ erfülltes Altern zu erfahren. Zahlreiche Filme erzählen Geschichten von realen und fiktiven Frauen, die mit Würde und Leidenschaft älter geworden sind.

Harold und Maude
Eine kluge und verrückte Frau in ihren Achtzigern (glänzend gespielt von Ruth Gordon) bringt einem selbstmordgefährdeten Achtzehnjährigen bei, wie man lacht, liebt und lebt.

Am goldenen See
Ein Film über Familie und Beziehungen, der auf ergreifende Weise die Frustration und Furcht einer Frau (Katharine Hepburn) schildert, die sich um ihren alternden Mann sorgt, dessen Leben langsam zu Ende geht.

Grüne Tomaten

Jessica Tandy spielt eine dreiundachtzigjährige Heimbewohnerin, die einer jüngeren Frau dabei hilft, ihren Lebensmut wiederzufinden, indem sie ihr ihre eigene erstaunliche Lebensgeschichte erzählt.

Miss Daisy und ihr Chauffeur

Eine ältere Jüdin (Jessica Tandy) bezwingt ihren Stolz und ihre Vorurteile und läßt die Entwicklung einer intensiven Beziehung zu ihrem schwarzen Chauffeur zu.

Jede dieser Rollen lehrt uns etwas darüber, wie wir sinnvoll und mit Würde altern können. Alle Frauen blieben aktiv und vital bis zu ihrem Ende. Alle blieben in Kontakt zu den Menschen, die ihnen wichtig waren. Alle wurden für andere zu Lehrerinnen. Alle blieben kreativ und versuchten, so viele Aspekte ihres Lebens wie möglich miteinander zu verbinden. Einige hatten körperliche Gebrechen oder Krankheiten, kümmerten sich aber nicht weiter darum, sondern sorgten lediglich dafür, daß sie eine angemessene medizinische Versorgung erhielten. Für diese Frauen zählte jeder Tag, weil sie einen Lebenssinn hatten.

Das Schreiben dieses Kapitels war für mich eine bemerkenswerte Erfahrung. Ich empfinde beträchtlich weniger Angst und Sorge vor dem Älterwerden und dem Tod als früher. Ich kann nicht sagen, daß ich beides begrüße, aber ich fühle mich gewappneter, weil beides eine bedeutsamere Rolle in meinem Leben spielt. Ich habe schließlich ein Testament gemacht, meine Lebensversicherung überprüft und mich von Kopf bis Fuß routinemäßig durchchecken lassen. Ich begann mit einem systematischen Trainingsprogramm, um künftige körperliche Probleme zu minimieren und meine Lebensqualität zu maximieren. Ich hoffe, daß dieses Kapitel Ihnen dieselbe Art von Hoffnung und Stärke vermittelt hat, damit Sie das, was Sie gelernt haben, jetzt auch in die Tat umsetzen können. Sehen Sie es als Ihre Aufgabe, sich um qualitativ erfülltes Altern genauso aufmerksam wie um Ihren Beruf zu kümmern, ungeachtet dessen, wie alt oder wie jung Sie sind. Wenn wir Frauen mit einer Stimme sprechen und handeln, halten wir die Macht in Händen, die Erfahrung weiblichen Alterns in diesem Land auf fundamentale Weise zu verändern – und aus etwas Ungesundem etwas Gesundes und Lohnenswertes zu machen.

7

Die Erschöpfungsdepression

*Manchmal arbeite ich wie besessen und vernachlässige
mich darüber ungewollt selbst. Wenn ich mir in dieser
Hinsicht keine Grenzen setze ... führt das schnell dazu,
daß ich mich niedergeschlagen fühle. Eine Depression
ist das dann noch nicht, aber die altbekannten Gefühle
von Kraftlosigkeit und Einsamkeit können mich in
einer solchen Stimmung leicht einholen.*

Claudia Black, Mitbegründerin der »Adult Children of
Alcoholics«, erwachsenen Kinder von Alkoholikern.

Es war ein strahlendschöner Mittwochmorgen. Aber für Alice
schien er düster und grau. Am liebsten wäre sie im Bett geblieben.
Die Hilflosigkeit und die Angst, die sie in ihren Träumen verfolgt
hatten, ließen sie verkrampft und erschöpft erwachen. Als sie so
dalag und versuchte, all ihre Kräfte für den vor ihr liegenden Tag zu
sammeln, dachte sie an ihren alten Lieblingssong von Billie Holiday
»Good Morning Heartache«. In diesem Lied beschreibt Billie Holiday ihren Schmerz als so hartnäckig, daß sie den Kampf gegen ihn
schließlich aufgibt, ihm statt dessen die Tür öffnet und ihn einlädt,
ihr Begleiter zu sein.

An Tagen wie diesen hätte sich die achtunddreißigjährige Alice
am liebsten die Bettdecke über den Kopf gezogen und sich in ein
Kopfkissen gekuschelt. Das letzte, wonach ihr der Sinn stand, war,
sich all den Menschen und der ganzen Verantwortung zu stellen,

die auf sie warteten. Sie wollte keine Ehefrau oder Mutter sein. Sie wollte nicht die Hüterin der Hunde, die Geschäftsführerin eines hektischen Haushalts oder jedermanns Freundin sein. Und sie wollte mit Sicherheit keine Kinderärztin sein. An solchen Tagen konnte sie ja ihre eigenen Kinder kaum ertragen.

So müde sie sich auch fühlte – Alice wußte aus Erfahrung, daß alles nur noch schlimmer würde, wenn sie im Bett bliebe. Also stand sie auf. Nachdem sie einen arbeitsreichen Morgen damit zugebracht hatte, einen lebhaften Vierjährigen zu bändigen und ein gereiztes zahnendes Kleinkind zu beruhigen, hetzte sie in die Klinik, in der sie von einer endlos erscheinenden Reihe weiterer wimmernder, kreischender Kinder empfangen wurde.

Alice liebte Kinder über alles, aber sie war mit ihren Nerven dermaßen am Ende, daß sie die Kinder nicht mehr wie kleine kranke Patienten betrachten konnte – sie erschienen ihr jetzt mehr und mehr wie kleine Monster. Im Laufe des Nachmittags fühlte sie sich von Stunde zu Stunde erbärmlicher und elender. Zwischen fast jedem Termin eilte sie schnell in ihr Büro, um einmal tief Luft zu holen und sich eine Handvoll Bonbons in den Mund zu stopfen.

Alice wußte, daß alles, was sie von dem süßen Zeug bekommen würde, unerwünschte Kalorien waren. Aber die Nascherei stellte auch eine Belohnung dar und gab ihr Energie. Es war eine der seltenen Gelegenheiten, wo sie nehmen konnte, statt zu geben, wo sie bestimmen konnte, was *sie* wollte und wann *sie* es wollte. Als sie mit ihrem letzten Patienten fertig war, hatte sie auch die ganze Packung Bonbons verzehrt, die sie erst vor sechs Stunden angebrochen hatte.

Alice blieb nichts anderes übrig, als weiterzuhetzen. Kaum war sie zu Hause, begann ihre »zweite Schicht«. Nachdem sie die Kinder gefüttert, gebadet und ihnen eine aufregende Episode aus Dr. Seuss' *Grüne Eier mit Speck* vorgelesen hatte, begrüßte sie ihren Mann Paul, der ebenfalls von einen langen Arbeitstag nach Hause kam. Sie stellte eine Tiefkühllasagne in die Mikrowelle und fing an, Salat zu putzen. Sie war so gestreßt und frustriert, daß es sie allergrößte Mühe kostete, bei der Schilderung ihres hektischen Tagesablaufs nicht laut zu werden.

Alice arbeitete nicht jeden Abend, doch an diesem Abend fühlte sie sich dazu gezwungen, mindestens zwei Punkte von ihrer ständig länger werdenden »Noch zu erledigen«-Liste abzuarbeiten. Also saß sie bis gegen halb zehn Uhr abends am Küchentisch, hörte die eingegangenen Telefonate durch, schlug sich mit einem Stoß Papierkram herum und arbeitete überdies eine Rede aus. Kurz vor ein Uhr nachts fiel sie völlig erledigt ins Bett. Obwohl sie vom vielen Arbeiten absolut erschöpft war und die Tatsache sie frustrierte, daß in weniger als fünf Stunden die ganze Tretmühle wieder von vorne anfangen würde, gab es ihr doch einen gewissen Auftrieb und ein Gefühl von Stolz, daß sie wieder einmal »alles geschafft« hatte. Was sie nicht wahrhaben wollte, war, daß nicht sie die Arbeit, sondern die Arbeit sie schaffte.

Auf diese Weise hatte sich bei Alice während der letzten Jahre eine Erschöpfungsdepression eingeschlichen. Ihr Perfektionismus, ihr ausgeprägtes Verantwortungsgefühl den Kindern gegenüber und ihr aufreibender Beruf kulminierten in einer enormen Mehrfachbelastung. Es war eine Rollenüberladung, an die sie sich gewöhnt hatte; und weil sie soviel arbeitete, merkte sie nicht einmal, daß sie sich häufig schlechtfühlte. Jedes aufkeimende negative Gefühl schluckte sie wieder hinunter und beruhigte sich damit, daß es ihr lediglich an Schlaf fehlte und sie in nächster Zeit wirklich einmal einen »Ruhetag« einlegen würde.

Es kam Alice nie in den Sinn, daß sie sich selbst auf gefährliche Weise ihrer inneren Reserven beraubte, indem sie sich unerbittlich antrieb und darüber vergaß, sich um sich selbst zu kümmern. Die Süßigkeiten und die Kekse, mit denen sie sich die benötigte Energie zuzuführen glaubte, gefährdeten ihre bisher stabile Gesundheit. Sie lagerten sich verstärkt auf ihren Hüften ab und nahmen ihr die Lust auf gesundes, vollwertiges Essen.

Alice ist kein Einzelfall. Heutzutage kennen Millionen amerikanischer Frauen dieses Gefühl. Erschöpfungsdepressionen haben sich im Lauf der neunziger Jahre epidemieartig ausgebreitet. Die meisten von uns leiden unter Zeitnot; wir müssen zu viele Dinge in zu kurzer Zeit erledigen. Noch nie standen Frauen vor so vielen Möglichkeiten, aber auch vor so vielen Anforderungen wie heute.

Unser Traditioneller Kern bestärkt uns darin, die traditionelle Rolle der Ehefrau und Mutter zu übernehmen. Wir sollen uns in einer Welt sicher und aufgehoben fühlen, in der alles seinen gewohnten Gang geht: Der Mann verdient die Brötchen, und die Frau schiebt sie in die Röhre. Heutzutage passen allerdings weniger als vierzehn Prozent aller amerikanischer Frauen in dieses Klischee der traditionellen Familie. Dennoch sind viele Frauen nicht dazu in der Lage, ihre herkömmlichen Rollen abzulegen – sie halten an ihnen fest und ergänzen sie durch all die notwendigen neuen Rollen, um den Traditionellen Kern zu besänftigen und ruhigzustellen. Wir haben gelernt, uns so lange als unvollkommen zu betrachten, bis wir »alles« haben, was bedeutet: Wir verwöhnen unseren Traditionellen Kern auch weiterhin, trotz der ungeheuren Anforderungen, mit denen wir in einer immer untraditionelleren Welt konfrontiert werden.

Viele von uns finden sich in Rollen wie die der Geschäftsführerin, Unternehmerin, ehrenamtlichen Mitarbeiterin, Geliebten, Freundin, Mentorin, Mutter und Organisatorin wieder – und oft bekleiden wir alle Rollen auf einmal, nur um den Traditionellen Kern zufriedenzustellen. Was kommt dabei heraus? Eine Nation erschöpfter Frauen. So gut wie jede Frau, die ich kenne, zeigt zumindest Anzeichen einer Erschöpfungsdepression. Und wenn sie gefragt werden, wie es ihnen geht, werden Ihnen die meisten Frauen – falls sie ehrlich sind – antworten, daß sie müde oder erschöpft sind.

Eine Erschöpfungsdepression wird definiert als die schlechten Gefühle, die entstehen, wenn Frauen aufgrund der Rollenanforderungen und Rollenkonflikte, denen sie sich heutzutage gegenübersehen, chronisch müde, überfordert, gestreßt und ausgepowert sind.

Zu den typischen Symptomen einer Erschöpfungsdepression gehören Schlafmangel; chronische Müdigkeit; gesteigerte Eßlust; Rauchen; Perfektionismus; Zerstreutheit; Gereiztheit; die Einnahme von Schlafmitteln oder das Trinken von Alkohol, um Schlafstörungen zu bekämpfen und etwas zur Beruhigung zu tun; durch Streß bedingte körperliche Probleme; das Gefühl, immer irgendwelchen

Terminen hinterherzurennen; das vermehrte Auftreten von Fehlern, zu denen es kommt, weil wir zu viele Dinge in zu kurzer Zeit erledigen müssen; und wiederholte Ausbrüche von ungeduldigem Verhalten, zu denen es kommt, wenn wir beispielsweise irgendwo warten müssen, im Verkehr steckenbleiben oder von jemandem behindert werden, der sich unserer Meinung nach nicht schnell genug voranbewegt und uns »im Weg« ist.

Frauen sind für Erschöpfungsdepressionen empfänglich, gleichgültig, ob sie nun ein traditionelles oder nichttraditionelles Leben bewältigen müssen. Berufstätige Mütter sind anfällig, weil sie viele unterschiedliche Anforderungen unter einen Hut bringen müssen – sie arbeiten und fühlen sich für zwei Bereiche ihres Lebens verantwortlich. Mütter, die zu Hause bleiben, sind nicht weniger anfällig, weil Kinder und Haushalt sie ständig fordern und sie in ihrer traditionellen Rolle nicht genügend Anerkennung und Unterstützung von anderen Erwachsenen finden. Bei alleinstehenden Frauen stellt sich Erschöpfung ein, weil sie sich auf beruflicher und privater Ebene Höchstleistungen abverlangen, um in einer Gesellschaft bestehen zu können, die sehr viel Wert auf die Zweierbeziehung legt und unverheiratete Frauen oft nicht ernst nimmt oder sie als potentielle Versuchung für verheiratete Männer betrachtet.

Verheiratete Frauen ohne Kinder werden sowohl von der Familie als auch von der Gesellschaft dazu gedrängt, Kinder in die Welt zu setzen, um dem Makel zu entkommen, als unvollkommen zu gelten. Manche fühlen sich genötigt, ihre Kinderlosigkeit durch zahlreiche andere Aktivitäten zu kompensieren. Geschiedene und lesbische Frauen werden von einigen immer noch als Versagerinnen oder als Strandgut der Gesellschaft angesehen. Die Gesellschaft unterstellt, daß eine Trennung hätte vermieden werden können oder daß sich die Frauen für die »erste Wahl« – sprich den Mann – entschieden hätten, wenn sie ihrer angestammten Rolle als »Beziehungspflegerin« nur gewissenhaft genug nachgekommen wären. Richten wir uns nicht nach diesen traditionellen kulturellen Vorlieben, müssen wir beachtliche Energie aufbringen, um unser Selbstwertgefühl und unser Selbstbewußtsein aufrechtzuerhalten. Dies kann leicht zu einer chronischen Erschöpfungsdepression führen.

Die Erschöpfungsdepression ist zweifellos der Preis, den viele Frauen zahlen müssen, um in den neunziger Jahren zu überleben. Gefühle der Überlastung, der Frustration, der Erschöpfung und des Rückzugs sind normale Reaktionen in diesem Zeitalter der Angstattacken. Diese Zustände wecken in vielen von uns Gesunde Depressionen — so war es auch bei Alice. Ihre Gefühle waren eine angemessene Reaktion auf die permanenten, vielfältigen Ansprüche, mit denen sie tagtäglich konfrontiert wurde. Trotz der hohen Anforderungen und schlechten Gefühle war Alice dennoch in der Lage, halbwegs, wenn auch nicht optimal, zu funktionieren, weshalb sie auch keine Ungesunde, sondern eine Gesunde Depression durchmachte.

Ungefähr eine Woche nach Alices letztem Marathonstreßtag bemerkte sie einen roten Ausschlag auf ihrem Hals, den ihr Dermatologe für streßbedingt hielt. Es war ihr peinlich, daß man ihr den Streß derart ansah. Doch ihre gerötete Haut motivierte sie dazu, den Ursachen ihres Stresses nachzugehen und sich zu fragen, ob ihr Tagespensum und ihre Erwartungen nicht vielleicht doch unrealistisch waren. Schließlich erkannte sie, daß sie mit ihrem bisherigen Leben nur so weitermachen mußte, um ihre schlechten Gefühle noch zu verschlimmern, in eine Ungesunde Depression zu gleiten und letztlich zusammenzubrechen.

Genau wie bei Alice könnte es auch bei Ihnen Zeit für eine Veränderung sein. Wenn Sie herausfinden wollen, wie anfällig Sie für eine Erschöpfungsdepression sind, machen Sie den nachfolgenden Test. Sie sollten Ihre Erschöpfungsdepression aufdecken, bevor sie sich in körperlichen Symptomen, Krankheit oder einer Ungesunden Depression niederschlägt. Auch wenn es nicht zum Schlimmsten kommt — ständige Erschöpfung stellt eine beträchtliche Beeinträchtigung der Lebensqualität dar. Und das auch noch völlig unnötigerweise. Die Aktionsstrategien im letzten Teil dieses Kapitels werden Ihnen dabei helfen, Ihre Erschöpfungsdepression zu lindern oder sie im Rahmen zu halten, falls sie unvermeidlich ist.

Test zur Erschöpfungsdepression

Welche Rolle spielt die Erschöpfungsdepression in Ihrem Leben? Beantworten Sie die folgenden Fragen mit JA oder NEIN.

1. Bekommen Sie durchschnittlich weniger als sieben Stunden Schlaf pro Nacht? _____

2. Sind Sie für die Pflege eines/einer älteren Verwandten zuständig bzw. Mutter eines oder mehrerer Teenager, oder haben Sie ein Kind unter sechs Jahren? _____

3. Haben Sie oft das Gefühl, daß Sie soviel tun können, wie Sie wollen, die Arbeit aber nie weniger wird? _____

4. Werden Sie schnell gereizt oder ungeduldig, wenn Sie warten müssen, im Verkehr steckenbleiben oder Ihnen eines der kleinen Malheurs passiert, zu denen es im Laufe eines Tages ganz unvermeidlich kommt? _____

5. Graut es Ihnen vor Feiertagen, Geburtstagen, Jubiläen und ähnlichen Ereignissen, weil diese für Sie mit mehr Arbeit und Organisationsaufwand verbunden sind? _____

6. Müssen Sie täglich mehr als zwei Rollen erfüllen, oder ertappen Sie sich oft dabei, wie Sie mehrere Dinge gleichzeitig tun (beispielsweise telefonieren, während Sie das Abendessen zubereiten und die Kinder beaufsichtigen)? _____

7. Ist es in letzter Zeit häufiger vorgekommen, daß Sie aufgrund Ihres permanenten Wettlaufs mit der Zeit wichtige Dinge wie Schlüssel, Geld, Verabredungen oder den Überblick verloren bzw. etwas vergessen haben? _____

8. Essen Sie oft zuviel, oder versuchen Sie, durch den Genuß von »Junk Food« neue Energie, Trost oder Freude zu tanken; und/oder zünden Sie sich eine Zigarette an, wenn Sie gestreßt oder müde sind? _____

9. Stecken Sie zu Hause oder bei der Arbeit in einer signifikant unglücklichen Beziehung? _____

10. Befinden Sie sich in mindestens einer Gruppe, die Ihnen am Herzen liegt, in der »Minderheit« (sind Sie beispielsweise eine ethnische »Minderheit«, lesbisch, die einzige Frau in einer sonst reinen Männergruppe, die einzige

nichttraditionelle Frau in einer Gruppe traditionell einge-
stellter Frauen, oder umgekehrt)?   _____

Anzahl der mit JA beantworteten Fragen: _____

Auswertung

(0–2) Ihr Leben befindet sich im Gleichgewicht:
Herzlichen Glückwunsch!

Sie haben keine oder nur eine geringfügige Erschöpfungsdepression. Man kann Ihnen nur gratulieren, denn Sie haben es geschafft, Ihre eigenen Bedürfnisse und die der anderen unter einen
Hut zu bringen und der Tyrannei des negativen Traditionellen
Kerns zu entfliehen. Freuen Sie sich darüber – es ist eine reife
und nicht selbstverständliche Leistung. Denken Sie darüber nach,
welche Strategien Sie anwenden, um im Gleichgewicht zu bleiben. Sie sollten Ihre Erkenntnisse schriftlich festhalten, um in besonders streßintensiven Zeiten bewußter auf sie zurückgreifen zu
können.

(3–5) Achtung: Sie sind anfällig!

Obwohl Sie möglicherweise das Gefühl haben, Ihr Leben befinde
sich in gewisser Weise im Gleichgewicht, ist Ihre zeitliche Belastung
– und das Ausmaß Ihrer Erschöpfungsdepression – durchaus pro-
blematisch. Überlegen Sie sich gut, was Sie machen, und laden Sie
sich lieber nichts Neues auf, bevor sich der Streß in Ihrem Leben
nicht gelegt hat und Sie sich nicht mehr so überlastet fühlen. Setzen
Sie Prioritäten. Betrachten Sie es als Herausforderung, so viele
Aufgaben wie möglich an andere zu delegieren. Und bedenken Sie,
wie viele Aufgaben sich schon allein dadurch erledigt haben, daß
man von der fixen Idee abkommt, diese überhaupt erledigen zu
müssen.

(6–7) Sie befinden sich im fortgeschrittenen Stadium
einer Erschöpfungsdepression, die leicht in eine Ungesunde
Depression übergehen könnte.

Sie überstrapazieren sich ernsthaft, sowohl in physischer wie emotionaler Hinsicht. Während Sie immer mehr arbeiten, geht Ihnen

immer mehr Lebensfreude verloren. Die Wahrscheinlichkeit, daß Sie krank werden oder eine Vielzahl körperlicher Symptome entwickeln, stehen nicht schlecht. Ihre Beziehungen zu anderen Menschen sind wahrscheinlich weniger gut, als Sie gerne zugeben möchten, weil Sie einfach nicht die Zeit und Energie aufbringen können, um befriedigende Beziehungen zu erhalten. Wenn Sie nicht sofort Ihr Leben ändern, Ihren täglichen Streß reduzieren und Ihrer rollenspezifischen Überlastung Grenzen setzen, werden Sie bald völlig ausgebrannt sein und sich mitten in einer Ungesunden Depression wiederfinden.

(8–10) Gefahr: Sie befinden sich bereits im roten Bereich!

Die Anforderungen, die an Ihre Zeit und Energie gestellt werden, sind extrem hoch und setzen Sie der Gefahr eines körperlichen und/oder emotionalen Zusammenbruchs aus. Sie sind am Ende Ihrer Kräfte und total überlastet. Es ist sehr wahrscheinlich, daß Sie bereits eine Ungesunde Depression haben oder geradewegs in eine hineinsteuern. Sie sollten sich ernsthaft Gedanken darüber machen, warum Sie versuchen, soviel auf einmal in Angriff zu nehmen und warum Sie es allen Menschen ständig recht machen wollen. Sie sollten sich – je nach dem Grad Ihrer Depression – über einen längeren oder kürzeren Zeitraum in Behandlung begeben. Eine professionelle Beratung wird Ihnen helfen, eine Antwort auf diese »Frage aller Fragen« zu finden, und Sie dazu anhalten, Prioritäten zu setzen, Ihre Wertmaßstäbe zu überdenken, Ihre Grenzen neu zu definieren und zu lernen, wie und wann Sie »nein« sagen sollten.

Was können Sie gegen eine Erschöpfungsdepression tun, wenn Sie an einer leiden? Der erste Schritt besteht darin, sich etwas Zeit zu nehmen und verstehen zu lernen, warum Sie sich überhaupt in einer solchen Situation befinden. Bleiben Sie nicht an so offensichtlichen Gründen wie einem Schlafdefizit hängen, sondern graben Sie tiefer. Finden Sie heraus, warum Sie so wild darauf sind, sich über alle Maßen abzuarbeiten. Dann nehmen Sie sich die Aktionsstrategien vor. Sie werden Ihnen helfen, Ihre Erschöpfung abzubauen, wieder mehr ins Gleichgewicht zu finden und eine Immunität gegenüber Ungesunden Depressionen aufzubauen.

Die Ursachen einer Erschöpfungsdepression

1. Frauen haben heutzutage mit einer größeren Rollenüberlastung zu kämpfen als jemals zuvor

Die Arbeit einer Frau endet nie. Das ist zwar ein altes Sprichwort, aber nie war es zutreffender als heute. Als Ehefrauen kommen wir gewöhnlich von der Arbeit nach Hause, um hier unsere zweite Schicht anzutreten. Frauen erledigen fünfundsiebzig Prozent der lästigen Hausarbeit und fungieren oft als Managerinnen des Haushalts, indem sie für die gesellschaftlichen Termine des Paares zuständig sind, für die Finanzen und für die vielen anderen kleinen Dinge, die man braucht, um essen, schlafen und ein gemütliches Zuhause haben zu können. Diese rollenbedingte Überlastung macht es zusehends schwieriger, den Überblick zu behalten. Je chaotischer unser Leben wird, desto erschöpfter werden wir.

Selbst in Partnerschaften, in denen Mann und Frau an »Rollengleichheit« glauben, kommen die Frauen, wie eine Studie zeigt, auf durchschnittlich zweiunddreißig Wochenstunden Kinderbetreuung und Hausarbeit, während ihre »befreiten« männlichen Partner weniger als elf Stunden in der Woche für derartige Aufgaben aufbringen. Eine andere Studie, durchgeführt von einem Wissenschaftler an der University of Wisconsin, kam zu dem Ergebnis, daß traditionell eingestellte Männer, obwohl sie die gleiche Stundenzahl in ihrem Büro zubrachten wie ihre Kolleginnen, zu Hause beträchtlich weniger mitarbeiteten, einfach weil sie »Hausarbeit haßten«. Nichttraditionelle Frauen verbringen zwar weniger Zeit mit Kinderbetreuung und Hausarbeit, brachten es aber zwischen Beruf und Haushalt immer noch durchschnittlich auf eine Achtundfünfzigstundenwoche. In ihrem Buch *The Second Shift* schreibt die Soziologin Arly Hochchild, daß Männer »sich von allem nur die Rosinen herauspicken«: Sie ziehen persönlichen Nutzen aus den

Gehältern ihrer Frauen, tragen jedoch selten das ihre zur Instandhaltung des gemeinsamen Haushalts bei, den gleichwohl beide zum physischen und emotionalen Überleben brauchen.

Single zu sein oder zu werden, bewahrt einen auch nicht vor dieser kräfteverschleißenden Rollenüberlastung. Weibliche Singles haben mit einem erheblichen Zeit- und Leistungsdruck zu kämpfen, weil es ein hohes Maß an Anstrengung und Organisationsgeschick erfordert, sowohl aktiv am gesellschaftlichen Leben teilzunehmen, als auch zu versuchen, die Karriereleiter hinaufzuklettern oder mit dem Tempo des Fließbands bzw. der Schreibzentrale Schritt zu halten. Die ständige Plackerei hinterläßt bei weiblichen Singles häufig so starke Erschöpfungsgefühle, daß sie oft nicht einmal mehr in der Lage sind, die elementarsten Dinge in ihrem Leben zu regeln, geschweige denn, sich mit anderen Menschen zu verabreden oder neue Beziehungen zu knüpfen.

Vor allem an Feiertagen steigt die Anfälligkeit für Erschöpfungsdepressionen, da dies die Hochphase unseres Traditionellen Kerns ist. Wir müssen noch mehr leisten, wir haben noch mehr zwischenmenschliche Verpflichtungen, und es werden noch höhere Erwartungen an uns gestellt als zu anderen Zeiten des Jahres. Viele von uns sind nach Weihnachten oder Silvester so erschöpft, daß sie Wochen oder gar Monate brauchen, bis sie sich wieder einigermaßen erholt haben. »Wintertiefs« sind oft unerkannte Erschöpfungsdepressionen.

Es ist kein Wunder, daß Frauen – gleichgültig, ob ledig, verheiratet oder geschieden, ob mit Kindern oder ohne – ständig das Gefühl haben, daß sie auf einer Bühne stehen und man von ihnen erwartet, daß sie alle Rollen übernehmen. Wobei es im wirklichen Leben im Gegensatz zum Theater meist nicht einmal eine Pause gibt. Schlimmer noch, oft bleibt uns auch noch die Anerkennung für eine meisterhafte Aufführung verwehrt. Statt uns gelegentlich selbst mit Ovationen zu belohnen und eine wohlverdiente Pause einzulegen, stürzen wir uns sofort auf die nächste Rolle, denn der Hunger unserer modernen Gesellschaft nach weiblicher Rollenerfüllung ist grenzenlos. Wir sind nicht nur der Star in unserer eigenen Show, man erwartet auch noch von uns, daß wir die weibliche Nebenrolle, den Regisseur, den Inspizienten, den Platzanweiser und den Hausmeister spielen, und zwar zum Wohle all jener, die um uns herum sind.

2. Frauen leiden an einer neuen Art ökonomischer und emotionaler Müdigkeit

In den Neunzigern eine Frau zu sein, das bedeutet, sich in Folge unserer ökonomischen und emotionalen Kämpfe über alle Maßen müde und erschöpft zu fühlen. Dies ist das gemeinsame Band, das praktisch jede Frau, die ich kenne und der ich begegne, miteinander verbindet – ohne Rücksicht auf Alter, Rasse, Beruf oder wirtschaftliche Situation. Wenn Sie heute eine Frau sind, ist die Wahrscheinlichkeit groß, daß Sie auf eine Art chronisch erschöpft sind, wie es Frauen früherer Generationen nicht gewesen waren. Die unsichere Wirtschaftslage, der weltweite Konkurrenzkampf, steigende Preise, die weder vor Lebensmitteln noch vor Studiengebühren haltmachen, schlechtbezahlte Jobs, die prekäre Arbeitsplatzsituation, die sowohl unsere Männer wie uns selbst trifft, und eine außergewöhnlich hohe Scheidungsrate haben den Großteil der Frauen dazu gezwungen, allein oder zumindest anteilsmäßig die Familie zu ernähren und sich dabei ganz erheblich zu verausgaben.

Zum ersten Mal in der Geschichte müssen viele Frauen Geld verdienen, damit sie überleben oder ihrer Familie einen angemessenen Lebensstandard erhalten können. Und für viele von uns scheint sich das nicht einmal auszuzahlen. Kürzlich wurde in *Newsweek* unter der Überschrift »Leben am Abgrund« eine Umfrage zitiert, wonach nur zweiundsechzig Prozent aller amerikanischen Haushalte ihren Lebensstandard als zufriedenstellend bezeichnen – das ist die niedrigste Quote seit 1963. Wir sind zu der bitteren Erkenntnis gelangt, daß es unsere Kinder möglicherweise nicht unbedingt einmal besser haben werden – vielleicht nicht einmal genausogut –, trotz all unserer Anstrengungen, die derzeitigen wirtschaftlichen und politischen Gegebenheiten zu verändern.

Der Druck, Geld verdienen zu müssen, verschlimmert bei vielen Frauen ihre depressiven Gefühle, weil nun zu ihrer ohnehin schon überlangen Liste der Pflichten und Erwartungen auch noch die Rolle der Brötchenverdienerin hinzukommt. Bei nicht wenigen Frauen kollidiert die Notwendigkeit, eine Arbeit außer Haus anzutreten, mit ihrem Wunsch, zu Hause zu bleiben und sich um die Erziehung ihrer Kinder zu kümmern. Nach einer neueren Arbeitsmarktstatistik sind in Amerika gegenwärtig zum ersten Mal über die Hälfte aller Mütter mit Kindern von einem Jahr oder jünger berufstätig. Dies bedeutet eine drastische Zunahme gegenüber den späten siebziger Jahren, in denen weniger als dreißig Prozent der Mütter noch vor dem ersten Geburtstag ihres Kindes in den Beruf zurückkehrten. Fast dreißig Prozent der Erstgebärenden sind zur Zeit unverheiratete Mütter. Dieser Prozentsatz ist mehr als doppelt so hoch wie in den sechziger Jahren. Die große Mehrheit dieser Mütter ist für die ökonomische und emotionale Situation ihrer Kinder allein verantwortlich – das macht sie zu einem bevorzugten Opfer einer Erschöpfungsdepression.

Die extreme Erschöpfung resultiert nicht allein aus dieser Rollenüberlastung, sondern ist auch ein Ergebnis der Gegebenheiten am Arbeitsplatz. Wie wir bereits im Kapitel über die Opferdepression gesehen haben, sind Frauen ständig mit einer tiefverwurzelten, wirtschaftlichen Diskriminierung konfrontiert, die so erschöpfend und entmutigend ist, wie sie finanziell repressiv und unfair ist. Wenn Sie glauben, die Dinge hätten sich mittlerweile dank der Frauenbewegung und anderer Faktoren zum Besseren gewendet, übersehen Sie eine Hauptursache Ihrer Erschöpfungsdepression. Denken Sie einmal über die folgenden Fakten nach: Die Zahl der Frauen, die in zwei Berufen arbeitet, ist seit 1970 um fünfhundert Prozent gestiegen, während im selben Zeitraum ihr durchschnittlicher Stundenlohn um beinahe fünf Prozent gefallen ist. Laut *New York Times* bekommt eine Frau für ihre Arbeit im Schnitt nur sechzig bis siebzig Prozent von dem bezahlt, was ein männlicher Arbeitnehmer bekommt.

Ein anderer, naheliegender Grund für unsere Ermüdungserscheinungen ist natürlich der Schlafmangel. Lydia Dotto schreibt in ihrem Buch *Losing Sleep*, daß wir »gegen eine globale Epidemie der Müdigkeit ankämpfen«. Ein kürzlich in der *Time* erschienener

Bericht unterstrich Dottos Feststellung und führte weitere Beispiele dafür an, daß »Schlafmangel eines der meistverbreiteten Probleme in den USA« ist.

Die überwiegende Mehrheit der amerikanischen Frauen schläft im Durchschnitt nur fünf bis sechs Stunden pro Nacht und nicht die empfohlenen sieben bis acht Stunden, die wir nach Ansicht von Experten eigentlich bräuchten, um voll leistungsfähig zu sein. Über einen längeren Zeitraum hinweg führt Schlafmangel zu einer Erschöpfung, die sich nicht so leicht wieder beheben läßt. Dadurch, daß man am Wochenende Schlaf »nachzuholen« versucht, indem man zehn bis zwölf Stunden schläft, wird der chronische Mangel nur teilweise ausgeglichen. Wenn wir auf Dauer jede Nacht zwei oder drei Stunden weniger schlafen, als es für unseren Körper nötig wäre, provozieren wir geradezu eine Erschöpfungsdepression, weil wir weniger Energie haben, nicht klar genug denken können und viel anfälliger für Krankheiten, Unfälle, Gereiztheiten und Konflikte werden.

3. Was es heißt, in einer wenig hilfsbereiten Gesellschaft für Kinder verantwortlich zu sein

Nie waren Eltern – gleichgültig, in welchem Alter ihre Kinder sind – so streßanfällig wie heute. Die *National Commission on Children,* der Nationale Ausschuß für Kinder, berichtete im Herbst 1991, daß achtunddreißig Prozent der Erwachsenen, die man befragt hatte, der Überzeugung waren, daß es nie schwieriger war, Eltern zu sein. Siebenundachtzig Prozent befanden sich in finanziellen Schwierigkeiten, und einundachtzig Prozent bekannten, zu wenig Zeit mit ihren Kindern zu verbringen.

Es gibt zwei Hauptursachen für den großen Streß, den viele Eltern verspüren. Eine davon ist die Tatsache, daß wir in einer Gesellschaft leben, die Status, Geld und beruflichen Erfolg über zwischenmenschliche Beziehungen, Kinder und Elternschaft stellt. Und die zweite ist die deprimierende Tatsache, daß die Möglichkeiten der Kinderbetreuung nach wie vor sehr begrenzt und teuer sind. »Aus unzähligen Studien geht hervor, daß es für den Seelenfrieden amerikanischer berufstätiger Mütter nichts Wichtigeres gibt als adäquate Kinderbetreuung, doch die Zahl der Firmen, die diese anbietet, ist nach wie vor verschwindend gering«, stellt die Psychologin Dr. Faye Crosby, Autorin des Buches *Juggling: The Unexpected Advantages of Balancing Career and Home for Women and Their Families* fest.

Kürzlich wurde während einer Senatsanhörung von einer Umfrage berichtet, bei der mehr als fünfundsiebzig Prozent der Mütter angegeben hatten, keine geeigneten Kinderbetreuungsmöglichkeiten zu finden. Viele haben es inzwischen auch einfach aufgegeben. Als Folge davon haben wir mehr als zehn Millionen »Schlüsselkinder«, die nach der Schule auf sich gestellt sind. Studien weisen darauf hin, daß Eltern, die ihre Kinder allein lassen, mit diesen später tendenziell sehr viel größere Probleme bekommen. Eine Ende 1990 veröffentlichte Untersuchung des *Journal of Pediatrics* ergab, daß adoleszente »Schlüsselkinder« offensichtlich mit mehr Streß zu kämpfen und häufigere Auseinandersetzungen mit ihren Eltern hatten als Kinder, für die die Eltern mehr Zeit haben. Eine andere Studie dokumentierte, daß ältere Kinder, die oft allein gelassen wurden, eine größere Neigung zu Depressionen, Alkoholkonsum und sexuellen Aktivitäten zeigten. Gewöhnlich impft man Müttern, die arbeiten müssen, in dieser Hinsicht Schuldgefühle ein. Man behauptet, sie würden ihre Kinder im Stich lassen und dadurch eine Atmosphäre schaffen, die Probleme begünstige, ja sogar provoziere. Das Resultat: eine ausgewachsene Erschöpfungsdepression mit einer Prise Opferdepression – eine explosive Mischung.

Frauen, die zu Hause auf ihre Kinder aufpassen, aber lieber berufstätig wären, unterliegen ebenfalls einem erhöhten Risiko, Erschöpfungsdepressionen zu entwickeln. Mütter, die berufstätig sind, diese Entscheidung aber mit gemischten Gefühlen getroffen haben, sind zwar weniger anfällig für Depressionen, haben aber mehr Streß. Es ist wenig verwunderlich, daß schätzungsweise zwölf Prozent aller Mütter mit kleinen Kindern unter Ungesunden Depressionen und über zweiundfünfzig Prozent an milderen Formen allgemeiner Depressionen leiden. Aus meiner klinischen und privaten Erfahrung weiß ich, daß bis zu neunzig Prozent aller Frauen mit Kindern im Vorschulalter unterschiedlich stark ausgeprägte Stadien von Erschöpfungsdepressionen durchmachen – unabhängig davon, ob sie »Vollzeitmütter« sind oder einer außerhäuslichen Berufstätigkeit nachgehen und für ihre Kinder eine geeignete Betreuungsmöglichkeit gefunden haben.

4. Obwohl wir in der Mehrheit sind, werden Frauen immer noch als Minderheit behandelt

Volkszählungsergebnisse haben gezeigt, daß die amerikanische Bevölkerung zu über fünfzig Prozent aus Frauen besteht – dennoch werden Frauen immer noch als Minderheit wahrgenommen und auch so behandelt. Und wie wir wissen, hat die Wahrnehmung einen erheblichen Einfluß auf die Realität. Die meisten Frauen haben sich schon einmal als Teil einer Minderheit gefühlt oder sind so behandelt worden – gleichgültig, ob wir uns nun von der vermeintlichen Mehrheit aufgrund unserer Hautfarbe, unserer Fähigkeit, uns ohne Behinderung vorwärts zu bewegen, unserer sexuellen Orientierung oder unseres sozioökonomischen Hintergrunds abheben. Und weil sich viele von uns an die Diskriminierung und das Gefühl der Minderwertigkeit bereits gewöhnt haben, haben Frauen oft Probleme damit, überhaupt zu bemerken, wie deprimierend und kräfteverschleißend eine solche Behandlung ist. Dennoch zeigen Untersuchungen deutlich, daß es unsere Anfälligkeit für Streß- und Erschöpfungszustände erhöht, wenn wir zu einer Minderheit gehören.

Als Frau und Angehörige einer ethnischen Minderheit sind Sie in noch höherem Maße depressionsgefährdet, weil Rassendiskriminierung an sich schon äußerst deprimierend ist. Beispielsweise sind hispanische und asiatische Frauen, die nach Amerika kommen, aufgrund ihrer ernüchternden Migrationserfahrung und dem darauf folgenden Kulturschock besonders anfällig für Streß und Depressionen. Sie stellen fest, daß ihnen ihre frühere Erziehung, die sie zu Passivität und entgegenkommendem Verhalten angehalten hat, in dieser Gesellschaft nicht weiterhilft, in der Frauen durchsetzungsfähig sein müssen, um sich ihr ökonomisches und emotionales Überleben zu sichern. Eine weitere Studie, durchgeführt an einer großen Poliklinik, zeigt, daß die Depressionsrate bei schwarzen Frauen um zweiundvierzig Prozent höher liegt als bei weißen Frauen. Diese Zahlen verdeutlichen, daß Sie doppelt gefährdet sind, einer Erschöpfungsdepression zum Opfer zu fallen, wenn Sie nicht nur Frau, sondern zufällig auch noch Angehörige einer ethnischen Minderheit sind.

5. Die weibliche Anfälligkeit für geringe Selbstwertgefühle und Kodependenz

Ein chronisch geringes Selbstwertgefühl ist etwas, was man bei Frauen öfter feststellt. Auch die stärksten und selbstbewußtesten von uns leiden bisweilen an quälenden Minderwertigkeitskomplexen. Daß uns gelegentlich das positive Selbstwertgefühl abhandenkommt, ist ein natürliches Ergebnis unseres Traditionellen Kerns und spiegelt das Frauenbild in unserer Gesellschaft wider. Dies gilt besonders dann, wenn wir uns in den herkömmlichen Rollen bewegen. Da wir in dieser Situation gewöhnlich kaum Möglichkeiten haben, unseren Selbstwert über andere Quellen als unsere Beziehungen und unser Zuhause zu definieren, treibt uns der Traditionelle Kern dazu an, immer mehr zu tun und immer mehr zu sein, um auf diese Weise unseren Wert unter Beweis zu stellen und die Liebe anderer zu erringen.

Unsere Selbstverachtung läßt sich auf den jahrhundertelangen Sexismus zurückführen, auf die Jahrtausende, in denen wir von Männern kontrolliert und dominiert wurden. Viele von uns haben die Selbstverachtung von unseren Müttern übernommen, die in eine Zeit geboren wurden, in der es Frauen nicht wagten, eine eigene Meinung oder ein kritisches Bewußtsein zu entwickeln. Auch heute noch lassen wir es zu, daß unser Selbstbewußtsein kontinuierlich untergraben wird – eine Sache, die derzeit mit dem Begriff des »kodependenten Verhaltens« definiert wird und doch nichts anderes ist als das populärpsychologische Etikett für die althergebrachten Verhaltensmuster, die uns der Traditionelle Kern predigt.

Der Traditionelle Kern ermuntert uns dazu, unsere Zeit, unser Geld und unsere Energie darauf zu verwenden, andere Menschen zu retten und sich um sie zu kümmern – dabei gilt unser Interesse besonders jenen, die sich in negativem selbstzerstörerischen Verhalten verlieren, die Drogen nehmen, zuviel Alkohol trinken, zuviel oder zuwenig essen, ihre Spielsucht nicht unter Kontrolle haben, keine Termine einhalten können oder einfach ein verantwortungsloses Leben führen –, weil wir der Ansicht sind, diese Menschen bräuchten uns am dringendsten. Auch wenn wir nicht aktiv an ihrem Verhalten partizipieren, werden wir oft zu einem passiven Bestandteil der Prozesse, indem wir als »Ko-Abhängige« bzw. als Helferinnen fungieren. Dies kann genauso kräfteverschleißend und erschöpfend sein wie die Sucht selbst.

Ein geringes Selbstwertgefühl und unsere Tendenz zur Kodependenz sind wesentliche Gründe für die Entstehung von Erschöpfungsdepressionen, denn beides heizt unser Bedürfnis an, immer mehr zu tun und immer mehr zu sein, um unsere Existenz zu rechtfertigen und die Garantie zu haben, daß wir geschätzt und geliebt werden. Viele von uns fürchten insgeheim, man würde sie verlassen oder zurückweisen, wenn sie sich ausschließlich auf ihren Wert als menschliche Wesen beriefen. Sie glauben, sie hätten in diesem Punkt nichts zu bieten. Wir helfen anderen in der vergeblichen Hoffnung, sie würden uns diesen Gefallen erwidern und die Leere in unserem Innersten füllen.

Wenn wir die Ursachen unserer Erschöpfungsdepression verstehen, begreifen wir auch eher, warum die Bewältigung dieser besonderen Depression eine solch außerordentliche Herausforderung darstellt: Es bedeutet nämlich, gegen den mächtigen Strom der Gesellschaft zu schwimmen. Aber wenn wir mit langsamen, stetigen Zügen an die Sache herangehen, wird uns das voranbringen. Wenn Sie einige der folgenden Aktionsstrategien durchführen und damit beginnen, ein wenig Zeit für sich selbst freizuhalten, werden Sie möglicherweise zunächst gewisse Ängste entwickeln. Damit müssen Sie sogar rechnen. Nachdem Sie über Monate oder sogar Jahre hinweg auf »volle Kraft voraus« gefahren sind, fühlen sich viele Frauen schuldig, faul oder egoistisch, wenn sie sich die Freiheit nehmen, ein anregendes Buch zu lesen, ein Nickerchen zu machen, sich nachmittags einen Film anzusehen, einen ausgedehnten Spaziergang zu unternehmen oder mit einer guten Freundin Kaffee zu trinken.

Diese Angst und dieses Unbehagen, das Sie empfinden, wenn Sie sich selbst etwas gönnen, ist ein weiteres Beispiel dafür, daß es manchmal gut sein kann, sich schlechtzufühlen. Sie fordern den Traditionellen Kern heraus, und das geht selten ohne Kratzer ab. Aber schon bald werden Sie merken, daß es mehr bringt, weniger zu tun – mehr Tiefe und mehr Konzentration, die letztlich zu einer besseren Einschätzung der Dinge, zu einem ausgeprägteren Selbstbewußtsein und zu mehr Kontrolle über das eigene Leben führen.

Aktionsstrategien zur Bekämpfung von Erschöpfungsdepressionen

1. Lernen Sie, Ihr Leben besser zu organisieren!

Wieviel Zeit verbringen Sie mit der Suche nach verlegten Schlüsseln, Papieren, Rechnungen oder Kleidern? Denken Sie oft, daß Ihr Leben ungeordnet und chaotisch verläuft, daß diese Unordnung Ihren Lebensrhythmus durcheinanderbringt und Sie davon abhält, Ihre Aufgaben effektiv zu erledigen? Wie sieht es in Ihrem Kleiderschrank, auf Ihrem Schreibtisch oder in Ihrem Büro aus? Wieviel Ärger und Frustration müssen Sie in Kauf nehmen, weil Ihre fehlende Aufmerksamkeit Pannen verursacht, sich in verspäteter Informationsübermittlung und verpaßten Chancen niederschlägt oder Sie dadurch Menschen verletzen, die Ihnen nahestehen?

Sollten diese Erfahrungen nichts Neues für Sie sein, dann trägt Ihre Desorganisation erheblich zu Ihrer Erschöpfungsdepression bei. Die Frauen, die es am nötigsten hätten, ihr Leben besser zu organisieren, sind oft genau diejenigen, die beharrlich behaupten, ihnen würde dafür die Zeit fehlen. Dabei ist nichts wichtiger, will man sein Leben wirklich in den Griff bekommen, als zu lernen, wie man es organisiert und wie man diese Organisation aufrechterhält.

Wenn Sie ohnehin schon mit einer starken Rollenüberlastung zu kämpfen haben, ist es unerläßlich, daß Sie die Dinge, die Sie brauchen, auch immer sofort finden. Wenn Sie nervlich bereits angeschlagen sind, wird Ihr Gefühl der Hilflosigkeit und der Erschöpfung nur noch zunehmen, wenn Sie in dieser Situation auch noch Ihre Autoschlüssel oder Ihr Scheckbuch suchen müssen. Dies ist eine zusätzliche Belastung, die Sie sich einfach nicht leisten können.

Nehmen Sie sich die desorganisierten Bereiche in Ihrem Leben vor, und zwar einen nach dem anderen. Bei manchen Frauen ist dies das Büro. Bei anderen ist es der überquellende Kleiderschrank, die Aktentasche oder die Küche. Der Bereich in Ihrem Leben, der Sie am meisten frustriert und nervt, verdient als erstes Ihre ungeteilte Aufmerksamkeit. Verwenden Sie einige aufeinanderfolgende Abende oder ein ganzes Wochenende darauf, Ihren Schreibtisch aufzuräumen, Ihren Kleiderschrank neu zu ordnen, Ihre Papiere durchzusehen oder Ihre Post zu erledigen.

Organisieren Sie Ihre verfügbare Zeit, indem Sie sich ein System schaffen oder das bestehende System vereinfachen. Legen Sie Block und Bleistift neben das Telefon. Gewöhnen Sie sich an, Ihre Schlüssel immer am selben Platz abzulegen, wenn Sie nach Hause kommen. Sortieren Sie die unbezahlten Rechnungen gleich beim Durchsehen der Post heraus und heften Sie sie in einem eigenen Ordner ab, damit Sie nicht jedesmal eine großangelegte Suche starten müssen, wenn es ans Bezahlen der Rechnungen geht. Falls Sie noch nicht im Besitz eines Kalenders bzw. Terminplaners sind, schaffen Sie sich schleunigst einen an, um Ihre Termine, Adressen, Schecks und andere wichtige Notizen griffbereit zu haben.

Das sind nur einige von vielen Strategien, die Sie sich zunutze machen können, um Ihr Alltagsleben zu vereinfachen und Ihre Zeit sinnvoller zu gestalten. Wenn Sie ernsthaft daran arbeiten wollen, die Erschöpfungsdepression aus Ihrem Leben zu verbannen, indem Sie Ihr Leben rationalisieren, kann ich Ihnen nur empfehlen, Bücher zu lesen, die sich mit dieser Problematik beschäftigen, und die darin enthaltenen Vorschläge auch zu beherzigen. Als Beispiel sei hier das Buch von Stephanie Winston genannt, das den Titel *Schluß mit dem Chaos. Wie man seinen Alltag organisiert* trägt.

Ein anderer wichtiger Schritt auf dem Weg zu mehr Organisation und Kontrolle ist, daß Sie sich ein paar Minuten Zeit nehmen und eine Liste von allen Dingen anfertigen, die Ihrer Meinung nach getan werden müssen. Sobald Sie mit Ihrer Liste fertig sind, ordnen Sie die verschiedenen Punkte nach ihrer Wichtigkeit. Streichen Sie die letzten beiden Punkte von der Liste und sagen Sie sich einfach, daß diese im Moment nicht wichtig genug sind und deshalb warten können. Viele von uns verschwenden ihre Zeit an die weniger wichtigen Dinge, nur weil sie einem leichter von der Hand gehen. Wir werden dann wahre Experten darin, freie Entscheidungen mit dem »Dringend zu erledigen«-Stempel zu versehen. Wenn wir uns ins Gedächtnis rufen, wie viele zeitraubende Tätigkeiten eigentlich gar nicht ›dringend zu erledigen‹, sondern eher eine Sache der Wahlfreiheit sind, wird uns deutlicher, was wirklich wichtig für uns ist und welche Dinge tatsächlich erledigt werden müssen.

2. Belohnen Sie sich selbst mit Geld oder Zeit für eine erbrachte Leistung!

Frauen, die sich hauptsächlich in traditionellen Rollen bewegen, suchen häufig Bestätigung bei ihrem Ehemann, den Kindern, Freunden und Verwandten, da ihnen andere Quellen des Selbstwerts — wie Status, Geld und was es sonst noch an Vorteilen außerhäuslicher Arbeit gibt — versagt bleiben. Unglücklicherweise sind andere Menschen nur selten in der Lage dazu, uns die Unterstützung oder die Anerkennung zu geben, die wir suchen und auch verdienen. Meistens wissen sie gar nicht, wie sie das bewerkstelligen sollen, denn auch sie sind ja nur Produkte einer Gesellschaft, die die traditionelle Rolle gleichzeitig verehrt und verschmäht.

Wenn wir uns überstrapaziert und mißverstanden fühlen, blüht die Erschöpfungsdepression so richtig auf. Einer der besten Wege, sich hiergegen zu schützen und sich mit der verdienten Wertschätzung zu versorgen, besteht darin, sich selbst für die Arbeit, die man leistet, mit Geld, Zeit oder einer anderen kleinen Freude zu »belohnen«. Rechnen Sie sich die Stundenzahl aus, die Sie für Haushalt und Familie aufwenden, finden Sie heraus, wieviel Stundenlohn für eine solche Art von Arbeit zur Zeit auf dem freien Markt gezahlt wird, und überschlagen Sie, wieviel Sie für Ihre Dienste »verdienen«. Dann zahlen Sie an sich selbst eine »Sonderzulage« aus und/ oder gönnen sich ein bißchen mehr Freizeit, um sich für das, was Sie geleistet haben, zu entschädigen.

Kate, die traditionelle Ehefrau und Mutter, der wir im ersten Kapitel begegnet sind, tat an einem Samstag abend genau dies. Es war ein Uhr nachts, sie stand allein am Spülbecken, räumte die Spülmaschine ein und spülte die Gläser und Pfannen, die von ihrer aufwendigen Dinnerparty zurückgeblieben waren, für die sie einen ganzen Tag zur Vorbereitung und der Besuch nur eine Stunde zum Essen gebraucht hatte. Alle waren nach Hause oder zu Bett gegangen, und sie war ärgerlich, erschöpft und fühlte sich alleingelassen. Wie könnte sie ihre Erschöpfungsdepression in eine Aktionsstrategie kanalisieren? fragte sie sich. Sie beschloß, zu überschlagen, wieviel Geld ein Partyservice gekostet hätte.

Nachdem sie alle Teilbeträge zusammengerechnet hatte, überlegte sie sich, was sie mit dem »verdienten« Geld anfangen würde. Das gab ihr neue Energie und heiterte sie auf. Es verhalf ihr zu der Erkenntnis, daß die Tellerspülerei bis zum nächsten Tag warten konnte und keine Sache war, die »dringend erledigt« werden mußte. Zur Bekräftigung ihres Entschlusses kaufte sie sich am nächsten Nachmittag von ihrem »verdienten« Geld ein neues Kleid. Als ihr Mann Bill Einwände gegen die teure Anschaffung erhob, erklärte sie ihm, auf welche Weise sie sich das Geld dafür verdient hatte. So machte sie es von nun an öfter, und allmählich begann sich ihre Strategie auszuzahlen. Sowohl Kate als auch Bill begannen, ihrem Zeit- und Energieaufwand sehr viel mehr Bedeutung beizumessen. Zum ersten Mal seit langem kam Kate sich nicht mehr wie eine unbezahlte Hausangestellte vor. Als sie das nächste Mal Besuch hatten, war Bill sehr viel bereiter, ihr zu helfen.

Wenn Sie es sich nicht leisten können, sich mit Geld zu bezahlen, schenken Sie sich Zeit, in der Sie dann auch wirklich das tun, was Sie wollen. Es wird Ihnen sehr viel leichterfallen, Zeit für sich selbst freizunehmen, wenn Sie sich der Tatsache bewußter sind und Sie mehr zu schätzen wissen, daß Sie es wirklich verdient haben. Es kommt nicht darauf an, in welcher Währung Sie sich bezahlen – Hauptsache, Sie schaffen sich für die Arbeit, die Sie leisten, eine angemessene Belohnung. Sie werden sehr viel weniger erschöpft und deprimiert sein, weil Sie etwas unternommen haben, um Ihren persönlichen Wert und Ihre Arbeitskraft zu würdigen, unabhängig davon, ob andere das auch tun oder nicht. Wenn andere sehen, wie sehr Sie sich selbst zu schätzen wissen, werden sie Ihrem Beispiel folgen.

3. Erlernen Sie die Kunst des Schlaf-Austausch-Geschäftes!

Obwohl es auf der Hand liegt, daß eines der besten Mittel gegen Erschöpfungsdepressionen darin besteht, länger zu schlafen, ist Schlaf gewöhnlich das erste, was Frauen zu opfern pflegen. Unser Traditioneller Kern sagt uns, daß dieses Opfer »sein Geld wert« ist, weil wir auf diese Weise noch mehr Zeit für andere haben. Was im Prinzip soviel heißt wie: Solange nur wir es sind, die zurückstecken müssen, ist alles in bester Ordnung. Wir bringen uns auch deshalb um den Schlaf, weil längeres Aufbleiben uns einen Luxus beschert, den sich viele von uns nur selten leisten können: nämlich eine ungestörte halbe Stunde oder Stunde, in der wir genau das tun können, was wir wollen, ohne auf die Bedürfnisse von anderen eingehen zu müssen.

Dadurch, daß wir Schlaf als Wegwerfprodukt betrachten, treiben wir jedoch Raubbau mit uns selbst. Tatsächlich gibt es nichts Wichtigeres als Schlaf, wenn wir eine Depression unter Kontrolle halten wollen. Um Ihren Schlafmangel zu reduzieren, sollten Sie die Kunst des Schlaf-Austausch-Geschäftes erlernen. Hierbei handelt es sich um ein Tauschsystem, in dem Sie etwas weniger Wichtiges, wie zum Beispiel andere Verpflichtungen und Tätigkeiten, gegen die Ruhe eintauschen, die Sie brauchen.

Zur Entwicklung eines solchen Austauschsystems müssen Sie zunächst einmal überprüfen, wie Sie die letzten Stunden vor dem Schlafengehen verbringen. Erstellen Sie eine Liste all Ihrer Tätigkeiten von fünf Uhr nachmittags bis zu dem Zeitpunkt, an dem Sie das

Licht löschen und schlafen. Füllen Sie diese Liste jeden Abend gewissenhaft aus – und zwar eine Woche lang. Sie werden bald merken, wo und wie Sie Zeit vertrödeln oder verschwenden. Das wird Ihnen helfen, zumindest einen Teil dieser Zeit zurückzugewinnen und sinnvoller zu gestalten.

Streichen Sie jeden Abend ein oder zwei Aktivitäten von Ihrer Liste. Alice zum Beispiel beschloß, weniger dringliche Telefonate nicht mehr abends zu beantworten, sondern auf den nächsten Morgen zu verschieben, was sich letztlich sogar als effektiver herausstellte. Andere Frauen verzichten auf eine Fernsehshow pro Woche oder delegieren mehr Haushaltspflichten an andere Familienmitglieder. Das Streichen weniger wichtiger Aktivitäten sollte es Ihnen ermöglichen, zumindest eine halbe Stunde früher ins Bett zu kommen. Wenden Sie dieselbe Strategie, wenn möglich, auch auf Ihre morgendliche Routine an. Sie werden sehen, daß Sie zehn oder fünfzehn Minuten länger schlafen können. Diejenigen, die gelernt haben, das Schlaf-Austausch-Geschäft voll auszuschöpfen, berichten, daß sie nun in der Lage sind, ein produktiveres Leben zu führen und nicht mehr so erschöpft sind wie früher. Nachdem sie die Vorteile des Austauschsystems am eigenen Leib erfahren hatten, ist für sie der Sieben- oder Achtstundenschlaf zu einer Sache allerhöchster Priorität geworden.

4. Lernen und praktizieren Sie Visualisierungstechniken!

Es zahlt sich in jeder Hinsicht aus, Visualisierungstechniken zu lernen, im Gedächtnis zu behalten und zu praktizieren. Es ist eine Methode, die Ihnen hilft, sich emotional wieder zu sammeln, neue Energie zu gewinnen und Erschöpfungszuständen entgegenzuwirken. Es gibt Zeiten, in denen es Ihre Energie erneuern und Sie auf unvergleichliche Art beruhigen und entspannen kann, wenn Sie sich geistig an einen friedlichen Ort versetzen. Visualisierung kann sogar eine wichtige Überlebenshilfe sein, wie das Beispiel der freigelassenen amerikanischen Geiseln zeigt, die ihre jahrelange Isolationshaft in Beirut nur deshalb gut überstanden, weil sie sich mental an schönere Orte versetzten und dort Gespräche mit Menschen führten, die sie ebenfalls an diesen Ort phantasiert hatten. Sie erkannten, daß ihr Geist das einzige war, was die Geiselnehmer nicht kontrollieren konnten. Diese geistige Selbstkontrolle ermöglichte es ihnen, zu überleben.

Visualisierung ist einfach zu erlernen. Sie können sie immer dann anwenden, wenn eine Kommunikation oder eine andere direkte Einflußnahme nicht möglich ist oder wenn Sie sich nach einem anstrengenden Tag oder einem aufreibenden Erlebnis einfach nur entspannen möchten. Beginnen Sie damit, sich eine Szenerie auszumalen. Stellen Sie sich einen Strand, die Berge, die Wüste, einen Wald oder eine andere friedvolle, beruhigende Umgebung vor, die Sie besonders gerne mögen. Setzen Sie all Ihre Sinne ein, damit die Visualisierung so real wie möglich wird. Sie wollen den Ort nicht nur sehen, sondern auch riechen, hören, berühren und empfinden.

Das letzte Mal, als ich die Visualisierungstechnik anwandte, saß ich in der New Yorker U-Bahn unter dem East River fest. Die Bahn ruckelte und blieb schließlich stehen. Dann gingen für kurze Zeit die Lichter aus. Die Vorstellung, unter dem Fluß gefangen zu sein, löste klaustrophobische Anfälle der Hilflosigkeit bei mir aus. Da ich nichts anderes tun konnte, als zu warten, versenkte ich mich ganz in mich selbst und stellte mir vor, ich wäre an einem meiner Lieblingsplätze: einem herrlichen Sandstrand, an dem kristallklares Wasser über riesige schwarze Felsen rollt, und die Gischt sich mit den Sonnenstrahlen vermischt.

Ich empfand die Visualisierung in diesem Moment als so real, daß ich die salzige Seeluft riechen und den Sand zwischen meinen Zehen spüren konnte. Indem ich die Vorstellung von meiner Strandszene aufrechterhielt und tief durchatmete, konnte ich meine Angst so lange kontrollieren, bis sich die Bahn wieder in Bewegung setzte. Indem ich das bißchen Kontrolle, über das ich noch verfügte, einsetzte, konnte mir die Verspätung nichts anhaben. Sie stahl mir nicht meine kostbare Energie, die ich dringend brauchte, um über der Erde meinen Geschäften nachzugehen.

Die Visualisierungstechnik kann Ihnen in vielen frustrierenden Situationen helfen, Ihre Energie zu konservieren, vor allem in solchen, in denen Sie ein Opfer der Umstände sind. Wenn Sie in einer Reihe warten oder im Stau stecken, wenn Ihr Flugzeug über dem Flughafen kreist und auf die Landeerlaubnis wartet oder Sie am Telefon hängen und die Verbindung einfach nicht klappt, werden Sie feststellen, wie hilfreich eine solche Visualisierung ist. Sie kann Ihnen helfen, Frustration in Entspannung umzukehren, und Sie davor bewahren, Ihre Energie sinnlos zu verschwenden.

5. Verbrennen Sie Ihren Ärger oder kehren Sie ihn einfach weg!

In unseren Workshops haben wir uns auf die zwei folgenden Visualisierungstechniken beschränkt. Aber wir haben auch einmal mehr festgestellt, daß aktive Übungen bei der Reduzierung von Angst- und Erschöpfungszuständen weit wirkungsvoller sind als rein intellektuelle Herangehensweisen. Deshalb würde ich Ihnen auch dringend empfehlen, eine oder alle beide der folgenden Übungen *wirklich* anzuwenden, wenn Sie Ihren Streß- und Erschöpfungspegel senken müssen. Sie kosten nicht viel Zeit – normalerweise weniger als fünf Minuten – und beinhalten überdies Elemente, die sowohl traditionelle wie auch nichttraditionelle Frauen ansprechen.

Schneiden Sie zunächst Papierquadrate aus. Schreiben Sie dann auf jedes Quadrat eine persönliche Sorge, eine Enttäuschung, die Sie erlitten haben, oder ein Ereignis, das Sie schon länger beschäftigt. Fassen Sie Ihr Anliegen in einfache Worte. Ein paar Worte oder ein Satz genügen: »Meine finanzielle Situation ist erdrückend«, »Beziehung beendet«, »Prüfung verhauen«. Machen Sie so viele Quadrate, wie Sie brauchen, um Ihren Kopf und Ihr Herz von so vielen Problemen und Sorgen wie möglich zu befreien.

Nehmen Sie all Ihre Sorgenquadrate und werfen Sie sie in die Luft. Das Fallen der Quadrate führt Ihnen vor Augen, wie es ist, unter so vielen Sorgen und negativen Gefühlen begraben zu werden. Wenn Sie das als unangenehm empfinden, sollten Sie hier und da einige Veränderungen durchführen, um etwas von Ihrem Problemberg abzutragen. Nehmen Sie sich vor, keine weitere Energie damit zu verschwenden, über vergangene Entscheidungen oder

Ereignisse nachzugrübeln. Statt sich Sorgen über die Gegenwart oder die Zukunft zu machen und diese zu fürchten, sollten Sie zur Tat schreiten und Ihren Problemen den Kampf ansagen.

Beginnen Sie auf der Stelle, indem Sie einen Besen zur Hand nehmen und alle Sorgenquadrate zu einem Haufen zusammenkehren. Viele von uns sind dazu erzogen worden, ihre Probleme in einer solchen Situation unter den Teppich zu kehren, doch Sie sollten sie besser Stück für Stück auf die Schaufel nehmen und sich ihrer dann entledigen. Wenn Sie dazu bereit sind, achten Sie darauf, wie Sie sich dabei fühlen. Empfinden Sie es als Erleichterung oder als Verlust, Ihre Probleme »wegzuwerfen«? Stellen Sie den Besen in die Ecke und lassen Sie ihn dort für eine Weile stehen. Betrachten Sie ihn als Symbol dafür, daß Sie die Werkzeuge und die Fähigkeiten besitzen, mit Ihren Problemen fertigzuwerden.

Wenn gerade kein Besen zur Hand ist – oder Sie mit Besen generell nichts zu tun haben wollen –, ersetzen Sie den Besen durch Feuer. Statt auf Sorgenquadrate schreiben Sie nun alle Ihre Probleme auf ein einziges Blatt Papier. Nehmen Sie diese Problemliste und ein paar Streichhölzer mit ins Badezimmer und zünden Sie die Liste über der Toilette an. Beobachten Sie, wie sie langsam verbrennt. Machen Sie das Licht aus, falls Sie das gefahrlos tun können. Betrachten Sie die Dunkelheit als Symbol Ihrer Depression, und sehen Sie den warmen Schein des Feuers als Ihre Energie, die Sie aufzuwenden bereit sind, um Ihr Leben zu verändern.

Wenn Sie schließlich bereit dazu sind, sich ganz von Ihren Problemen und Sorgen zu lösen, spülen Sie alles die Toilette hinunter. Bevor Sie das Badezimmer verlassen, sollten Sie sich vornehmen, ein Problem von Ihrer Liste aktiv anzugehen, indem Sie einen machbaren Schritt in Richtung Problemlösung unternehmen.

Abgesehen davon, daß die Sache Spaß bereitet, ist sie sowohl vom Zeit- als auch vom Materialaufwand her äußerst ökonomisch. Sie hilft Ihnen überdies dabei, Ihre Probleme auf eine neue kreative Art zu erleben. Sie können die Übung überall und zu jeder Zeit machen, sobald Sie sich gestreßt und überfordert fühlen. Natürlich sollten Sie beim »Zündeln« vorsichtig sein, aber es hat etwas sehr Befreiendes und Belebendes, seine Probleme einfach zu verbrennen.

Diese Aktionsstrategie des Verbrennens und Wegkehrens von Ängsten wird Ihnen neue Energie und Kraft vermitteln.

6. Gönnen Sie sich »Auszeiten«, um wieder neue Energie zu tanken!

Für Kinder kann eine Auszeit, im Sinne beispielsweise einer »Fernsehpause«, die schlimmste aller Bestrafungen sein. In Kapitel 5, das von der Beziehungsdepression handelte, wurde die Auszeit als ein konstruktives Kommunikationsmittel zur Zerstreuung von Aggressionen und Feindseligkeit beschrieben. Bei einer Erschöpfungsdepression bedeutet eine Auszeit jedoch etwas anderes: Hier ist sie ein notwendiges und liebevolles Geschenk, das nur Sie sich selbst machen können. Diese Strategie unterscheidet sich von den Soloausflügen aus dem Kapitel über Beziehungsdepressionen, weil die Auszeiten, von denen hier die Rede ist, viel kürzer sind, täglich in Anspruch genommen werden können und einen sehr viel geringeren Zeit- und Organisationsaufwand erfordern.

Der erste Schritt besteht einfach darin, sich in Ihren normalen Tagesablauf Minipausen einzubauen. Das ist gar nicht so einfach, wie es sich anhört, denn unser Traditioneller Kern hat uns ein Leben lang eingetrichtert, ein solches Verhalten sei »egoistisch«. Tatsächlich helfen Ihnen aber Auszeiten dabei, sich zu sammeln und wieder neue Kraft zu schöpfen, wodurch Sie wiederum in der Lage sind, mehr für sich und andere zu erreichen.

Planen Sie in Ihren Tag mindestens eine zwanzigminütige »Auszeit« oder zwei zehnminütige Minipausen ein. Halten Sie während dieser Zeit Rücksprache mit sich selbst und versuchen Sie, Ihren Bedürfnissen auf die Spur zu kommen. Stellen Sie sich etwa folgende Fragen: Mache ich wirklich das, was ich gerne machen möchte? Wirkt sich mein Verhalten auf meine Stimmungslage positiv oder negativ aus? Was muß ich als nächstes tun, um meine Ziele für heute zu realisieren?

In ihrem Buch *Frauen führen anders, Vorteile eines neuen Führungsstils* berichtet Sally Helgesen, daß viele der erfolgreichsten Frauen Amerikas ihren Arbeitstag mit Minipausen durchsetzen.

Frances Hesselbein, Vorsitzende der amerikanischen Girl Scouts, nutzt ihre Mittagspause dazu, um ein anregendes Buch zu lesen. Vor wichtigen Sitzungen nimmt sie sich ebenfalls ein paar Minuten Zeit, um ihr Aussehen zu überprüfen und im Geiste noch einmal durchzugehen, was sie erreichen möchte und zu erfahren erwartet. Andere erfolgreiche Führungskräfte planen viertelstündige Pausen zwischen ihren verschiedenen Terminen ein, um sich wieder neu zu sammeln. Diese »Taktik der bedächtigen Schritte« ist überaus wirkungsvoll. Sie gibt den Frauen, die sie anwenden, das Gefühl, effektiver, produktiver und zufriedener zu sein.

7. Lernen Sie, Ihre Grenzen zu akzeptieren!

Um Erschöpfungsdepressionen zu verhindern oder aufzulösen, muß man lernen, seine Grenzen zu akzeptieren. Die tüchtigsten Frauen haben gelernt, daß sie nur über begrenzte Energiereserven verfügen und nicht endlos produktiv sein können. Sie haben sich überdies ihren Perfektionismus abgewöhnt. Eine gute Freundin von mir brachte es auf folgenden Punkt: »Ich habe in meinem Leben eine Menge zu tun. Wenn ich nicht von meinem Perfektionismus ablasse, werde ich nicht mehr lange genug leben, um es zu tun.«

Für Alice stellte genau dies die größte Herausforderung dar. Sie haßte nichts mehr, als sich selbst Beschränkungen aufzuerlegen oder nein zu sagen, besonders wenn das bedeutete, großartige Chancen nicht zu ergreifen oder Arbeiten nicht perfekt zu erledigen. Grenzen zu akzeptieren und zu setzen, war für sie ein Zeichen von Schwäche. Genauer gesagt gaben ihr Grenzen das Gefühl, selber begrenzt, alt, unvollkommen und nicht liebenswert zu sein. Gewöhnlich war sie der Ansicht, sie sollte – gleichgültig, wie erschöpft sie war – eigentlich dazu in der Lage sein, noch mehr zu leisten. Die meisten von uns lassen »Nachlässigkeit« bei anderen ohne weiteres durchgehen, bloß bei sich selbst nicht. Wie Alice erwarten auch wir von uns, daß wir im Grunde genommen alles richtig oder perfekt machen. Mit dieser Erwartungshaltung können wir sicher sein, daß die Erschöpfungsdepression unser ständiger Begleiter werden wird.

Sobald Ihnen erst einmal bewußt geworden ist, wie notwendig Grenzen sind, werden Sie vielleicht auch ihren Wert schätzen lernen. So war es auch bei Alice. Nachdem sie sich einen Zeitplan erstellt hatte, fuhr sie für einen Tag zum Wandern in die Berge. Sie kehrte mit neuer Energie und dem Bewußtsein zurück, ihre Lebensqualität selbst in der Hand zu haben. Sie fing an, ihre Zeit zu organisieren und zu strukturieren, indem sie bei ihrer Arbeit Minipausen einlegte. Sie hörte auf, ihre Patienten wie am Fließband abzufertigen, überzeugte Paul davon, mehr Verantwortung in der Kindererziehung zu übernehmen, ließ den Anrufbeantworter die meisten ihrer Telefonate entgegennehmen und machte die Schlaf-Austausch-Übung.

Alice stellte fest, daß die neuen Grenzen, die sie setzte, mehr Gleichgewicht und Frieden in ihr Leben brachten und sehr viel lohnenswerter waren als ihre frühere panische Hektik. Es passierte ihr gelegentlich noch immer, daß sie einen schlechten Tag erwischte, doch sie hatte sich endlich von ihrer Erschöpfungsdepression befreit, die ihre Kreativität und Lebensfreude erstickt hatte.

8. Wenden Sie die Austausch → Verlust → Gewinn-Gleichung an!

Dasselbe Prinzip, das Sie bereits anwandten, als Sie den Austausch Aktivität gegen Schlaf vornahmen, läßt sich auch in anderen Lebensbereichen mit Gewinn einsetzen. Obwohl wir alle wissen, um was es bei Tauschgeschäften geht, haben zahlreiche Frauen Schwierigkeiten damit, sie effektiv zu gestalten. Das liegt unter anderem daran, daß es sich nicht mit der traditionellen Erziehung von Frauen verträgt, gewisse Aufgaben an andere zu delegieren. Eine Technik, die sich für viele Klientinnen als erfolgreich erwiesen hat, ist die Austausch→Verlust→Gewinn-Gleichung. Die Strategie besteht darin, niederzuschreiben, was uns wirklich wichtig ist, was wir als Austausch dafür anzubieten bereit sind und wie die Verluste und Gewinne aussehen, die wir wahrscheinlich als Resultat des Austauschs erleben werden. Im folgenden einige Beispiele von Klientinnen, die diese Lösung erfolgreich angewandt haben:

Austausch→Verlust→Gewinn-Gleichung

Austausch: Ich suche mir eine Putzhilfe, die jede Woche, alle zwei Wochen oder einmal im Monat vorbeikommt.

Verlust: Geld. Ich werde mich, was bestimmte Dinge betrifft, wie Essengehen und andere Vergnügungen, etwas einschränken müssen.

Gewinn: Zeit, Energie, Seelenfrieden. Ich werde meine Samstage nicht länger mit Putzen zubringen müssen und brauche mir den Rest der Woche keine Sorgen mehr wegen einer schmutzigen Wohnung zu machen.

Austausch: Ich beschränke die außerschulischen Aktivitäten meiner Kinder und beziehe sie mehr in die Haushaltsführung und das Vorbereiten der Mahlzeiten ein.

Verlust: Ich werde möglicherweise ein schlechtes Gewissen haben, weil ich nicht alles selber mache und die Freizeit meiner Kinder einschränke. Sie werden vermutlich zornig oder trotzig reagieren. Davor habe ich Angst. Es wird mich mehr Zeit kosten, die Kinder zum Mithelfen zu bewegen, als ich für die Arbeit selbst gebraucht hätte.

Gewinn: Mehr Zeit und Energie. Ich werde nicht mehr so erschöpft sein, sondern viel entspannter. Ich werde mehr Zeit haben, um Gespräche zu führen und bei den Hausaufgaben zu helfen. Meine Kinder werden zur Verantwortung erzogen und lernen neue Fertigkeiten. Der familiäre Zusammenhalt wird stärker werden.

Austausch: Ich gebe ein Arbeitsprojekt ab oder teile die Verantwortung mit anderen.

Verlust: Ich könnte etwas Kontrolle einbüßen – möglicherweise auch Anerkennung.

Gewinn: Ich gewinne Zeit, um mich auf die wirklich wichtigen Projekte zu konzentrieren. Ich werde überdies eine Menge über den- oder diejenigen erfahren, der/die das Projekt bearbeiteten. Das beschert mir wertvolle Informationen über ihre Fähigkeiten und ihre Arbeitsmoral, was mir wiederum dabei hilft, effektivere Arbeitsgruppen zusammenzustellen. Ich werde mich nicht so erschöpft fühlen und ein besseres Verhältnis zu meinen Mitarbeitern haben.

Sie sollten die Austausch→Verlust→Gewinn-Gleichung unbedingt schriftlich festhalten, weil Sie auf diese Weise die Vorteile Ihres Tauschgeschäftes schwarz auf weiß vor sich liegen sehen und dadurch eher in der Lage sein werden, die Sache auch durchzuziehen. Wenn Sie Ihre Tauschgeschäfte nicht niederschreiben und zu schätzen wissen, könnte das plötzliche Aufgeben Ihres Austauschobjektes einen zu großen Verlust für Sie darstellen. Sie spüren den Verlust und brechen den Austausch ab, noch bevor Sie Zeit hatten, in den Genuß der Vorteile zu kommen. Sie sparen Energie und vermeiden Unschlüssigkeit, wenn Sie die Austausch→Verlust→Gewinn-Technik immer dann einsetzen, wenn Sie vor einer schwierigen Entscheidung stehen oder wissen, daß Sie auf etwas verzichten müssen, aber zu gestreßt sind, um sagen zu können, auf was.

9. Nutzen Sie das intime Fünfminutengespräch als ultimative persönliche Kraftquelle!

Es kann Ihnen im Kampf gegen Ihre Erschöpfungsdepression extrem helfen, wenn Sie das Gespräch mit einer guten Freundin oder einem Familienmitglied suchen. Es ist dabei gleichgültig, ob Sie Ihre Probleme in aller Ausführlichkeit besprechen oder sich nur kurz darüber austauschen. Oft meinen wir, daß ein solches Gespräch ein Luxus ist, den wir uns nicht leisten können. Doch durch Reden finden wir ein Ventil für unseren Schmerz und unseren Ärger. Reden hilft uns, Streß zu bewältigen und Prioritäten zu setzen. Wenn Sie keine Zeit für ein langes, ausführliches Gespräch haben, versuchen Sie es mal mit einem genauso wirksamen kurzen Telefonat – dem intimen Fünfminutengespräch, wie ich es nenne.

Alice machte mit der Zeit die Erfahrung, daß derartige intime Fünfminutengespräche ihre Stimmung tatsächlich aufhellten, wenn sie verärgert oder frustriert war. Sie pflegte in einem solchen Fall jeweils eine ihrer guten Freundinnen anzurufen und ihr zunächst zu erklären, sie wolle nur ein kurzes Fünfminutengespräch mit ihr führen, um sich etwas Unterstützung zu holen und etwas Dampf abzulassen. Nachdem sie sich davon überzeugt hatte, daß die Freundin auch genug Zeit und Energie aufbringen konnte, um ihr zuzuhören, erzählte ihr Alice genau, was vorgefallen war und warum sie sich so aufregte. Sie konnte wettern, wüten, weinen, klagen und analysieren. Weil sie ihren Gefühlen unmittelbar Ausdruck verleihen konnte, nisteten sich Erschöpfungszustände und Depressionen erst gar nicht bei ihr ein. Überdies führten die Kurzkonversationen häufig zu wundervoll produktiven Folgediskussionen und praktischen Problemlösungsvorschlägen — und gaben auch der Gesprächspartnerin die Möglichkeit, ihrerseits Dampf abzulassen. Manchmal half es Alice sogar, nur eine Nachricht auf dem Anrufbeantworter ihrer Freundin zu hinterlassen, weil sie wußte, sie würde zurückrufen. Alice lernte, daß sie nicht auf Intimität verzichten mußte, nur weil sie eigentlich »keine Zeit« dafür hatte, was ein wesentlicher Element bei der Bekämpfung ihrer Erschöpfungsdepression war.

Jede dieser Übungen will Sie dazu anhalten, sich mehr um sich selbst zu kümmern und sich selbst größere Wertschätzung entgegenzubringen. Wenn Sie das tun, werden Sie feststellen, daß Sie weniger gefährdet für Erschöpfungszustände sind, weil Sie es wahrscheinlich gar nicht erst soweit kommen lassen, gleichgültig, wie groß die Anforderungen auch sein mögen. Und wenn Sie doch einmal erschöpft sind, werden Sie wissen, daß Sie etwas dagegen tun können und daß die Depression nicht Ihr Schicksal ist. Indem Sie auf diese Weise Verantwortung für Ihr eigenes Wohlbefinden übernehmen, können Sie die Lebensfreude einfordern und bewahren, die Sie verdient haben und die Ihnen zusteht.

8

Die Körperbild-Depression

Schönheit ist ein Währungssystem wie der Goldstandard ... sie ist ein Ausdruck von Machtbeziehungen, in denen Frauen unnatürlicherweise um Ressourcen kämpfen müssen, die sich Männer angeeignet haben.

Naomi Wolf, *Der Mythos Schönheit*

Schon wenige Minuten, nachdem Ali mein Büro betreten hatte, wußte ich, daß sie verletzlich war und litt. Sie vermied es, mir in die Augen zu sehen, war gereizt und nervös, was sonst gar nicht ihre Art war. Normalerweise ist die Sechsunddreißigjährige ziemlich motiviert und konzentriert bei der Sache. Sie hat eine scharfe Zunge und einen bestechend klaren Blick, was ihre Freunde so unterhaltsam wie stimulierend finden, wobei man ihr oft nachsagt, sie sei zu aggressiv.

Nachdem sie sich von einem Mann hatte scheiden lassen, der ihr »einfach nicht genug gegeben hatte«, versuchte Ali, sich ihr eigenes Leben aufzubauen. Sie warf ein weites Netz nach Freunden aus, war aber oft enttäuscht von denen, die sich darin fingen. Abhängig und bedürftig wie sie war, brauchte Ali ständig Menschen um sich herum, um sich gut und glücklich zu fühlen. Sie haßte nichts mehr, als allein zu sein, weswegen sie bis vor kurzem gedacht hatte, daß der Job, den sie hatte, einfach perfekt zu ihrer Persönlichkeit paßte.

Seit fast vier Jahren arbeitete sie als Assistentin eines Lebenshilfeberaters. Doch während sie exzellent darin war, anderen weiterzuhelfen, hatte Ali große Probleme damit, sich selbst einen Stoß zu geben und ihre gelegentlichen Freßorgien in den Griff zu bekommen. Wann immer sie sich allein und isoliert fühlte oder von einer Beziehung enttäuscht war, stellte sie sich ein Festmahl aus Fastfood zusammen – inklusive Eiskrem, Plätzchen und Coca-Cola – und schlang alles auf einmal hinunter. Ihre kalorien- und fetthaltigen Gelage gaben Ali die Art von Schnelltherapie, die sie brauchte. Indem sie sich »selbst behandelte« und ihre Gefühle mit Essen betäubte, verspürte sie ein zeitweises Gefühl der Befreiung von ihrer Leere und Einsamkeit. Das Essen war ihr Gefährte und Freund, wenn keiner sonst für sie da war. Doch am nächsten Tag wachte Ali unvermeidlicherweise mit Gefühlen der Schuld und des Ekels auf. Oft entschloß sie sich dann dazu, den ganzen Tag zu fasten, um die Völlerei der vorangegangenen Nacht wiedergutzumachen, und schlüpfte in ihren Trainingsanzug und ihre Laufschuhe, um sich auf einen mörderischen Sechsmeilentrip zu begeben.

Wie bei unserer Therapiesitzung herauskam, war dieses »Hineinstopfen/Verausgaben«-Syndrom für Ali inzwischen zu einer lieben Gewohnheit geworden, besonders wenn sie sich einsam fühlte. Und langsam entwickelte Ali Panik, weil ihre Freßanfälle immer häufiger wurden und immer länger dauerten. Sie hatte neun Pfund in zwei Monaten zugenommen. Es fiel ihr überdies immer schwerer, die Energie aufzubringen, und die Fasterei ließ sie hungrig und mit dem Gefühl, um etwas betrogen worden zu sein, zurück. Für Ali waren Lebensmittel wie Männer – manchmal liebte sie sie, an anderen Tagen sah sie sie als ihre schlimmsten Feinde an. Die Esserei war gleichzeitig Segen und Fluch.

Kathy dagegen brüstet sich damit, vernünftig mit dem Essen umzugehen. Genauer gesagt sieht sie es als Teil ihres Jobs an, gesund und fit auszusehen. Es gehört für sie ebenso dazu wie das Tragen ihrer Uniform. Als Ökothropologin, die in einem großen Krankenhaus in Atlanta arbeitet, kennt sie die verheerenden Auswirkungen strenger Diäten, Eßstörungen und schlechter Ernährung aus erster Hand. Mit ihren neunundzwanzig Jahren geht Kathy enorm pragmatisch an die Sache heran und ist bezüglich des Eßverhaltens ungewöhnlich frei von den typisch weiblichen Ängsten. Es fehlt ihr jedes Verständnis dafür, warum manche Frauen ihren Körper dermaßen malträtieren und so wenig Wert auf sich selbst legen, indem sie Mißbrauch mit dem Essen treiben.

Aber während Kathy zufrieden mit ihren Eßgewohnheiten ist, ist sie weniger zufrieden mit ihrem Körper. Obgleich sie einen festen, athletischen Körper hat, den viele ihrer Freunde als beinahe »perfekt« betrachten, ist Kathy immer extrem gehemmt gewesen. Sie wuchs in der Überzeugung auf, daß ihre Brüste zu klein wären und ihre Nase zu groß. Obwohl sie regelmäßig ausgeht und zahlreiche männliche Bekannte hat, ist sie überzeugt davon, daß es vor allem an ihren »körperlichen Mängeln« liegt, daß sie noch nicht den Ehemann gefunden hat, der ihr, wie sie glaubt, in ihrem Leben noch fehlt. Als ihre Großmutter starb und ihr zehntausend Dollar hinterließ, entschloß sich Kathy deshalb dazu, den Löwenanteil ihres Erbes zu »investieren«, um das »gerade zu rücken, was Gott nicht ganz gelungen war«. Sie traf alle notwendigen Vorbereitungen, um ihren nächsten Urlaub damit zu verbringen, sich von einer Schönheitsoperation zu erholen.

Die bloße Vorstellung, sie müßte eine Woche oder gar mehrere damit zubringen, sich zu »erholen«, würde Joyce, einer attraktiven, zweiundzwanzigjährigen Collegestudentin, Schauder über den Rücken jagen. Joyce, die sich selbst als ausgesprochenes »Party Girl« bezeichnete, besuchte ein College in Kalifornien, das vom *Playboy* unter die Top Ten der »Party Schools« des Landes eingereiht wurde. Die lockere Atmosphäre war genau das, was Joyce an dieser Universität fasziniert hatte. Wenn sie einen Abschluß in Partylöwentum zu vergeben hätten, würde Joyce eine Eins plus erhalten.

Joyce ist gescheit, aber faul und nicht sehr motiviert beim Studium. Ihre Prioritäten liegen woanders. In der Vergangenheit ging es ihr vor allem darum, auf dem Campus populär und beliebt zu sein und »den Richtigen« auf sich aufmerksam zu machen. Um ihr Ziel zu erreichen, verbrachte sie mehr Zeit mit dem Cheerleading-Training als mit ihrem Studium. Darüber hinaus investierte sie eine Menge Zeit und Geld in ihre Kleidung. Es gab nichts Wichtigeres für Joyce als ihre äußere Erscheinung. Sie hatte ihren Vater, einen wohlhabenden Werbefachmann, oft sagen hören, es sei »die Verpackung, die über den Verkauf des Inhalts entscheide«. Sie war überzeugt davon, daß es wichtiger war, wie sie sich verpackte und präsentierte, als wer sie als Mensch war. Zumindest galt das für die Männer, deren Aufmerksamkeit sie erregen wollte.

Auf dem College begann Joyce Probleme mit ihrem Gewicht zu bekommen. Sie achtete nicht besonders darauf, was sie aß, und stopfte alles wahllos in sich hinein. Mit jedem Pfund, das sie zunahm, fühlte Joyce sich schlechter, so als ob jedes Pfund ein Beweisstück mehr dafür wäre, daß sie von Grund auf willensschwach und mangelhaft wäre. Als ihr Cheerleading-Trainer einmal bemerkte, Joyce wirke »etwas klobig« und solle doch etwas mehr auf sich achten, war Joyce am Boden zerstört. Sie wurde dermaßen verschlossen und gereizt, daß ihre Mitstudentinnen sich langsam Sorgen um sie machten. Mehrere von ihnen ermutigten Joyce, es mit etwas zu versuchen, das bei ihnen glänzend angeschlagen hatte: Erbrechen.

Joyce fand die Idee mehr als widerwärtig, aber eines Nachts, nach einer Party, auf der sie eifrig dem Alkohol zugesprochen hatte, fühlte sie sich so »aufgedunsen und fett«, daß sie zu Hause im Studentinnenwohnheim verschämt diese neue »Lösung« ausprobierte. Obwohl sie allein bei dem Gedanken, sich den Finger in die Kehle zu stecken, vor Scham errötete, überkam sie ein Gefühl der Erleichterung, nachdem sie es tatsächlich getan hatte. Plötzlich schien sie die Sache unter Kontrolle zu bekommen. Bevor sie es sich versah, scherzte sie mit ihrer besten Freundin bereits über ihren neuen »Diätplan«, der es ihr erlaubte, zu essen, was immer sie wollte. Joyce erkannte erst Jahre später, daß ihr »einfacher Ausweg« sie nicht nur in eine Ungesunde Depression stürzte, sondern auch zu einer ausgewachsenen Eßstörung führte, die lebensgefährliche Formen annehmen konnte.

Ali, Kathy und Joyce sind unterschiedliche Frauen, die unterschiedliche Leben führen. Aber es gibt ein gemeinsames Band, das ihre Geschichten zusammenhält. Alle drei von ihnen machen eine Körperbild-Depression durch.

Eine Körperbild-Depression wird definiert als die negativen Gefühle von Scham, Verachtung und Enttäuschung, die wir angesichts unserer Körper empfinden und die die meisten Frauen verspüren, weil wir versuchen, den unmöglichen kulturellen Standards von körperlicher Perfektion, Schönheit, Sex-Appeal, Jugendlichkeit und Modebewußtsein gerecht zu werden.

Wir werden von frühester Kindheit an zu dem Glauben erzogen, daß unser Wert hauptsächlich darin besteht, wie attraktiv wir für andere sind, besonders für Männer. Es wird unverhältnismäßig viel Wert darauf gelegt, daß wir hübsch, schön, attraktiv, nett und sexy sind. Wir mögen zwar die umgängliche und kontaktfreudige »Miss Nettigkeit« besonders sympathisch finden, aber es ist kein Zufall, daß die Frau, die man für die *hübscheste* hält, den Titel »Miss Universum« trägt und mit einem Krönchen nach Hause gehen darf. Der Druck, körperlich vollkommen und für immer jung zu sein, stellt für uns Frauen eine der beständigsten Quellen von Depressionen dar.

Wenn man uns sagt: »Wie schön du doch aussiehst!«, hören wir eigentlich: »Wie gut du doch bist!« Selbst heute, in den fortschrittlichen neunziger Jahren, wird Schönheit von der Mehrheit der Frauen noch immer als wichtigstes Kapital betrachtet. Sie wird als wertvollstes Aktivum gesehen, wenn es darum geht, einen Mann zu erobern, und als wirkungsvollste Waffe, wenn es gilt, eine andere Frau auszustechen. Frauen haben gelernt, daß wir eher bekommen, was wir wollen, wenn wir schlank sind, uns modisch kleiden und die richtige Schicht vom richtigen Make-up tragen.

Jenen Frauen, die entweder hübsch geboren werden oder lernen, wie man sich an die Spielregeln hält, fliegen Macht und Reichtum oft zu. Die Forschung zeigt uns in der Tat, daß körperlich attraktive Frauen nach wie vor als intelligenter eingestuft werden als weniger attraktive. Letztere können leicht durch das Leben gehen mit dem Gefühl, sie würden zu wenig geschätzt werden und kämen zu kurz. Womit sie sich, wie gesagt, in unserer Gesellschaft nicht einmal irren. Die deprimierende Realität ist, daß die kulturellen Zwänge, die nach weiblicher Vollkommenheit schreien, dermaßen stark und allgegenwärtig sind, daß sich die meisten von uns davon verfolgt fühlen, auch wenn wir uns dagegen wehren oder diese Idealvorstellungen ablehnen.

Und wir selbst gehen oft am härtesten mit uns um. Wenn es um unser Aussehen geht und um das Aussehen anderer, sind wir mit einem Urteil oft sehr viel schneller bei der Hand als in anderen Bereichen unseres Lebens. Wie oft schon haben Sie den Charakter oder die Fähigkeiten einer anderen Frau – einer neuen Kollegin oder unbekannten Mutter auf dem Spielplatz beispielsweise – allein aufgrund ihrer körperlichen Erscheinung und dem ersten Eindruck, den sie bei Ihnen hinterließ, beurteilt und vorverurteilt? Wie oft schon kamen Sie sich unzulänglich vor, weil Sie dachten, Sie könnten mit dem Aussehen Ihrer Umgebung nicht mithalten, und würden insgeheim abgewertet werden? Durch diese Einstellungen und Vorurteile tragen wir alle dazu bei, daß die unrealistischen Maßstäbe, die so verletzend für uns sind, verewigt werden, weil wir die gesellschaftlichen Erwartungen an Frauen zu unseren eigenen machen: irgendwie, wie auch immer, körperliche Perfektion zu erlangen und diese zu erhalten.

Nehmen Sie den folgenden Test dazu her, um sich bewußter darüber zu werden, welch große Rolle die Körperbild-Depression in Ihrem Leben spielt. Beantworten Sie die Fragen so ehrlich wie möglich, denn nur dann wird Ihnen der Test von Nutzen sein. Falls die Fragen bei Ihnen Unbehagen hervorrufen, weil Sie dadurch an Ihre eigene Körperbild-Depression erinnert werden, trösten Sie sich damit, daß Sie eine gesunde Reaktion auf die negativen Realitäten zeigen. Ihre schlechten Gefühle werden Ihnen die Energie und Motivation liefern, die zu echtem Wandel notwendig sind. Vergessen Sie nicht, daß in der Erkenntnis der erste Schritt zur Lösung liegt.

Test zur Körperbild-Depression

Beantworten Sie die folgenden Fragen mit JA oder NEIN.

1. Denken Sie täglich über die Form, Kondition und/oder Gewichtsklasse Ihres Körpers nach? _____

2. Stellen Sie sich nackt vor den Spiegel und betrachten Sie sich ein paar Minuten. Wünschten Sie, Ihr Körper würde grundlegend anders aussehen, als er es gegenwärtig tut? _____

3. Fühlen Sie sich dick, gleichgültig, wieviel Gewicht Sie verlieren oder wie positiv sich andere über Ihre Erscheinung äußern? _____

4. Fühlen Sie sich oft eingeschüchtert von Frauen, die Ihrer Meinung nach schlanker, besser gekleidet oder attraktiver sind? _____

5. Haben Sie jemals erbrochen oder Abführmittel benutzt, um Essen auszuscheiden, oder wurden Sie jemals so dünn, daß Ihre Gesundheit davon in Mitleidenschaft gezogen wurde (zum Beispiel unregelmäßige oder unterbrochene Perioden, Ohnmachtsanfälle, Antriebsschwäche), weil Sie so unglücklich über Ihren Körper waren? _____

6. Brauchen Sie oft lange, bis Sie wissen, was Sie anziehen sollen, oder fühlen Sie sich oft frustriert, weil Sie »nichts zum Anziehen haben«, obwohl Ihr Schrank voll von Kleidern ist, die Sie sich selbst ausgesucht haben? _____

7. Haben Sie einen Horror davor, einkaufen und Kleider anprobieren zu müssen, oder aber fühlen Sie sich benachteiligt, wenn Sie nicht gut gekleidet sind? _____

8. Haben Sie jemals ernsthaft in Betracht gezogen, sich einem Face-Lifting zu unterziehen? Wollten Sie jemals Ihre Brust vergrößern lassen oder sich einem anderen kosmetischen Eingriff unterziehen, weil Sie glaubten, Sie würden sich danach besser fühlen? _____

9. Haben Sie Hemmungen, wenn Sie das Haus ohne Make-up, den »richtigen« Kleidern oder ordentlich gekämmtem Haar verlassen? _____

10. Haben Sie jemals versucht, Ihren Körper vor Ihrem Intimpartner oder vor sich selber zu verstecken, indem Sie es vermieden, in den Spiegel zu schauen? _____

Anzahl der mit JA beantworteten Fragen: _____

Auswertung

(0–2) Sie schätzen Ihren Körper und haben ein gesundes Körperbild.
Sie genießen ein sehr gesundes, positives Selbstbild. Sie sind mit Ihrem Körper zufrieden und schätzen seine weibliche Stärke. Sie haben dem endlosen Sperrfeuer negativer kultureller weiblicher Körperbilder erfolgreich widerstanden und sich ein stabiles Selbstwertgefühl bewahrt. Eine Körperbild-Depression ist kein Thema für Sie. Gratulation: Sie sind der Forderung nach »Perfektion« nicht auf den Leim gegangen!

(3–5) Vorsicht: Sie sind anfällig.
Sie leiden wahrscheinlich öfter unter einer Körperbild-Depression, als daß Sie sich wohl fühlen in Ihrem Körper. Sie sollten den Aktionsstrategien, die weiter hinten in diesem Kapitel vorgestellt werden, aufmerksame Beachtung schenken. Durch sie werden Sie besser verstehen lernen, warum Sie so besonders anfällig sind, und erfahren, was Sie gegen Ihre Anfälligkeit im einzelnen tun können.

(6–7) Hüten Sie sich: Sie haben wahrscheinlich eine Körperbild-Depression.
Sie haben ein negatives Körperbild. Sie sind kaum einmal zufrieden mit Ihrem Äußeren und tun, was Sie nur können, um das, was Sie als Ihre Fehler und Mängel betrachten, auszugleichen. Jahre negativer gesellschaftlicher Konditionierung haben ihren Tribut gefordert. Es ist an der Zeit, daß Sie sich offensiv mit Ihrer Körperbild-Depression auseinandersetzen, bevor sie schlimmer wird und in eine Ungesunde Depression ausartet.

(8–10) Sie stecken in Schwierigkeiten; Ihre Körperbild-Depression ist ungesund.
Sie scheinen an einer signifikanten ungesunden Körperbild-Depression zu leiden. Sie haben Schaden erlitten durch die Bilder, die unsere Gesellschaft und unsere Medien über das »adäquate« Aussehen einer Frau in Umlauf bringen, und durch die feindseligen,

negativen Botschaften, die Ihnen Ihre Familie und Ihre Freunde über Ihr Aussehen vermittelt haben oder noch vermitteln. Höchstwahrscheinlich sind Sie sich dessen gar nicht bewußt, wieviel Selbsthaß diese Erfahrungen bei Ihnen ausgelöst haben. Sie benötigen dringend professionelle Hilfe, wenn Sie Ihre negativen, selbstzerstörerischen Gefühle, mit denen Sie Ihren Körper betrachten, bewältigen wollen. Wenn Sie diese Hilfe nicht bekommen, werden Sie wahrscheinlich noch selbstzerstörerischer mit Ihrem Körper umgehen. Was immer an Selbstwertgefühl bei Ihnen noch vorhanden ist, wird langsam verschwinden.

Wenn Sie auf fünf oder mehr Fragen mit JA geantwortet haben, haben Sie allen Grund zur Sorge. Aber es besteht auch Anlaß zur Hoffnung. Sie haben zwar möglicherweise eine Körperbild-Depression, aber Sie können auch eine Menge tun, um ihr zu begegnen und sie zu bewältigen. Sie stehen definitiv nicht allein in Ihrem Kampf um ein besseres Selbstbild. Mindestens fünfundneunzig Prozent der Frauen, die ich über die Jahre getroffen und gesprochen habe, litten regelmäßig an einem gewissen Grad von Körperbild-Depression, und praktisch jede Frau weiß, wie schmerzlich und beschämend es ist, irgendwann einmal im Leben an einen Punkt zu kommen, wo man glaubt, feststellen zu müssen, daß der eigene Körper und das eigene Aussehen den Ansprüchen nicht genügen, obwohl dieser Glaube in Wirklichkeit nichts als Unsinn ist.

Aber das muß nicht so sein. Wir können die kulturellen Ketten, die uns fesseln und uns unserer Energie, unserer Kraft und unseres Selbstwerts berauben, brechen. Wir können lernen, unsere Körper zu lieben, ob sie nun der kulturellen Idealform entsprechen oder nicht. Wir können uns strikt weigern, uns als unzulänglich zu betrachten, nur weil unsere Körper nicht perfekt sind. Die Übungen, die ein wenig später in diesem Kapitel zur Sprache kommen, können Ihnen dabei helfen. Aber zunächst einmal ist es wichtig, daß Sie verstehen, woher diese Ablehnung kommt.

Die Wurzeln einer Körperbild-Depression

Es gibt drei hauptsächliche Ursachen für eine Körperbild-Depression: Unseren negativen Traditionellen Kern, der uns dazu erzieht, unser Äußeres als Maßstab für unseren Wert zu betrachten; unsere Familien, die möglicherweise jahrelang durch ihr negatives Feedback – das längst vergessen wurde, aber trotzdem Spuren hinterlassen hat – ihren Teil dazu beigetragen haben; und unsere Gesellschaft, in der sich fünf bedeutende gesellschaftliche Strafrichter – die Diätindustrie, die Kosmetikindustrie, die Modeindustrie, die Schönheitschirurgie und die Massenmedien – zusammentun, um einen unbestreitbaren Einfluß darauf auszuüben, wie wir aussehen, fühlen und denken sollen.

1. Unser negativer Traditioneller Kern

Von Geburt an schwört uns der negative Traditionelle Kern auf ein Wertesystem ein, das uns als »genügend« oder »ungenügend« verurteilt, je nachdem, wie »gut« oder wie »schlecht« wir aussehen. Traditionell sind Schönheit und Qualität der Erscheinung die ersten und bleibendsten Eindrücke, die man bei Frauen gewinnt. Nach Ansicht unseres Traditionellen Kerns sollten wir unseren Selbstwert ausschließlich über dieses Äußere beziehen, um in der Welt der Männer Anerkennung zu finden.

Während Männer ihren Selbstwert primär davon ableiten, was sie tun und wie gut sie es tun, steht der Selbstwert von Frauen in direktem Zusammenhang damit, wie anziehend sie auf andere wirken. Oder wie Elissa Melamed in ihrem Buch *Meditations for Woman Who Do Too Much* beobachtete: »Männer schauen in den Spiegel und sehen sich selbst. Frauen schauen in den Spiegel und suchen sich selbst.« Berufliche, schulische und andere Erfolge sind nichts im Vergleich zu der ungeheuren Bestätigung, die unser Traditioneller Kern erhält, wenn jemand erklärt, wir würden gut aussehen.

Der Traditionelle Kern ist nicht *nur* negativ. Er besitzt auch positive Einflüsse auf unsere Entwicklung. Er hält uns beispielsweise dazu an, Sport zu treiben und auf unsere Ernährung zu achten. Er ermutigt uns dazu, das Beste aus unserem Äußeren zu machen. Aber die dunkle Seite des Traditionellen Kerns ist dermaßen voller Selbstzweifel und Ängste, was unseren Körper und den Umgang mit ihm angeht, daß eine Körperbild-Depression fast zwangsläufig die Folge ist.

2. Unsere destruktiven Familiengespenster

Eine weitere bedeutsame Ursache von Körperbild-Depressionen ist in dem Einfluß zu finden, den unsere Familie durch die Art, wie sie über unseren Körper und unser Aussehen denkt, hatte und möglicherweise noch hat. Äußerungen, die Mutter, Vater, Schwester, Bruder, Tanten, Onkel, Cousinen und Großeltern hören ließen, als wir aufwuchsen, können und haben eine anhaltende Wirkung. Die hänselnden oder spitzen Bemerkungen, die sie über unser Aussehen machten, stecken tief in uns. Gibt es unter den folgenden Sprüchen irgendeinen, der Ihnen bekannt vorkommt?

»Warum machst du nicht etwas mit deinen Haaren?«
»Kaum zu glauben, daß du meine Schwester bist – du bist bestimmt adoptiert worden, so häßlich, wie du bist!«
»Fettkloß, Fettkloß, bist ja schon mehr breit als groß...«
»Warum ißt du nicht ein wenig, meine Liebe? Wenn du noch mehr abnimmst, wirst du noch krank werden.«
»Das wirst du doch nicht wirklich anziehen wollen, oder?«
»Geh ins Badezimmer und kratz dir etwas von dieser Schmiere ab. Du schaust aus wie eine Nutte.«
»Du bist ein hübsches, kleines Mädchen, mein Schatz, aber du schaust aus wie ein Junge. Es wird Zeit, daß du lernst, Kleider zu tragen.«

Wann immer diese Botschaften – oder eine erwachsene Version davon – wiederholt werden, erwecken ihre Echos die alten Gespenster und die Unsicherheiten zu neuem Leben. Was sie *sagten*, hatte direkten Einfluß darauf, wie Sie heute *sind* und über sich *denken*.

Wie so vielen Frauen fällt es Ihnen möglicherweise schwer, eine Trennungslinie zu ziehen zwischen den Aggressionen oder der Kritiksucht anderer und Ihrer eigenen emotionalen und körperlichen Realität.

3. Die fünf gesellschaftlichen Strafrichter

Die vereinten Botschaften von fünf kraftvollen Institutionen überzeugen Frauen mit der Zeit davon, daß sie mängelbehaftet sind, solange sie sich nicht auf bestimmte gesellschaftlich sanktionierte Weise verpacken und präsentieren.

Es ist eine Form gesellschaftlicher Bestrafung, die zunächst die Flamme der Unsicherheit unter den Frauen schürt und das Feuer dann zum Lodern bringt. Zweifellos ist die ökonomische Ausbeutung weiblicher Unsicherheiten für gewisse Industrien ein Riesengeschäft. Nehmen Sie sich einen Moment Zeit, um über die phänomenalen Profite nachzudenken, die diese Industrien erwirtschaften — und zwar größtenteils aufgrund des Geldes, das sie an Frauen verdienen.

Rentabilität der wichtigsten gesellschaftlichen Strafrichter von Frauen

Ernährungsindustrie:	33 Milliarden Dollar
Kosmetik- und Toilettenartikelindustrie:	18,5 Milliarden Dollar
Modeindustrie:	181 Milliarden Dollar
Schönheitschirurgie:	300 Milliarden Dollar

Medien: Milliarden — so mächtig und allgegenwärtig, daß es schwierig ist, genaue Zahlen zu nennen.

Wie Sie sehen, ist das Verursachen und Befriedigen von körperlichen Unsicherheiten ein Riesengeschäft. Das soll natürlich nicht heißen, daß alle Produkte und alle Dienstleistungen, die sich hinter diesen Zahlen verbergen, ungesund oder kulturell demütigend für Frauen sind. Zahlreiche dieser Dienstleistungen und Produkte haben ihre Daseinsberechtigung und ihren Sinn und können Frauen gute Dienste leisten.

Eine kosmetische Gesichtsbehandlung kann entspannend und

gut für die Haut sein. Wir alle brauchen Kleidung, in der wir uns wohl fühlen, und es kann eine besondere Freude sein, einen Flakon Parfüm oder einen Lippenstift in einem neuen Farbton zu kaufen bzw. Mitglied in einem Fitneßclub zu werden.

Das Problem besteht nicht so sehr darin, ein bestimmtes Produkt zu kaufen; das Problem besteht darin, daß vieles, was Frauen für ihr Aussehen ausgeben, nicht in gesunden Bedürfnissen wurzelt, sondern eher das Ergebnis hektischer Bemühungen ist, unrealistischen Idealen zu entsprechen, damit man in einer von Grund auf ungesunden Gesellschaft akzeptiert und wertgeschätzt wird.

Lassen Sie uns nun jeden einzelnen dieser kulturellen Strafrichter ein wenig genauer betrachten.

Die Ernährungsindustrie

Was ist falsch daran, abzunehmen? Schließlich hat es viele Vorteile, wenn wir überflüssige Pfunde loswerden. Das richtige Gewicht zu halten und regelmäßig Sport zu treiben, ist großartig für unsere Gesundheit, es bestärkt unser Selbstwertgefühl, verhilft uns zu mehr persönlicher Kraft und gibt uns mehr Kontrolle über unser Leben.

Aber dies sind nicht die primären Gründe, weswegen die meisten Frauen fasten. Frauen unterziehen sich Schlankheitskuren, weil sie kulturell darauf konditioniert wurden, ihre Körper, so wie sie sind, für nicht akzeptabel zu halten. Oder wie die Schauspielerin Tyne Daly sagt: »Ich erkannte, daß der einzige echte Beitrag, den man in unserer Gesellschaft leisten kann, wenn man keinen Penis besitzt, darin besteht, zwanzig Pfund Gewicht zu verlieren. Jeder andere Erfolg ist nichts im Vergleich dagegen. Fragen Sie Oprah Winfrey. Es spielt keine Rolle, wie gescheit, wie reich oder wie nett sie zu den weniger Glücklichen ist. Das Wichtigste ist, daß sie abgenommen hat (und wieder zugenommen).«

Gleichgültig, wieviel wir wiegen — man erklärt uns, wir könnten noch dünner, magerer und straffer sein. Und wir schlucken es. Eine Studie von 1990 in der *Time* fand heraus, daß sich achtundfünfzig Prozent der befragten jungen Frauen für übergewichtig hielten, obwohl es tatsächlich nur siebzehn Prozent von ihnen waren. Eine

Studie von 1992, durchgeführt von den »Centers for Disease Control«, kam in einer repräsentativen Stichprobenbefragung von beinahe zwölftausend High-School-Schülern und -Schülerinnen zu dem Ergebnis, daß mehr als ein Drittel der Mädchen dachten, daß sie übergewichtig wären, wohingegen es bei den Jungen nur fünfzehn Prozent waren.

Dreiundvierzig Prozent der Mädchen – darunter auch solche, die meinten, sie hätten das »richtige Gewicht« – hielten Diät, was zu Ernährungsfehlern führte, die sie einem signifikanten Risiko für zukünftige Gesundheitsprobleme aussetzten.

Man könnte annehmen, daß sich das Selbstbild von Frauen stabilisieren würde, sobald sie die Turbulenzen der Adoleszenz hinter sich gelassen haben und erwachsen sind. Dies ist nicht der Fall. Eine kürzlich durchgeführte *Family-Circle*-Umfrage kam zu dem Ergebnis, daß sich achtundsiebzig Prozent der interviewten Frauen für übergewichtig hielten, obwohl es tatsächlich nur siebenundzwanzig Prozent von ihnen waren. Achtundachtzig Prozent dieser Frauen fanden ihre Körper so mangelhaft, daß es ihnen widerstrebte, sich im Badeanzug zu zeigen. Die Umfrage zeigte überdies, daß sich doppelt so viele Frauen wie Männer für übergewichtig halten. Darüber hinaus gaben mehr als fünfundsiebzig Prozent der befragten Frauen an, einen oder mehrere Bereiche ihres Körpers zu hassen.

Was fangen wir nun an mit diesem Körperhaß? Statt die gesellschaftlichen Voraussetzungen, die ihn geschaffen haben, zu verdammen, akzeptieren wir ihn und fasten, um unsere Körper zu verändern. Während die meisten Männer aus gesundheitlichen Gründen Diät halten, zählen die meisten Frauen Kalorien, um besser auszusehen. Eine *American-Health*-Umfrage ergab, daß sechzig Prozent der Frauen ihr Aussehen als hauptsächliche Motivation zum Fasten bezeichneten, während nur vierzig Prozent der befragten Männer fasteten, um besser auszusehen. Nur sechsunddreißig Prozent der Frauen sagten, sie würden von der Sorge um ihre Gesundheit getrieben, während vierundfünfzig Prozent der Männer hofften, eine Diät würde sich lebensverlängernd auswirken.

Das Problem an der Sache ist, daß das Fasten nicht funktioniert. Studien haben immer wieder gezeigt, daß fünfundsiebzig bis neunzig Prozent diäthaltender Frauen das Gewicht, das sie verlieren, innerhalb von zwei Jahren wieder zunehmen. Bei flüssigen Diäten, wie etwa jener, durch die Oprah Winfrey siebenundachtzig Pfund verlor, erleben achtundneunzig Prozent der Frauen exakt das, was auch Oprah erlebte. Sie setzen die Pfunde alle wieder an – und noch ein bißchen mehr. Mir erging es in dieser Hinsicht nicht viel besser. Ich verlor einmal vierzig Pfund durch Optifast, die ich aber alle – und noch einige mehr – schnell wieder ansetzte, als ich anfing, wieder Normalkost zu mir zu nehmen. Das Diätprogramm rüttelte nicht an den Gründen, die in erster Linie daran schuld waren, daß ich zuviel aß. Es löste keines der Probleme, die ich hatte. Das Hungern schuf eine riesige Welle von Entbehrung, die mich überrollte, als ich wieder die Möglichkeit hatte, richtig loszuschlagen und mich für all die verlorene Zeit und all die verlorenen Köstlichkeiten zu entschädigen.

Die Federal Trade Commission forderte kürzlich die Hersteller von Flüssigdiäten dazu auf, sie sollten aufhören, unbewiesene Behauptungen über angeblich langfristige Erfolge zu verbreiten, wenn in Wirklichkeit »für viele Diättreibende der Gewichtsverlust nur temporär ist«. Fast noch deprimierender ist die Tatsache, daß trotz aller Diätpläne und Fastenprogramme, die heute auf dem Markt sind, die Frauen wahrscheinlich übergewichtiger sind als noch vor dreißig Jahren. Oder wie es ein Sachverständigengremium des National Institute for Health auf den Punkt brachte: »Wir werden dicker, weil wir Diäten machen.« Die Diätindustrie ist inzwischen tatsächlich ziemlich geschickt darin geworden, ein einzigartiges Markenzeichen von gesellschaftlicher Bestrafung und Manipulation zu sein: Sie hilft Frauen dabei, sich ständig wie Versagerinnen vorzukommen, gleichgültig, wie sehr oder wie gut wir unsere Ernährung im Griff haben.

Die Kosmetikindustrie

Lippenstift. Rouge. Eyeliner. Mascara. Lidschatten. Nagellack. Die Industrie, die diese Produkte vertreibt und herstellt, nennt sie Kosmetika. Aber die meisten Frauen bezeichnen sie als Make-up*, was eine wichtige Frage aufwirft: Wenn wir diese Produkte auf unsere Körper auftragen, was genau machen wir wieder gut? Die Tatsache, daß wir mit vierzig Jahren nicht mehr den gleichen untadeligen, faltenlosen Teint haben, den wir möglicherweise mit sechzehn hatten? Daß unsere Gesichtszüge nicht so perfekt proportioniert sind wie die der Frauen, die uns auf den Titelblättern von *Vogue*, *Marie Claire* oder *Mademoiselle* entgegenlachen? Daß wir nicht von Natur aus mit roten Lippen und rosigen Wangen gesegnet sind?

Die Doppelmoral in unserer Gesellschaft ist ebenso faszinierend wie erschreckend. Das Geschäft mit der männlichen Schönheit ist in den letzten Jahren zwar zu einem enorm wachsenden Markt geworden, aber stellen Sie sich einmal vor, wie auffällig ein Mann wäre, wenn er sich in der Öffentlichkeit, angetan mit Lidschatten, Eyeliner, Rouge und Lippenstift, zeigen würde. Bei Frauen ist das anders. Jene, die kein Make-up tragen, können auffälliger sein, als solche, die sich schminken, denn es wird von uns erwartet. Eine weibliche Angestellte von Continental Airlines wurde 1991 vom Dienst suspendiert, nachdem sie gegen die Firmenpolitik protestiert hatte, die vorschrieb, daß weibliche Angestellte Make-up zu tragen hatten, weil man der Ansicht war, daß sie den Fluggästen dann einen schöneren Anblick böten. Erst nachdem der Disput weitreichende negative Publicity erzeugt hatte, wurde die Politik der Airline außer Kraft gesetzt und die Suspendierung der Angestellten wieder zurückgenommen.

Wie die Diätindustrie ist die Kosmetikindustrie ein höchst erfolgreicher, gesellschaftlicher Strafrichter von Frauen. Sie hält den Mythos am Leben, daß wir nur dann attraktiv und kulturell akzeptabel sind, wenn wir unsere Gesichter schminken. Und die Mehrheit der Frauen akzeptiert diese Botschaft. Indem sie die Schattierung, die Farbe und das »Aussehen« von Schönheit von Saison zu Saison verändert, hält uns die Kosmetikindustrie buchstäblich an einer langen Leine, an der sie uns immer wieder zurückzieht, damit

---

* (»to make up« bezieht sich im Englischen nicht nur aufs Schminken, sondern wird auch im Sinne von »wiedergutmachen, vervollständigen« gebraucht, Anm. d. Übers.)

wir unsere gesellschaftlich definierten Mängel von neuem »ausgleichen«.

Die Modeindustrie

Die Modeindustrie ist eine, eine weitere Milliarden Dollar schwere, gesellschaftliche Strafinstanz, die auf der Annahme gründet, daß eine Frau erst dann vorzeigbar ist, wenn sie sich modisch kleidet. Man nimmt Bilder von hochgewachsenen, dünnen Frauen dazu her, um Mode zu kreieren, die die Durchschnittsfrau nicht tragen kann, weil sie nicht den Körper eines adoleszenten Jünglings mit Brüsten hat. Fünfundneunzig Prozent der Modeartikel werden für Frauen entworfen, die weit größer als 1,65 Meter sind und weniger als Kleidergröße 40 tragen, obwohl nicht einmal jede vierte Amerikanerin diesen Maßvorgaben entspricht. Die durchschnittliche Amerikanerin ist zweiunddreißig Jahre alt, 143 Pfund schwer und trägt Größe 38 bis 40. Dreißig bis vierzig Millionen Frauen weichen sogar noch stärker von den modischen Maßen ab und tragen Größe 44 oder mehr.

Die meisten von uns stellen den Wahnsinn dieser gesellschaftlichen »Normen« und Erwartungen nicht in Frage. Statt dessen tun wir genau das, was man von uns erwartet – wir investieren Zeit, Energie und Geld, um dem Modediktat zu folgen, das sich wie die Jahreszeiten ständig verändert. Statt das Geld für Erfahrungen auszugeben, die uns wirkliche Kraft spenden würden – Ausbildung; Kurztrips zu Menschen, die uns mögen; Tanz- oder Sportstunden; Teilnahme an Workshops zur Bewußtseinserweiterung –, bemühen sich zu viele von uns darum, modisch auf dem laufenden zu bleiben. Und die Mode ändert sich natürlich ständig. In der einen Saison sind kurze Röcke angesagt, in der nächsten sind sie bereits wieder aus der Mode, nur um von mittellangen Modellen abgelöst zu werden, die innerhalb von Monaten ebenfalls wieder überholt sein werden.

Die Schönheitschirurgie

Das Geschäft mit der Schönheitschirurgie floriert wie nie zuvor. Es bringt inzwischen dreihundert Milliarden Dollar jährlich. Das liegt daran, daß Frauen gesellschaftlich dazu ermutigt werden, das nicht zu mögen, was sie sehen, wenn sie in den Spiegel schauen. In den vergangenen drei Jahren haben sich fast zwei Millionen Frauen unters Messer begeben, um sich ihre Unzufriedenheiten wegschneiden zu lassen. Die neunziger Jahre sind beharrlich dabei, sich zum Zeitalter der Chirurgen zu entwickeln, was daran liegt, daß die Frauen der Baby-Boom-Generation in die Jahre kommen; fünfundachtzig Prozent der Patienten, die sich einer Schönheitsoperation unterziehen, sind weiblich. Schönheitsoperationen werden immer billiger, wodurch ein immer umsatzstärkerer Markt entsteht, der den Unsicheren, Unzufriedenen und jenen, die glauben, daß ihnen ein besseres Aussehen irgendwie zu einem glücklicheren, befriedigenderen Leben verhilft, gerecht wird. Oder wie die Schauspielerin und Talk-Show-Moderatorin Joan Rivers, eine enthusiastische Befürworterin der kosmetischen Chirurgie, so schön sagt: »Das Aussehen zählt. Vergessen Sie die Sache mit der ›inneren Schönheit‹. Wenn ein Mann sich innere Schönheit wünscht, sieht er sich Röntgenaufnahmen an.«

Als Antwort auf diese gesellschaftlichen Zwänge wenden sich Frauen an Ärzte, um die Karten, die ihnen von Natur, Zeit und genetischer Veranlagung mitgegeben wurden, neu zu mischen. Das Geschäft mit der Schönheit basiert teilweise auf der Annahme, daß eine Frau verunstaltet ist, wenn sie altert. Ein Mann wird nur dann als verunstaltet angesehen, wenn er seine Gliedmaße verliert.

Kathy, die Diätassistentin, die überzeugt davon war, daß es an ihren kleinen Brüsten lag, daß sie noch keinen Mann hatte, setzte ihre Erbschaft dafür ein, um sich ihre Brüste vergrößern zu lassen. Operation und anschließende Rekonvaleszenz verliefen problemlos. Nach zwei Wochen kehrte sie an ihren Arbeitsplatz zurück, vor Stolz und künstlichen Brüsten schier platzend. Eine Weile war alles einfach großartig. Doch mit der Zeit begann Kathy zu realisieren, daß ihr der Mann ihrer Träume noch immer nicht begegnet war. Ihre Brüste begannen zu schmerzen und fühlten sich zunehmend härter an. Schließlich wurde es so schlimm, daß ihr Arzt eine zweite Operation vornehmen mußte, um die verhärteten Implantate durch neue zu ersetzen.

Wie Naomi Wolf in ihrem Buch *Der Mythos Schönheit* berichtet, ließen sich in nur drei Jahren etwa eine Million amerikanischer Frauen aufschneiden und künstliche Säckchen implantieren, um die Illusion runderer, vollerer und größerer Brüste zu schaffen. Obwohl siebzig Prozent dieser Verfahren mit Komplikationen verbunden sind und gewisse Silikonimplantate aufgrund ihres hohen Gesundheitsrisikos vom Markt genommen wurden, akzeptieren viele Frauen immer noch die Vorstellung: Je größer die Brust, desto interessanter die Frau.

Und die Maßstäbe gehen nach wie vor nach oben. Inzwischen bezeichnen Ärzte den B-Cup, der noch vor einem Jahrzehnt verlangt wurde, als unzureichend. Die Nachfrage gilt nun dem C-Cup und in wachsendem Maße dem D-Cup. Man fragt sich wirklich, ob diese Buchstaben sich nun auf Brustgrößen beziehen oder nicht eher das abnehmende Selbstwertgefühl der Frauen markieren.

Große Brüste sind anscheinend nicht die einzigen Dinge, die einige Frauen in den neunziger Jahren zum Überleben und Glücklichsein brauchen. Mehr als hunderttausend Frauen haben sich bereits das Fett aus ihren Oberschenkeln, ihren Hinterbacken und ihrem Kinn absaugen lassen, ein teures Verfahren, das vor zehn Jahren noch unbekannt war.

Diese Frauen erkaufen sich die Illusion von Jugend, aber um welchen Preis? Die Kosten eines Face-Lifting, das bei einer Frau unter Fünfzig etwa zwölf Jahre anhält und bei einer Frau über Fünfzig manchmal nur die Hälfte der Zeit, schwankt gewöhnlich zwischen fünf- und fünfzehntausend Dollar. Die Angelegenheit erfordert überdies Zeit. Ein Monat Rekonvaleszenz ist keine Seltenheit, besonders bei Patientinnen, die sich den neuen »tieferen« Schnittverfahren unterziehen.

Es ist ein Preis, den sich die meisten Frauen nicht leisten können, gleichwohl aber bezahlen wollen. Eine Umfrage von 1987, durchgeführt von einem Verband plastischer Chirurgen, ergab, daß etwa die Hälfte der Frauen, die eine Schönheitsoperation hinter sich hatten, weniger als fünfundzwanzigtausend Dollar im Jahr verdienten, Hypotheken aufnahmen und sich in Schulden stürzten, um die Kosten der Operation zu decken.

Wenn wir die enorme Verschwendung von Zeit, Geld und Energie betrachten, die dafür verwendet wird, solchen ungesunden gesellschaftlichen Maßstäben von physischer Perfektion zu genügen, werden wir wieder einmal daran erinnert, warum so viele Frauen mit einer Körperbild-Depression zu kämpfen haben und dabei versagen, sie zu lösen. Wir begreifen überdies, warum Frauen Probleme damit haben, ihre Energie dort zu konzentrieren, wo sie wirklich zählt: bei der Veränderung des politischen und sozialen Systems, das uns einfach deshalb abwertet, weil wir Frauen sind und keine »perfekten«, jugendlichen Körper haben.

Die Massenmedien

Gesellschaftliche Schönheitsstandards entwickelten sich bis vor kurzem nur langsam. Unsere Großmütter beispielsweise neigten selten dazu, Sklavinnen der Modeindustrie zu sein, weil sie der Häufigkeit und dem Ausmaß wechselnder Modeströmungen nicht so ausgesetzt waren wie wir heute. Ihr Gefühl für Mode und Stil wurde weitgehend von dem beeinflußt, was sie in den Auslagen der Geschäfte ihrer Heimatstadt sahen oder in den Versandhauskatalogen fanden, die man ihnen zuschickte. Aber dies änderte sich mit dem Einbruch der modernen Technologie und der Entwicklung der Medien, die noch nie dagewesene Möglichkeiten mit sich brachten, zunehmend direktere und vielen zugängliche Bilder »perfekter Schönheit« zu zeigen. Die Medien haben bei der Erschaffung und dem Wandel von Schönheitsidealen eine größere Rolle gespielt als jede andere gesellschaftliche Kraft in der Geschichte. Die Botschaft, wonach Sie Markenartikel A kaufen sollten, weil »Blonde mehr Spaß am Leben haben«, oder Markenartikel B, »weil Sie es sich verdient haben«, kann nun Millionen Frauen gleichzeitig erreichen.

Die Quellen, aus denen sich Körperbild-Depressionen speisen und die wir auf den vorangegangenen Seiten beschrieben haben, können deshalb so wirksam werden, weil es die Medien gibt, die nun ihrerseits zu einer Quelle von Körperbild-Depressionen geworden sind. Es ist eine für beide Seiten vorteilhafte Beziehung: Die Medien bieten ein Forum, das die künstlichen Definitionen von Schönheit und Attraktivität, die durch die Werbung geschaffen werden, am Leben erhält und für sich selbst ausnutzt; und das Geld der Werbeleute, die für Sendezeit und Anzeigenplatz zahlen, sorgt dafür, daß die Mediamaschine reibungslos läuft.

Solange wir dem endlosen Sperrfeuer diese Bilder ausgesetzt sind, werden Frauen Körperbild-Depressionen erleben und sich einen Teil ihrer Zeit schlecht fühlen. Wenn man die Macht und den Einfluß dieser gesellschaftlichen Strafrichter betrachtet, stellen sich uns die folgenden Fragen: Wie können wir zurückschlagen, und was können wir tun, um die Kontrolle über unseren Körper und dessen Bild in der Öffentlichkeit zurückzugewinnen?

Es gibt eine Anzahl von Möglichkeiten, den gesellschaftlichen Strafrichtern zu trotzen. Sie können ein feineres Gespür dafür entwickeln, welches Spiel diese finanziellen Giganten spielen. Sie können es lernen, sich nicht an die Spielregeln zu halten oder das Spiel überhaupt nicht mitzuspielen. Ich behaupte nicht, daß es für irgend jemanden von uns einfach wäre, eine Körperbild-Depression zu überwinden. Aber es ist möglich. Wir müssen unsere Entrüstung und unsere Wut über die Art, wie wir konditioniert und manipuliert werden, bzw. darüber, wie hart wir oft mit uns selbst ins Gericht gehen, nur zulassen. Am meisten hilft es uns, wenn wir die Ursachen einer Körperbild-Depression verstehen und unsere Aktionsfähigkeit mobilisieren. Setzen Sie sich in Bewegung und probieren Sie einige oder alle der folgenden bewährten Techniken aus, die sich für Frauen unterschiedlichsten Alters und Hintergrundes als erfolgreich erwiesen haben. Die ersten drei Übungen konzentrieren sich auf Kindheits- und Jugendprobleme; die letzten fünf beziehen sich auf unsere Erfahrungen als Erwachsene.

Aktionsstrategien zur Überwindung
von Körperbild-Depressionen

1. Kehren Sie zurück in die Kindheit, in eine Zeit, als Sie Ihren Körper noch zu schätzen wußten!

Gab es eine Zeit in Ihrem Leben, zu der Sie Ihren Körper schätzten und sich sehr viel wohler in Ihrer Haut fühlten als heute? Für die meisten Frauen bedeutet die Rückkehr zu dieser Zeit der Unschuld eine innere Reise zurück in ihre Kindheit. Viele Frauen stellen fest, daß sich ihre angenehmsten körperlichen Erinnerungen auf das Alter zwischen zwei und zehn Jahren beziehen. Erst mit der Adoleszenz setzt das Bedürfnis nach körperlicher Perfektion mit solcher Wucht ein; erst dann spielen Dinge wie äußere Erscheinung, Konkurrenzdenken und Körperneid eine große Rolle. Manche Frauen können an ihrer Kindheit absolut nichts Gutes finden, gleichgültig, wie sehr sie sich auch bemühen. Wenn Sie zu diesen Frauen gehören, dann versetzen Sie sich in eine Zeit, als Ihr Körper Ihnen gute Dienste leistete und Sie mit einem gewissen Stolz erfüllte.

Nachdem Sie nun ein positives Körpergefühl oder eine positive Körpererfahrung aus Ihrer Kindheit erinnert haben, suchen oder machen Sie sich ein Bild, das diese Erfahrung repräsentiert. Sie könnten dafür beispielsweise ein Kindheitsfoto hernehmen, bevor Ihre Ablehnung Ihres Körpers begonnen hat. Das, was ich benutzte, zeigt mich als Vierjährige, wie ich die Straße hinunterrenne, mit im Wind flatternden Zöpfen. Wenn Ihre Eltern noch alte Kinderfotos von Ihnen haben, bitten Sie sie, sie Ihnen zuzuschicken. Wenn Sie keine Fotos ausfindig machen können, suchen Sie sich ein Bild aus einer Zeitschrift, verwenden Sie ein Bild von einer Grußkarte oder zeichnen Sie ein Bild, das Sie daran erinnert, wie Sie damals waren, als Sie Ihren Körper noch wahrhaft zu schätzen wußten.

Wenn Sie Ihr positives Körperbildfoto dann vor sich liegen haben, schreiben Sie ein paar Worte oder Sätze auf ein Blatt Papier, die dieses Bild in Ihnen heraufbeschwören. Folgende Wörter könnten Ihnen in den Sinn kommen: eindrucksvoll, süß, stark, hübsch, leistungsfähig, zuversichtlich, frei, cool, schlank oder athletisch. Wenn Ihnen die Worte fehlen, drücken Sie Ihre Gefühle in einer schnell hingeworfenen Skizze aus, bis die Worte wieder zu fließen beginnen. Möglicherweise beschwört Ihre Zeichnung weitere Erinnerungen herauf. Das ist oft so und gibt Ihnen die Möglichkeit, so lange weiterzumachen, bis Sie glauben, daß Ihr Erkundungsprozeß wirklich abgeschlossen ist.

Wenn Ihnen irgendwann nichts mehr einfällt, was Sie zu dem Bild noch sagen könnten, schließen Sie einige Minuten lang die Augen und kehren Sie zurück in die Zeit Ihres Lebens, die dieses Foto oder diese Zeichnung repräsentiert. Wie standen Sie damals zu Ihrem Körper? Auch wenn Sie sich stolz und zuversichtlich fühlten, waren auch ein wenig Angst und Hemmungen dabei? Wie war Ihr Leben damals? Wer übte einen positiven Einfluß auf Sie aus? Gab es einen Elternteil, einen Lehrer, Trainer oder Freund, der Ihre Stärke schätzte und Ihnen Mut machte? Lassen Sie Ihren Gedanken freien Lauf. Analysieren oder bewerten Sie sie nicht. Versuchen Sie, diese positive Stimmung, die Sie damals Ihrem Körper gegenüber empfanden, wiederherzustellen, indem Sie die positiven Äußerungen, die Sie bezüglich Ihres Körpers und Ihres Aussehens erhielten, niederschreiben und auch die nonverbalen Gefühle, die Ihnen vermittelt wurden, berücksichtigen.

Sie haben nun ein visuelles und geistiges Bild einer Zeit vor Augen, als Sie ein positives Körperbild hatten und Ihren Körper als Quelle der Stärke und Leistungskraft nutzen konnten. Mit diesem Bild im Kopf kleben Sie nun Ihr Foto auf Packpapier und heften daneben die Liste der positiven Assoziationen, die Sie sich notiert haben. Fügen Sie jedes andere positive Gefühl, das Ihnen noch in den Sinn kommt, dazu, so daß Ihr Körper schließlich ganz umgeben ist von positiven früheren Assoziationen und gegenwärtigem positiven Denken. Sie werden auf diese Weise eingerahmt sein von Stärke und, zumindest für kurze Zeit, abgeschirmt von den gesellschaftlichen Strafrichtern. Dies kann ein erster Schritt dazu sein, sich wieder ein positives Körperbild anzueignen und sich gegen kulturelle Bestrafung zu schützen. Und dieser Schutz ist eines der größten Geschenke, das Sie sich selbst machen können.

2. Erkennen Sie, welche Ursachen Ihre Körperbild-Depression in Ihrer Jugend hatte!

Nun, wo Sie gewissermaßen eine tragbare Kraftquelle für ein positives Körperbild und einige Erfahrung mit positivem körperlichen Denken haben, besteht der nächste Schritt darin, Ihrer Jugend einen Besuch abzustatten. Jetzt geht es darum, zu verstehen, ob, wie, wann und warum sich Ihr Körperbild zu verändern begonnen hat.

Bei den meisten Frauen ist es so, daß sich die Selbstliebe des Kindes, das sie einmal waren, während der Adoleszenz in Ablehnung verwandelte. Deswegen ist die nächste Übung auch besonders wertvoll für Frauen mit Körperbild-Depressionen. Nehmen Sie ein Jugendfoto von sich, schneiden Sie sich das Bild eines weiblichen Teenagers aus einer Zeitschrift aus oder zeichnen Sie eine Figur, die Sie an damals erinnert, als Sie Verlegenheit und Unsicherheit wegen Ihres Körpers empfanden.

Welche Erinnerungen haben Sie an diese Phase Ihres Lebens? Erinnern Sie sich an eine Zeit, in der Sie glaubten, daß Sie entweder zu dick oder zu dünn wären, als Sie dachten, Ihre Brüste wären entweder zu groß oder zu klein? War Ihr Haar strähnig und matt? Hatten Sie einen klaren Teint, oder litten Sie unter Hautproblemen? Waren Ihre Kleider attraktiv, oder hielten Sie sie für häßlich? Und wie sah es mit Ihrer Haltung aus – standen Sie stolz und aufrecht im Leben, oder gingen Sie gebückt durch Ihre Pubertät und versuchten, sich so klein wie möglich zu machen?

Wenn Sie die Gefühle, die dieses Jugendbild in Ihnen auslöst, aufschreiben, werden Sie wahrscheinlich feststellen, daß das Bündel von Reaktionen, das Sie in Händen halten, sich grundlegend von den Assoziationen unterscheidet, die in Ihnen aufgrund des Kindheitsfotos oder positiven Kindheitssymbols (körperlicher Wertschätzung) aus der ersten Übung hochkamen. Als Joyce, die College-Studentin, diese Übung machte, erkannte sie zum ersten Mal, daß ihr Bedürfnis nach Shopping-Ausflügen in den Unsicherheiten wurzelte, die bis auf ihre Jahre an der Junior-High-School zurückging, wo »Kleider Frauen machten«.

Kathy konnte ihr Jugendfoto nicht betrachten, ohne beim Anblick ihrer Brüste zusammenzuzucken. Sie erschienen ihr wie eingefallen. Ali stopfte Schokolade in sich hinein, als sie sah, wie verlegen und unsicher sie als Teenager gewirkt hatte. Möglicherweise werden Ihre Reaktionen auf Ihr Jugendfoto, wie bei Kathy und Ali, ebenfalls unangenehmer Natur sein. Möglicherweise sind Sie befangen, verlegen und peinlich berührt. Möglicherweise werden Sie schließlich zu der Erkenntnis gelangen, daß dies der Zeitpunkt in Ihrem Leben war, an dem Sie zum ersten Mal das Gefühl hatten, daß es wichtiger war, wie Sie *aussahen,* als wie oder wer Sie wirklich waren.

Jetzt, wo Sie etwas mehr darüber wissen, wie und wann Ihre Körperbild-Depression wahrscheinlich begonnen hat, lassen Sie uns gemeinsam zurück in Ihre Jugend gehen und etwas von dem Schaden wiedergutmachen. Nehmen Sie sich einen großen Bogen Papier und kleben Sie darauf Ihr Jugendfoto oder Ihre Zeichnung. Um das Foto oder die Zeichnung herum schreiben Sie nun die fünf äußerlichen Ursachen von Körperbild-Depressionen: Diäten, Kosmetika, Mode, Schönheitschirurgie und die Medien. Versetzen Sie sich in die Zeit von damals und versuchen Sie sich daran zu erinnern, welche Beziehung Sie als Teenager zu jeder dieser Ursachen hatten. Schreiben Sie dann Ihre Gedanken und Gefühle auf zu den Erfahrungen, die Sie gemacht haben, und zwar jeweils unter die betreffende Kategorie. Ali beispielsweise schrieb unter das Stichwort »Diäten«, daß sie »süchtig nach Diäten« war und daß sie ständig mit ihrem Gewicht zu kämpfen hatte. Die pragmatische Kathy schrieb unter »Kosmetika«: »Ich hatte das Gefühl, ich würde es nie lernen, Kosmetika richtig einzusetzen, deshalb ließ ich es lieber gleich ganz bleiben.« Joyce schrieb unter »Mode« und »Medien« solche Kommentare wie: »Ich fühlte mich nie richtig wohl in meinen Kleidern, aber ich mußte es immer wieder probieren«, »Ich beneidete die hübschen Frauen im Fernsehen« und »Wenn ich dick bin, bin ich schlecht«.

Wenn Sie diese Übung machen, wird Ihnen vielleicht bewußt werden, daß die Einstellungen, die Sie als Teenager übernahmen, ein direktes Ergebnis Ihrer gesellschaftlichen Konditionierung waren. Sie brauchen nur einmal einen Blick in diverse Zeitschriften für junge Frauen zu werfen, wie *Girl* oder *Mädchen,* um zu sehen, wie diese kulturellen Strafrichter noch heute ganze Arbeit leisten. Betrachten Sie, wie viele Anzeigen oder Fotos Schlankheit oder unrealistische Ideale von Schönheit propagieren. Reißen Sie die unrealistischsten davon heraus, diejenigen, die körperliche Perfektion als das Ideal schlechthin darstellen. Legen Sie sie nebeneinander, damit es Ihnen richtig auffällt, wie allgegenwärtig diese ungesunden Erwartungen sind, und dann werfen Sie sie weg. Besonders wirkungsvoll ist diese Übung, wenn Sie sie mit Ihrer Tochter oder einer jüngeren Verwandten oder Freundin machen. Reden Sie mit ihr über Ihre Erfahrungen und erzählen Sie ihr, was sie auf diesem Gebiet zu erwarten hat und wie sie sich selbst schützen kann. Indem Sie ihr helfen, helfen Sie sich selbst. Obwohl Sie zu Ihrer Zeit möglicherweise keine großartigen Möglichkeiten hatten, sich vor den gesellschaftlichen Strafrichtern zu schützen, haben Sie das heute sehr wohl.

3. Treiben Sie Ihre negativen Familiengespenster aus!

Listen Sie die negativen Sätze auf, die Sie über Ihr Aussehen zu hören bekamen, als Sie heranwuchsen. Notieren Sie darüber hinaus, wer diesen Satz gesagt hat und wie oft. Wenn Ihr kleiner Bruder Ihnen, als Sie vierzehn Jahre alt waren, sechs Monate lang jedesmal wie eine Kuh hintermuhte oder wie ein Schwein grunzte, wenn er in Ihrer Nähe war, sollten Sie das aufschreiben. Halten Sie ebenfalls fest, welche Gefühle seine Kommentare bei Ihnen auslösten. Brachen Sie deswegen jemals in Tränen aus, oder machten Sie die Äußerungen so zornig, daß Sie ihn schlugen? Lassen Sie sich Zeit zum Nachdenken. Sehr wahrscheinlich wird diese Übung Erinnerungen provozieren, an die Sie jahrelang nicht mehr gedacht haben, und einige davon werden möglicherweise unangenehmer Natur sein. Haben Sie den Mut, diese Gefühle zuzulassen.

Nachdem Sie Ihre Liste fertiggestellt haben, lesen Sie sie noch einmal sorgfältig durch. Nehmen Sie Notiz von den Verletzungen, die man Ihnen während des Heranwachsens zugefügt hat. Welche haben ihren Ursprung in gesellschaftlichen Dogmen, und welche, eher spezielleren, wurzeln in innerfamiliärer Dynamik? Sie können nun damit beginnen, diese körperlichen Wunden zu heilen, indem Sie sich zu Ihrer eigenen guten Mutter machen und als Alternative jeweils positive Äußerungen neben die negativen Bemerkungen stellen, mit denen Sie aufgewachsen sind. Dies ist eine großartige Methode, um das negative Feedback Ihrer Vergangenheit in die richtige Perspektive zu rücken. Es ist überdies eine Chance für Sie, die gefestigte, lebenskluge und nährende Mutter zu sein, die Sie selbst möglicherweise niemals gehabt haben.

Neben den Satz »Warum machst du nicht etwas mit deinen Haaren«, den viele meiner Klientinnen ihrer Erinnerung nach öfters von ihren Müttern zu hören bekamen, könnten Sie beispielsweise schreiben: »Würdest du nicht gerne zum Friseur gehen, um etwas Neues auszuprobieren? Du könntest in ein paar Magazine schauen, um Anregungen zu bekommen, wie du deine Haare gerne hättest.«

Ersticken Sie die Echos der Spottgesänge Ihres Bruders »Fettkloß, Fettkloß, bist ja schon mehr breit als groß...«, indem Sie zu diesem Satz einen zweiten, positiven schreiben. Etwa jenen: »Mein Bruder war grausam, aber ich weiß, daß er mich wirklich liebte. Ich schätze die guten Zeiten, die wir miteinander verbrachten, als wir älter wurden, wirklich sehr.« Oder: »Mein Bruder war grausam. Heute weiß ich, daß die Art, wie er mich behandelte, sehr viel mehr über ihn aussagte als über mich. Ich werde es nicht länger zulassen, daß er mich so in meinen Gefühlen beeinflußt. Ihm diese Art von Macht zu geben, ist die Sache nicht wert.«

Schreiben Sie neben jeden negativen Satz Ihrer Familie eine solch positive Affirmation. Lesen Sie diese stärkenden Sätze mehrmals durch. Am besten lernen Sie sie sogar auswendig, damit sie Ihnen präsent sind, wenn Sie wieder einmal bemerken, wie die alten Stimmen Sie heimsuchen. Wenn Sie es lernen, Ihre eigene fürsorgliche, gute Mutter zu sein, haben Sie ein wertvolles Werkzeug bei der Hand, um eine Körperbild-Depression gar nicht erst aufkommen zu lassen. Sich den Geistern der Vergangenheit zu stellen und die Macht zurückzufordern, die Sie ihnen einst gegeben haben, ist ein weiterer wichtiger Schritt hin zur Bewältigung von Körperbild-Depressionen.

4. Zerschlagen Sie Ihren gesellschaftlichen »Spiegel der Perfektion«!

Kommen wir nun von der Vergangenheit zur Gegenwart, und werfen wir einen genaueren Blick darauf, wer Sie heute sind und inwiefern alles, was Ihnen über die Jahre widerfahren ist, die Art beeinflußt hat, wie Sie sich selbst sehen. Die meisten von uns benutzen immer noch das, was ich den kulturellen »Spiegel der Perfektion« nenne. Es ist ein Spiegel, den die Kultur uns Frauen als Geburtstagsgeschenk überreicht, wenn wir eigentlich noch zu jung sind, um unsere Fortschritte in Sachen Perfektion beurteilen zu können. Wir lernen, uns in diesem Spiegel der Perfektion ängstlich zu betrachten, wobei wir nicht nur nachprüfen, ob möglicherweise irgend etwas mit uns nicht stimmt, sondern auch der Frage nachgehen, ob wir vielleicht über Nacht zur »Schönsten im ganzen Lande« geworden sind. Der Spiegel sagt uns, daß alles, was weniger ist als perfekt, nur als Versagen bezeichnet werden kann.

Wenn Sie sich von Ihrer Körperbild-Depression befreien wollen, müssen Sie diesen Spiegel der Perfektion zerschlagen. Vergessen Sie, was Sie über zerbrochene Spiegel gehört haben. Es bringt Ihnen kein Unglück, wenn Sie so vorgehen. Im Gegenteil: Indem Sie diesen Spiegel loswerden, bewegen Sie sich auf ein gesundes, realistisches Selbstbild zu. Beginnen Sie, indem Sie zwei kleine Taschenspiegel kaufen. Der eine repräsentiert Ihren Spiegel der Perfektion; der andere, Ihr Spiegel der Affirmation, wird Ihr neues, positives Körperbild repräsentieren.

Nehmen Sie den Spiegel der Perfektion und benutzen Sie ihn, um Ihren Körper (von vorne und von hinten) genau anzuschauen. Stellen Sie sich dazu vor einen körpergroßen Spiegel. Gehen Sie bei Ihrer Erkundungsreise so couragiert, realistisch und erwachsen wie möglich vor. Studieren Sie Ihren Körper. Schreiben Sie das, was Sie im Spiegel sehen, so aufrichtig und objektiv wie möglich nieder. Welches sind Ihre ersten Eindrücke? Fühlen Sie sich wohl, und sind Sie zufrieden mit dem, was Sie sehen? Sind Sie zufrieden mit Ihrem Körper, oder ruft er Enttäuschung und Ablehnung in Ihnen hervor? Inwiefern unterscheidet er sich vom Körper Ihrer Träume? Wo scheinen Ihrer Meinung nach seine positiven Seiten zu sein? Welche Eigenschaften finden Sie am attraktivsten?

Die Antwort auf die letzten beiden Fragen wird Ihnen möglicherweise zunächst schwerfallen. Viele Frauen wissen sehr viel besser, was sie an ihrem Äußeren nicht mögen, als was sie mögen. Wenn es bei Ihnen ähnlich ist, nutzen Sie diese Übung, um sich bewußt zu werden, wieviel Verletzlichkeit und Körperhaß Sie aufgrund unserer gesellschaftlichen Konditionierung in sich tragen.

Schwören Sie sich, daß Ihr Körperhaß ein Ende haben muß. Beschließen Sie, daß Sie nicht länger dazu bereit sind, mit einer Körperbild-Depression zu leben, nur weil die Gesellschaft, in der Sie leben, so ungesund ist. Wenn Sie dann soweit sind, zerschlagen Sie Ihren Spiegel der Perfektion und werfen Sie seine Einzelteile in den Abfall. Nehmen Sie sich vor, keinen anderen Spiegel der Perfektion zu suchen, zu kaufen oder zu benutzen, gleichgültig, wie sehr Gesellschaft, Mann, Freund, Freundin, Mutter, Schwester oder sonst jemand Druck auf Sie ausüben, nach körperlicher Perfektion zu streben.

Nehmen Sie jetzt Ihren zweiten Spiegel, Ihren neuen Spiegel der Affirmation, zur Hand. Betrachten Sie sich nun, wo Sie dazu in der Lage sind, mit einem wohlwollenderen Blick. Machen Sie eine Liste von fünf Punkten, die Sie an Ihrem Körper und Ihrem Aussehen mögen. Das könnten beispielsweise sein: Ihre Größe, Ihr Lächeln, die Farbe Ihrer Haare oder Ihre Frisur, Ihre Haltung, Ihre anmutigen Hände, Ihre festen Beine, sogar Ihre Sommersprossen. Wenn Ihre Liste mehr als fünf Eigenschaften enthält, suchen Sie sich die fünf heraus, die Sie am meisten schätzen. Wenn Sie keine fünf positiven Eigenschaften finden können oder wollen, schreiben Sie fünf positive Dinge auf, die Ihr Körper kann. Einige Frauen können sich besser von Körperbild-Depressionen lösen, wenn sie sich mehr damit beschäftigen, was ihr Körper schon alles geleistet hat, und weniger damit, wie er aussieht.

Wenn Sie fertig sind, kleben Sie Ihre Liste an Ihren Spiegel, damit Sie jeden Morgen an die Stärken Ihres Körpers und/oder Ihres Aussehens erinnert werden. Konzentrieren Sie sich auf eine positive Eigenschaft und arbeiten Sie dann wirklich daran, diese Stärke an diesem Tag sooft wie möglich einzusetzen und sich ihrer bewußt zu sein. Tragen Sie Ihren Spiegel der Affirmation bei sich, damit er Sie ständig daran erinnert, ein positives Selbstbild aufzubauen und zu bewahren. Wenn Sie wollen, können Sie als zusätzliche Affirmation auch eine komprimierte Liste Ihrer fünf Körperstärken auf die Rückseite Ihres kleinen Spiegels kleben.

Wenn Sie sich immer wieder an Ihre körperlichen Stärken erinnern, wird Ihnen das helfen, die negativen Assoziationen, die Sie möglicherweise zu Ihrem Körper haben, zu neutralisieren. Sie werden feststellen, daß Sie sich in zunehmendem Maße wohler fühlen und selbstbewußter mit Ihrem Körper umgehen, und Sie werden schließlich die Tatsache akzeptieren können, daß Sie gut aussehen können, ohne »die Schönste im ganzen Lande« zu sein.

5. Werfen Sie einen Blick auf das Körperbild der Frauen, die Sie am meisten bewundern!

Wir alle haben Vorbilder. Bei einigen von uns ist es eine Lehrerin oder eine Mentorin, die eine wichtige Rolle in unserem Leben spielte. Es kann sogar unsere Mutter oder unsere Großmutter sein. Bei anderen sind die Vorbilder Frauen, die wir niemals getroffen haben. Als ich Klientinnen darum bat, mir Frauen zu nennen, die sie am meisten bewunderten, fielen oft Namen wie Mutter Teresa, Margaret Thatcher, Madonna, Jodie Foster, Barbara Bush und Margaret Mead.

Welche Frauen bewundern Sie am meisten? Nehmen Sie sich fünf Minuten Zeit und machen Sie eine Liste all der Frauen, die Ihnen in den Sinn kommen. Wählen Sie aus dieser Liste drei Frauen aus, die Sie am meisten bewundern, und schreiben Sie zu jeder ein oder zwei Sätze auf, die erklären, warum sie auf Ihrer Liste stehen.

Hunderte von Frauen haben bereits diese Übung gemacht, und das Erstaunlichste daran ist, daß sie – bis auf wenige Ausnahmen – die Frauen auf Ihren Listen nicht wegen ihres Aussehens, sondern wegen ihrer Persönlichkeit bewundern – wie sie leben und was sie erreicht haben und für andere tun. Die meisten Frauen, die bewundert werden, entsprechen den konventionellen Schönheitsstandards ganz und gar nicht und interessieren sich auch nicht dafür. Barbara Bush ist nicht dünn. Mutter Teresa ist nicht jung. Und als »schön« hat man die Anthropologin Margaret Mead selten beschrieben.

Selbst Popikonen wie Madonna kamen aus Gründen, die über das körperliche Idealbild hinausgingen, auf die Liste. Obwohl sie hart an den Konturen ihres Körpers gearbeitet hat und von Männern wie Frauen für sexy gehalten wird, sprechen die meisten Frauen, die Madonna bewundern, nicht über ihre körperlichen Attribute. Statt dessen führen sie ihre Kreativität, ihre Kraft und die Kontrolle, die sie über ihr Leben und ihre Karriere ausübt, und ihr einzigartiges Marketinggenie an, das es ihr ermöglicht, sich immer dann wieder neu zu erfinden, wenn sie beschließt, die Zeit sei reif für einen Wechsel. Madonna setzt Mode, Stil und Image zweifellos als Marketingwerkzeuge ein, und sie benutzt sie zu ihren eigenen Bedingungen und zu ihrem eigenen Vorteil. Sie spielt das Spiel mit, nimmt aber die Regeln nicht allzu ernst.

Beispiele von Frauen, die ihre eigenen Schönheitsstandards aufstellen, finden sich in jeder Kultur und zu jeder Zeit. In ihrem Buch *Hearts of Fire* beschreibt Muriel James die begabte Poetin Elizabeth Barrett Browning als Halbinvalidin, als »dünne und zerbrechliche Eingesperrte«, die in einem Raum lebte, in das »weder Sonnenlicht noch Frischluft« drang. Trotz ihres potentiell negativen Körperbildes und ihrer bedrückenden Lebens- und Arbeitsumstände, heiratete Barrett, als sie neununddreißig Jahre alt war, den Dichter Robert Browning, bekam einen Sohn und wurde zu einer geachteten und einflußreichen Dichterin, die sich ebenso freimütig zur italienischen Politik wie zum amerikanischen Sklavenproblem äußerte.

Die Schauspielerin Katharine Hepburn bekam vom »Council of Fashion Designers« ein »Lifetime Achievement Award« überreicht, weil sie sich ihr Leben lang »einen Dreck um ihre Kleidung scherte« und genügend Selbstbewußtsein besaß, um den Modezaren den Rücken zu kehren. Was war Hepburns Leistung? Sie entschied sich schon vor Jahren für schwarze Herrenhosen und Schildkrötenkragenpullover, so daß sie sich in der Vorhosenära nicht mit Strumpfgürteln herumärgern mußte.

Die begabte Künstlerin Frida Kahlo wurde mit siebzehn Jahren bei einem Unfall schwerst verletzt. Sie ertrug zweiunddreißig Operationen, und schließlich mußte ihr ein Bein amputiert werden. Dennoch hatte Frida Kahlo nicht nur zahlreiche Liebhaber, einschließlich des bekannten Malers Diego Rivera, sie wurde auch zu Mexikos berühmtester Malerin.

Denken Sie eine Minute lang über die Eigenschaften nach, die diese drei Frauen miteinander teilen. Alle drei widersetzten sich den gesellschaftlichen Normen und den kulturellen Konventionen ihrer Zeit, und alle drei konzentrierten ihre Energie, die sie darauf hätten verschwenden können, ihre Körper abzulehnen, auf ihre Arbeit. Dies führt uns zu einer entscheidenden Frage, die Sie sich über Ihr eigenes Leben stellen sollten: »Warum bin ich mir nicht wichtig genug, um mich vom Körperhaß zu befreien, so daß ich so kraftvoll wie möglich leben, lieben und arbeiten kann?«

6. Treiben Sie Krafttraining und kümmern Sie sich um eine gute Ernährung!

Krafttraining und gute Ernährung sind weitere wichtige Komponenten bei der Heilung von Körperbild-Depressionen und dem Schutz gegen die gesellschaftlichen Strafrichter. Das Heben oder Stoßen von Gewichten hat sich in verschiedenen Situationen als außerordentlich nützlich erwiesen, wenn es um Gewichtsverlust und das richtige Gewichtsmanagement geht. Wenn wir uns diese Erkenntnisse nicht zunutze machen, werden wir verlieren, sowohl in geistiger wie in körperlicher Hinsicht. Wenn wir minderwertige Nahrung essen, werden wir uns auch schlechtfühlen, wie Ali es am eigenen Leib erfahren hat. Und wenn wir unsere Kraft einbüßen, verlieren wir auch unsere Möglichkeiten. (Auf den Wert guter Ernährung werden wir etwas ausführlicher im nächsten Kapitel zu sprechen kommen.)

Die Rolle, die körperliche Bewegung und Krafttraining bei der Entwicklung und Aufrechterhaltung eines positiven Körperbildes spielen, kann gar nicht hoch genug eingeschätzt werden. Krafttraining kann auch Osteoporose reduzieren, die Knochenschwäche und Knochenbrüchigkeit, zu der es kommt, wenn wir altern. Wie wir in Kapitel 6, als es um die Altersdepression ging, gesehen haben, beschäftigt Osteoporose jede dritte Frau nach der Menopause. Es ist sehr schwierig, ein positives Körperbild zu bewahren, wenn sich Ihre Knochen wie Zahnstocher anfühlen oder Sie mit einem Stock oder einer Gehhilfe durchs Leben hinken. Um sich nicht selbst alle körperlichen Möglichkeiten im Alter zu verbauen, sollten Sie genügend Kalzium zu sich nehmen und »Eisen stemmen«. Letzteres ist überdies ein Weg, um die Kraft unserer Körper zu nutzen und uns daran zu erinnern, daß unser Traditioneller Kern lügt, wenn er behauptet, Schwäche sei weiblich und Stärke sei männlich.

Leihen Sie sich ein Buch über Krafttraining aus der Bibliothek oder ein Video über Kraftübungen für Frauen. Ich würde Ihnen ebenfalls empfehlen, sich ein paar billigere Gewichte zu kaufen. Falls Ihre Mittel beschränkt sind, können Sie auch Lebensmitteldosen oder Plastikbeutel, die mit unterschiedlichen Mengen Sand gefüllt sind, hernehmen. Wenn Sie dann dreimal in der Woche mindestens zwanzig Minuten lang acht bis zehn Kraftübungen für Ihre Hüften, Beine, Ihre Brust und Arme mehrmals wiederholen, nehmen Sie an einem Fitneßprogramm teil, das Ihrem Selbstwertgefühl genauso guttut wie Ihrem Körper.

Bewahren Sie zwei Hanteln von jeweils fünf Pfund in Ihrer Schreibtischschublade im Büro oder in Ihrer Küchentisch-Schublade zu Hause auf. Wenn Sie telefonieren, stemmen Sie nebenher Gewichte. Nehmen Sie sie heraus, wenn Sie eine kleine Pause machen, selbst wenn es sich nur um fünf Minuten handelt. Es wird nicht nur Ihre Muskeln, sondern mit der Zeit auch Ihr positives Körperbild stärken und Ihre Anfälligkeit für Depressionen reduzieren.

7. Entwickeln Sie Ihr tragbares Bild der Stärke, das Sie immer bei sich haben sollten!

In den vorangegangenen Aktionsstrategien haben Sie Ihre positiven Erfahrungen mit Ihrem Körperbild als Kind, Teenager und Erwachsene ermittelt und verbessert, sich von Ihrer gesellschaftlich bedingten Sucht nach körperlicher Perfektion erholt und Ihren Körperhaß in positive Energie umgewandelt. Sie können diese Strategien nun miteinander verbinden, indem Sie Ihr eigenes tragbares Bild der Stärke entwickeln, wodurch Sie das zusammenfassen und anwenden, was Sie gelernt haben.

Um Ihr tragbares Bild der Stärke zu gestalten, müssen Sie zunächst einmal bestimmen, welches der folgenden Bilder am bedeutungsvollsten und nützlichsten für Sie war: Ihr positives Kindheitsbild; die Austreibung negativer Familiengespenster; ein Bild oder eine Zeichnung Ihres Spiegels der Affirmationen; ein Bild oder ein Zitat jener Frau, die Sie am meisten bewundern; oder ein Bild oder eine Zeichnung eines der Gewichte, die Sie zum Krafttraining benutzen. Suchen Sie sich Ihr Lieblingsbild heraus oder basteln Sie sich ein anderes aus dem, was Sie gelernt haben, und machen Sie mehrere Kopien davon. Nun sind Sie im Besitz Ihres tragbaren Bildes der Stärke, mit dem Sie eine Körperbild-Depression bekämpfen können, sobald diese sich ankündigt.

Beginnen Sie die »Zusammenarbeit« mit Ihrem tragbaren Bild der Stärke, indem Sie es zunächst einmal an Ihren Badezimmerspiegel heften, so daß Sie jeden Morgen und jeden Abend an Ihre Verpflichtung erinnert werden, ein positives Körperbild zu bewahren und zu entwickeln. Ihr Bild kann Ihnen eine ständige Mahnung sein, daß es möglich ist, ein solch positives Körperbild zu haben – entweder weil Sie früher einmal eines hatten oder sich zumindest vorstellen können, heute eines zu entwickeln. Wenn Sie in den Spiegel schauen und mit Ihrem realen Bild nicht zufrieden sind, werfen Sie statt dessen einen Blick auf Ihr tragbares Bild der Stärke und arbeiten Sie daran, die negativen Assoziationen, die Ihnen durch den Kopf gehen, durch positive zu ersetzen.

Anfangs werden Sie das möglicherweise wieder und wieder tun

müssen, weil Sie sich inzwischen daran gewöhnt haben, negativ über Ihr Spiegelbild zu denken. Doch mit etwas Übung werden Sie sich bald dazu in der Lage sehen, Negatives in Positives zu verwandeln und das Positive jeden Tag länger im Gedächtnis zu behalten. Wenn Sie Probleme damit haben, sich an affirmative Assoziationen zu erinnern, sollten Sie Ihr tragbares Bild der Stärke mit mehr positiven Körpergedanken umgeben. Sie könnten beispielsweise folgendes aufschreiben: »Ich habe keine Zeit für körperlichen Katzenjammer – mein Leben ist zu ausgefüllt«; »Ich wiege zuviel im Moment, und das ist in Ordnung. Ich werde es ändern, wenn ich dazu bereit bin, und nicht, weil man mir gesagt hat, ich müßte es tun«; »Ich habe mir diese Schatten unter den Augen verdient. Sie stammen daher, weil ich so hart gearbeitet und eine Menge Menschen so aufrichtig geliebt habe!«

Tragen Sie Ihr tragbares Bild der Stärke in Ihrem Geldbeutel, Ihrer Aktentasche, Ihrem Rucksack oder Notizblock bei sich. Nehmen Sie es jedesmal heraus, wenn Sie negative Gefühle bezüglich Ihres Körpers oder Ihres Aussehens entwickeln. Im folgenden einige Situationen, in denen Ihnen das tragbare Bild der Stärke bei der Abwehr von Körperbild-Depressionen gute Dienste leisten kann:

● **Der Terror mit dem Anziehen.** Stecken Sie Ihr tragbares Bild der Stärke an Ihren Spiegel im Ankleidezimmer, damit Sie eine positivere Haltung bewahren, wenn Sie Kleider anprobieren.

● **Geschäftstreffen.** Legen Sie eine Kopie Ihres tragbaren Bildes der Stärke griffbereit in Ihr Notizbuch. Wenn es Ihnen möglich ist, betrachten Sie es kurz, um Ihr Lampenfieber vor öffentlichen Auftritten zu dämpfen und sich an Ihre körperliche Stärke zu erinnern.

● **Intime Momente.** Wenn Ihnen der Gedanke unangenehm ist, Ihr Intimpartner könnte Ihren Körper sehen, schauen Sie sich Ihr tragbares Bild der Stärke am Badezimmerspiegel an, und Ihr Drang, sich zu verstecken, wird kleiner werden.

● **Einschüchterung.** Wenn Sie das Aussehen einer anderen Frau oder eines anderen Mannes einschüchtert, stützen Sie Ihr positives Körperbild, indem Sie auf Ihr tragbares Bild der Stärke blicken. Wenn Sie die negative Qualität Ihres Denkens erkennen und es in positive Assoziationen umwandeln, haben Sie damit einen der gewaltigsten Schritte bei der Bekämpfung von Körperbild-Depressionen getan.

Wenn Sie diese Übungen beginnen, sollten Sie jedoch eines nicht vergessen: Es sind keine »Schnellschnell-Reparaturen«. Den Lippenstift während des Autofahrens auftragen, vom Busineßkostüm in das Cocktailkleid schlüpfen, einen elektrischen Lockenwickler auf der Damentoilette benutzen: das sind »Schnellschnell-Reparaturen«. Aber etwas so Bedeutsames wie die Auseinandersetzung mit Ihrer Körperbild-Depression erfordert sehr viel mehr als das. Es erfordert Geduld, Entschlossenheit und einen langfristigen Willen zur Veränderung.

Die meisten von uns glauben, daß ein verbessertes Körperbild dazu führt, daß wir uns selbst akzeptieren, obwohl in Wirklichkeit das Gegenteil stimmt – Selbstakzeptanz ist der erste Schritt zur Verbesserung Ihres Körperbildes. Statt sich bei der Entwicklung von guten Gefühlen auf äußerliche Veränderungen zu verlassen, müssen wir tief in uns hineinblicken und das gesellschaftliche Bild der Perfektion zerstören. Wenn Sie nach dem leben, was für Ihren Körper richtig ist, und ihn mit Respekt behandeln, werden Sie eher dazu in der Lage sein, Ihre Energie statt in Körperhaß in Körperkraft zu kanalisieren und ein von Körperbild-Depressionen befreites Leben zu führen.

9

Die Geist↔Körper-Depression

Die Depression ist ein Geisteszustand. Sie ist ein kör-
perliches Gebrechen. Sie ist umweltbedingt. Sie ist eine
genetische Veranlagung. Sie ist erlernt. Sie tritt auf,
wenn die »biologische Uhr« abläuft. Es sind die ver-
schiedensten biochemischen Störungen... Keine Sicht-
weise repräsentiert ein vollständiges Verständnis dieses
komplexen und eigenartigen Geisteszustandes.

Mark Gold, M. D., *The Good News About Depression*

Obwohl es mehr als zwei Jahre her ist, erinnert sich Gail an einen
bestimmten Morgen unter der Dusche, als sei es erst gestern gewesen. Inzwischen nennt sie es »den ersten Tag vom Rest meines
Lebens«, aber damals konnte sie sich nur fragen, ob es nicht der
Anfang vom Ende war. Sie hatte verschlafen und wollte nur noch
schnell duschen, als sie den kleinen Knoten in ihrer linken Brust
entdeckte. Als sie ihre Finger vorsichtig über den Knoten gleiten
ließ, der nicht größer war als ein Getreidekorn, war sie wie betäubt
vor Furcht.

»Meine erste Reaktion war, daß es möglicherweise von allein
weggehen würde, wenn ich es einfach ignorierte«, erinnert sich
Gail. »Aber in meinem Herzen wußte ich, daß ich mir etwas vor-
machte. In dieser Nacht hatte ich einen Alptraum, in dem mir
plötzlich eine meiner Brüste abhanden kam. Ich wachte schreiend
auf und hielt meine Brust umklammert. Ich wußte, wenn ich mich

mit der Sache nicht offensiv auseinandersetzen würde, könnte mich meine Verdrängung das Leben kosten.«

Gail rief unverzüglich in der Praxis ihres Internisten an und überzeugte die Sprechstundenhilfe, ihr einen Notfalltermin noch für diesen Nachmittag zu geben. Gail fühlte sich stolz und stark, daß sie diesen offensiven Weg gewählt hatte, aber krank und kraftlos, nachdem die befürchtete Diagnose ein paar Tage später durch eine Biopsie und eine Serie von Tests bestätigt wurde: Brustkrebs. In diesem Jahr mußte Gail eine zermürbende Kombination traditioneller Krebsbehandlungsmethoden, inklusive Bestrahlung und Chemotherapie über sich ergehen lassen.

Um alle Möglichkeiten auszuschöpfen, ergänzte sie die traditionellen Therapien mit einigen nichttraditionellen, einschließlich Ernährungstherapie, Akupunktur und Visualisierungstechniken. Sie las Bücher von anderen Frauen, die ebenfalls gegen den Krebs gekämpft hatten. Aber trotz all ihrer Bemühungen wurde Gail immer depressiver. Ihre Freunde und ihre Familie bemerkten ihre zunehmende Depression, aber keiner traute sich, etwas zu sagen, weil man es nicht riskieren wollte, sie noch mehr durcheinanderzubringen. Selbst ihr Arzt zögerte, ihr eine Behandlung ihrer Depression vorzuschlagen. Er glaubte, daß diese Depression eine normale Reaktion auf den Krebs darstellte und sich dagegen wenig machen ließ.

Schließlich faßte sich Gails Schwester, deren beste Freundin sich einer Behandlung wegen Eierstockkrebs hatte unterziehen müssen, ein Herz und erzählte ihr von einem ambulanten Therapieprogramm für Krebspatienten in einem nahe gelegenen Krankenhaus. Gail war skeptisch, aber ihre Depression hatte sich in den letzten paar Monaten verschlimmert, und sie wußte, daß sie etwas dagegen unternehmen sollte. Am nächsten Morgen ging Gail mit ihrer Schwester zu einem Beratungsgespräch ins Krankenhaus.

Der Berater lud Gail dazu ein, Dienstag abends bei der Gesprächsgruppe der Krebspatienten vorbeizuschauen. Im Lauf des Jahres wurde sie zu einem aktiven Mitglied der Gruppe. Sie besuchte regelmäßig die Treffen und setzte sich intensiv mit dem Spektrum von Gefühlen auseinander, das sie angesichts ihrer

Krankheit empfand. Es war für Gail, als ob sie ein zweites Zuhause gefunden hätte, eine Quelle der Hoffnung. Sie fühlte sich von der Gruppe unterstützt und verstanden und ging verschiedene enge Freundschaften mit anderen Krebspatienten ein, die aus eigener Erfahrung wußten, was sie durchmachte. Sie begann ihr Leben wieder aktiver zu gestalten und wurde sich klarer darüber, welche Qualitäten sie hatte und was ihr wirklich am Herzen lag. Als Folge davon änderte sie ihre Prioritäten radikal.

Gegen Ende des Jahres empfand Gail ein Gefühl des Triumphes. Die Kombination aus traditionellen und nichttraditionellen Behandlungsmethoden war erfolgreich gewesen. Nicht nur, daß jedes Zeichen von Krebs verschwunden war, sie hatte auch das Gefühl, eine zweite Chance im Leben erhalten zu haben. Sie verbringt nun mehr Zeit mit ihren Freunden und ihrer Familie und weniger mit dem Kampf, auf der Karriereleiter hinaufzuklettern. Folglich gehört sie nicht mehr zu den Superstars der Firma, aber sie wird respektiert und als kompetente Mitarbeiterin geschätzt. Für Gail ist das mehr als genug. Sie weigert sich, ihrem Berufsleben eine größere Bedeutung einzuräumen als den neuen Beziehungen in ihrem Leben, die ihr sehr wichtig sind.

Mit dreizehn Jahren war Lauren die Starwerferin in einem gemischten Baseballteam. Sie konnte einen schnellen Ball werfen, der sogar die Jungs beeindruckte. Lauren war in dieser Zeit sehr stolz auf ihre Fähigkeit, »wie ein Junge« zu denken und zu handeln.

Doch ein wenig später in der Saison veränderte sich Laurens Einstellung: Sie fühlte sich nicht länger wie ein Junge. Genauer gesagt fing sie an, sich weiblich zu fühlen, und es gefiel ihr nicht. Eines Tages bemerkte sie nach dem Training einen dunklen rotbraunen Flecken in ihrer Unterhose. Sie bemerkte ebenfalls, daß ihre Jeans ein wenig enger saßen, und sie fühlte sich aufgebläht und unwohl. Sie wünschte, sie hätte die Menstruation als gesundes Zeichen dafür sehen können, daß sie jetzt eine Frau wurde. Doch statt dessen empfand sie Angst vor den Veränderungen, die in ihrem Körper stattfanden.

In den nächsten paar Monaten begann Lauren, regelmäßig ihre Periode zu bekommen und gleichzeitig ihr Interesse am Baseball zu verlieren. Es war ihr extrem peinlich, mit einer Binde zwischen den Beinen herumzurennen, und sie machte sich Sorgen, daß der Blutverlust ihre Kraft und Konzentrationsfähigkeit beeinträchtigen könnte. Wenn sie ihre Periode hatte, war sie gewöhnlich lethargisch und kam morgens manchmal nur schwer aus dem Bett. Schließlich fragte sie ihren Hausarzt während einer Routineuntersuchung, ob ihre sporadisch auftretenden Symptome »normal« seien. Nachdem er Lauren untersucht und eine Menge Fragen gestellt hatte, fand er heraus, daß sie Symptome einer Depression zeigte – Angst, Reizbarkeit und Antriebsschwäche – und daß sie sich in der Woche vor Einsetzen ihrer Periode oft körperlich unwohl fühlte. Er deutete an, daß sie möglicherweise an etwas leiden würde, das den Namen prämenstruelles Syndrom, kurz PMS, hatte. Obwohl Lauren erleichtert darüber war, daß ihre Symptome einen Namen hatten und etwas waren, was auch andere Frauen durchmachten, war sie bedrückt von der Vorstellung, ein körperliches Syndrom zu haben, das verursacht wurde von hormonellen Veränderungen, über die sie anscheinend wenig oder gar keine Kontrolle hatte.

Schließlich bekam Lauren die Sache dann doch noch in den Griff. Sobald sich ihr Hormonhaushalt in der Spätadoleszenz stabilisiert hatte, besserte sich ihr PMS. Doch zehn Jahre später, als Lauren Anfang zwanzig war, sah sie sich mit einem neuen Problem konfrontiert. Wann immer sie deprimiert war, begann sie ähnliche PMS-Symptome wie früher zu entwickeln. Und aufgrund einer stürmischen Ehe und dem Druck, dem sie an der Universität ausgesetzt war, schien das immer öfter der Fall zu sein.

Frustriert und besorgt entschloß sich Lauren schließlich dazu, ihre schlechten Gefühle offensiver anzugehen. Sie schritt zur Selbsthilfe, indem sie viel über Depressionen, PMS und den weiblichen Körper las, damit sie eine bessere Vorstellung davon bekam, was sich dagegen tun ließ.

Sie besuchte das Frauen-Gesundheitskollektiv in ihrem Studienort. Die Frauen dort verhalfen ihr zu der Erkenntnis, daß PMS genausogut psychologische wie körperliche Gründe haben könnte. Als sie realisierte, daß sie ihre körperlichen Symptome entscheidend reduzieren konnte, wenn sie ihr psychologisches Unbehagen verringerte, fühlte sie sich wesentlich besser und Lauren fühlte sich zum ersten Mal seit vielen Jahren wieder für ihren Körper verantwortlich. Sie trat in eine lokale Softball-Liga ein und holte sich die Freude, ihren Körper zu gebrauchen, mit aller Energie und Könnerschaft zurück.

Sugar verlebte eine behütete Kindheit und Jugend, die frei von jeglichen körperlichen oder emotionalen Komplikationen war. Sie hatte ein aufgewecktes, fröhliches Wesen, das sie bei beinahe jedem, dem sie begegnete, beliebt machte. Sie wuchs im Süden von Texas auf, wo sie auf einer kleinen Rinderfarm lebte, geliebt und umsorgt von ihren Eltern. Ihre Eltern waren arme, hart arbeitende Rancher, die es aber dennoch schafften, ihr ein Marketingstudium an der University of Texas zu ermöglichen.

Mehrere Wochen vor der Abschlußprüfung nahm Sugar einen Job bei einer kleinen, expandierenden Computer-Software-Firma in Boston an. Sie war zweiundzwanzig Jahre alt, voller Abenteuerlust und Begeisterung, in einen Teil des Landes zu ziehen, von dem sie schon viel gehört, in dem sie aber noch nie gewesen war. Sie fand, daß sie das Leben in Boston beinahe ebensosehr genoß wie ihren Job. Sugar übertraf sich selbst beim Abschluß von Geschäften. Und als die Computerfirma in den nächsten paar Jahren immer größer wurde, wuchs sich auch Sugars Position zu der einer Produktmanagerin aus.

Es gab da nur ein Problem. Nachdem sie einige harte Bostoner Winter überstanden hatte, begann Sugar zu bemerken, daß sie während der Wintermonate zunehmend depressiver wurde, obwohl ihr nicht klar war, warum. Ihre Gefühle und Stimmungen schienen mit keinem besonderen Ereignis in ihrem Leben verbunden zu sein. Sie schienen ein Eigenleben zu führen. Jedes Jahr, wenn die Blätter im Herbst zu fallen begannen, schaltete Sugar einen Gang zurück, als würde sie in einen Winterschlaf fallen. Sie fühlte sich traurig, träge, apathisch und körperlich ausgelaugt, obwohl sie nachts mindestens zwei Stunden mehr schlief als während des Rests des Jahres. Die Kälte und der Schnee schienen ihren Appetit auf Kohlenhydrate anzukurbeln, und Sugar bemerkte, daß sie mehr Pasta, Brezeln und Hörnchen aß als im Sommer. Sie nahm jeden

Winter etwa zehn Pfund zu, die sie bis Mitte Juni wieder abgespeckt hatte.

Obwohl sie sich vage der Tatsache bewußt war, daß sich ihr Gefühl der Trägheit jedes Jahr um Ostern herum verabschiedete und sie sich dann wieder glücklicher und aktiver fühlte, konnte sie mehr als drei Jahre lang kein eindeutiges Muster erkennen. Eines Tages las Sugar einen Zeitschriftenartikel über saisonale Depression, im Englischen kurz SAD (für Seasonal Affective Disorder) genannt, und konsultierte einen der Spezialisten, der in dem Bericht genannt worden war. Ihre Vermutungen wurden bestätigt. Glücklicherweise gibt es eine äußerst wirtschaftliche und sehr effektive Behandlungsmethode für SAD: Fototherapie. Nachdem sie mit der Therapie angefangen hatte, verschwanden ihre SAD-Gefühle innerhalb von einer Woche, und sie war nicht länger deprimiert.

Gail, Lauren und Sugar sind nur drei von Millionen von Frauen, die die negative Energie einer Geist↔Körper-Depression erlebten. Es gibt drei Formen von Geist↔Körper-Depressionen:

● Geist↔Körper-Depressionen sind die schlechten Gefühle, die unser *Körper* in unserem *Geist* verursacht. In Gails Fall beispielsweise war die Depression eine direkte Folge ihrer Krebserkrankung.

● Geist↔Körper-Depressionen können auch das Ergebnis körperlicher Probleme sein, die unser *Geist* in unserem *Körper* verursacht. Beispiele hierfür sind Alice, die einen Ausschlag als Folge ihrer Erschöpfungsdepression entwickelte, und Amy, die von einer tiefen Müdigkeit ergriffen wurde, nachdem sie sexuell belästigt und entlassen worden war und als Folge davon eine Opferdepression erlitten hatte.

● Die dritte Form der Geist↔Körper-Depression ist das Ergebnis hormoneller und biochemischer Veränderungen, zu denen es im weiblichen Körper in bestimmten Phasen des Lebens von Natur aus kommt (Menstruation, Schwangerschaft, Wochenbett, Menopause, Postmenopause, biochemische Schwankungen usw.). Sugars depressive Gefühle beispielsweise waren das Resultat wetterbedingter biochemischer Veränderungen, die damit im Zusammenhang standen, daß es im Winter weniger Licht gibt.

Wie Sie anhand dieser Beispiele sehen können, besteht eine enge Verbindung zwischen unserem Geist und unserem Körper. Diese Verbindung wurde von der westlichen Medizin lange Zeit als unwesentlich abgetan und sogar bestritten. Besonders anschaulich zeigt sich diese Einstellung an dem trennenden Schrägstrich, mit dem man das Geist/Körper-Verhältnis üblicherweise charakterisiert. Diese kleine Linie stellt ein Riesenproblem dar. Sie gibt vor, daß wir aus zwei verschiedenen Teilen bestehen: Daß das, was in unserem Geist vor sich geht, unseren Körper nicht berührt, und umgekehrt. Dies ist ein gefährliches und manchmal fatales Mißverständnis.

Unser Geist und unser Körper sind durch einen Schrägstrich ebensowenig voneinander zu trennen wie durch unseren Hals. Sie hängen sehr wohl miteinander zusammen, und wie wir den einen behandeln, berührt in direkter Weise den anderen. Wenn wir die simplifizierende und künstliche Trennung, die durch diesen Schrägstrich symbolisiert wird, akzeptieren, sind wir anfälliger für Geist↔Körper-Depressionen, weil wir eine ganz entscheidende Realität nicht wahrhaben wollen: daß nämlich Depressionen durch das Zusammenspiel verschiedener Bereiche unseres Selbst entstehen und eine Heilung nur durch Integration all dieser Bereiche möglich ist.

Viel zu oft überbetonen die Fachleute viel zu sehr entweder die Behandlung des einen – des Körpers – oder des anderen – des Geistes –, statt diesen ausgewogeneren Zugang zu suchen. Viele Psychiater beispielsweise betrachten die Chemie im Gehirn als einzige Quelle emotionaler Probleme. Einige sind so vernarrt in die Biochemie, daß sie vergessen, wie wichtig es für die geistige und körperliche Gesundheit sein kann, Gefühle auszudrücken und Beziehungen zu erforschen. Überdies fehlt ihnen häufig grundlegendes Wissen, etwa darüber, wie oft körperliche Erkrankungen Depressionen verursachen. Psychiater, so wurde in einer Studie geschätzt, stellen in bis zu achtzig Prozent der Fälle, in denen bestimmte Erkrankungen schuld sind an Depressionen, falsche Diagnosen.

Am anderen Ende des Spektrums befinden sich die Therapeuten, die sich nicht selten einzig auf den Geist als Quelle unserer Depressionen konzentrieren. Die meisten verfügen nicht über die entsprechende Ausbildung und erkennen deshalb nicht, in welch direkter Weise Gefühle mit körperlichen Symptomen in Verbindung stehen und in welch direkter Weise die Körperchemie unsere Stimmungen beeinflußt. Und Fachleute aus beiden Fachbereichen unterschätzen oder ignorieren gewöhnlich den Einfluß, den die Gesellschaft auf die Entwicklung von Depressionen bei Frauen ausübt.

Weil diese Entweder/Oder-Ansätze unvollständig sind, sind es auch die Behandlungsmethoden. Diese einseitigen, unvollständigen Herangehensweisen führen nicht selten zu falschen Diagnosen und einem übertriebenen Vertrauen auf diagnostische Begriffe und Medikationen. Viele traditionelle Herangehensweisen begünstigen die exzessive Abhängigkeit des Patienten vom Therapeuten, indem sie ihm/ihr suggerieren, er/sie könne nicht gesund werden ohne die Hilfe dieses Fachmanns. In diesem Fall fungiert der Arzt nicht als Berater, sondern als Halbgott in Weiß.

Wie läßt sich dieses gefährliche, trennende Denken vermeiden? Ein symbolischer Anfang ist gemacht, wenn Sie den Schrägstrich, der das Geist/Körper-Verhältnis gewöhnlich trennt, einfach um fünfundvierzig Grad drehen und zwei Pfeile hinzufügen, so daß es nun als Geist↔Körper vor Ihnen steht. Dieser Pfeil, der in beide Richtungen zeigt, ist eine sehr viel angemessenere visuelle Umsetzung der dynamischen Interaktion zwischen unserem Geist und unserem Körper.

Wie wir gesehen haben, können sich Depressionen statt in schlechten Gefühlen in körperlichen Symptomen ausdrücken, und umgekehrt können auch körperliche Beschwerden in schlechten Gefühlen wurzeln, ob diese nun mit den Hormonen und/oder der Biochemie zu tun haben. Und es gibt noch mehr Wege, auf denen das Geist↔Körper-Verhältnis miteinander verbunden ist:

● Wenn der Körper erschöpft ist, krank wird oder gezwungen wird, Traumen wie einen Unfall oder eine Verletzung zu verarbeiten, führen die Verlust- und Streßgefühle, die dabei entstehen, fast immer zu Depressionen.

● Medizinische Interventionen, wie etwa das Verschreiben mehrerer Medikamente, der Pille oder unnötige Operationen können ebenfalls Depressionen verursachen.

● Depressionen erzeugen oft autodestruktive Verhaltensweisen, wie etwa die Entwicklung von Süchten und Alkoholismus, die den Körper ihrerseits verbrauchen und zerstören.

Geist↔Körper-Depressionen stehen mit all diesen Faktoren im Zusammenhang. Unser geschwächtes Immunsystem und unsere erschöpfte Gehirnchemie werden teilweise von negativen Gedanken und unverarbeiteten schlechten Gefühlen erzeugt. Derselbe Prozeß funktioniert auch in umgekehrter Richtung: Die Qualität unseres Denkens und Fühlens wird teilweise vom Zustand unseres körperlichen Wohlbefindens bestimmt. Das folgende Schaubild zeigt, wie unser Geist und unser Körper in einem dynamischen, machtvollen Energiekreislauf zusammenwirken, der Depressionen und verschiedene körperliche Symptome erzeugt. Die Energie in diesem Kreislauf bewegt sich sowohl im Uhrzeigersinn als auch gegen den Uhrzeigersinn, was auf den dynamischen Austausch von positiver und negativer Energie zwischen unserem Körper und unserem Geist hinweist. Jedes Element in diesem Kreislauf führt zu mehr Depression oder verschlimmert sich in Folge der Depression, was durch die Pfeile symbolisiert wird, die in beide Richtungen weisen.

Ob nun von Geist, Körper oder beidem produziert – diese schlechten Gefühle sind angemessene, natürliche Reaktionen auf biologische und psychologische Prozesse. Manche Depressionen sind normale Reaktionen auf schmerzliche körperliche Vorgänge. Manche Geist↔Körper-Depressionen erzeugen Beschwerden – wie Krankheiten, Traumen, Eßstörungen und saisonal bedingte Störungen –, die als notwendige Warnsignale zu verstehen sind, daß wir eine Korrektur unserer Verhaltensweisen vornehmen müssen, um unsere Gesundheit wiederherzustellen, Verluste zu verarbeiten und unser System wieder ins Gleichgewicht zu bringen. Sie alle werden zu Gesunden Depressionen, wenn wir aus unserem Schmerz lernen.

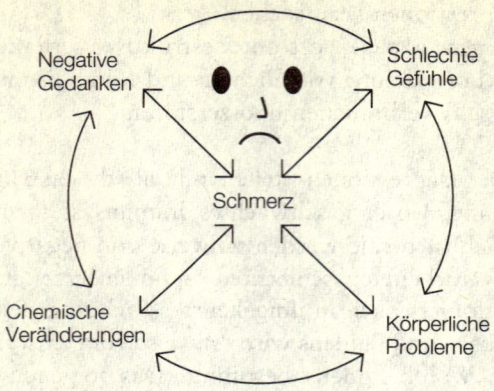

Wenn wir die Warnsignale mißachten oder uns weigern, ihre Bedeutung anzuerkennen, dann ist unser Schmerz unnütz. Wir wissen, daß wir körperlich leiden, aber wir wissen nicht, daß wir deshalb leiden, weil wir depressiv sind, was die Heilung erheblich erschwert. Wenn wir jedoch depressiv bleiben, erkranken wir mit größerer Wahrscheinlichkeit irgendwann ernsthaft, weil die Depression auf Dauer unser Immunsystem schwächt und uns anfälliger für Bakterien, Viren und möglicherweise Krebs macht. Wir tragen überdies ein größeres Risiko, weiter in eine Ungesunde Depression abzurutschen, kränker zu werden und unser biologisches Ungleichgewicht zu verstärken. Wenn wir diese depressiven Gefühle jedoch verstehen und ausdrücken, wenn wir ihr Vorhandensein anerkennen und lernen, ihre Energie zugunsten des Heilungsprozesses einzusetzen, können wir ihre negative Macht neutralisieren und sie auf konstruktive Weise nutzen, um unser Leben zu bereichern. Der erste Schritt in diesem Heilungsprozeß besteht darin, sich mit den Hauptursachen der Geist↔Körper-Depressionen vertraut zu machen.

Die Ursachen einer Geist↔Körper-Depression

Es gibt vier Hauptursachen für Geist↔Körper-Depressionen. Einige sind Frauen vorbehalten; andere treffen Frauen und Männer gleichermaßen. Jede dieser Wurzeln umfaßt eine Anzahl spezifischer Beschwerden und Erfahrungen, die sich in vier Kategorien zusammenfassen lassen: biochemische und hormonelle Veränderungen, Reaktionen auf Verluste und Schmerzen, selbstzerstörerische Verhaltensweisen und »Heilmittel«, die krank machen.

1. Biochemische und hormonelle Veränderungen

Prämenstruelles Syndrom (PMS)

Menstruationsbeschwerden und die typischen Symptome, die Lauren erlebte – Depression, Reizbarkeit, Erschöpfung, empfindliche Brüste, Aufgeblähtsein und Heulanfälle –, werden gewöhnlich mit launischen Teenagern in Verbindung gebracht. Dennoch sind wir für PMS gewöhnlich am anfälligsten, wenn wir zwischen Ende zwanzig und Anfang dreißig sind. Laut wissenschaftlichen Studien liegt die Zahl der Frauen, die an irgendeiner Form von PMS leidet, irgendwo zwischen zwanzig und achtzig Prozent. Nach dem Bericht der *American Psychological Association* haben jedoch nur fünf Prozent aller Frauen so starke Beschwerden, daß sie einer professionellen Behandlung bedürfen.

Lauren erlebte die Komplexität dieses Syndroms aus erster Hand. Ihre erste Depression stand in Zusammenhang mit hormonellen Schwankungen. Ein paar Jahre später erzeugte ihre Depression körperliche Symptome. In beiden Fällen gedieh ihre Geist-↔Körper-Depression prächtig, und kein Mensch konnte ihr mit klaren Antworten dienen, wie der Sache beizukommen war, oder ihr überhaupt sagen, was nicht stimmte. Wir wissen nicht, wie viele der Symptome, die PMS zugeschrieben werden, emotionaler oder körperlicher Natur sind oder einfach Teil einer Erfahrung, die Frauen unterstellt wird in einer Gesellschaft, deren Blick auf die weibliche Biologie oft sexistisch und patriarchalisch ist.

Was wir wissen, ist, daß sehr oft eine starke Beziehung zwischen PMS und Depression besteht. Eine jüngste Studie, durchgeführt an der University of California, San Diego, wies nach, daß einige Frauen, die als Folge von PMS depressiv sind, geringere Mengen einer hormonellen Substanz namens Melatonin absondern, wenn sie schlafen. Diese biochemischen Veränderungen wirken sich auf unsere Stimmung aus, machen uns gereizter und depressiver, was PMS zu begünstigen scheint.

Eine andere Studie zeigte, daß zwei Drittel der Frauen mit einer lebenslangen Krankengeschichte einer Major Depression öfter an PMS litten als Frauen, die nicht chronisch depressiv waren. Selbst nach der Menopause litten einige dieser Frauen immer noch an Symptomen, die gemeinhin mit PMS in Verbindung gebracht werden, obwohl sie keinem Menstruationszyklus und keinen hormonellen Schwankungen mehr unterlagen, die angeblich für ihre PMS-Reaktionen verantwortlich waren. Was aussieht wie PMS-Symptome, sind oftmals einfach Zeichen von unbehandelten Depressionen – was wiederum ein Beweis für die Stärke und Komplexität der Geist↔Körper-Verbindung ist.

Postpartum-Depression

Die meisten Mütter machen gesunde Wochenbett-Depressionen durch. Einige Experten schätzen, daß ihre Zahl etwa bei achtzig Prozent liegt. Ich war sicherlich keine Ausnahme. Meine erste Wochenbett-Depression überfiel mich kurz nach der Geburt meines ersten Sohnes, Joshua. Ganz spontan machte ich einen Abstecher ins Säuglingszimmer, nur um festzustellen zu müssen, daß man ihn für einen Standardtest mitgenommen hatte. Ich war beunruhigt, kehrte in mein Zimmer zurück und brach in Tränen aus.

Als die Frau, die sauber machte, hereinkam und sah, wie verzweifelt ich war, fiel sie auf ihre Knie, bekreuzigte sich und sprach ein Gebet. Sie nahm an, ich hätte mein Kind verloren. Und genauso fühlte ich mich, obwohl Joshua nur ein paar Türen weiter war. Dieser Vorfall war eine wichtige Lektion für mich in Sachen Geist-↔Körper-Depression. Hier stand ich, eine psychologische Fachkraft, mir voll bewußt, was ich zu erwarten hatte, aber machtlos gegen die hormonelle Attacke, die mich überfiel. Rein verstandesmäßig wußte ich, es handelte sich um eine Geist↔Körper-Depression, aber emotional hatte ich das Gefühl, es wäre der Weltuntergang.

Bei den meisten Frauen treten diese Formen von Wochenbett-Depressionen gewöhnlich am dritten oder vierten Tag nach der Entbindung auf. Sie dauern gewöhnlich zwischen einem Tag bis vierzehn Tagen. Es sind Gesunde Depressionen, die von den normalen Schwankungen im Hormonhaushalt herrühren, denen Frauen in dieser Zeit unterliegen. Wenn sie länger dauern oder dazu führen, daß sich die Frau sich selbst oder ihrem Baby gegenüber destruktiv verhält, sind daraus Ungesunde Depressionen geworden.

Postmenopausale Depressionen

Die Geist↔Körper-Depressionen, zu denen es nach der Menopause kommt, sind nicht auf das Ende der Menstruation zurückzuführen, sondern auf die vielfachen Verluste, zu denen es durch die Reduktion des Östrogens kommt. Drei der größten Probleme bestehen im Poröswerden der Knochen (Osteoporose), in der Trockenheit der Vaginalwände und dem außerordentlich erhöhten Risiko von Herzerkrankungen. Es ist sehr viel wahrscheinlicher, daß Frauen aufgrund dieser Veränderungen depressiv werden als aufgrund ihres Verlustes des Menstruationsfähigkeit.

Wir sehen uns überdies einer widersprüchlichen und verwirrenden Informationslage gegenüber, was die hormonelle Substitutionstherapie angeht, was an sich schon deprimierend genug ist. Nach gegenwärtiger medizinischer Denkart riskieren wir Krebs, wenn wir Östrogen substituieren; wenn wir kein Östrogen substituieren, riskieren wir Herzerkrankungen. Neue Techniken und Hormonkombinationen haben die Östrogenzufuhr jedoch für viele Frauen in jüngster Zeit wieder anwendbar gemacht. Die Forschung hat vor kurzem gezeigt, daß die zusätzliche Gabe von Östrogen nach der Menopause das Risiko einer Frau, an einem Herzleiden zu erkranken, um die Hälfte reduziert. Natürlich bedarf es einer sorgfältigen Nutzen/Risiko-Abwägung, die auch die Geschichte eventueller Krebs- und Herzerkrankungen miteinbezieht, um eine solch schwierige Entscheidung, ohne verläßliche Informationen zu haben, treffen zu können. Gail Sheehys Buch über die Menopause, *Wechseljahre, na und?*, bietet in dieser Hinsicht eine wertvolle Diskussionsgrundlage.

Saisonale Depression

Die saisonale Depression, im Englischen kurz SAD genannt, ist eine zyklisch auftretende Depression. Zu den Symptomen einer SAD gehören starke Gefühle von Deprimiertheit, Müdigkeit, Gewichtszunahme, Antriebsschwäche und ein verringerter Sexualtrieb. Die Symptome erreichen gewöhnlich im Herbst und Winter ihren Höhepunkt und verschwinden dann wieder im Frühling und Sommer, wobei für einen kleinen Prozentsatz der gegenteilige Verlauf zutreffen kann.

Man schätzt, daß zwölf Millionen Amerikaner an SAD leiden und zusätzlich bis zu fünfunddreißig Millionen mit milderen Versionen dieser Störung zu kämpfen haben. Sie kommt mindestens viermal häufiger bei Frauen als bei Männern vor. SAD beginnt gewöhnlich in unseren Zwanzigern und frühen Dreißigern, obwohl es Berichte gibt, wonach auch einige Kinder und Teenager betroffen sind. Einige Schätzungen gehen davon aus, daß bis zur Hälfte aller Frauen, die in den nördlichen Staaten von Amerika leben, deutliche Zeichen von Winterdepressionen zeigen. Nur wenige von ihnen werden die Behandlung bekommen, die sie brauchen, weil sie und ihre Ärzte nicht wissen, wie sie die typischen Symptome einer allgemeinen Depression von einer saisonalen Depression unterscheiden sollen.

SAD läßt sich durch Fototherapie behandeln. Diese Methode ist effektiv, billig und weniger zeitintensiv als jede andere Depressionsbehandlung. Zur Fototherapie ist nur die richtige Diagnose und die richtige Art von Lichtquelle erforderlich, von der man sich jeden Tag eine bestimmte Zeit bestrahlen läßt. Das Extralicht scheint die Sekretion des Melatonin, eines Hormons, das in der Zirbeldrüse gebildet wird, anzuregen und den natürlichen Biorhythmus des Körpers zu regulieren, was verhindert, daß die Patientin aus dem »Takt« gerät und sich depressiv fühlt.

Migräne-Kopfschmerzen

Migränen sind äußerst starke Kopfschmerzen, die bei denjenigen, die häufiger davon befallen werden, Übelkeit, Diarrhöe, verschwommene Sicht und andere Sehstörungen hervorrufen. Geschätzte acht Millionen Amerikaner leiden derzeit an Migräne; fünfundsiebzig Prozent von ihnen sind Frauen.

Man vermutet, daß Veränderungen im Hormonhaushalt – der beiden Hormone Serotonin und Östrogen – auslösenden Charakter auf Migränen haben, was möglicherweise erklärt, weshalb Frauen dreimal öfters an Migränen leiden als Männer. Depression und Streß tragen ebenfalls zu Migränen bei. Depression ist überdies eine der typischsten Konsequenzen von Migränen, besonders wenn das Problem nicht durch schmerzstillende Mittel gelindert wird.

2. Reaktionen auf Verluste und Schmerzen

Kaiserschnitt

Jede vierte werdende Mutter, die sich ins Krankenhaus zur Entbindung begibt, verläßt es mit einem Baby auf ihrem Arm und einer Narbe unter ihrem Bauch. In seinem kürzlich erschienenen Buch *So Your Doctor Recommended Surgery* nennt Dr. John Lewis die Häufigkeit von Kaiserschnitten in den USA einen »schockierenden chirurgischen Exzeß« und meint, daß möglicherweise die Hälfte aller vorgenommenen Kaiserschnitte unnötig ist. Wenn der generelle Trend jedoch anhält, sagen einige Wissenschaftler voraus, daß in den Vereinigten Staaten um das Jahr 2000 herum vierzig Prozent aller Geburten Kaiserschnitte sein werden.

Nach Kaiserschnittentbindungen kommt es sehr oft zu Geist-↔Körper-Depressionen, denn viele Frauen hören auf ihren Traditionellen Kern und akzeptieren, daß sie »versagt« haben, weil sie keine natürliche Geburt und keine vaginale Entbindung zustande brachten. Viele Frauen sind nicht vorbereitet auf die Möglichkeit einer Entbindung durch Kaiserschnitt und erleben infolgedessen danach eine deprimierende Überraschung. Sie haben Schmerzen, sind in ihrer Bewegungsfreiheit eingeschränkt und fühlen sich oft machtlos und wütend, daß ihnen die Entscheidung zur Operation aus den Händen genommen wurde. Wenn sie glauben, daß die Operation grundsätzlich unnötig war, fühlen sie sich gewöhnlich noch schlechter. Glücklicherweise sind diese Geist↔Körper-Depressionen meist gesunder, temporärer Art und schnell vergessen, sobald die Mutter mit ihrem Baby zu Hause ist und das Abenteuer der Kindererziehung beginnt.

Fehlgeburten

Jede dritte Schwangerschaft endet vorzeitig mit einer Fehlgeburt, was bedeutet, daß diese Erfahrung zu den häufigsten medizinischen Verlusten zählt, die Frauen erleben. Gleichzeitig ist es eine der verheerendsten emotionalen Verluste, die Frauen erleiden. In Anbetracht der Häufigkeit von Fehlgeburten sollte man eigentlich meinen, die Forschung würde sich intensiv mit der Frage beschäftigen, wie es zu Fehlgeburten kommt und wie sie sich vermeiden lassen. Unglücklicherweise ist dies nicht der Fall. Ähnlich wie beim Brustkrebs und anderen Gesundheitsproblemen, die ausschließlich Frauen betreffen, wurde bislang vergleichsweise wenig getan, um dem Problem der Fehlgeburten auf die Spur zu kommen.

Was wir wissen, ist, daß etwa die Hälfte aller Fehlgeburten durch hormonelle Störungen, Chromosomen-Abnormitäten oder biologische Ursachen erklärt werden kann. Die andere Hälfte läßt sich aus medizinischer Sicht nicht erklären. Es ist praktisch unmöglich für eine Frau, eine Fehlgeburt absichtlich herbeizuführen, aber das hält die meisten Frauen nicht davon ab, sich nach einer Fehlgeburt auf eine emotionale Berg-und-Tal-Fahrt zu begeben, die bei ihnen ein Gefühl der Schuld oder Unzulänglichkeit zurückläßt. Der Traditionelle Kern ist mit Schuldzuweisungen schnell bei der Hand, wenn wir »als Frauen versagen« und »unsere Babys verlieren«. Geist↔Körper-Depressionen als Folge von Fehlgeburten sind nicht nur eine Reaktion auf körperlichen Verlust und Streß, sondern die Folge eines noch primäreren Angriffs auf unseren innersten Wert als Frau.

Hysterektomien

Wir unterliegen einer Wahrscheinlichkeit von eins zu drei, daß wir unseren Uterus verlieren, bevor wir sechzig Jahre alt sind, und laufen Gefahr, diese Operation über uns ergehen lassen zu müssen, wenn wir Ende Vierzig sind. Hysterektomien zählen zu den zweithäufigsten Operationen an Frauen in den Vereinigten Staaten. Bei uns ist die Rate an Hysterektomien nahezu doppelt so hoch wie in den meisten europäischen Ländern. Tatsächlich stehen nur zehn Prozent der Hysterektomien, die in den Vereinigten Staaten vorgenommen werden, in Verbindung mit krebsartigen Wucherungen. Nach dem *Women's Health Alert,* einem Gesundheitsdienst für Frauen, ist mindestens eine von vier Hysterektomien, die in den USA durchgeführt werden, »extrem fragwürdig, wenn nicht eindeutig unnötig«.

Üblicherweise wird diese Operation mit dem Argument gerechtfertigt, es würde sich um eine Vorsichtsmaßnahme handeln. Das Problem ist nur, daß der Uterus als eine Rezeptorenstelle für Östrogen und Progesteron funktioniert. Wenn er entfernt wird und der Hormonspiegel sinkt, kann das Depressionen verursachen und überdies schwerwiegende Auswirkungen auf die Sexualität der Frau haben. Obwohl diese Ergebnisse zunächst kontrovers diskutiert wurden, belegte eine Studie, daß zwischen dreiunddreißig und sechsundvierzig Prozent aller Frauen, die sich einer Totaloperation unterzogen hatten, über ihre reduzierte sexuelle Empfänglichkeit klagten, nachdem ihre Eierstöcke entfernt worden waren. Die Reduktion von Hormonen setzt Frauen überdies einem zweifach erhöhten Risiko aus, koronare Herzerkrankungen zu entwickeln.

Obwohl sich die meisten Frauen nach einer Hysterektomie anfangs erleichtert fühlen, verursachen die langfristigen Folgen oft Depressionen. In der Tat haben Studien gezeigt, daß Frauen, die eine Hysterektomie hinter sich haben, mit doppelt so großer Wahrscheinlichkeit mit der Zeit depressiv werden. Bevor Sie also einer Uterusentfernung zustimmen, sollten Sie sicherstellen, daß die Operation aufgrund einer medizinischen Notwendigkeit erfolgt und nicht aufgrund einer reinen Vorsorgemaßnahme.

Abtreibung

Die Wahrscheinlichkeit für eine Frau in Amerika, daß sie ihre Schwangerschaft durch eine Abtreibung beendet, ist eins zu drei. Es ist ein herkömmliches Mißverständnis, daß Frauen, die sich für eine Abtreibung entscheiden, später an Schuldgefühlen und Angstzuständen leiden und daß ihre Entscheidung oft zu einer Ungesunden Depression führt. Tatsächlich ist das Gegenteil der Fall. Auf kurze Sicht gesehen, kommt es zwar aufgrund des Stresses und des Verlustes zu Gesunden Depressionen, aber die typische langfristige emotionale Befindlichkeit nach einer Abtreibung ist nicht Depression, sondern Erleichterung.

Nach einer Studie trieben vierundvierzig Prozent der befragten Frauen ab, weil sie alleinstehend waren, während zweiunddreißig Prozent abtrieben, weil sie sich kein Kind leisten konnten. Wenn man davon ausgeht, daß dies die typischen Gründe sind, weswegen sich Frauen einer Abtreibung unterziehen, kann es nicht überraschen, daß wissenschaftliche Untersuchungen nahelegen, daß Frauen, nachdem sie sich von der Prozedur erholt haben, sich danach oft selbstbewußter und selbstverantwortlicher fühlen und sich eher in der Lage sehen, ihre Ziele zu erreichen. Nachdem sie sich einen Überblick über die Studien, die es zur Abtreibungsfrage gab, verschafft hatten, berichteten Drs. Joy und Howard Osofsky, daß »die objektiven Daten, beinahe ungeachtet der Quelle, eine überraschend niedrige Häufigkeit von psychologischen Komplikationen anzeigen«.

Unfruchtbarkeit

Es ist ein allgemeines Mißverständnis, daß Schwangerschaft eine Quelle von Depressionen ist. Obwohl werdende Mütter tatsächlich hormonellen Veränderungen unterworfen sind, die zu temporären Depressionen führen können, ist es um die geistige Gesundheit einer Frau gewöhnlich nie besser bestellt, als wenn sie schwanger ist. Es sind eher die Frauen, die nicht schwanger werden können, die mit am anfälligsten für Geist↔Körper-Depressionen sind. Topkandidatinnen für diese Art der Depression sind kinderlose Frauen

Ende Dreißig, Anfang Vierzig, die schwanger werden wollen und nicht können oder die es mit außerordentlich erhöhtem Risiko werden.

Laut der *American Fertility Society* hat eine von sieben Frauen Probleme mit der Empfängnis. Vierzig Prozent dieser Fälle gehen auf körperliche Probleme zurück, auf die die Frau keinen Einfluß hat – eine klassische Ursache einer Geist↔Körper-Depression. Die Gründe, weswegen die übrigen sechzig Prozent Schwierigkeiten damit haben, schwanger zu werden, liegen im dunkeln und verursachen enormen Streß und Depressionen. Studien haben gezeigt, daß sich unfruchtbare Patientinnen oft für fehlerhaft, defekt und schuld an der Unfruchtbarkeit halten und eine »schlechte« Meinung über sich und das, was sie im Leben tun, haben. In einer anderen Studie bezeichneten vierzig Prozent der Frauen, die Patientinnen einer Fertilitätsklinik waren, die Unfruchtbarkeit als »die traurigste Erfahrung« ihres ganzen Lebens. Studien zeigen, daß diese Depression sich sogar noch verstärkt, wenn sich herausstellt, daß es der Partner ist, der unfruchtbar ist.

Opfer- oder Unfalltraumen

Weibliche Opfer von Überfällen werden mit höchster Wahrscheinlichkeit eine Geist↔Körper-Depression als Folge ihres Traumas entwickeln. Dr. Mary Koss, Psychologin an der University of Texas, berichtet davon, daß Verbrechensopfer in erheblich gesteigertem Maße an Gesundheitsproblemen leiden. Verbrechensopfer sind so anfällig für Geist↔Körper-Depressionen, daß sie sich selbst als weniger gesund erachten und dazu neigen, weniger Verantwortung für ihre Gesundheit zu übernehmen. In den ersten zwei Jahren nach dem Überfall stiegen die Arztbesuche der beobachteten Verbrechensopfer um einundvierzig Prozent. Eine andere Studie, abgedruckt im *American Journal of Psychiatry,* berichtete von ähnlichen Ergebnissen. In der Studie hieß es, daß Frauen, die in ihrer Kindheit sexuell belästigt worden waren, eher an Depressionen und körperlichen Problemen litten als Frauen, die keine derartigen Erfahrungen gemacht hatten.

Laut Dr. Dean Kilpatrick von der Medical University of South

Carolina ist die »Opfergeschichte« sogar noch wichtiger als die Familiengeschichte, will man eine Prognose über die Möglichkeit einer künftigen Alkohol- oder Drogenabhängigkeit und daraus folgenden Depressionen stellen. Verbrechensopfer hatten beinahe siebenmal häufiger mit zwei oder mehreren alkoholbedingten Problemen zu kämpfen und siebzehnmal häufiger mit Drogenproblemen, was oft die Folge eines verzweifelten Versuches war, die unterschwellige Depression selbst zu »behandeln«. Diese Opfererfahrungen führen zu Geist↔Körper-Depressionen und verschlimmern diese, weil sie die Gefühle anhaltender körperlicher Verletzlichkeit, Hilflosigkeit und unbewältigte Wut noch verstärken.

Eine Erfahrung, die ähnliche Reaktionen hervorruft wie das Opfertrauma, sind Unfalltraumen, gleichgültig, ob der Unfall (Autounfall, Verletzung usw.) selbstverschuldet war oder wir uns als Opfer der Umstände fühlen. Unfälle sind so traumatisch für unseren Geist und unseren Körper, daß die meisten von uns in der Folge depressiv werden.

Schwere Krankheit

Die derzeit vier primären Todesursachen bei Frauen in Amerika – Herzkrankheiten, Aids, Krebs und Schlaganfälle – führen bei den betroffenen Frauen zu einer extrem hohen Anfälligkeit für Geist↔Körper-Depressionen. Bis zu achtzig Prozent der Patientinnen, die körperliche Probleme haben, entwickeln emotionale Probleme und Depressionen, die ihre Genesung aufhalten. Dies gilt besonders für jene mit lebensbedrohlichen Krankheiten wie Aids, Krebs und der Alzheimerschen Krankheit.

Die meisten Frauen, bei denen Aids oder Krebs diagnostiziert wird, fallen unmittelbar danach in eine schwere Depression und haben Selbstmordgedanken. Die Selbstmordgefahr bei Aids-Patienten liegt um sechsunddreißig Prozent höher als bei der altersgleichen Normalbevölkerung. Ein Drittel der Alzheimer-Patienten wird im Verlaufe der Krankheit klinisch depressiv. Bis zu achtzig Prozent der Angehörigen von Alzheimer-Kranken werden bei ihren Bemühungen, den Pflegeanforderungen gerecht zu werden, ebenfalls in signifikanter Weise depressiv.

Obwohl Ärzte dafür ausgebildet sind, mit der Krankheit umzugehen, vernachlässigen viele die daraus resultierende Geist↔Körper-Depression oder übersehen sie sogar. Manche Ärzte sind Fatalisten und gehen davon aus, daß die Depression natürlich und/oder nicht behandelbar ist, wie es bei dem Arzt der Fall war, der Gail wegen ihres Brustkrebses behandelte, es aber unterließ, eine Behandlung für ihre Depression vorzuschlagen. Andere wiederum wissen schlicht nicht, wie sie die Depression von der tatsächlichen Krankheit unterscheiden sollen. Eine Studie zeigte, daß Ärzte mehr als vierzig Prozent der emotionalen Probleme, die mit der körperlichen Krankheit einhergingen, falsch diagnostizierten oder völlig übersahen.

Das Resultat einer unbehandelten Geist↔Körper-Depression kann verheerend sein. Tatsächlich kam eine Studie, über die 1989 im *Journal of the American Medical Association* berichtet wurde, zu dem Ergebnis, daß Depressionen zu größeren Einschränkungen im täglichen Leben führen als viele körperliche Erkrankungen, einschließlich Arthritis, Diabetes, hohen Blutdruck, Rückenproblemen und Verdauungsstörungen. Lediglich fortgeschrittene Koronarerkrankungen zwangen mehr Patienten ins Bett als Depressionen. Man stellte ebenfalls fest, daß Depressionen die Menschen sozial mehr isolierten als jede andere körperliche Erkrankung. Tatsache ist, daß Depressionen manchmal einen größeren Tribut von uns verlangen, als es körperliche Erkrankungen je könnten.

3. Selbstzerstörerische Verhaltensweisen

Eßstörung

Eßstörungen – Anorexia nervosa, Bulimie oder die Funktion von Nahrungsmitteln als Streßableiter – beginnen mit höchster Wahrscheinlichkeit bereits in Jugendjahren, wie es auch bei der bulimischen Joyce oder der freßsüchtigen Ali der Fall war, denen wir in Kapitel 8 begegnet sind. Eßstörungen stehen insofern mit Depressionen in Verbindung, als sie diese entweder verursachen oder eine Konsequenz aus unseren Problemen sind, richtig mit Eßbedürfnissen umzugehen. Die Biochemie von Frauen, die ernsthaft depressiv sind, weist Ähnlichkeiten mit der von Frauen auf, die an Eßstörungen leiden. Tatsächlich haben zahlreiche bulimische Frauen wie Joyce, denen man Antidepressiva gab, positive Ergebnisse gezeigt, weshalb das Geist↔Körper-Verhältnis ein äußerst wichtiger Faktor ist, will man diese Störung verstehen und behandeln.

Rauchen

Jüngste Studien haben eine unbestreitbare Verbindung zwischen dem Rauchen und der Entstehung von Depressionen nachgewiesen. Eine Studie, durchgeführt vom *New York State Psychiatric Institute,* zeigte, daß Raucher mehr als doppelt so häufig wie Nichtraucher von Depressionen befallen waren. Ironischerweise weist die Studie ebenfalls darauf hin, daß einer der Gründe, weswegen Menschen mit dem Rauchen weitermachen, darin besteht, daß Nikotin einen antidepressiven Effekt zu haben scheint.

Wie, so werden Sie sich fragen, kann ein Laster, das uns anfälliger für Depressionen macht, gleichzeitig antidepressive Wirkungen haben? Laut Dr. Alexander Glassmann, dem Autor einiger grundlegender Studien auf diesem Gebiet, hat Nikotin gleichzeitig eine beruhigende und eine stimulierende Wirkung. Nikotin wirkt sofort. Wenn die Substanz in die Lungen kommt, erreicht sie von dort aus binnen sieben Sekunden das Gehirn. Obwohl sich die Depression kurz nach einem Nikotinstoß ein wenig bessert, sind die Wirkungen von Nikotin insgesamt zweifellos negativ. Raucher sind darüber hinaus anfälliger für eine anhaltende Aushöhlung ihres Selbstwertgefühls und daraus folgend für Depressionen. Sie wissen, daß sie etwas tun, was ihrer Gesundheit schadet, und fühlen sich oft hilflos, weil sie sich nicht beherrschen können.

Mit dem Rauchen aufzuhören scheint vom Biologischen her für Frauen schwieriger zu sein als für Männer, denn letztere scheiden das Nikotin aus ihrem Stoffwechsel tendenziell schneller aus. Es stellt überdies eine einzigartige körperliche Herausforderung dar. Wenn ein Raucher mit dem Rauchen aufhört, nimmt die Konzentration gewisser Stoffe – wie Serotonin – im Blut ab. Niedrige Serotonspiegel werden mit Depressionen in Verbindung gebracht.

Diese hormonellen Veränderungen resultieren oft in depressiven Gefühlen und einem gesteigerten Verlangen nach Kohlenhydraten, was zu übertriebenem Essen und Gewichtszunahme führen kann. Viele Frauen, die mit dem Rauchen aufhören und dann an Gewicht zulegen, geraten in Panik und ziehen es vor, lieber wieder zu den Zigaretten zu greifen.

Alkohol- und Drogenmißbrauch

Alkohol- und Drogenmißbrauch sind oft Symptome für eine unterschwellige Depression, besonders bei jungen Erwachsenen. Früher war man der Ansicht, daß Menschen depressiv werden, weil sie auf irgendeine Art süchtig sind, aber die jüngste Forschung weist darauf hin, daß das Gegenteil der Fall ist. Die *New York Times* zitierte eine Studie, in der Dr. Edward Nunes vom New York State Psychiatric Institute berichtete, daß mehr als eine Million Amerikaner Alkohol und Drogen mißbrauchen, weil sie an latenten Depressionen leiden.

Eine andere Studie kam zu dem Ergebnis, daß mindestens fünfundzwanzig Prozent aller Alkoholiker möglicherweise an einer Depression leiden und daß ihre Depression selbst dann noch vorhanden ist, nachdem sie mit dem Trinken aufgehört haben. Und auch die Drogen selber verursachen Depressionen. Marihuana, Kokain, Heroin, Methadon und Alkohol haben sich alle als depressionserzeugend erwiesen, sowohl in der klinischen Praxis wie auch in der wissenschaftlichen Forschung.

4. »Heilmittel«, die depressiv machen

Medikamentenmißbrauch

Zwei Drittel aller Rezepte in den Vereinigten Staaten für Antidepressiva, Tranquilizer und Schlaftabletten werden für Frauen ausgestellt. Ein großer Teil derer, die Tranquilizer oder Schlaftabletten über mehr als zwei Monate einnehmen, wird süchtig. Bei einigen Frauen haben Tranquilizer in biochemischer und emotionaler Hinsicht nicht den gewünschten, sondern den gegenteiligen Effekt.

Einige allgemein gebräuchliche Medikamente wie etwa Valium sollen schlaffördernd und beruhigend wirken, aber tatsächlich können sie Feindseligkeit, Aggression und/oder Depression erzeugen. Diätpillen, apothekenpflichtige Hustensäfte, Grippetabletten und gewisse Medikamente, die für Muskelschmerzen, Magengeschwüre, Schlaganfälle, Arthritis, Hypertonie und die Parkinsonsche Krankheit verschrieben werden, können ebenfalls signifikante Gefühle der Depression hervorrufen.

Der Autor William Styron beschrieb diesen Prozeß sehr anschaulich in seinem Buch *Sturz in die Nacht: Die Geschichte einer Depression*. Styron litt an einer so schweren Depression, daß er nachts nur zwei bis drei Stunden schlafen konnte, und auch das nur mit Hilfe von Schlaftabletten. Er bekam das Schlafmittel Halcion verschrieben und konsumierte ahnungslos viel zu hohe Dosen, was seine Depression noch zu verschlimmern und zu verstärken schien.

Die Pille

Man hat herausgefunden, daß die Pille bei nahezu fünfundzwanzig Prozent der Frauen, die sie einnehmen, Depressionen verursacht. Pillen mit höheren Hormondosen verursachen laut Umfragen in dreißig bis fünfzig Prozent aller Fälle Depressionen. Eine von vielen Erklärungen für diese Folgedepressionen besteht in einem Vitamin-B_6-Mangel, auf den man bei jeder fünften Frau gestoßen ist, die die Pille nahm. Das Fehlen dieses Vitamins wird mit Stimmungsschwankungen und einer gesteigerten Anfälligkeit für Depressionen in Verbindung gebracht. Wenn es aufgrund der Einnahme von Antibabypillen zu Depressionen kommt, tauchen diese gewöhnlich innerhalb der ersten zwei bis drei Monate nach erstmaliger Einnahme auf. Die Depressionen sind so stark, daß vierzig Prozent der Frauen mit der Einnahme wieder aufhören, weil sie sich nicht wohl fühlen.

Aktionsstrategien zur Bewältigung von Geist↔Körper-Depressionen

Die ersten drei Aktionsstrategien beziehen sich auf die Bewältigung all unserer Geist↔Körper-Depressionen und sind ganz allgemein wesentlich für unser körperliches und seelisches Wohlergehen. Die restlichen Strategien haben sich besonders bei bestimmmten Formen von Geist↔Körper-Depressionen bewährt. Es steht Ihnen also frei, sich die herauszusuchen, die am besten auf Ihre eigenen Erfahrungen passen.

Wenn Sie diese Strategien anwenden, besteht wahrscheinlich die größte Herausforderung darin, das gesellschaftliche Vorurteil aufzugeben, wonach Geist↔Körper-Probleme Zeichen von Schwäche sind. Viele von uns denken, sie wären schwach und mangelhaft, wenn sie an körperlichen Problemen leiden, die in irgendeiner Weise von ihrem Kopf gesteuert werden. Die Folge davon ist, daß wir oft die gesellschaftlichen und psychologischen Faktoren, die unsere körperlichen Leiden verursachen und zu ihnen beitragen, übersehen. Wenn das der Fall ist, werden die körperlichen Probleme nicht verschwinden, gleichgültig, wie sehr wir uns bemühen, weil wir uns nicht mit den wahren Gründen beschäftigen, derentwegen sie in erster Linie entstanden sind.

Deshalb besteht einer der wichtigsten Schritte, den Sie tun können, darin, die Furcht und Scham zu überwinden, die mit psychosomatischen Erkrankungen verbunden sind. Lernen Sie statt dessen die Tatsache zu würdigen, welch wundervoll ganzheitliche Organismen wir sind.

Noch einmal und mit Nachdruck gesagt: Machen Sie aus einem trennenden Schrägstrich einen Pfeil, der in beide Richtungen führt, um Ihren Geist und Ihren Körper zu vereinen. Sie werden sich stärker, ausgeglichener und bedeutend gesünder fühlen.

1. Entwickeln Sie ein partnerschaftliches Verhältnis zu all Ihren Gesundheitsspezialisten!

Wenn Sie Ihre Geist↔Körper-Depressionen bewältigen und hinter sich lassen wollen, müssen Sie Ihren Arzt als Gesundheitspartner betrachten und nicht als Autoritätsperson oder jemanden, dem man besser aus dem Weg geht. Wenn Ihr Arzt für Sie »der Experte« ist, dessen Wort Gesetz ist, werden Sie sehr viel wahrscheinlicher depressiv und abhängig werden und auf seine Empfehlungen und Medikamente angewiesen sein. Wenn Sie Ihren Arzt dagegen als Partner betrachten, dessen Erfahrung und Anleitung Ihnen helfen können, gesund zu bleiben oder zu werden, ist es sehr viel wahrscheinlicher, daß Sie effektiv mit ihm zusammenarbeiten, mehr Verantwortung für Ihre Gesundheit übernehmen, eine positivere Einstellung entwickeln und gesünder bleiben werden.

Wie finden Sie einen Gesundheitspartner, dem Sie vertrauen können? Im folgenden einige allgemeine Richtlinien, die Ihnen bei der Suche nach einem Arzt helfen können (die Richtlinien sind genauso nützlich, wenn Sie nach einem Heilpraktiker oder Therapeuten suchen). Betrachten Sie sich selbst als Konsumentin und nicht als Patientin, und vergessen Sie nicht, daß Sie dabei sind, den wichtigsten Einkauf Ihres Lebens zu tätigen:

1. Fragen Sie Freunde, Nachbarn und Kollegen, denen Sie vertrauen, ob Sie mit ihren Ärzten zufrieden sind. Wenn ja, lassen Sie sich bei dem entsprechenden Arzt einen Termin für eine kurze Beratung geben und erklären Sie ihm oder ihr, wonach Sie suchen: Nach einem Arzt, der bereit ist, sich mit Ihnen gemeinsam um Ihre Gesundheit zu kümmern. Erklären Sie, daß Sie nach einem Experten suchen, dem es möglich ist, Sie als Gleichgestellte zu behandeln und der *mit* Ihnen statt *zu* Ihnen spricht. Sie werden eine Menge über den Arzt erfahren, indem Sie darauf achten, wie er auf Ihre Erklärungen und Fragen reagiert. Wenn es ihm unangenehm ist, die Sache mit Ihnen offen zu besprechen, oder er nicht bereit dazu ist, wissen Sie, was Sie wissen müssen, und können ihn in Gedanken abhaken.

2. Verlassen Sie sich auf Ihr Gefühl. Wenn Sie Ihren Arzt, aus welchen Gründen auch immer, nicht mögen, suchen Sie sich einen anderen. All die akademischen Grade und all die Urkunden, die an seiner Wand hängen, spielen keine Rolle, wenn Sie sich nicht wohl oder beachtet fühlen, wenn Sie in seinem Sprechzimmer sitzen. Wenn Sie ein beklemmendes Gefühl haben, sich schlecht behandelt fühlen oder glauben, daß Sie Ihrem Arzt gleichgültig sind, besonders während oder nach einer Konsultation, verlieren Sie keine Zeit und verschwenden Sie keine Energie. Investieren Sie beides lieber in die Suche nach einem anderen Arzt, dessen Einfühlsamkeit, Sensibilität und Stil mehr nach Ihrem Geschmack sind.

3. Achten Sie darauf, wie der Arzt mit Ihnen kommuniziert. Hört er wirklich zu? Spricht er offen, ohne in Medizinerjargon zu verfallen? Wie sehr geht er auf Ihre Bitten nach Zusatzinformationen ein, und wie reagiert er, wenn Sie eine zweite Meinung einholen wollen?

4. Machen Sie sich Notizen, wenn Sie mit Ihrem Arzt sprechen, besonders wenn Sie ein spezielles medizinisches Problem erörtern. Wenn Sie es mit einer schweren Krankheit zu tun haben, nehmen Sie ein Bandgerät mit oder jemanden, der Ihnen nahesteht. Man vergißt sehr leicht etwas von dem, was der Arzt erzählt hat, oder mißversteht es, besonders wenn man ängstlich oder völlig verzweifelt ist. Wenn Sie die Sitzung auf Band aufnehmen oder einen vertrauten Menschen dabei haben, der Fragen stellen, sich Notizen machen und den Informationen zuhören kann, hilft Ihnen das, spätere Konfusion und Mißverständnisse zu vermeiden.

Zögern Sie nicht, Ihren Arzt anzurufen, wenn Sie Fragen oder Befürchtungen haben. Wenn Ihr Arzt Ihre Anrufe nicht innerhalb einer angemessenen Frist erwidert, haben Sie in ihm keinen Partner; bemühen Sie sich ernsthaft darum, einen anderen Arzt zu finden, der zugänglicher ist. Im Gegensatz zur öffentlichen Meinung gibt es solche Ärzte wirklich. Die meisten Frauen, die ich kenne, finden sie, wenn auch oft erst nach intensiver Suche. Probieren Sie es auch jenseits der traditionellen Bereiche. Es lohnt sich. Ich fand einen fabelhaften Geburtshelfer, indem ich die leitende Hebamme des Krankenhauses fragte, welchen Arzt sie mir empfehlen könnte. Wenn Sie andererseits immer nur auf der Suche sind und nie zufrieden, wären Sie gut beraten, sich einmal zu überlegen, ob ihre »Spezialistenjagd« nicht inzwischen zu einem reinen Verdrängungsmechanismus geworden ist.

5. Achten Sie darauf, wie gesund Ihre Ärzte wirken. Wenn Ihr Arzt keinen großen Wert auf seine eigene Gesundheit legt, gibt es keinen Grund, warum er als Ihr Gesundheitspartner erfolgreicher sein sollte. Dies ist nicht zuletzt deshalb so wichtig, weil Ärzte und Therapeuten selten irgendwelche Empfehlungen aussprechen, sei es im körperlichen oder seelischen Bereich, an die sie sich selbst nicht halten. Das American College of Physicians stellte kürzlich in einer Umfrage fest, daß fünfzig Prozent der befragten Ärzte keinen eigenen Arzt hatten, zwanzig Prozent nicht regelmäßig Sport trieben und elf Prozent täglich Alkohol tranken. Fünfzig Prozent der befragten Ärztinnen unterließen die monatliche Selbstuntersuchung der Brust. Mehr als fünfzig Prozent der Ärzte hielten Ihre Patienten nicht dazu an, Sport zu treiben, und fünfundzwanzig Prozent rieten es ihren Patienten nicht, mit dem Trinken aufzuhören, obwohl ihnen bekannt war, daß die Patienten ein Leberleiden hatten.

6. Veranschaulichen Sie sich die Idee der gesunden Partnerschaft, indem Sie Ihr eigenes Gesundheits-Management-Diagramm zeichnen. Dies ist ein Management-Flußdiagramm, das Ihnen einen klaren Überblick über die Menschen gibt, auf die Sie sich gegenwärtig hinsichtlich Ihrer Gesundheitsbedürfnisse verlassen. Auf diese Weise entwickeln Sie überdies ein besseres Gespür dafür, wer für welches Bedürfnis zuständig ist. Zeichnen Sie zunächst einen Quader oben auf die Seite. Dort hinein tragen Sie Ihren Namen und Ihre Stellung als geschäftsführende Direktorin Ihres eigenen Gesundheitssystems ein. Dies ist ein sichtbares Zeichen dafür, daß Sie – oder wen immer Sie zu Ihrem Repräsentanten bestimmen, sollten Sie irgendwann einmal nicht in der Lage sein, Ihre Geschäfte selbst zu führen – diejenige sind, die primär für Leitung und Management Ihres Gesundheitssystems

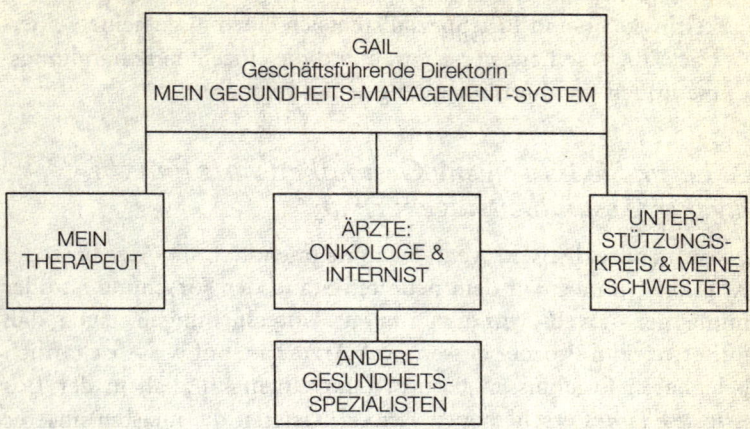

verantwortlich ist. Indem wir uns selbst sichtbar in diese zentrale Position der Verantwortlichkeit rücken, wird die Wahrscheinlichkeit geringer, daß wir aus Angst mit der traditionelleren Rolle der abhängigen Patientin vorliebnehmen.

Nachdem Sie sich das Zentrum Ihres Gesundheits-Management-Diagramms für sich reserviert haben, fügen Sie nun die Namen all Ihrer momentanen Gesundheitspartner in die Kästchen darunter ein, und zwar je nach deren Wichtigkeit. Die Position der verschiedenen Spezialisten wird sich je nach Problemstellung ändern. Als Gails Krebserkrankung beispielsweise besser wurde, nahmen ihre Gesprächsgruppe und ihr Therapeut die zentrale Position ein. Ihr Onkologe saß in einem Nebenkästchen, weil seine Rolle, obgleich immer noch wichtig, zu diesem Zeitpunkt nicht mehr so vorrangig war. Oben also das Gesundheits-Management-Diagramm von Gail. Es zeigt ihr Team, das sie im Kampf gegen den Krebs erfolgreich unterstützte.

Wenn Sie mit einer gesundheitlichen Krise konfrontiert sind, wie Gail es war, sollten Sie unbedingt darauf achten, daß alle relevanten Spezialisten miteinander in Kontakt stehen und sich hinsichtlich Ihrer medizinischen Bedürfnisse und Ängste austauschen. Nur so lassen sich ihre Strategien effektiver koordinieren. Der Normalfall ist dies sicherlich nicht, aber die einzige Möglichkeit, wie Sie und Ihre Spezialisten sich einen allgemeinen Überblick über die Lage verschaffen und die einzelnen Behandlungsmethoden im Zusammenhang sehen können.

2. Legen Sie Ihre eigene Gesundheitsakte und Ihr eigenes Gesundheitstagebuch an!

Es ist nicht realistisch, wenn Sie annehmen, daß Ihr Arzt bei jeder Krankheit immer auf dem neuesten Stand der Forschung ist oder immer genau weiß, was er zu tun hat. Untersuchungen zeigen, daß nur etwa zehn Prozent dessen, was Ärzte tun, auf wissenschaftlich belegbaren Ergebnissen beruht. Laut einem kürzlich in der *Los Angeles Times* erschienenen Artikel basieren die meisten unserer Schlußfolgerungen auf Intuition und reiner Vermutung. Bis zu einem Drittel aller verschriebenen Medikamente sind unnötig, nicht hilfreich oder sogar schädlich.

Dies betrifft besonders die Frauen, denn die meisten männlichen und sogar viele weibliche Ärzte kennen sich nicht wirklich mit der Psychologie von Frauen aus und sind sich nicht der unterschiedlichen Gesundheitsbedürfnisse der Geschlechter bewußt. Deshalb sollten Sie sich unbedingt vornehmen, auf dem laufenden zu bleiben und die ärztliche Rätselraterei soweit wie möglich aus ihrer Gesundheitsfürsorge zu verbannen, indem Sie wachsam bleiben, was Ihre individuellen körperlichen Anfälligkeiten und Gesundheitsprobleme von Frauen allgemein angeht.

Ein Weg, den zahlreiche Frauen eingeschlagen haben, um dies zu gewährleisten, besteht darin, sich ein oder zwei enge Freundinnen oder Verwandte als Gesundheitspartner zu suchen. Vereinbaren Sie, jeweils eine Gesundheitsakte zum beiderseitigen Gebrauch anzulegen, und schneiden Sie Artikel aus Zeitschriften und Zeitungen aus, die körperliche und geistige Gesundheitsprobleme betreffen. Solche, die sich mit weiblichen Gesundheitsproblematiken oder speziellen Erkrankungen beschäftigen, für die Sie oder Ihre Gesundheitspartnerin eine Anfälligkeit besitzen, sind besonders relevant. Tauschen Sie Ihre Aktenordner alle paar Monate gegeneinander aus, so daß sie die Artikel, die Ihre Gesundheitspartnerin gesammelt hat, lesen oder kopieren können. Gail erfuhr aus einem Zeitungsartikel, den ihre Schwester ausgeschnitten hatte, daß ihr hoher Cholesterinspiegel wahrscheinlich durch Haferschleim gesenkt werden könnte – was für Männer nicht in dem Maße galt –, besonders nach Überschreiten des fünfzigsten Lebensjahres. Von diesem Tag an aß Gail jeden Morgen eine Haferteigsemmel. Wie Gail entdeckte, sind Gesundheitsakten besonders wichtig, wenn es um die schnellebigen und lebenswichtigen Informationen bezüglich der Ernährung und dem Einfluß von Nahrungsmitteln auf Geist↔Körper-Depressionen geht.

Nehmen Sie sich vor, über Ihr Gesundheitsproblem auf dem laufenden zu bleiben und die Forschungen dazu zu verfolgen. Machen Sie es sich zur Regel, Gesundheitsmagazine im Fernsehen anzusehen oder im Radio anzuhören, statt automatisch immer den Kanal zu wechseln, weil diese Themen »so langweilig« sind. Beziehen Sie die kostenlosen Gesundheitsbroschüren, die von vielen Krankenhäusern und Krankenkassen angeboten werden. Studieren Sie Bücher über Ernährung und Gesundheit, die speziell mit Blick auf Frauen geschrieben wurden, auch wenn das bedeutet, nur in der Gesundheitsecke einer Buchhandlung herumzustöbern oder in der Mittagspause schnell Ihrer örtliche Bibliothek einen Besuch abzustatten.

Eine Quelle, die ich jedem empfehlen kann, ist Dr. Sidney Wolfes *Women's Health Alert,* ein Buch, das sich bei den Recherchen zu diesem Kapitel als äußerst wertvoll erwiesen hat. Sie sollten zu Hause auch ein aktuelles, leicht verständliches Nachschlagewerk haben, das Ihnen hilft, Ihre Symptome einzukreisen und einzuschätzen, bevor Sie sich auf den Weg zum Arzt machen. Wenn Sie Medikamente einnehmen, so gibt es inzwischen eine Menge kritischer Ratgeber, die Ihnen über Dosierungen und mögliche Nebenwirkungen oder Risikofaktoren kompetent Auskunft geben können. Am besten lassen Sie sich hierzu in Buchhandlungen beraten oder bitten Freunde darum, Ihnen spezielle Tips zu geben.

Zusätzlich zu einer Gesundheitsakte haben es zahlreiche Klientinnen überdies hilfreich gefunden, ein Gesundheitstagebuch zu führen. Wann immer Sie ein Geist↔Körper-Problem wie etwa Kopfschmerzen, Rückenschmerzen, Dermatitis, Diarrhöe, Bauchschmerzen, »unreine« Haut, Verstopfung, allergische Reaktionen, Kurzatmigkeit, Brustschmerzen usw. haben, tragen Sie es in Ihr Gesundheitstagebuch ein. Notieren Sie überdies alle körperlichen und emotionalen Erfahrungen, die Sie während dieser Zeit machen.

Diese Herangehensweise ist besonders wichtig, wenn Sie mit neuen Symptomen konfrontiert werden oder neue Medikamente einnehmen, besonders empfängnisverhütende Mittel oder Tranquilizer, weil sich die Nebenwirkungen in beiden Fällen auch auf Depressionen erstrecken können. Wenn Sie neue Symptome einordnen wollen, können unter anderem folgende Fragen nützlich sein: Was haben Sie gegessen? Wie würden Sie Ihren gegenwärtigen Streßlevel beurteilen? Haben Sie irgendwelche neuen Produkte benutzt – eine neue Shampoo-, Lippenstift- oder Waschmittelmarke? Oder hat sich Ihr Tagesablauf irgendwie geändert? Sind Sie in Berührung mit Haustieren oder Blütenpollen gekommen, die möglicherweise allergieauslösend wirken? Wenn Sie sich diese Fragen beantworten, werden Sie wahrscheinlich auf Hinweise und Einsichten stoßen, die Ihnen dabei helfen werden, eine fundiertere Selbstdiagnose zu stellen. Sie werden eher wissen, welche Richtung Sie bei der Bewältigung Ihrer Gesundheitsprobleme einschlagen sollen. Wenn Sie diese Art von Datenmaterial sammeln, versetzen Sie sich in die Lage, Ihr Gesundheitsmanagement zunehmend selbst zu steuern. In einigen Fällen kann Ihnen das Wissen, das Sie erwerben, jede Menge Zeit, Geld und Sorgen ersparen.

Das soll aber nicht heißen, daß Sie einen Besuch beim Arzt vermeiden oder ihn hinausschieben sollten, wenn er notwendig ist. Tatsächlich werden Sie sehr viel besser wissen, wann Sie wirklich einen Arzt konsultieren sollten, sobald Sie sich Ihrer eigenen Gesundheit bewußter sind. Und wenn Sie einen aufsuchen, werden Sie in der Lage sein, ihm die hilfreichen, spezifischen Informationen zu geben, die er braucht, um eine genauere Diagnose stellen und das Problem schneller lösen zu können.

Wenn Sie diese Art von Informationen sammeln und sich entsprechend verhalten, verhilft Ihnen das mit am besten zu einem Immunschutz gegen Geist↔Körper-Depressionen. Indem Sie die Kontrolle und Verantwortung für Ihre eigene Gesundheit übernehmen, haben Sie einen Riesenschritt vorwärts getan, um sie zu verbessern.

3. Erstellen Sie Ihre eigene Checkliste der Symptome mittels einer Geist↔Körper-Depressions-Puppe!

Durch die folgende Übung wird Ihnen die Macht Ihrer Geist↔Körper-Verbindung erst so richtig bewußt werden. Sie werden überdies lernen, wie Sie sie zu Ihrem eigenen Vorteil nutzen können. Dazu müssen Sie sich Ihre eigene Geist↔Körper-Depressions-Puppe herstellen. Reproduzieren Sie zunächst das Puppendiagramm auf Seite 373 oder zeichnen Sie Ihr eigenes.

Die Symptome, die sich im Kopfbereich des Diagrammes befinden, sind jene emotionalen und mentalen Erfahrungen, die wir gewöhnlich mit Depressionen assoziieren. Die Symptome, die im Bauch und der Herzgegend angesiedelt sind, sind die körperlichen Erfahrungen, die wir gewöhnlich nicht mit Depressionen in Verbindung bringen, obwohl wir es sollten. Die Depressions-Schnellstraße, die die beiden verbindet, ist das zentrale Nervensystem, des Körpers Nervenpfade, das Hormone und chemische Substanzen im ganzen Körper und Gehirn verteilt.

Wenn wir diese Puppen herstellen und mit ihnen arbeiten, führt uns das direkt zu unserer persönlichen Anfälligkeit für Geist↔Körper-Depressionen. Wir lernen dadurch aus erster Hand, wie notwendig sowohl unser Geist wie unser Körper zur Heilung unserer körperlich und emotional bedingten Depressionen ist.

Studieren Sie das Diagramm, konzentrieren Sie sich auf die Kopfregion und entscheiden Sie sich, welche der aufgelisteten geistigen und emotionalen Streßsymptome auf Sie zutreffen. Kreisen Sie Ihre Symptome ein, wenn Ihre Puppe eine Kopie der in diesem Buch gezeigten ist. Wenn sie sich Ihre eigene Puppe gezeichnet haben, listen Sie einfach jene Symptome auf, die relevant sind. So oder so –

fügen Sie auf jeden Fall alle Symptome, die notwendig sind, um Ihre Erfahrungen zu beschreiben, dazu.

Schließen Sie nun Ihre Augen und konzentrieren Sie sich auf die körperlichen Symptome, die Sie erleben, wenn Sie sich depressiv fühlen, oder von denen Sie annehmen, sie könnten in Verbindung mit einer Depression stehen. Haben die Symptome eine Form oder ein Gesicht oder einen speziellen Namen? Welche Art von körperlichen Symptomen scheint Ihr Körper zu bevorzugen? Öffnen Sie Ihre Augen und konzentrieren Sie sich auf den unteren Bereich der Geist↔Körper-Depressions-Puppe.

Markieren Sie die körperlichen Symptome oder Krankheiten, die Sie hatten oder haben, oder listen Sie sie auf. Fügen Sie auch hier wieder alle anderen Symptome, die Sie erleben, hinzu, wenn diese nicht schon aufgelistet sind. Nun zeichnen oder verstärken Sie die Pfeile, die in beide Richtungen führen, mit Tinte oder verbinden Sie die Striche im Diagramm zwischen Ihrem Kopf und Ihrem Körper als Sinnbild dafür, wie direkt das eine das andere beeinflußt. Ein schwarzer oder dunkelblauer »Zweifach-Pfeil« kann für die »Depressions-Schnellstraße« Ihres zentralen Nervensystems stehen, die einen der Hauptübertragungswege der Geist↔Körper-Verbindung darstellt. Der Begriff der Depressions-Schnellstraße bietet sich an, weil er Sie daran erinnert, wie die negative Energie Ihres Geistes Ihren Körper verletzen, oder umgekehrt, wie Ihr kranker Körper Ihren Geist beeinflussen kann.

Um diese Kette endlos wiederaufbereiteter negativer Energie zu durchbrechen, schreiten Sie zur Tat. Fangen Sie mit den drei wichtigsten Lehren an, die Sie aus Ihrer Krankheit und den unvermeidlichen Schmerzen des Lebens gezogen haben. Gail lernte durch ihre Krebserkrankung, daß Menschen wichtiger sind als der Erfolg. Lauren lernte durch PMS, daß uns manchmal nur andere Frauen etwas über die Geheimnisse des weiblichen Körpers beibringen können und daß manche Symptome, die körperlicher Natur zu sein scheinen, in Wirklichkeit eher psychischer Natur sind. Und die selbstbewußte Sugar lernte es, zu respektieren, daß sie vieles von dem nicht weiß, was ihr Körper wirklich braucht – was in ihrem Fall einfach nur mehr Licht war.

Typische depressive Gefühle

leer hoffnungslos
hilflos erschöpft schläfrig
ängstlich   beschämt
●   ●
gestreßt pessimistisch ausgelaugt
schuldbewußt einsam wütend verwirrt
durcheinander unschlüssig
●
innere Leere traurig alles ist grau
● ● ● ● ● ● ●
kann mich nicht konzentrieren scheu
bin es nicht wert

Depressions-Schnellstraße (Zentrales Nervensystem)

Körperliche Symptome, die oft mit Depressionen in Verbindung stehen oder von ihnen verursacht werden.

Diarrhöe
Magenschmerzen, Magengeschwüre
Ausschläge, Virusinfektionen, Erkältungen
Grippe, Halsschmerzen, Asthma, Heuschnupfen
Bulimie, hoher Blutdruck und/ oder Herzprobleme
Schlaflosigkeit, kein Interesse an Sex oder Freizeit
Verstopfung, Druck in der Brust oder im Kopf
Atemprobleme, unregelmäßige Menstruation
Schmerz- und Steifheitsgefühl in Muskeln,
Gelenken, Sehnen, Bändern
chronische Schmerzen,
Rückenschmerzen, Müdigkeit,
Bindegewebsentzündung,
Krämpfe

Wie Gail, Lauren und Sugar schreiben Sie nieder, was Sie aus Ihren körperlichen Problemen und Erkrankungen gelernt haben. Dann heften Sie die Liste an Ihre Geist↔Körper-Depressions-Puppe als Beleg dafür, daß Sie Geist↔Körper-Depressionen in Gesundheit und Weisheit umwandeln können. Um das, was Sie gelernt haben, in die Tat umzusetzen, suchen Sie sich nun aus Ihrer Geist↔Körper-Depressions-Puppe ein schlechtes Gefühl heraus, das Sie haben und das sich oft in einem körperlichen Symptom äußert. Lauren gab die Kombination Inaktivität↔Krämpfe an, Sugar die Verbindung Depression↔Lethargie, und Gail notierte Streß↔Diarrhöe.

Entwickeln Sie dann zwei spezifische Gesundheitsstrategien, die Ihnen helfen werden, Ihre Geist↔Körper-Depressions-Symptome in den nächsten zwei Wochen zu lösen. Schreiben Sie Ihre Ziele neben Ihre Liste der Lehren, die Sie gezogen haben. Gails Ziele beinhalteten beispielsweise einen täglichen Zehnminutenmarsch und eine Imaginationsübung pro Tag, um ihren Streß zu reduzieren. Sugar schwor sich, die Fototherapie beizubehalten und einen Arzt aufzusuchen, um den Grund für ihre quälenden Rückenschmerzen herauszufinden. Lauren suchte das Beratungszentrum der Universität auf, um dort in drei Therapiesitzungen zu lernen, wie sie ihre Depressionen in den Griff bekommen konnte, damit sie sich körperlich besser fühlte.

Bewahren Sie eine Kopie Ihrer Geist↔Körper-Depressions-Puppe in Sichtweite auf, damit Sie jeden Tag daran erinnert werden, welche Gesundheitsziele Sie sich gesteckt haben und wie die Beschäftigung mit diesen Zielen Sie zu mehr Gesundheit und Lebensklugheit führen kann. Nach der ersten Woche ändern, erneuern oder modifizieren Sie die Ziele für die folgende Woche. Nach zwei Wochen kehren Sie zu Ihrer Geist↔Körper-Depressions-Puppe zurück und ergründen die Symptome, die Sie erlebt haben. Sind es dieselben Symptome wie zu Anfang? Haben sie nachgelassen, oder sind sie schwächer geworden? Auch wenn Sie darauf keine rechte Antwort wissen – fühlen Sie sich trotzdem besser?

Die meisten Menschen, die diese Übung durchhalten, berichten, daß sie sich innerhalb einer Woche besser fühlen. Jene, die einen Monat dabeibleiben, erklären, daß ihre unangenehmen körperlichen Symptome besser geworden sind und sie nach vier Wochen mit beträchtlich weniger Schmerz und Depression zu kämpfen haben. Sie haben das Gefühl, mehr Einfluß auf Ihre emotionale und körperliche Gesundheit zu haben – womit Sie richtig liegen –, und sind weniger anfällig für Geist↔Körper-Depressionen.

4. Lernen Sie neue Kommunikations- und Kontrollstrategien, wenn Sie krank sind!

Wenn Sie sehr krank sind oder sich gerade von einer schweren Operation oder einem Unfall erholen, ist es normal, daß Sie sich hilflos und abhängig fühlen, daß Sie glauben, keine Kontrolle mehr über Ihr Leben zu haben. Aber selbst wenn Ihre Mobilität eingeschränkt ist und Sie während Ihrer Genesung auf die Hilfe und Unterstützung von anderen angewiesen sind, können Sie den folgenden Fünfstufenplan dazu hernehmen, um wieder ein Gefühl von Kontrolle über Ihr Leben zu bekommen und die Geist↔Körper-Depressionen, denen Sie in solchen Situationen unausweichlich ausgesetzt sind, erheblich zu reduzieren.

Schritt 1 besteht darin, Ihre Erwartungen der Situation anzupassen. Akzeptieren Sie die Tatsache, daß Sie sich in der Rekonvaleszenz befinden und eine bedeutenden körperlichen Schaden und Verlust erlitten haben. Obwohl Sie sicherlich den Heilungsprozeß beschleunigen können, indem Sie auf sich selbst achten, müssen Sie akzeptieren lernen, daß Sie die Genesung nicht forcieren können. Der Heilungsprozeß braucht seine Zeit. Akzeptieren Sie, daß Ihr Körper Zeit benötigt, um sich zu erneuern.

Während der Rekonvaleszenz ist es wichtig, Selbstdisziplin zu üben. Konzentrieren Sie sich konsequent auf die Gewinne statt auf die Verluste. Dies ist notwendig, weil Schmerz zehrend ist, sowohl in emotionaler wie in körperlicher Hinsicht. Unser Schmerz entzieht uns die chemischen Substanzen aus unserem Gehirn, die dafür verantwortlich sind, daß wir uns gut fühlen, also ist positives Denken sehr wichtig, um die Balance in unserer Biochemie aufrechtzuhalten und unsere Rekonvaleszenz zu fördern.

Schritt 2 besteht darin, anzuerkennen, daß auf dem Weg zur

Genesung selbst die kleinsten Schritte eine Rolle spielen. Je nachdem, wie krank Sie waren oder sind, besteht der Fortschritt vielleicht in so etwas Einfachem, wie sich im Bett aufzusetzen, ein paar Meter über den Gang zu schlurfen oder eine Hand auszustrecken, um einen Besucher zu berühren. Es kommt darauf an, daß Sie sich Ihrem Selbst und Ihrer Genesung verpflichtet fühlen. Viele kleine Schritte zeigen, daß Sie auf Ihrem Weg zur Genesung vorankommen. Wenn Sie die Depression nicht allein beheben können und vermuten, daß diese Ihre Genesung behindert, überlegen Sie, Antidepressiva einzunehmen, bis Sie wieder stark genug sind, um auf eigenen Beinen zu stehen und eine positive Grundhaltung entwickelt zu haben.

Schritt 3 besteht darin, zu verstehen, wie wichtig es für Ihre Genesung ist, daß Sie sich mit anderen Menschen verbunden fühlen und lernen, um das zu bitten, was Sie brauchen. Oder wie Drs. Ornstein und Charles Swencionis in ihrem Buch *The Healing Brain: A Scientific Reader* so schön sagen: »Es gibt keine Krankheit, an der mehr Menschen sterben, als die Einsamkeit... die Ledigen, Verwitweten und Geschiedenen unterliegen einer zwei- bis zehnmal höheren Wahrscheinlichkeit, noch vor dem Alter von siebzig Jahren zu sterben, als verheiratete Menschen. Menschen brauchen einander tatsächlich.« Jüngste Studien haben gezeigt, daß Menschen nicht »verwöhnt« werden oder man sie dazu ermutigt, krank zu bleiben, wenn sie gehätschelt und mit viel Aufmerksamkeit bedacht werden. Tatsächlich genesen Menschen, die viel Besuch und Aufmerksamkeit von Familie und Freunden erhalten, wesentlich schneller.

Dieses Ergebnis wurde durch eine neue Studie an Herzpatienten noch untermauert. Jene, die soviel Aufmerksamkeit erhielten, wie sie sich wünschten, erholten sich innerhalb eines Monats von ihrem Herzinfarkt und zeigten ein höheres Selbstwertgefühl, weniger Depressionen, Angst, Verwirrung und Abhängigkeit. Jene, die die Aufmerksamkeit, nach der sie sich sehnten, nicht bekamen, brauchten mindestens vier Monate, um zu genesen, und noch länger, bis sie an ihren Arbeitsplatz zurückkehren konnten. Zweifellos ist der Rückhalt bei Freunden und Familie eine gute Medizin. Diese lebensrettende Tatsache sollten wir nie vergessen, ob wir nun krank oder gesund sind – wir können es uns nicht leisten.

Schritt 4 besteht darin, zu lernen, mit denjenigen zu kommunizieren, die sich um Sie kümmern, damit Sie mehr Einfluß und Kontrolle über Ihre Umgebung haben, selbst wenn Sie sich ziemlich hilflos fühlen. Dies beinhaltet, daß Sie Ihre Bedürfnisse klar und deutlich aussprechen und auf die kleinen Dinge achten, die Ihre Situation immens erleichtern können, wenn Sie krank oder in der Rekonvaleszenz sind. Lassen Sie Ihre Umgebung wissen, wie man Ihnen helfen kann, und erklären Sie genau, was Ihnen guttut und was nicht, ohne sich für Ihre Bedürfnisse zu rechtfertigen oder zu entschuldigen.

Schritt 5 besteht darin, positive Visualisierungstechniken einzusetzen, wie wir sie auf Seite 293 im Kapitel 7 zur »Erschöpfungsdepression« beschrieben haben. Obwohl es schwierig ist, ihre Wirkung genau zu benennen, wissen wir doch, daß Visualisierungen Depressionen reduzieren und sich positiv auf den Heilungsprozeß auszuwirken scheinen. In einer Studie wurde männlichen und weiblichen Freiwilligen gesagt, sie sollten sich ihre weißen Blutkörperchen als starke, kraftvolle Haie vorstellen, die durch ihren Blutstrom schwimmen und die Bazillen, die Erkältungen und die Grippe verursachen, angreifen und zerstören würden. Bei fortgesetzter Visualisierung kam es unter den jüngeren Testteilnehmern zu einer gesteigerten Effektivität der weißen Blutkörperchen. Studien zeigen ebenfalls, daß Placebos in zwei Dritteln der Fälle genauso wirksam sind wie die echten Tabletten. Was uns wiederum daran erinnert, daß die Geist↔Körper-Verbindung stärker ist als bislang angenommen. Also: Auch wenn Sie Ihren Körper nicht immer unter Kontrolle haben, können Sie gewöhnlich Ihren Geist kontrollieren. Und wenn Sie dies tun, kann es direkte Auswirkungen auf Ihren Körper haben und Ihnen dabei helfen, einen weiteren Schritt Richtung Genesung zu gehen.

5. Erstellen Sie eine Kosten/Nutzen-Analyse für Ihren Geist und Ihren Körper!

Haben Sie jemals darüber nachgedacht, Ihre Gesundheit zu managen, wie Sie ein Geschäft managen würden? Wenn manche von uns dieselben Prinzipien, die sie bei der Arbeit anlegen, auch anlegen würden, wenn es um das eigene Wohlbefinden geht, würden wir sehr viel glücklicher und zufriedener sein. Vernünftiges Management, ob es nun um ein Geschäft oder um unseren Körper geht, erfordert, daß wir Sinn fürs Detail besitzen, einen Plan haben sowie die Fähigkeit, den Plan auch umzusetzen und durchzuhalten.

Wenn Sie allgemein übliche Managementstrategien auf Ihre Gesundheit anwenden, werden Sie vielleicht erstaunt sein, wieviel leichter Ihnen die Rechtfertigung fallen wird, sich mehr um sich zu kümmern. Eine Kosten/Nutzen-Analyse beispielsweise wird im Geschäftsleben gewöhnlich dann vorgenommen, wenn man vor der Entscheidung steht, ob eine Investition vernünftig ist oder nicht. Eine Kosten/Nutzen-Analyse kann Ihnen überdies auch zeigen, inwieweit die positiven Schritte, die Sie bereits unternehmen, um »gesünder« zu leben, tatsächlich einen Unterschied machen.

Eine wissenschaftliche Studie, von der im letzten Jahr in der Zeitschrift *Circulation* die Rede war, kam zu dem Ergebnis, daß ein bestimmter Lebensstil und Einstellungsänderungen das Leben von Frauen um Jahre verlängern können. Im folgenden eine Zusammenstellung dieser und anderer Ergebnisse:

Kosten/Nutzen-Analyse für Ihren Geist↔Körper

KOSTEN: Die Mühe, den Blutdruck zu senken.
NUTZEN: Bringt Ihrem Leben fünf zusätzliche Monate.

KOSTEN: Die Mühe, den Cholesterinspiegel zu senken.
NUTZEN: Bringt zehn zusätzliche Monate.

KOSTEN: Mit dem Rauchen aufzuhören.
NUTZEN: Bringt vier zusätzliche Jahre. Ein Jahr, nachdem Sie mit dem Rauchen aufgehört haben, hat sich das Risiko, am Herzen

oder an der Lunge zu erkranken, um fünfzig Prozent reduziert; nach zehn Jahren ist das Raucherrisiko praktisch verschwunden.

KOSTEN: Vier- bis fünfmal in der Woche Gymnastik.
NUTZEN: Dreimal schnellerer Gewichtsverlust als bei Frauen, die nur dreimal in der Woche Gymnastik treiben; bringt Ihnen drei bis vier zusätzliche Jahre.

KOSTEN: Gewicht abnehmen; auf Ernährung achten.
NUTZEN: Bringt zwei bis drei zusätzliche Jahre.

KOSTEN: Nehmen Sie 300 Milligramm Vitamin C pro Tag zu sich.
NUTZEN: Bringt mindestens ein Jahr mehr.

KOSTEN: Reduzieren Sie übermäßiges Trinken von Alkohol.
NUTZEN: Bringt vier Jahre zusätzlich.

KOSTEN: Hören Sie auf, wütend und zynisch zu sein.
NUTZEN: Ruhige, zuversichtliche Menschen sind fünfmal weniger gefährdet, schon mit Fünfzig zu sterben. Feindselige, konkurrenzbewußte, gehetzte Menschen sind gewöhnlich für koronare Herzerkrankungen prädisponiert.

KOSTEN: Hören Sie auf, pessimistisch zu sein.
NUTZEN: Sie empfinden weniger Unbehagen bei medizinischen Prozeduren; genesen schneller; leiden im Leben an weniger Depressionen und Krankheiten; haben eine höhere Lebensqualität.

KOSTEN: Investieren Sie Zeit und Energie in Ihr persönliches Wachstum, um Ihr Selbstwertgefühl zu heben.
NUTZEN: Ein hoher Selbstwert ist einer der grundlegenden Bausteine guter Beziehungen und guter Gesundheit. Je geringer Ihr Selbstwertgefühl, desto höher Ihr Streßhormonniveau und desto wahrscheinlicher Ihr Griff nach »schnellwirksamen« Lebensmitteln, die einen hohen Salz- und Zuckergehalt haben.

KOSTEN: Bringen Sie die Zeit und Energie auf, enge Beziehungen einzugehen und zu pflegen; gehen Sie mit Liebe ans Leben und kümmern Sie sich um sich selbst.

NUTZEN: Es gibt kein besseres Heilmittel gegen Geist↔Körper-Depressionen.

Wenn Sie sich bewußt darum bemühen, besser auf sich aufzupassen, und diese simplen Gesundheitsempfehlungen befolgen, dürfen Sie sich auf Ihrem Lebenskonto siebzehneinhalb Jahre gutschreiben! Es ist ein kostenloses Geschenk, das wir alle uns selbst machen können. Wir müssen nur bereit dazu sein, einige grundlegende Verhaltensänderungen in die Wege zu leiten, größere Verantwortung für die Qualität unseres Lebens zu übernehmen und daran zu arbeiten, unsere Geist↔Körper-Depression zu heilen.

Wie wir gesehen haben, sind Geist und Körper auf komplizierte und wunderbare Weise miteinander verknüpft. Wir haben es sehr viel mehr in der Hand, uns vor Krankheit und Depression zu schützen, als den meisten von uns bewußt ist. Wenden Sie an, was Sie in diesem Kapitel gelernt haben. Täglich. Denken Sie daran, daß negatives Denken oder Selbstmitleid Ihre Anfälligkeit für geistige und körperliche Erkrankungen erhöhen. Und wenn Sie krank sind, denken Sie daran, daß die Art, wie Sie mit Ihrer Depression umgehen, einen direkten Einfluß auf Ihren Genesungsprozeß hat. Bleiben Sie wachsam, informiert und sich der Verbindung zwischen Ihrem Geist und Ihrem Körper bewußt – und Sie werden sehr viel mehr Kraft dazu haben, um geistig und körperlich gesund zu werden und zu bleiben.

Teil III
Alles wieder
zusammenfügen

10

Wenn Selbsthilfe nicht mehr genügt

Als Psychologin, die sich seit Jahren mit der Behandlung von Gesunden und Ungesunden Depressionen beschäftigt, habe ich oft erlebt, wie unklar die Grenzen zwischen beiden sind. Wenn Sie den Verdacht haben, daß Sie selbst oder jemand, der Ihnen am Herzen liegt, anfällig für eine Ungesunde Depression ist, dann sind die Informationen, die Sie in diesem Kapitel erhalten, von entscheidender Bedeutung für Sie. Wenn Ungesunde Depressionen für Sie kein Thema sind, dann überspringen Sie dieses Kapitel und gehen zum nächsten Kapitel »Alles wieder zusammenfügen« über.

Es ist einfacher, als Sie denken, von einer Gesunden Depression in die vielfältigen Formen Ungesunder Depressionen hinüberzugleiten. Folgende Situationen begünstigen diesen Prozeß:

1. Wenn eine Gesunde Depression eine angemessene Reaktion ist, die betreffende Person diese Gefühle jedoch in der folgenden Zeit kontinuierlich verleugnet.
2. Wenn jemand eine Gesunde Depression hat und unter zuviel körperlichem und/oder emotionalem Streß steht, um gegen sie anzukämpfen.
3. Wenn jemand eine Gesunde Depression hat und zuviel unbewältigtes Leid aus der Vergangenheit mit sich herumschleppt.
4. Wenn jemand eine Gesunde Depression hat und in einem negativen Gedankenmuster feststeckt.
5. Wenn jemand eine Gesunde Depression hat und auf wenige oder gar keine guten Beziehungen zurückgreifen kann.

6. Wenn jemand eine Gesunde Depression hat und in signifikanter Weise anfällig ist für ererbte Depressionen.

Je öfter Sie sich in solchen Situationen befinden und in eine Ungesunde Depression rutschen, desto wahrscheinlicher ist es, daß Sie in diesem Zustand bleiben. Wenn das eintritt, sind Sie in einem Stadium angelangt, in dem Selbsthilfe nicht mehr genügt. Falls Ihre Depression in periodischen Abständen wiederkehrt und Selbsthilfetechniken, wie sie in diesem Buch vorgestellt wurden, nicht mehr zu helfen scheinen, haben Sie sich wahrscheinlich bereits von einer Gesunden Depression in eine Ungesunde Depression bewegt. Vielleicht hatten Sie es aber bereits die ganze Zeit mit einer Ungesunden Depression zu tun, und Sie wußten es nur nicht. In jedem Fall sind Selbsthilfetechniken nicht mehr ausreichend. Professionelle Behandlung ist erforderlich. Wenn Sie eine Ungesunde Depression unbehandelt lassen, kann das lebensgefährlich sein, weil es Ihnen die Freude und Energie am Leben nimmt, Sie anfälliger für ernsthafte Krankheiten macht und sogar zum Selbstmord führen kann.

Dies wäre ein tragischer und unnötiger Verlust. Die *American Psychological Association National Task Force on Women and Depression* stellte 1990 fest, daß sich die Symptome einer Ungesunden Depression in achtzig bis neunzig Prozent aller Fälle innerhalb von zwölf bis vierzehn Wochen in signifikanter Weise verbessern lassen. Unglücklicherweise sucht jedoch nur jeder fünfte, der an Ungesunden Depressionen leidet, Hilfe. Die übrigen leiden unnötigerweise weiter vor sich hin. Sie haben zuviel Angst, sind zuwenig informiert oder zu resigniert, um sich um Hilfe zu bemühen, die heutzutage verfügbarer und erschwinglicher ist als jemals zuvor.

Will man die Ungesunde Depression überwinden, besteht der erste Schritt wie bei der Gesunden Depression darin, zu erkennen, daß man ein Problem hat, das nicht von allein verschwinden wird. Es ist ebenfalls wichtig, daß Sie begreifen, daß es *nicht Ihr Fehler* ist. Eine Ungesunde Depression ist keine Schwäche. Sie ist eine fortgeschrittene Krankheit, eine Anfälligkeit, die oft in der Familie begründet liegt. Einige Patienten bezeichnen sie als »Stimmungskrebs«. Gesellschaftliche, familiäre und psychologische Belastungen üben gewöhnlich eine Beschleunigungsfunktion auf diese Anfälligkeit für Depressionen aus. Deshalb ist es auch unumgänglich, daß eine Ungesunde Depression unter Einbeziehung familiärer Dynamiken psychologisch, biologisch und gesellschaftlich behandelt wird.

Der zweite Schritt, sich aus einer Ungesunden Depression zu lösen, besteht darin, einen Psychologen oder Psychiater aufzusuchen, der sich auf Depressionen spezialisiert hat und der in der Lage ist, eine eingehende Untersuchung durchzuführen. Wenn es tatsächlich eine Ungesunde Depression ist, welche Art von Ungesunder Depression ist es, und wie schwerwiegend ist sie? Spezialisten sind leider nicht nur schwierig zu finden, sondern Depressionen sind auch eine so komplexe Störung mit so vielen Facetten, daß sie nicht oder falsch diagnostiziert werden.

Arten von Ungesunden Depressionen

Die Diagnose und Behandlung von Depressionen ist, wie wir gesehen haben, ein Spezialgebiet, das sich derzeit noch in der Entwicklung befindet. Es ist deshalb durchaus von Wert für Sie, wenn Sie über die verschiedenen Arten von Ungesunden Depressionen und die derzeit angebotenen Behandlungsmöglichkeiten Bescheid wissen. Je mehr Sie wissen und verstehen, desto besser werden Sie Ihren Therapeuten und Arzt bei der Behandlung unterstützen können.

Es gibt fünf Hauptarten von Ungesunder Depression: die dystheme Störung, die atypische Depression, die endogene Depression, die bipolare Störung (oder auch sogenannte manische Depression) und die saisonale Depression.

1. Dystheme Störung

Die dystheme Störung wird gewöhnlich auch als »depressive Neurose« bezeichnet. Sie ist die Art Ungesunder Depression, an der die meisten Frauen leiden, und sie kommt bei Frauen zweimal häufiger vor als bei Männern. Manche Therapeuten sind der Ansicht, daß die tatsächlichen Zahlen sehr viel höher liegen, und behaupten, daß diese besondere Depression Frauen sogar vier- bis fünfmal häufiger trifft. Die dystheme Störung wird oft als ein Gefühl der Hilflosigkeit definiert. Man bekommt nicht das, was man braucht, fühlt sich benachteiligt, empfindet manchmal die Vergangenheit, Gegenwart und Zukunft als hoffnungslos und erlebt Traurigkeit und/oder Wut über reale oder eingebildete Verluste und Enttäuschungen. Die dystheme Störung kann überdies auf unseren dysfunktionalen Methoden basieren, wie wir mit anderen Menschen interagieren und über uns selbst denken. Sie kann auch dadurch entstehen, daß wir in einer ungesunden Gesellschaft leben, in der wir uns ständig selbst die Schuld geben für unsere gesellschaftlich definierten Mängel.

Bei der dysthemen Störung ist es so, daß depressive Gefühle kommen und gehen. Nachdem eine Frau wochenlang tief und fest geschlafen hat, kann sie plötzlich tagelang nicht mehr schlafen. Plötzlich ißt sie zuwenig oder zuviel, und das länger als nur ein paar Tage. Obwohl sie im wesentlichen in der Lage ist, zu funktionieren, ist sie ständig schlechter Laune und reagiert mißmutig auf ihre Umgebung. In eine dystheme Störung gerät man aus einer Gesunden Depression am leichtesten.

Eine Gesunde Depression unterscheidet sich jedoch grundlegend von einer dysthemen Störung, weil Gesunde Depressionen auf realistischen Verlusten und Schmerzen beruhen, die jeden Menschen depressiv machen würden. Die dystheme Störung hingegen basiert auf einer subjektiven Fehldeutung des Schmerzes und Verlustes. Man übertreibt oder verleugnet; reagiert auf vergangenes Leid, als wäre es gegenwärtiges; fühlt sich hoffnungsloser, hilfloser und pessimistischer als nötig oder angemessen; gibt den Gefühlen mehr Macht über den Alltag als nötig.

2. Atypische Depression

Atypische Depressionen zeigen sich oft als dysfunktionales Verhalten oder andere Störungen, wie etwa Bulimie, Anorexia nervosa, zwanghaftes Überfressen, übertriebenes Schlafbedürfnis, Gereiztheit, Impulsivität und Süchte. Einige dieser Symptome können auch bei endogenen Depressionen auftreten, aber bei atypischen Depressionen halten sie nicht so lange an und sind auch nicht so stark. Eine Frau mit einer atypischen Depression berichtet möglicherweise, daß ihre körperlichen Symptome, Phobien und hysterischen Reaktionen beunruhigender sind als ihre depressiven Gefühle. Dennoch ist es ihre unerkannte Depression, die diese Symptome eigentlich verursacht oder verschlimmert.

Niemand weiß genau, warum viele der Symptome einer atypischen Depression oft im Gegensatz zu den Symptomen stehen, die allgemein mit Depressionen in Verbindung gebracht werden, und wir wissen auch nicht, warum die atypische Depression bei Frauen verbreiteter ist als bei Männern. Was wir wissen, ist jedoch folgendes: Wenn eine Frau plötzlich ein übergroßes Schlafbedürfnis bei sich feststellt (Hypersomnie), übermäßigen Hunger (Hyperorexie) oder einen gesteigerten Sexualtrieb über eine Periode von zwei Wochen oder mehr verspürt oder Suchtverhalten entwickelt, dann leidet sie möglicherweise an einer atypischen Depression, die sich wahrscheinlich ohne professionelle Hilfe verschlimmern wird.

3. Endogene Depression

Eine endogene Depression wird diagnostiziert, wenn jemand an einer Funktionsunfähigkeit in einem oder mehreren grundlegenden Bereichen seines/ihres Lebens über mehr als zwei Wochen leidet. Ein Hinweis auf eine solche Depression ist es oft, wenn eine Person suizidale Neigungen verspürt. Auch endogene Depressionen sind bei Frauen verbreiteter als bei Männern, obwohl die Geschlechterunterschiede hier bei weitem nicht so signifikant sind, was wahrscheinlich daran liegt, daß diese Depression meist mit biologischen und genetischen Faktoren zusammenhängt.

Wenn eine Frau übermäßig lange schläft und/oder wochenlang zuviel oder zuwenig ißt, wenn sie Schwierigkeiten damit hat, Beziehungen aufrechtzuhalten und damit zu leben, oder nicht in der Lage dazu ist, einen Arbeitsplatz zu halten, ist sie eine Topkandidatin für die Diagnose der endogenen Depression.

Der grundlegende Unterschied zwischen einer dysthemen Störung und einer endogenen Depression besteht darin, daß die endogene Depression so intensiv und schwerwiegend sein kann, daß die betreffende Person absolut funktionsunfähig wird. Bei einer dysthemen Störung ist man in der Lage, sein Leben im großen und ganzen im üblichen Rahmen weiterzuführen. Was es so schwierig macht, endogene Depressionen zu erkennen und zu behandeln, ist die Tatsache, daß sie eine wiederkehrende, fortschreitende Krankheit sind. Wie eine spontane Remission beim Krebs können sie scheinbar wie von allein verschwinden – aber ohne Behandlung kommen sie gewöhnlich schneller und mit noch größerer Intensität zurück.

Wie wir in Kapitel 2, in dem es um die ererbten Depressionen ging, gesehen haben, hat eine Frau oft eine genetische Veranlagung für endogene Depressionen, falls enge Verwandte von ihr depressiv waren. Biochemische Veränderungen im Gehirn verursachen entweder diese Depression und/oder treten als Folgeerscheinung von ihr auf. Das ist der Grund, weshalb Menschen mit endogenen Depressionen gewöhnlich eine medikamentöse Behandlung benötigen. Sie müssen das chemische Gleichgewicht in ihrem Gehirn erst einmal wiederherstellen, bevor sie den vollen Nutzen aus einer Therapie ziehen können.

4. Bipolare Störungen (manisch-depressive Störung)

Die manische Depression ist eine Störung, bei der sich Perioden tiefster Depression mit Phasen der Hochstimmung und Hyperaktivität ablösen. In der manischen Phase fühlen sich die Betroffenen grandios und unbesiegbar, so als ob sie die Welt erobern könnten. Sie kommen mühelos mit wenig Schlaf aus, schmieden unrealistische Pläne für die Zukunft, geben mehr Geld aus, als sie haben, überreden andere zu waghalsigen Börsengeschäften, werden manchmal promiskuitiv, und essen und trinken so exzessiv, daß andere meist nur staunen können. Der Adrenalinstoß einer manischen Phase verursacht bei denjenigen, die ihn erleben, das Gefühl, das Leben sei wundervoll, die Menschen entzückend und keine Herausforderung sei zu groß.

Aber nach Tagen oder sogar Wochen dieses Hochgefühls kommt der Absturz: eine lähmende Depression, die ihnen das Gefühl gibt, müde, besiegt und verloren zu sein. Das intensive Hochgefühl, das sie erlebt haben, wird nun von einem totalen Mangel an Interesse abgelöst. Ihre lebendige, leuchtende Welt ist plötzlich schwarz und schal.

Eine manische Depression trifft Frauen und Männer vergleichbar häufig. Es gibt Hinweise darauf, daß kreative Frauen und solche in leitenden Positionen möglicherweise häufiger an manischen Depressionen erkranken als die sonstige weibliche Bevölkerung. Tatsächlich hilft eine gewisse Manie möglicherweise dabei, die sexistischen Barrieren zu durchbrechen und die Angst vor Erfolg, die so vielen Frauen das Leben schwermacht, zu überwinden. Möglicherweise trägt sie ebenfalls dazu bei, mehr Kreativität zu erzeugen und produktiver zu sein. Solange sich die Manie in einem vernünftigen Rahmen bewegt und kein Dauerzustand ist, genießen es viele dieser Frauen laut eigenen Angaben, ein wenig hyperaktiv und damit leistungsfähiger zu sein.

Die manische Depression scheint wie die endogene Depression das Resultat eines chemischen Ungleichgewichts im Gehirn zu sein und erfordert deshalb nicht selten eine kombinierte Behandlung aus Medikation und Therapie. Obwohl es wichtig ist, die eigene biologische Prädisposition für manische oder endogene Depressionen zu kennen, ist es ebenso unerläßlich, sich darüber im klaren zu sein, daß es noch andere Faktoren und Mitschuldige an dieser Art von Depression gibt, die auslösenden Charakter haben können. Nur weil jemand eine genetische oder biologische Veranlagung dafür hat, heißt das nicht automatisch, daß eine solche Depression auch ausbrechen muß. In vielen Fällen ist es exzessiver Streß, der auf die biologische Anfälligkeit eine Beschleunigerfunktion ausübt.

5. Saisonale Depression

Wie wir in Kapitel 9 bei Sugar gesehen haben, der Frau, die nach ihrem Umzug nach Boston jeden Winter deprimiert und träge gewesen war, kann eine saisonale Depression ziemlich zermürbend sein. Die Symptome erreichen gewöhnlich im Herbst und Winter ihren Höhepunkt und verschwinden dann wieder im Frühling und Sommer, wobei für einen kleinen Prozentsatz das Gegenteil zutreffen kann. Viele Menschen überfällt in den trüberen Jahreszeiten eine gewisse »Herbstmüdigkeit« oder eine Art »Winterschlaf«, doch für jene, die an den ernsten Formen dieser saisonalen Störung leiden, stellt sich das Ganze weit dramatischer dar.

Die saisonale Depression ist eine der Depressionen, die am leichtesten behandelt werden kann, wenn sie richtig diagnostiziert wird. Das Problem dabei besteht darin, daß die Symptome oft falsch gedeutet werden. Als Folge davon landet die Patientin oft in einer Therapie oder wird unter Medikamente gesetzt, obwohl alles, was sie braucht, Licht ist. Jede Frau, die glaubt, sie sei möglicherweise dafür anfällig, sollte sich einen Spezialisten suchen, nicht einen allgemeinen Psychotherapeuten oder Psychiater. Nur so kann sie sicher sein, die richtige Diagnose und Behandlung zu erhalten.

Behandlung von Ungesunden Depressionen

Ungesunde Depressionen, seien sie nun physischer oder psychischer Natur oder eine Kombination von beidem, sind erschreckend und lähmend – nicht nur für die depressive Frau selber, sondern auch für ihre Umgebung. Glücklicherweise haben sich jedoch die Behandlungsmethoden in den letzten Jahren so stark verbessert, daß die große Mehrheit der Frauen mit Ungesunden Depressionen erfolgreich behandelt werden können. Die Behandlungsansätze sind so effektiv wie nie zuvor, und es braucht sehr viel weniger Zeit als früher, um Resultate zu erzielen.

Auf den folgenden Seiten finden Sie Kurzbeschreibungen von verschiedenen Behandlungsmöglichkeiten und -ansätzen, die von der *APA National Task Force on Women and Depression* für die Behandlung von depressiven Frauen empfohlen werden.

Interpersonelle Therapie

Folgt man den psychologischen Theorien über Frauen, entwickelt sich das Selbstwertgefühl einer Frau primär über ihre Bindung zu anderen und weniger über ihre Autonomie. Ihr Selbstwert wird oft bestimmt von der Qualität ihrer Beziehungen, und Depressionen finden ihren Nährboden im Scheitern von Beziehungen. Deshalb scheint die Interpersonelle Therapie (IPT), die sich auf die Entwicklung und Anwendung von Beziehungsfähigkeiten konzentriert, für viele depressive Frauen eine empfehlenswerte Behandlung zu sein.

Mehr als andere Therapieformen basiert IPT auf dem gesunden Partnerschaftsmodell, das wir im vorangegangenen Kapitel vorgestellt haben. Die Person, die Hilfe sucht, wird gewöhnlich »Klient« und nicht »Patient« genannt, weil sie nicht als kranker oder abhängiger Mensch betrachtet wird, der einen »Experten« und eine »Heilung« nötig hat. Bei der IPT legt man vorrangig Wert darauf, der Klientin klarzumachen, wie entscheidend positive Beziehungen für ihr Wohlergehen sind, und man will ihr dabei helfen, die Qualität und Quantität gegenwärtiger Beziehungen richtig einzuschätzen. Die ersten paar Sitzungen werden darauf verwandt, die Problempunkte gegenwärtiger Beziehungen herauszuarbeiten und zu benennen und die Behandlungsziele festzulegen.

Die Klientin konzentriert sich dann darauf, Beziehungsfähigkeiten zu entwickeln, indem sie übt, wie sie sich in ihren Beziehungen effektiver verhalten kann, und neue entwickelt, wenn es das ist, was sie braucht. Die Qualität der Beziehung zum Therapeuten ist entscheidend für diese Art von Therapie, denn ein bedeutender Teil der Heilung hängt mit der Wärme, Unterstützung und Bestätigung zusammen, die die Patientin vom Therapeuten erhält.

Bei der IPT geht es vor allem darum, die Klientin in ihren privaten und beruflichen Beziehungen zu stärken. Sie soll eine größere Unabhängigkeit erreichen und in die Lage versetzt werden, diese Beziehungsunfähigkeiten zu internalisieren. Die Konzentration liegt auf dem »Hier und Jetzt«, gilt eher der Gegenwart als der Vergangenheit. Die Klientin erhält »Hausaufgaben«, die in der Sitzung gemeinsam mit dem Therapeuten erarbeitet werden. Die Ergebnisse werden diskutiert und die Strategien so lange modifiziert, bis die Techniken wirksam genug sind, um der Patientin zu helfen, ihre Ziele zu erreichen.

Es gibt einige Probleme bei der IPT. Sie eignet sich nicht für jeden Menschen. Sie ist ein kurzfristiger verhaltenstherapeutischer Ansatz, und es ist manchmal schwierig, zu beurteilen, ob Klientinnen nicht längerfristige, analytisch orientierte Methoden bräuchten. Bislang wurde die IPT primär im Bereich der Forschung eingesetzt, deshalb ist es schwierig, Leute zu finden, die sie lehren und praktizieren. Aber wenn die Interpersonelle Therapie angebracht ist – und oft ist sie das –, funktioniert sie ausgezeichnet, besonders für Frauen. Es ist die Therapieform, auf die ich mich hauptsächlich konzentriere, obwohl ich in verschiedenen Stadien der Therapie auch die anderen Techniken einsetze, die auf den folgenden Seiten noch erläutert werden. Eine grundlegende Studie, die 1989 vom National Institute of Mental Health durchgeführt wurde, kam zu dem Ergebnis, daß siebenundfünfzig bis neunundsechzig Prozent der Klienten, die einen sechzehnwöchigen Kurs in IPT hinter sich hatten, keine depressiven Symptome mehr zeigten. Die Probanden stuften sich selbst als positiver denkend ein als früher und wurden auch von anderen so eingeschätzt. Sie waren effektiver in ihrer Arbeit, in ihrer Freizeit und in ihren Interaktionen mit ihrer Familie.

Kognitive Therapie/Verhaltenstherapie

Die kognitive Therapie basiert auf der Annahme, daß die Art, wie Menschen fühlen, das direkte Resultat davon ist, was sie denken. Mit anderen Worten: Wenn sie negativ denken, werden sie sich negativ fühlen. Diese Therapie definiert Depression als verzerrtes Denken. Viele Frauen entwickeln ein negatives Denkmuster, das automatisch depressive Gefühle verursacht, und realisieren nicht einmal, was sie sich selbst antun. Negativität wird zu einer lieben Gewohnheit, verursacht chronisch depressive Gefühle und beeinträchtigt die Funktionsfähigkeit. Eine der besten Beschreibungen dieses selbstzerstörerischen Verhaltens findet sich in einem Buch mit dem Titel *Learned Optimism* des bekannten Psychologen Dr. Martin Seligman. Ich kann es nur jedem empfehlen, der vergessen hat oder nie richtig begriffen hat, warum optimistisches Denken so entscheidend für unser Wohlergehen ist.

Die kognitive Therapie hilft Frauen und Männern zu verstehen, warum sie so denken, wie sie denken, und zeigt ihnen, wie sie negatives Denken durch positives Denken ersetzen können. Negatives Denken oder kognitive Verzerrung mündet in klare Kategorien oder Verhaltensmuster. Eine exzellente Beschreibung dieser Kategorien findet sich in dem Buch *Fühl dich gut. Angstfrei mit Depressionen umgehen* von Dr. David Burns. Dieses Buch ist inzwischen zum Klassiker der kognitiven Theorie geworden und wird vielen Patienten von ihren Psychotherapeuten empfohlen.

Unter den typischeren Verzerrungen, von denen kognitive Therapeuten berichten, befinden sich unter anderem die folgenden: »Personalisierung«, bei der man sich selbst als Ursache eines Ereignisses betrachtet, für das man nicht verantwortlich ist; »Übertreibung oder Untertreibung«, bei der eine Person die Wichtigkeit von gewissen Dingen übertreibt und den Wert von anderen unangemessenerweise untertreibt; und das nach wie vor populäre »Alles-oder-nichts-Denken«, besonders beliebt bei Frauen, weil wir uns aufgrund dieser Art des Entweder-Oder-Denkens als Versagerinnen fühlen, wenn wir nicht total perfekt sind.

Die kognitive Therapie erzieht Frauen dazu, diesen typischen selbstzerstörerischen Verzerrungen einen Namen zu geben, sie zu verstehen und zu erkennen, sobald sie sich in ihnen verfangen. Es ist primär ein intellektueller und kein emotionaler Ansatz. Er legt mehr Wert auf die Qualität des Denkens als auf den Ausdruck von Gefühlen und spricht möglicherweise Männer mehr an als Frauen. Sie sollten aber wissen, daß die kognitive Therapie trotz zahlreicher Mängel entscheidende Werkzeuge für depressive Frauen bereitstellt. Eine Kombination aus kognitiver und interpersoneller Therapie kann eine erfolgreiche Genesungsstrategie sowohl für Gesunde wie Ungesunde Depressionen sein.

Die Verhaltenstherapie funktioniert ganz ähnlich wie die kognitive Therapie, konzentriert sich aber nicht nur darauf, das Denken der Klientin zu ändern, sondern auch ihr Verhalten. Sie basiert auf der Annahme, daß die depressive Patientin nicht genügend positive Bestätigung in ihrem Leben erfährt und es deshalb nötig hat, sich größere Quellen von Belohnung zu erschließen. Deswegen wird zunächst einmal eine Bestandsaufnahme ihrer Lebensstruktur und ihrer allgemeinen Funktionsfähigkeit vorgenommen. Die Klientin erhält daraufhin Hausaufgaben in Form von bestimmten »Verhaltensaufträgen«, anhand derer sie lernen soll, mehr Kontrolle über ihre Umgebung auszuüben und mehr Bewältigungsgeschick zu entwickeln, was ihr zu mehr positiver Bestätigung verhilft. Die Verhaltenstherapie ermöglicht es Klientinnen besonders gut, ihre Ängste und Phobien in den Griff zu bekommen und gleichzeitig Überlebensstrategien zu entwickeln, die ihre Lebensqualität substantiell verbessern.

Die interpersonelle Therapie, die Verhaltenstherapie und die kognitive Therapie eignen sich besonders zur Behandlung von Frauen mit Ungesunden Depressionen, weil sie mehr Wert auf das Handeln als auf das Reden legen. Alle fördern die Entwicklung praktischer Fähigkeiten – durch Hausaufgaben und Feedback –, die es den Frauen ermöglichen, ihre Beziehungen und ihr Berufsleben mit größerer Kompetenz und Souveränität zu meistern. Die Klientin wird sich zwangsläufig besser fühlen, weil ihr Verhalten effektiver ist und sie sich bewußter ist, daß die Menschen positiver auf sie reagieren. Sie hat darüber hinaus gelernt, auf neue, positive Art zu denken, so daß sie sich nun darauf konzentriert, was sie *hat* und was sie *kann,* und sich nicht damit aufhält, was ihr *fehlt* und was sie *nicht* kann.

Feministische Therapie

Bei der feministischen Therapie geht es nicht um Politik oder Rhetorik. Sie basiert auf der fundamentalen Überzeugung, daß Frauen und Männer die Wurzeln ihrer Depression solange nicht wirklich verstehen können, wie sie sich nicht im klaren darüber sind, welchen Beitrag unsere Gesellschaft und Kultur zu dieser Depression leistet. Jede Frau hat ein Leben voll subjektiver Erfahrungen vorzuweisen, das einen Teil zu ihren depressiven Gefühlen beigetragen hat. Aber Frauen besitzen überdies eine kollektive Anfälligkeit für Depressionen, was schlicht daher kommt, daß sie in einer Gesellschaft leben, in der Sexismus, Diskriminierung und Gewalt gegen Frauen nicht nur erlaubt sind, sondern manchmal sogar gefördert werden.

Feministische Ansätze fördern nicht das Vorwurfsdenken – dieses gibt nur der Opferdepression neue Nahrung –, sondern diese Ansätze legen Wert darauf, daß gesehen und begriffen wird, wie sehr jede individuelle Erfahrung von gesellschaftlichen Einflüssen geprägt ist. Daß Frauen anfällig sind für verschiedene Arten von Gesunden Depressionen, wie etwa der Erschöpfungsdepression und der Opferdepression, läßt sich in der Tat darauf zurückführen, daß sie in unserer frauenverachtenden Gesellschaft die Rollen von Menschen zweiter Klasse spielen. Solange eine Frau das nicht versteht, kann sie sehr leicht versucht sein, die Schuld für ihre Depression nur bei sich selbst zu suchen, obwohl es eigentlich richtiger wäre, andere beteiligte Faktoren aufzuspüren.

Ein weiterer wichtiger Baustein feministischer Therapie besteht in der Beziehung, die sich zwischen Therapeuten und Klientin entwickelt. Es gilt dabei, daß soviel Hilfe zur Selbsthilfe und Partnerschaft wie möglich angeboten werden. In der feministischen Therapie will man nicht die Abhängigkeit fördern, sondern Frauen Mut dazu machen, ihre eigene Kraft zu gebrauchen. Sie sollen sich selbst schätzen lernen, so wie sie sind, und sich am therapeutischen Prozeß so aktiv wie möglich beteiligen. Sowohl die feministische als auch die interpersonelle Therapie stützen die Frau, indem sie ihr das Gefühl geben, daß sie den Wachstumsprozeß nicht allein bewältigen muß, sondern in ihrer Therapeutin eine Verbündete hat, die ihr mit Rat und Tat zur Seite steht, wenn sie es wünscht.

Gruppentherapie und Selbsthilfegruppen

Je länger ich als Psychotherapeutin lehre und arbeite, desto überzeugter bin ich vom Wert der Gruppenerfahrung und Gruppentherapie für depressive Klienten, besonders Frauen. Gruppen können sich sowohl bei Gesunden wie bei Ungesunden Depressionen als außerordentlich wirksam erweisen. Tatsächlich kommt bei Ungesunden Depressionen irgendwann einmal ein Punkt, an dem eine Gruppentherapie für den Heilungsprozeß entscheidend sein kann, vorausgesetzt, der Therapeut, der die Gruppe leitet, ist erfahren und kennt sich aus mit der Behandlung von Depressionen.

Einer der Gründe, weswegen Gruppenarbeit für die meisten Arten von Depressionen so wirksam ist, besteht darin, daß viele der speziellen Bedürfnisse von depressiven Frauen in Gruppensitzungen befriedigt werden können. Frauen mit Ungesunden Depressionen haben es bitter nötig, ein Gefühl der Verbundenheit zu erleben, weil ihnen die Depression oft ihre Energie raubt und sie von anderen isoliert hat. Die Gruppe macht es Frauen leichter, die Wurzeln ihrer depressiven Gefühle aufzuspüren. Es fällt ihnen dadurch leichter, die Macht der gesellschaftlichen Strafrichter zu erkennen und den Einfluß zu verstehen, den unser Traditioneller Kern auf unsere Gefühle und unser Verhalten ausübt. Darüber hinaus können sie den Aufbau und das Aufrechterhalten von gesunden Beziehungen einüben und enorm von dem unmittelbaren Feedback einer Gruppe profitieren.

In vielfacher Hinsicht wird eine gute Gruppe zu einem intensiven sozialen Forschungslaboratorium für Beziehungen. Sie stellt einen sicheren Hafen dar, in dem Frauen angstfrei neue Verhaltensweisen erproben können, für die sie draußen in der wirklichen Welt noch nicht bereit sind. Sie werden dazu ermutigt, neue Stärken zu suchen und zu finden, während gleichzeitig alte Denkmuster in Frage gestellt werden. Gruppen bieten die Möglichkeit, über die Gesundheit und das Potential bestehender Beziehungen zu diskutieren; man kann dort lernen, wie man anderen nahekommt und ihnen effektiv hilft; man kann Kommunikationsfähigkeiten entwickeln und pflegen, die in jeder Lebenslage wertvoll für uns sind.

In meiner Praxis habe ich Klientinnen nach einer Reihe von Einzelsitzungen oft dazu ermutigt, die Gruppe als eine Erweiterung ihrer Individualtherapie zu nutzen. Einige Klientinnen, die ihre Einzelsitzungen mit der Zeit auf einen gelegentlichen Besuch beschränken konnten, nutzten die Gruppe jedoch noch lange als Heilmittel gegen ihre Ungesunden Depressionen.

Selbsthilfegruppen wie die Anonymen Alkoholiker, die erwachsenen Kinder von Alkoholikern oder die Anonymen Spieler sind nicht darauf ausgerichtet, zu therapieren, sie können depressiven Frauen aber wertvolle Dienste erweisen. In den letzten zehn Jahren sind solche Gruppen wie Pilze aus dem Boden geschossen und enorm populär geworden, weil es immer mehr Menschen zu schätzen wissen, ihre Probleme mit anderen zu teilen, die aufgrund eigener Erfahrung verstehen, was sie durchmachen.

Selbsthilfegruppen, die auf sogenannten Zwölfpunkteprogrammen beruhen, können deshalb besonders hilfreich für Frauen mit Ungesunden Depressionen sein, weil viele von ihnen teilweise aufgrund unbewältigter Süchte depressiv sind. Wenn ihre Süchte eine Genesung von der Depression verhindern, können Selbsthilfegruppen eine gute »Kur« für sie darstellen, nicht nur das Sucht-, sondern auch das Depressionsproblem langsam zu lösen. In der direkten Arbeit mit der Sucht sind Zwölfpunkteprogramme oft sehr viel wirksamer als viele Formen der Psychotherapie. Sie bieten eine unmittelbare Möglichkeit der Bindung zu anderen Menschen und schaffen gesündere Beziehungen. Oder wie John Bradshaw in seinem Buch *Wenn Scham krank macht* beobachtete: »Anfangs ist allein schon die Tatsache, daß wir dieselben Emotionen verspüren, schamreduzierend. Unsere Emotionen anderen preiszugeben, heißt, verletzlich zu sein. Es heißt, zu externalisieren und aus dem Versteck zu kommen... Nur in der Phase des Dialogs und der Gemeinschaft sind wir wirklich lebendig und können wachsen.«

Selbsthilfegruppen können ein hervorragender Einstieg in den Gruppenprozeß sein, besonders für jene, die immun gegen jede Art von Therapie sind. Die Teilnehmer lernen dort, daß sie nicht verantwortlich sind für ihre Krankheit, aber verantwortlich für die Korrektur ihres Verhaltens. Dies kann depressiven Frauen ungeheuer viel Stärke geben. Die Gruppen sind überdies eher auf gegenseitige Unterstützung angelegt als auf Intervention, so daß viele Frauen sie als weniger aufdringlich und anstrengend empfinden. Die Tatsache, daß diese Gruppen nichts kosten, ist ebenfalls wichtig, da viele Frauen, die Hilfe brauchen, finanziell schlecht gestellt sind.

Wie eine Gruppentherapie haben auch die Selbsthilfegruppen ihre Grenzen. Obwohl sie eine ausgezeichnete Möglichkeit darstellen, sich zu öffnen und die eigenen Gefühle mit anderen zu teilen, bieten sie wenig Feedback, was die Bewältigung dieser Gefühle und den Umgang mit ihnen angeht. Viele Frauen brauchen Informationen, die individuell auf sie zugeschnitten sind. Sie brauchen die Struktur und Unterstützung einer Individual- und/oder Gruppentherapie, die sie anleitet und zu neuen Ebenen des Wachstums führt. Gleichgültig, wie erfolgreich eine Selbsthilfegruppe bei der Arbeit mit Süchten oder anderen Problemen auch sein mag, sie allein kann nicht die Hilfe und Techniken bieten, die nötig sind, um Depressionen einzudämmen. Frauen, die an Ungesunden Depressionen leiden, brauchen eine professionelle Diagnose, eine individuelle Therapie, möglicherweise gefolgt von einer Gruppentherapie, und vielleicht medikamentöse Behandlung.

Medikamentöse Behandlung von Ungesunden Depressionen

Frauen bekommen gegenwärtig weit mehr Rezepte für Antidepressiva verschrieben als Männer. Und es besteht die sehr reale Möglichkeit, daß Frauen in etwa der Hälfte aller Fälle aufgrund einer falsch diagnostizierten Störung möglicherweise die falschen Medikamente erhalten, sollten sie einen Arzt konsultieren, der nicht auf die Diagnose und Behandlung von Depressionen spezialisiert ist.

Ein großes Problem bei angstlösenden Medikamenten ist die Tatsache, daß sie vielfach verschrieben werden, ohne daß eine begleitende Psychotherapie stattfindet oder ohne daß auf die Nebenwirkungen geachtet wird. Unglücklicherweise schlagen Ärzte, wenn sie Klagen über unbestimmte körperliche Symptome und »schlechte Stimmungen« hören, manchmal einen Weg ein, der eine scheinbar schnelle und praktische Lösung verspricht. Sie schreiben ein Rezept aus und begleiten die Patientin dann zur Tür.

Wenn bei der Behandlung von Depressionen Medikamente eingesetzt werden, sollte dies nur in Verbindung mit einer Therapie geschehen. Nur so lassen sich optimale Resultate erzielen. Ohne begleitende Therapie wird die Klientin die Medikamente vielleicht unsachgemäß einnehmen oder die Einnahme abbrechen, was sie schließlich noch anfälliger macht für Gefühle der Verzweiflung und Hoffnungslosigkeit. Nach einer Studie brachen siebenundsechzig Prozent der Patienten, die Medikamente gegen Depressionen einnahmen, sich aber keiner Therapie unterzogen, die Behandlung zu früh ab.

Ein weiterer Grund, weswegen es so wichtig ist, einen Spezialisten zu finden, besteht darin, daß Frauen Fachleute brauchen, die sich der Unterschiede zwischen den Geschlechtern bei der Diagnose und Behandlung von Depressionen bewußt sind und sensibel darauf reagieren. Zahlreiche Studien deuten darauf hin, daß Frauen bei der Einnahme von Medikamenten weitaus mehr unerwünschte Nebenwirkungen zeigen als Männer. Ältere und übergewichtige Frauen sind anfälliger für unerwünschte Nebenwirkungen als die Männer, weil sich das zusätzliche Fett negativ darauf auswirkt, wie der weibliche Stoffwechsel Antidepressiva verarbeitet. Obwohl hier in der Forschung noch nicht das letzte Wort gesprochen ist, gibt es auch Hinweise, wonach die Dosierung von Medikamenten möglicherweise an den Menstruationszyklus einer Frau und den hormonellen Schwankungen angepaßt werden muß, um wirklich wirksam zu sein. Lithium beispielsweise, ein natürliches Mineral, das recht erfolgreich bei der Behandlung manischer Depressionen eingesetzt wird, scheint während bestimmter Zeiten im Menstruationszyklus besonders wirkungsvoll zu sein.

Wie wir gesehen haben, können Medikamente manchmal mehr schaden als nutzen. Aus diesem Grund ist es dringend erforderlich, daß Klientin, Therapeut und Psychiater sich absprechen und zusammenarbeiten, damit Tabletten und Dosierungen jeweils den wechselnden Bedürfnissen der Klientin angepaßt werden können. Eine depressive Patientin wird wahrscheinlich beides brauchen – sowohl einen Psychotherapeuten wie auch einen Psychiater oder Arzt, denn die Behandlung von Depressionen ist zu einem Spezialgebiet geworden.

Einen »guten« Psychiater oder Psychologen zu finden, ist jedoch nicht einfach. Es erfordert Zeit und Energie. Die Richtlinien, die Sie auf den Seiten 364ff. gefunden haben, wo es um die Suche nach guten Ärzten ging, lassen sich auch auf Therapeuten übertragen. Weiterhelfen können Ihnen überdies der Berufsverband der Deutschen Psychologen sowie diverse Therapiegesellschaften und Selbsthilfegruppen (Adressen im Anhang, Seite 439).

Sobald eine Frau einen Therapeuten gefunden hat, den sie mag und dem sie vertrauen kann, sollte in zweifacher Hinsicht eine Bestandsaufnahme vorgenommen werden: Zum einen sollte ihre »Opfer«-Geschichte aufgenommen werden – ihr körperlicher, sexueller und emotionaler Mißbrauch seit ihrer frühen Kindheit –, und zum anderen sollte ausführlich auf ihre »Medikamenten«-Geschichte eingegangen werden – das heißt, es sollte eine Auflistung aller Medikamente erfolgen, die sie seit ihrer Jugend eingenommen hat. Diese oft übersehene Medikamenten-Geschichte ist wesentlich, will man einen effektiven Medikamenten- und Therapieplan entwickeln. Es liegt in ihrem eigenen Interesse, ihrem Therapeuten in dieser Hinsicht nichts zu verschweigen. Überraschenderweise tun viele Klientinnen genau das, was daran liegen mag, daß ihnen ihr Verhalten in der Vergangenheit entweder peinlich ist oder daß sie glauben, die Information sei nicht relevant.

Obwohl Antidepressiva sicherlich nicht immer die Antwort auf schlechte Stimmungen sind, sind sie für diejenigen unverzichtbar, die selbstmordgefährdet sind oder die in signifikanter Weise entweder psychisch oder organisch von ihrer Depression beeinträchtigt werden. Antidepressiva oder andere verschreibungspflichtige Medikamente sind manchmal die einzige Lösung, um das biochemische Ungleichgewicht gewisser Störungen wieder zu regulieren. Erst dann ist die Betreffende in der Lage, wieder zu funktionieren, und kann die Therapie allmählich dazu nutzen, die Probleme durchzuarbeiten, die in erster Linie für ihre Depressionen verantwortlich sind.

Manchmal sperren sich Psychologen, Sozialarbeiter, Krankenschwestern und Geistliche gegen eine medizinische Intervention – manche weigern sich sogar, Klientinnen zu überweisen –, weil es möglicherweise in eine erfolgreiche Behandlung münden und die

Klientin in ihrer Vorstellung bestärken könnte, all ihre Probleme ließen sich durch Pillen lösen. Therapeutinnen ärgern sich oft über die Einschüchterungsversuche oder die Herablassung, die sie ertragen müssen, wenn sie mit männlichen Psychiatern zusammenarbeiten. Einige Therapeuten befürchten auch, die Überweisung einer Patientin an einen Psychiater könnte eine Art Bankrotterklärung darstellen, ein Eingeständnis, daß Tabletten dort helfen, wo Psychotherapie versagt. Die Lösung liegt oft irgendwo in der Mitte; denn um Erfolg zu haben, sind häufig verschiedene Ansätze und Fachleute erforderlich.

Ich selbst arbeite in meiner eigenen Praxis zunächst mit der Individualtherapie, es sei denn, es liegen Anzeichen für eine Major Depression vor, wodurch die Betreffende entweder in einem labilen Zustand oder selbstmordgefährdet ist. Sollte es in der Individualtherapie innerhalb von drei oder vier Monaten zu keinen nennenswerten Fortschritten kommen, ermutige ich meine Klientinnen dazu, eine Medikation in Erwägung zu ziehen, und überweise sie an einen beratenden Psychiater, der spezialisiert ist auf die Anwendung von Antidepressiva und sich mit der Problematik depressiver Frauen auskennt. Auf diese Weise profitiert die Klientin von dem Sachverstand und dem Weitblick zweier Fachleute – ein Vertreter des medizinischen und ein Vertreter des psychologischen Modells. Es ist eine Situation, die für alle Beteiligten nur von Nutzen sein kann. Falls ich etwas übersehen habe, wird es die andere Fachkraft aufspüren, und umgekehrt. Zusammen können wir gründlicher auf die feinen Verflechtungen zwischen Körper und Geist eingehen, die während jeder ernsthaften Depression auftauchen.

Medikation ist nicht das Allheilmittel, wie es sich viele wünschen würden. Aber sie ist für die Behandlung von einigen Formen Ungesunder Depressionen notwendig. Der Schlüssel für eine erfolgreiche Behandlung liegt für alle Beteiligten in der Partnerschaft:

Die Klientin, der Therapeut, der Psychiater und jeder andere Arzt müssen miteinander im Gespräch bleiben, damit jeder jederzeit über alles informiert ist und die Medikation weder zu niedrig noch zu hoch ist.

Wenn eine Frau auf solche Faktoren achtet, wird sie sehr viel eher ihren Weg durch das Labyrinth finden, das sich vor ihr auftut, »wenn Selbsthilfe nicht mehr genügt«. Sie wird ihre Depression bewältigen oder zumindest unter Kontrolle bekommen können.

Was Sie sich merken sollten, ist letztlich folgendes. Wenn Sie sich permanent schlechtfühlen, sollten Sie sich selbst soviel wert sein, daß Sie Hilfe suchen. Wenn Sie feststellen, daß Ihnen die Strategien, Lösungen und Übungen in diesem Buch nur partiell geholfen haben und Sie weiterhin mit depressiven Gefühlen kämpfen, geben Sie nicht nach oder auf. Falls eine Methode oder eine Fachkraft nicht die richtige ist, suchen Sie weiter, bis Sie die richtige Kombination gefunden haben. Ihre Aufgabe ist es, die richtigen Spezialisten zu finden, die richtigen Fragen zu stellen und darauf gefaßt zu sein, Zeit und Energie investieren zu müssen, um gesunder und glücklicher zu werden. Sie müssen mit einer Ungesunden Depression nicht leben – und Sie müssen ganz gewiß nicht an ihr sterben.

11

Alles wieder zusammenfügen: Aktionsstrategien zur Bewältigung Gesunder Depressionen

Wie wir in den vorangegangenen Kapiteln gesehen haben, können wir aus unserem Schmerz am besten Nutzen ziehen und unsere Depression am besten überwinden, wenn wir die beschriebenen Aktionsstrategien anwenden. Die erfolgreichsten Techniken bestehen dabei aus zwei Schlüsselelementen:

● Erforschung und Ausdrücken unserer innersten Gefühle und Verletzlichkeiten;
● Aktiv werden, um sich mit den eigenen Problemen auseinanderzusetzen und sie zu bewältigen.

Unsere klinische Erfahrung und zahlreiche wissenschaftliche Studien haben gezeigt, daß die Auflösung von Depression und Schmerz wahrscheinlich nur unvollkommen oder temporär verläuft, wenn eines dieser beiden Elemente fehlt.

Obwohl viele Frauen bereit sind, ihre schlechten Gefühle zu artikulieren und zu ergründen, bleibt es oft dabei. Die Probleme werden nicht gelöst, und diese Frauen verschwenden ihre Energie lieber an die schlechten Gefühle, statt sich auf die Aktionsstrategien zu konzentrieren. Eine eindrucksvolle Studie, durchgeführt von Dr. Susan Nolena-Hoeksema an der Standford University, kam zu dem Ergebnis, daß depressive Frauen eher dazu neigen, »wiederzukäuen«, als depressive Männer — sie grübeln, analysieren ihre schlechten Gefühle wieder und wieder, sind geradezu von ihnen besessen. Weil eine Depression hochgradig ansteckend sein kann, besonders unter Frauen, werden viele Frauen unbewußt dazu getrieben, als depressive Partnerinnen zu fungieren, die die Probleme und den Schmerz einer Freundin oder eines Familienmitgliedes ebensostark empfinden wie die eigenen Probleme.

Die Alternative besteht darin, in Aktion zu treten. Wobei es gleichgültig ist, ob Sie Ihre Gefühle vorher oder nachher erforschen. Falls Ihre Depression weniger stark ist, sollten Sie Ihren Gefühlen lieber vorher auf den Grund kommen, weil Sie auf diese Weise ein besseres Gespür dafür haben, welche Aktion für Sie am geeignetsten ist. Falls Ihre Depression zu stark ist und Sie Schwierigkeiten haben, sie in den Griff zu kriegen, sind Ablenkung und Aktivität möglicherweise nützlicher, weil Sie auf diese Weise neue Energie tanken können, die Ihnen die Depression entzogen hat. Männer setzen diese Strategie seit Hunderten von Jahren ein. Wenn Männer deprimiert sind, suchen sie gewöhnlich Zerstreuung durch Aktivitäten. Das kann sich auf den Beruf beziehen, auf Sport, Hobbys, Gartenarbeit, Kochen oder andere körperliche Betätigungen. Es ist nicht das schlechteste für Frauen, es ihnen gleichzutun — denn Aktivität produziert Energie. Wenn wir energiegeladener sind, befinden wir uns in einer besseren Ausgangsposition, um unsere Gefühle zu ergründen, ohne von ihnen überwältigt zu werden. Doch gleichgültig, welche Aktivität Sie wählen, Sie müssen sich auch Zeit nehmen, um Ihre Gefühle zu erforschen und zu spüren. Dies ist ein Schritt, den Männer traditionell zu vermeiden gelernt haben. Schlechte Gefühle sind unsere besten Lehrer. Wenn wir aus ihnen lernen, ist es sehr viel unwahrscheinlicher, daß wir denselben »Fehler«, der sie verursacht hat, noch einmal machen.

Die folgenden Aktionsstrategien vereinen jahrelange klinische Erfahrung mit den neuesten Forschungsergebnissen auf dem Gebiet »Frauen und Depression«. Es sind die erfolgreichsten Strategien, die Frauen zur Verfügung stehen, um aus Gesunden Depressionen, gleichgültig, welcher Art sie sind, neue Quellen von Wachstum und Stärke werden zu lassen.

Aktionsstrategien zur Bewältigung Gesunder Depressionen

1. Nutzen Sie die Therapie der Bildenden Künste und Briefe: Therapie ohne Therapeut!

Bei der Therapie der Bildenden Künste und Briefe ist das wichtigste die kreative Herangehensweise, mit der man sich einem Problem stellt. Wenn wir unsere Gefühle schriftlich festhalten oder ihnen in einem Bild Ausdruck verleihen, gibt uns dies nicht nur eine Möglichkeit, das, was wir fühlen, in kreativer Weise zu sehen und mitzuteilen, sondern es hilft uns auch dabei, unser Leben objektiver zu betrachten. Die Gefahr, daß unsere Abwehrmechanismen unsere Bemühungen torpedieren, wird geringer.

Wenn wir unsere Gefühle schwarz auf weiß vor uns liegen sehen, in Worten oder Zeichnungen, werden sie real und sind sehr viel schwieriger zu ignorieren oder zu verleugnen. Wir haben sie deutlicher vor Augen und besitzen deshalb mehr Macht darüber, was wir mit ihnen tun wollen. Wenn wir nur über sie nachdenken oder reden, werden wir zwangsläufig mit schwer faßbaren Erinnerungen, Emotionen und Antworten konfrontiert. Einige Beispiele:

Rachele, die als Einkäuferin bei einer kleinen Werbeagentur arbeitet, hat es gelernt, sich eine Fünfminutenpause zu gönnen und ihre Gefühle zu zeichnen, wenn sie eine Erschöpfungsdepression herannahen spürt. Eines Nachmittags warf sie zwei schnelle Skizzen aufs Papier: Die eine beschrieb die Wut, die sie gegenüber einer Arbeitskollegin empfand, deren Unfähigkeit, sich die Zeit richtig einzuteilen, Rachele dazu zwang, zwei Abende hintereinander bis tief in die Nacht an einer Arbeit zu sitzen; und die andere illustrierte, wie sehr sie ihre Kinder vermißte. Die Zeichnungen halfen Rachele dabei, das eine Gefühl vom anderen zu trennen, und erlaubten es ihr, den Kopf freizukriegen, so daß sie sich weniger gestreßt und schikaniert vorkam.

Amanda, eine High-School-Lehrerin, hat es gelernt, die Therapie der Bildenden Künste und Briefe als ein Problemlösungsverfahren einzusetzen. Erdrückt von den vielfältigen Anforderungen, denen sie in Schule und Familie ausgesetzt war, nahm sie ihre Mittagspause dazu her, um sich selbst einen Brief über all die Zwänge zu schreiben, unter denen sie litt. Eine kurze Zeichnung, die ihren Streß ausdrückte, half fürs erste; dann listete sie all die möglichen Lösungen auf die Herausforderungen auf, denen sie sich gegenübersah. Amanda hat entdeckt, daß ihre destruktiven Gefühle verschwinden und Problemlösungen vor ihrem geistigen Auge auftauchen, wenn sie ein »Brainstorming« durchführt und einige ihrer Überlegungen schwarz auf weiß festhält. Es hilft ihr mehr, als wenn sie einfach nur grübeln oder sich bei ihren Freundinnen über ihre Probleme beklagen würde.

Christy, die als Verkäuferin bei einem Autogroßhändler arbeitet, wachte oft mitten in der Nacht auf, aufgeschreckt von wilden Angstträumen. Sie war damals in einer Phase, in der sie überlegte, ob sie die zunehmend problematischer werdende Beziehung zu ihrem Freund beenden sollte. Gewöhnlich vergaß sie diese Träume morgens, aber dann hat sie sich Farbstifte und Papier neben ihr Bett gelegt und setzt ihre Träume in anschauliche Bilder um, sobald sie aufwacht. Danach hält sie ihren Traum noch schriftlich fest. Christy hat gelernt, ihre Träume als aufschlußreiche Wegweiser zu ihrem Unterbewußtsein zu sehen, die ihr Informationen geben, zu denen sie sonst keinen Zugang hätte. Das Zeichnen und Aufschreiben ihrer Gefühle halfen Christy dabei, eine Entscheidung über ihre Beziehung zu fällen, da sie ihre Gefühle besser verstehen lernte.

Wenn wir die Therapie der Bildenden Künste und Briefe einsetzen, gewinnen wir oft einen sehr viel klareren Blick, wie wir unsere Probleme lösen oder unsere Situation verbessern können. Statt uns von äußerlichen Ereignissen oder den Bedürfnissen anderer Menschen überwältigen zu lassen, konzentrieren wir uns auf unsere Probleme, Bedürfnisse und Ängste. Wenn Sie es lernen, die Therapie der Bildenden Künste und Briefe in Ihr Leben zu integrieren, kann Ihnen dies Schmerz, Depression und Therapiekosten ersparen, denn diese Therapie bildet eine der effektivsten Formen von Selbsttherapie.

Wenn Sie dieser Technik eine echte Chance geben wollen, müssen Sie zunächst jede Negativität und jeden Widerstand, den Sie möglicherweise anfangs bei der Vorstellung, Ihre Gefühle niederzuschreiben oder zu zeichnen, empfinden, aus Ihren Gedanken verbannen. Viele von uns leiden an dem »Ich-kann-nicht-zeichnen«- und/oder »Ich-hasse-es-zu-schreiben«-Syndrom. Unsere Leistungsangst und unser Widerstand basieren gewöhnlich auf einem Gefühl der Unzulänglichkeit. Die meisten Frauen sind dazu erzogen worden, sich selbst gegenüber extrem kritisch zu sein, besonders wenn es um Kreativität geht. Das Bedürfnis, es »richtig« oder »perfekt« zu machen, verhindert oft, daß wir überhaupt etwas tun.

Vielen Frauen ist es überdies unangenehm, sich auf so direkte und sichtbare Weise mit ihrem Schmerz oder ihrer Wut zu beschäftigen. Manchmal ist die Furcht vor dem Unbekannten zu einer bequemen Ausrede geworden; manchmal führt das Mißbehagen des Traditionellen Kerns dazu, daß wir darauf verzichten, uns emotional zu behaupten. Sie können diese Schranke im Kopf durchbrechen, indem Sie sich vornehmen, weniger selbstkritisch zu sein und sich mehr zu akzeptieren. Das wird es Ihnen erlauben, sich auf direktere, produktivere Weise auszudrücken.

Vergessen Sie nicht, daß Sie ja nicht versuchen, große Kunst oder ein Meisterwerk zu schaffen. Ihre Zeichnungen können aus Strichmännchen und Gekritzel bestehen; Ihre Sätze sind möglicherweise grammatikalisch falsch und durchsetzt mit fehlerhaften Wörtern. Das spielt keine Rolle. Wichtig ist nur, daß es das repräsentiert, was Sie wirklich fühlen.

Am besten besorgen Sie sich einen großen Aktenordner oder Hefter und einen Vorrat an unliniertem, gelochtem, weißem Papier. Manche Frauen finden eine Mappe mit Reißverschluß, die sich auch als Notizbuch und Timeplaner eignet, effizienter. Auf diese Weise haben Sie alles unter einem »Deckel« – was Sie für Ihren Job brauchen, und was Sie für Ihre Übungen in Sachen Selbstentwicklung und Depressionsmanagement nötig haben.

Investieren Sie darüber hinaus in ein Set von farbigen Filzstiften. Buntstifte sind Füllfederhaltern oder Bleistiften vorzuziehen, weil sich mit Farben Emotionen besser ausdrücken lassen. Stecken Sie die Stifte in einen Plastikbeutel oder ein Mäppchen, das in die Ringe

Ihres Aktenordners paßt. Auf diese Weise haben Sie einen mobilen »Werkzeugkasten« bei der Hand, den Sie überallhin mitnehmen können. Dies wird Ihr Depressions-Verhütungs-Bausatz, der sowohl Ihr Gefühlstagebuch beinhaltet, als auch andere relevante Materialien der Aktionsstrategien in diesem Buch.

Tragen Sie den Bausatz bei sich, wo immer Sie hingehen. Er soll Sie ständig daran erinnern, daß Sie sich vorgenommen haben, Ihre Gefühle zu erforschen und Ihre Depressionen zu bewältigen. Manche Frauen finden es angenehmer, nicht den ganzen Ordner mit sich herumzuschleppen, sondern haben lieber verschiedene leere Seiten sowie die Farbstifte in ihrer Handtasche, Aktentasche oder dem Rucksack dabei und stecken ihre Briefe oder Zeichnungen erst später in den Ordner.

Bevor Sie mit der Therapie der Bildenden Künste und Briefe beginnen, sollten Sie sich noch folgendes merken:

1. Es geht gewöhnlich schneller und ist persönlicher, wenn Sie mit der Hand schreiben oder zeichnen, als wenn Sie eine Schreibmaschine oder einen Computer benutzen. Sie können schneller zwischen Zeichnen und Schreiben hin und her wechseln.

2. Halten Sie alles, was Sie schreiben oder zeichnen, streng unter Verschluß. Verstecken Sie es oder bewahren Sie es in einer verschließbaren Schublade auf, wenn Sie es nicht benutzen. Stellen Sie sicher, daß niemand Ihre Arbeit sehen wird, wenn Sie es nicht wünschen. Auf diese Weise werden Sie sich ungehemmter fühlen und Ihren Gefühlen eher freien Lauf lassen.

3. Falls Sie das, was Sie geschrieben oder gezeichnet haben, einem anderen offenbaren wollen, ist es gewöhnlich nicht falsch, damit noch mindestens einige Stunden zu warten. Sie brauchen Zeit, um das, was Sie gezeichnet oder geschrieben haben, zu studieren und zu reflektieren. Wenn Sie zu früh damit an die »Öffentlichkeit« gehen, kann dies die Geburt wertvoller Ideen oder Gefühle verhindern. Achten Sie darauf, daß Sie Ihre Arbeit nur jenen Menschen zeigen, bei denen Sie sich darauf verlassen können, daß sie Ihre Verletzlichkeit respektieren und Sie weder kritisieren noch verurteilen werden.

4. Falls Sie etwas produziert haben, das Wut auslösen könnte, widerstehen Sie der Versuchung, es der Person zukommen zu lassen, gegen die die Wut gerichtet ist. Einige Frauen würden beispielsweise, nachdem sie einen bitterbösen Brief an einen Elternteil oder einen Exehemann geschrieben haben, diesen am liebsten sofort in die Post geben. Tun Sie es nicht! Eine solche Korrespondenz, die nur auf Konfrontation aus ist, ruft gewöhnlich Gegenaggressionen hervor und sorgt nicht selten für noch mehr Feindseligkeit. Nutzen Sie das Schreiben und Zeichnen statt dessen als Weg, Ihre Gefühle besser zu verstehen und auszudrücken. Wenn Sie objektiver geworden sind, sich mehr unter Kontrolle haben und Ihre Gefühle souveräner und weniger aggressiv ausdrücken können, können Sie immer noch überlegen, ob es eine produktive Idee ist oder schlicht eine Verschwendung von Zeit und Energie, eine Neufassung des Briefes abzuschicken oder eine direkte Kommunikation zu suchen.

5. Lesen Sie Ihre Arbeit regelmäßig durch, damit Sie feststellen können, ob und welche Fortschritte Sie gemacht haben. Sie werden dabei immer wieder neue Entdeckungen machen und zu tieferen Schichten vorstoßen. Sie könnten beispielsweise Ihre Einträge zu solchen Gelegenheiten wie Ihrem Geburtstag, Neujahr, Ihrem Hochzeitstag oder dem jeweiligen Todestag Ihrer Eltern durchsehen. In all diesen Fällen können Sie neue Einsichten aus alten Zeichnungen und Briefen gewinnen.

Mit diesen Richtlinien im Kopf sollten Sie sich nun vornehmen, die Therapie der Bildenden Künste und Briefe mindestens einen Monat lang durchzuführen. Nach dieser Zeit werden Sie die Sache wahrscheinlich so wertvoll finden, das sie Ihnen zu einer Gewohnheit werden wird, die Sie in Ihrem Leben immer wieder anwenden, besonders in Zeiten von Streß, Verwirrung und Depression.

In unseren Workshops, in denen wir uns mit dieser Art der Therapie beschäftigt haben, konzentrierten wir uns zunächst auf das Schreiben eines Gefühlstagebuchs, weil die meisten Frauen davor weniger Angst hatten als vor dem Zeichnen. Die Dichterin Adrienne Rich beschreibt den Wert, den das Schreiben über unsere innere Erfahrungen hat, in Ihrem Gedicht »Diving into the Wreck«, das aus ihrem gleichnamigen Buch stammt:

> *I came to explore the wreck.*
> *The words are purposes,*
> *The words are maps.*
> *I came to see the damage that was done*
> *And the treasures that prevailed.*

> Ich ergründete den Trümmerhaufen.
> Die Worte sind Absichten,
> Die Worte sind Wegweiser.
> Ich sah den Schaden, der angerichtet wurde
> Und die Schätze, die die Oberhand gewannen.

Um Ihren »Schaden«, den Sie durch die Depression erlitten haben, zu ergründen und Ihre eigenen einzigartigen »Schätze« zu entdecken, sollten Sie es sich zur Regel machen, Ihre Gefühle so festzuhalten, wie Sie sie erleben. Wenn Sie sich in einer Beziehung schikaniert fühlen, werden Sie nicht depressiv, sondern schreiben Sie auf, wie Sie die andere Person empfinden und was Sie tun werden, um Ihre Situation zu verbessern. Wenn Sie mit einer Erschöpfungsdepression konfrontiert sind, schreiben Sie die Vorteile und Nachteile jeder Wahlmöglichkeit auf, um herauszufinden, welche Wahlmöglichkeiten wirklich Ihren Bedürfnissen entsprechen. Schreiben Sie die Sätze, die beschreiben, wie Sie sich fühlen, schnell auf, ob Ihre Gefühle nun positiver oder negativer Natur sind. Analysieren Sie Ihre Emotionen nicht und haben Sie keine Schere im Kopf, wenn Sie die Einträge machen. Halten Sie sie einfach auf Papier fest. Ihre Eintragungen können ein paar Worte oder ein paar Sätze umfassen, aber sie werden sich selten über mehrere Absätze erstrecken, weil zu viele Sätze oft dem Ausdruck echter, tiefer Gefühle im Wege stehen.

Wann immer Sie einen Eintrag machen, notieren Sie kurz Zeit, Ort und Umstände, die zu Ihren Gefühlen führten. Diese Fakten sind wertvoll, weil sie Ihnen mit der Zeit etwas über die Muster und den Kontext Ihrer Gefühle enthüllen sowie etwas über die Zeiten und die Tage sagen, an denen Sie anfälliger für bestimmte Arten von schlechten Gefühlen sind.

Manchmal sind Sie vielleicht unfähig, über Ihre Gefühle zu sprechen, oder Ihre Erfahrung ist zu traumatisch für Worte. Wenn das der Fall ist – oder Sie einfach nicht wissen, was Sie schreiben sollen –, zeichnen Sie statt dessen. Eine kleine Skizze oder sogar Herumgekritzel können Ihre Gefühle lockern und Ihnen dabei helfen, Ihre Abwehrmechanismen zu überwinden. Alice, die Kinderärztin mit der Erschöpfungsdepression, sagt: »Worte können sich mir in den Weg stellen, weil sie meine Verleugnung fördern. Ich fühle mich oft festgefahren. Aber Kunst kommt vom Herzen. Das Zeichnen zieht mich aus meinem verkopften Denken, und ich brauche das.«

Alice erkannte erst, als sie an ihrem Gefühlstagebuch arbeitete, wie sehr Worte sie blockierten. In einer ihrer ersten Eintragungen, die sie eines Abends nach einem besonders schweren und anstrengenden Tag machte, vollzog sie instinktiv den Schritt von Worten zum Zeichnen:

> 10. Februar 1992 (0.45 Uhr – im Bett – Paul und die Kinder schlafen)
> Habe mit diesem Tagebuch begonnen – wahrscheinlich eine blöde Idee, weil es mich nur Zeit kosten wird, die ich nicht habe – jedenfalls weiß ich, was für Probleme ich habe, ich brauche nur Zeit, um sie zu lösen – oh, bäh, müde, müde, müde – Paul ist keine Hilfe – zehrt... mies, fies, beschissen, stocksauer...

Dann kritzelte Alice etwas aufs Papier, was ihren erschöpften Körper darstellen sollte. Sie gab dem Körper ein trauriges Gesicht, um zu zeigen, wie deprimierend ihre Erschöpfung war. Die Zeichnung war einfach, aber nachdem sie einige ähnliche Eintragungen gemacht hatte, fühlte sich Alice tatsächlich besser, wenn sie danach das Licht ausschaltete, um zu schlafen.

Die Therapie der Bildenden Künste und Briefe ist eine Aktionsstrategie, die Energie mobilisiert, gleichgültig, wie leblos und tot wir uns fühlen. Zunächst mag der Unterschied nur minimal sein, aber selbst eine kleine Veränderung ist ein wichtiger Schritt zu mehr positiver Energie und weniger Depression. Zunächst sieht Ihre Depression vielleicht aus wie Alices erste Zeichnung – ein trauriges Gesicht oder ein rotes Gekritzel, das quer übers Papier verläuft. Aber bald werden Sie feststellen, daß Ihnen die Zeichnungen immer leichter von der Hand gehen, sobald Sie erst einmal damit angefangen haben. Sie beginnen damit, Ihrer Depression eine Identität zu geben. Weil diese für Sie sichtbarer wird, gewinnen Sie mehr Macht über sie. Alices Zeichenkünste machten immer größere Fortschritte, bis sie schließlich die wahre Beschaffenheit ihrer Erschöpfungsdepression erkannte: Obwohl sie sich im Alltagsleben abrackerte und immer weiter funktionierte, fühlte sich jeder Ihrer Schritte aufgrund ihrer chronischen Müdigkeit so an, als würde sie sich mühsam durch den Schlamm schleppen (Abb. 1).

Weil es sich bewährt hatte, ihre Gesunde Depression zu visualisieren und sie erkannte, wie anfällig sie für eine Ungesunde Depression geworden war, beschloß Alice, nun auch letzterer eine Identität zu geben. Ihre Zeichnung erschreckte sie. Ihre Ungesunde Depression hielt sie mit steinernen Stiefeln fest, die sie bewegungsunfähig machten (Abb. 2). Sie haßte nichts mehr als das Gefühl der Hilflosigkeit, und so erneuerte sie ihren Schwur, kürzer zu treten und neu aufzutanken, wann immer sie das Gefühl hatte, daß es an ihre Reserven ging. Der Gedanke, ihre Erschöpfungsdepression könnte sich in eine Ungesunde Depression verwandeln, gab ihr ungeheuren Antrieb. Er half ihr dabei, Grenzen zu setzen und – manchmal zum ersten Mal in ihrem Leben – NEIN zu sagen.

Abb. 1 Alices Gesunde Depression: Sie schleppt sich durch den Schlamm einer Erschöpfungsdepression.

Abb. 2 Alices Ungesunde Depression: Steinerne Stiefel drücken sie zu Boden.

Abb. 3 Gails Gesunde Depression: Sie schreit nach Hilfe, um nicht in eine tiefe Depression zu fallen, weil sie Krebs hat.

Abb. 4 Joyces Körperbild-Depression: Sie fühlt sich stranguliert durch die Halskette, die ein Sinnbild für ihre Eßstörungen ist.

Abb. 5 Marias künstlerischer Wutanfall: Sie schiebt ihren Exehemann in eine Maschine, in der Bäume zerkleinert werden.

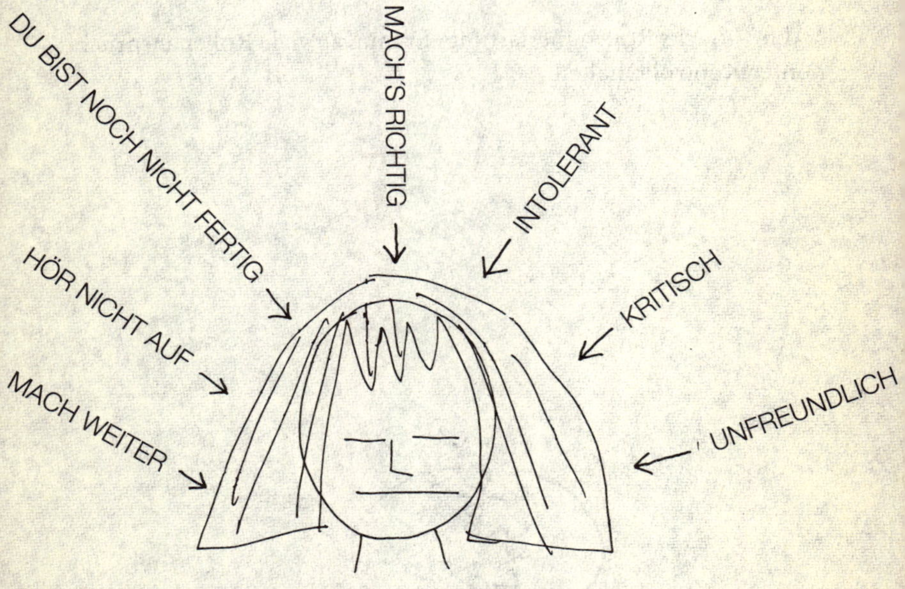

DU BIST NOCH NICHT FERTIG →

MACH'S RICHTIG

INTOLERANT

HÖR NICHT AUF →

KRITISCH

MACH WEITER →

UNFREUNDLICH

ES TUT <u>WEH.</u> ICH BIN <u>MÜDE</u>

Abb. 6 Danas Negativer Traditioneller Kern: Sie fühlt sich schikaniert und ausgelaugt.

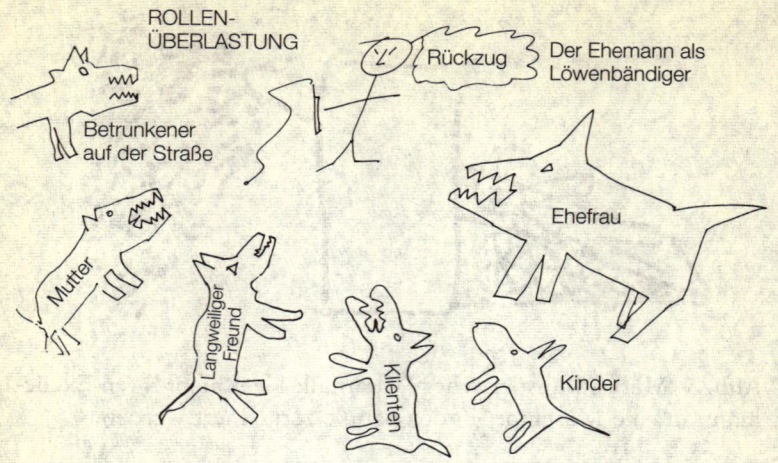

Abb. 7 Jacks Rollenüberlastung: Er muß zu viele Rollenansprüche unter Kontrolle halten.

Abb. 8 Marias Erfolg: Sie besiegt die Depression und bringt ein neues Selbst zur Welt.

Die Therapie der Bildenden Künste und Briefe ist besonders wertvoll bei der Bewältigung von Geist↔Körper-Depressionen, weil diese oft schwierig zu erkennen sind. Gail, die Krebspatientin, visualisierte ihre Gesunde Depression als einen Schrei nach Hilfe. Sie zeichnete sich selbst als Strichmännchen, das gefährlich nah am Abgrund einer steilen Klippe stand (Abb. 3) und von dort aus ihrer Schwester und ihren Freunden aus der Gesprächsgruppe zuschrie, sie sollten ihr zu Hilfe eilen, bevor sie über die Klippe in die Ungesunde Depression stürzte, die von ihrer Krebskrankheit ausgelöst worden war.

Joyce, die Studentin mit Bulimie, zeichnete ihre Körperbild-Depression als die Tyrannei, von einer Halskette – die das Sinnbild ihrer Eßstörungen war – stranguliert zu werden (Abb. 4). Die Kette, die ihre falsche Ernährung symbolisierte, drückte sie beinahe ebensosehr zu Boden, wie Alice die steinernen Stiefel am Boden gehalten hatten. Joyce erschrak derart, als sie erkannte, was sie sich antat, daß sie schwor, ihre Kette Stück für Stück zu demontieren, indem sie lernte, sich gesund zu ernähren. Sie gab sich überdies das Versprechen, in eine entsprechende Klinik zu gehen, um sich behandeln zu lassen, falls sie ihre Bulimie nicht allein in den Griff bekommen sollte.

Viele Frauen stellen fest, daß sie durch die Therapie der Bildenden Künste und Briefe in die Lage versetzt werden, ihre Wut – auf vorher nie gekannte Weise – auszudrücken. Diese Art »künstlerischer« Wut kann zunächst ein wenig erschreckend sein, weil die Bilder, die Sie zeichnen, möglicherweise verstörend oder sogar gewalttätig sind. Aber denken Sie daran, daß jedes Gefühl, das Sie symbolisch aufs Papier bringen, angemessen und gesund ist, und daß diese Art des Ausdrucks oft notwendig ist, will man geheilt werden. Ungesund ist es, wenn Sie Ihre Gefühle durch ein Verhalten ausdrücken, das Sie selbst, andere Leute und deren Eigentum in Gefahr bringt.

Zu lernen, wie man seine Wut in einem sicheren Rahmen und symbolisch ausdrückt, ist nicht einfach – besonders mit unserem Traditionellen Kern im Hintergrund, der uns ständig zuwispert, daß aggressives Benehmen unweiblich ist. Aus diesem Grund sind viele Frauen an diesem Punkt versucht, zu anderen Übungen weiterzugehen, die vertrauter und weniger bedrohlich sind.

Janet war eine von ihnen. Als sie entdeckte, daß sie an einer Altersdepression litt, hatte sie große Angst davor, ihrer blinden, scheinbar unkontrollierbaren Wut, die sie für ihre Mutter empfand, Ausdruck zu verleihen. Sie konnte sich nicht vorstellen, wie sie diese Wut auf solch ein kleines Stück Papier bannen sollte. Zuerst weigerte sie sich, im Workshop die Übung mitzumachen, und schaute einfach nur zu. Eine Stunde später begann sie jedoch widerwillig, eine Zeichnung in Angriff zu nehmen, indem sie ihr Papier mit einem roten Stift zerschlitzte.

Gegen Ende des ganztägigen Workshops nahm Janet denselben Stift dazu her, um einen knallroten, riesigen Atompilz zu zeichnen, der zeigen sollte, wie explosiv und zerstörerisch ihre Wut sein könnte, wenn sie jemals freigesetzt werden würde. Nachdem sie auf die Ursache ihrer Wut gestoßen und sie wieder und wieder ausgedrückt hatte, war Janet schließlich dazu in der Lage, ihre Wut konstruktiver umzusetzen und von ihrer Mutter und ihrem Sohn mehr Unabhängigkeit einzufordern.

Wie auch Janet entdeckte, kann die Arbeit mit der »Wut-Methode« äußerst befreiend sein. Viele Kliniker glauben, daß Depressionen nach innen gekehrte Wut ist, die wir gegen uns selbst richten. Wenn wir unserem Ärger Luft machen können, und sei es auch nur symbolisch, und ihn an die richtige – äußere – Adresse richten, werden wir weniger deprimiert sein. Die Wut-Methode ist besonders wertvoll bei der Bekämpfung der drei weitverbreitsten Gesunden Depressionen (der Opfer-, Beziehungs- und Altersdepression), denn sie weist eine konstruktive Richtung auf, in die wir unsere Wutgefühle, die durch die Gesunden Depressionen gewöhnlich produziert werden, kanalisieren können.

Wenn Sie im Moment wütend sind oder noch unbewältigte Wut aus Ihrer Vergangenheit mit sich herumschleppen, fertigen Sie so viele Wutzeichnungen an, wie Sie nur können. Thematisieren Sie, was Ihnen widerfahren ist und wer dafür verantwortlich war. Lassen Sie Ihrer Phantasie freien Lauf, um Ihrer Wut auf dem Papier Ausdruck zu verleihen. Halten Sie sich nicht zurück.

Der nächste Schritt besteht darin, Ihre Gefühle der Wut, die Sie gegen eine bestimmte Person hegen, zu verbalisieren, am besten laut. Dies wird Ihnen dabei helfen, sie loszulassen. Wenn Sie sich dumm oder gehemmt vorkommen, betrachten Sie es als Herausforderung, die es zu überwinden gilt. Schreien und fluchen Sie, wenn Sie wollen. Wenn Sie Angst davor haben, jemand könnte Sie zufällig hören, tun Sie es, wenn Sie allein im Auto sitzen, laute Musik hören oder unter der Dusche stehen. Wenn Sie fertig sind, zerreißen Sie die Zeichnungen und werfen Sie sie in den Müll, oder stecken Sie die Zeichnungen in Ihr Notizbuch, solange Sie sicher sein können, daß sie dort keiner findet.

Maria probierte die Wut-Methode aus, nachdem Joe sie zum – wie sich dann herausstellte – letzten Mal geschlagen hatte. Sie ging schließlich in ein Frauenhaus. Dort ermutigte sie eine Helferin dazu, aufzuzeichnen, welche Art von Bestrafung sie sich für ihren prügelnden Ehemann wünschen würde. Maria stellte fest, daß die sieben Jahre sprachloser Wut, die sie hinter sich hatte, in überraschend gewalttätigen Zeichnungen zum Ausbruch kamen. In ihrer Lieblingszeichnung liegt Joe festgeschnallt auf einem Förderband und wird an eine Maschine verfüttert, die normalerweise Bäume zerkleinert (Abb. 5). Maria tat es so gut, ihre Wut auf diese Weise loszuwerden, daß sie sich dazu entschloß, eine Therapie in einer kommunalen Klinik anzufangen und in dieser Richtung noch mehr für sich zu tun. Nachdem sie mehrere ähnliche Zeichnungen angefertigt und eine Menge darüber geschrieben und geredet hatte, auf welche Weise und warum sie es zugelassen hatte, schikaniert zu werden, fand sie eine neue Basis ihres Selbstwertgefühls und war schließlich bereit dazu, ein neues Leben ohne Joe zu beginnen.

Maria setzte die Therapie der Bildenden Künste und Briefe ein, um sich aus einer schlechten Beziehung zu lösen. Aber wie Dana entdeckte, funktionieren dieselben Techniken genausogut, wenn es darum geht, bestehende Beziehungen zu festigen. Mehrere Monate, nachdem sie Jack mit einer intimen kleinen Flucht überrascht hatte, erlebten sie einen besonders spannungsgeladenen Freitagabend. Sie hatten beide eine sehr anstrengende Arbeitswoche hinter sich, und Dana war entschlossen, es nicht zuzulassen, daß dieser Streß ihr

Wochenende beeinflußte. Sie schlug vor, sie sollten ihrer Frustration nicht durch einen Streit Luft machen, sondern statt dessen ihre Gefühle jeweils in einer Zeichnung ausdrücken, über die sie diskutieren könnten.

Dana (Abb. 6) und Jack (Abb. 7) zeichneten beide Bilder, die zeigten, wie überlastet, erschöpft und unter Druck sie sich fühlten. Sie waren beide überrascht von dem Ausmaß an Streß, das sie jeweils in der Zeichnung des anderen sahen. Keiner von beiden hatte realisiert, wie überlastet sich der andere fühlte. Sie rückten noch näher zusammen, als sie erkannten, wie ähnlich ihre Gefühle waren, und es wurde ihnen ebenfalls bewußt, wie unterschiedlich Männer und Frauen Streß erleben. Weil sie die Verletzlichkeiten des anderen verstanden, schlugen die Samen der Intimität, die sie während ihrer intimen kleinen Flucht gepflanzt hatten, schließlich noch stärkere Beziehungswurzeln.

Die Therapie der Bildenden Künste und Briefe kann Ihnen ebenfalls helfen, wenn Sie ein Kapitel abschließen und Ihre Siege und Erfolge anerkennen wollen. Am dritten Jahrestag ihrer Trennung von Joe malte Maria ein Bild (Abb. 8), das illustrierte, wie weit sie gekommen war. Es zeigte sie, wie sie ihre Schale durchbrach, endlich in der Lage dazu, ihr neues stärkeres, unabhängiges Selbst auf die Welt zu bringen. Sie war so stolz auf ihre Leistung, daß sie ihre Zeichnung einrahmte und in ihrem Schlafzimmer aufhängte. Sie sollte sie an ihren Erfolg, an ihre innere Stärke und ihr wachsendes Selbstbewußtsein erinnern.

2. Schaffen Sie sich Ihre eigene »Wahlfamilie«!

Wir erben unsere Familien, aber wir wählen unsere Freunde. Und oft können diejenigen, die wir wählen, fürsorglicher, verständnisvoller, liebevoller und unterstützender sein als unsere Ursprungsfamilie. Wenn wir diese Freundschaften pflegen und vertiefen, können wir eine Wahlfamilie aufbauen.

Eine Wahlfamilie ist ein enger Kreis von Menschen, die funktionieren wie Mitglieder einer gesunden Familie. Sie sind eine Quelle von Bestärkung und Ermutigung; auf sie können wir zurückgreifen in emotionalen, körperlichen und finanziellen Krisenzeiten. Sie kennen unsere Schwachstellen und bieten Unterstützung statt Kritik. Sie lassen uns kontinuierlich daran teilhaben, was in ihrem Leben vor sich geht, und sei es nur durch einen kurzen Telefonanruf während eines besonders hektischen Tages. Kurz gesagt, es sind Menschen, in die wir Zeit und Energie zu investieren bereit sind; Menschen, die wirklich für uns da sind, wenn wir sie brauchen, geradeso wie es Mitglieder einer gesunden Familie sind. Wir können uns auf sie verlassen, und sie können sich auf uns verlassen.

Auch wenn wir mit einer glücklichen, gesunden Familie gesegnet sind, die nicht durch Scheidung, Distanz oder Differenzen auseinandergebrochen ist, können wir immer noch sehr viel gewinnen, wenn wir uns eine Wahlfamilie schaffen. Besonders wichtig ist eine Wahlfamilie für Frauen, die sich im Übergang befinden, für Frauen, die aus gestörten Familien stammen oder aus deren Ursprungsfamilien niemand mehr am Leben oder aus geographischen Gründen keiner erreichbar ist. Mit anderen Worten, Wahlfamilien sind dann besonders wichtig, wenn unsere Ursprungsfamilien einfach nicht das liefern können, wollen oder werden, was wir in unseren Beziehungen brauchen und wünschen.

Frauen beziehen eine Menge ihres Selbstwertes aus der Liebe und ihrer Bindung zu anderen. Eine Wahlfamilie liefert beides. In Verbindung zu bleiben mit Menschen, die uns wichtig sind (und denen wir wichtig sind), vergrößert unsere emotionale Gesundheit und verringert unsere Anfälligkeit für Depressionen. Wahlfamilien stellen vielfältige Quellen der Unterstützung und mehr Möglichkeiten zur Problemlösung bereit, weil sie sich auf ein breiteres Spektrum von Erfahrungen stützen und ein größeres potentielles Feedback geben, als es ein enger Freund, Partner oder Verwandter jemals könnte.

Sich eine Wahlfamilie aufzubauen und dafür geeignete Leute zu suchen, erfordert sehr viel Experimentierfreude, Zeit und Geduld für Enttäuschungen. Das Ziel besteht darin, sich Leuten anzuschließen, die loyal sind, vertrauenswürdig, fähig zu langfristigem persönlichen Engagement und die uns in persönlicher Entwicklung und Reife irgendwie ähnlich sind. Sie müssen zur Liebe und emotionalen Nähe fähig sein und zugeben können, daß sie davon in ihrem Leben mehr bekommen wollen.

Wenn Sie Freundschaften eingehen, sollten Sie sich vorher überlegen, welche Art von Wahlfamilie Sie sich aufbauen möchten. Einige Frauen haben es gerne, wenn sich ihre Freunde auch untereinander mögen, miteinander auskommen und als eine Art Gruppe sehen. Sie laden all ihre »Familienmitglieder« auf einmal ein, um herauszufinden, ob sie eventuell daran interessiert sind, sich regelmäßig zu einem informellen Gedankenaustausch zu treffen. Wenn Sie zu den Frauen gehören, die von diesem Modell angesprochen werden, könnten Sie sich beispielsweise ein- oder zweimal im Monat jeweils reihum treffen und die Zeit nicht nur zum gemütlichen Beisammensein nutzen, sondern auch Themen diskutieren, die Ihnen wirklich am Herzen liegen.

Andere Frauen wiederum fühlen sich in Gruppen weniger wohl. Sie ziehen intimere, individuellere Erfahrungen mit weitverzweigten Familienmitgliedern vor. Zu ihrer Wahlfamilie gehören Leute, die sich möglicherweise nicht einmal untereinander kennen, die aber alle auf jeweils eigene Art die notwendigen Rollen einer unterstützenden, fürsorglichen Familie erfüllen.

Wahlfamilien und die gemeinsamen Erfahrungen, die wir dadurch mit anderen Menschen machen, sind erfrischend und belebend. Ich habe mir zwei weitverzweigte Familien aufgebaut und bewahrt, die eine in New York, die andere in Kalifornien. Tatsächlich haben meine Kinder zwei mal zwei Paten, ein Paar aus jeder Wahlfamilie. Eine Familie teilt mit mir die Liebe zur Psychologie, zum persönlichen Wachstum und zu intimen Familientreffen. Die andere Familie konzentriert sich weniger auf innere Erfahrungen und bevorzugt reges Treiben, Aufregung, große Zusammenkünfte und will in der Welt etwas in Bewegung setzen. Beide Familien bedienen unterschiedliche, aber gleich wichtige Bedürfnisse, und ihre Verschiedenheit ist eine unvergleichliche Bereicherung meines Lebens und desjenigen meines Ehemanns und meiner Kinder.

3. Aktivieren Sie die »Stimmungsraketen«, wann immer Sie sich deprimiert fühlen!

Viele der Strategien, die in diesem Buche empfohlen werden, beanspruchen Zeit und Energie. Für einige wenige müssen Sie etwas Geld ausgeben. Aber »Stimmungsraketen« sind umsonst, wirkungsvoll und einfach in der Handhabung. Nachfolgend fünf erprobte Strategien, die Ihre schlechte Stimmung rapide verbessern können:

1. Wenn Sie sich schlechtfühlen und Probleme haben: Agieren Sie, statt zu reagieren.
2. Verbannen Sie negative Gedanken; ersetzen Sie sie durch optimistisches Denken.
3. Nehmen Sie Verbindung auf mit jemandem, den Sie lieben, und wenn auch nur für fünf Minuten: per Anrufbeantworter, Telefon, Fax oder persönlichem Treffen.
4. Seien Sie für andere da, die Hilfe brauchen.
5. Machen Sie den Zehn-Minuten-Energie-Marsch und körperliche Bewegung im allgemeinen zu festen Einrichtungen in Ihrem Leben.

Die ersten vier »Stimmungsraketen« sind im Laufe dieses Buches bereits besprochen worden. Die letzte erfordert eine Zusatzerklärung, weil sie sehr wichtig ist.

Machen Sie den Zehn-Minuten-Energie-Marsch und körperliche Bewegung im allgemeinen zu festen Einrichtungen in Ihrem Leben

Der Zusammenhang zwischen regelmäßiger Bewegung, Reduzierung von Depression und verbesserter Lebensqualität ist hinreichend dokumentiert. Wir wissen, daß körperliche Bewegung vor Opferdepression, Erschöpfungsdepression, Altersdepression, Körperbild-Depression und Geist↔Körper-Depression schützen kann. Bewegung minimiert auch die Beziehungsdepression, weil wir uns wohl fühlen und deshalb bessere Voraussetzungen dafür mitbringen, offen, ehrlich und intim zu sein.

Die meisten Frauen jedoch, die anfällig für Depressionen sind, treiben nur sporadisch Sport, wenn sie es überhaupt tun. Was auch daran liegt, daß wir im Zustand der Depression oft das Gefühl haben, als hätten wir Alices steinerne Stiefel an. Die Depression zieht uns zu sehr zu Boden, als daß wir das eine tun könnten, das sofort helfen würde: Sport. Bezeichnenderweise bringen wir aber meist immer noch genügend Energie auf, um uns zum Kühlschrank zu schleppen und uns etwas »Gutes« zu gönnen, oder einen Zigarettenautomaten zu finden, der uns versorgt.

Dr. Robert Thayer, ein Psychologe an der California State University, Long Beach, hat zwei Studien durchgeführt, die zeigen, daß wir uns, nachdem wir eine Tafel Schokolade gegessen haben, zwar zunächst besser, aber eine Stunde später sogar noch müder fühlen. Zwei Stunden später sind die positiven Effekte nur noch Makulatur und wir immer noch müde.

Dasselbe gilt für das Rauchen. Nach einer Zigarette verspüren Raucher eine sofortige Besserung ihrer Anspannung. Aber innerhalb von einer Stunde oder zweien kommt es dann unwiderruflich erneut zu einem Anstieg der Anspannung und schlechten Gefühle. Wenn wir noch die Angst und Depression hinzuzählen, die entstehen, weil wir unserem Körper leere Kalorien oder giftigen Rauch zuführen, bleibt festzustellen, daß solche Dinge keine Stimmungsraketen, sondern Stimmungsdämpfer sind.

Wir haben eine bessere Wahl. Wir können die steinernen Stiefel gegen Laufschuhe austauschen und einen forschen Zehnminutenmarsch einlegen. Das ist alles, was wir brauchen, um unsere Stimmung effektiver zu heben, als es jede Tafel Schokolade oder Zigarette je könnte. Wenn Sie das nächste Mal die Wahl haben zwischen Stimmungsraketen und Stimmungsdämpfern, sollten Sie sich die folgenden »Energiewerte« vor Augen halten:

Schokolade oder Zigarette
nach 1 Stunde: noch müder;
nach 2 Stunden: keine positive Wirkung/schlechteres Gefühl.

Zehnminutenmarsch

nach 1 Stunde: mehr Energie/bessere Stimmung;
nach 2 Stunden: immer noch positive Wirkung.

Auch wenn wir wissen, wie wertvoll eine so simple Angelegenheit wie ein Zehnminutenmarsch ist, heißt das noch lange nicht, daß wir uns auch dementsprechend verhalten. Die Aufforderung, herumzulaufen, hört sich wie ein Ding der Unmöglichkeit an, wenn uns die Depression buchstäblich zu Boden drückt. Viele meiner Klientinnen und Studentinnen überwinden dieses Hindernis, indem sie mit kleinen Schritten anfangen, was die Sache weniger bedrohlich macht. Sie kopieren zunächst die obenstehende Vergleichstabelle und legen sie auf ihren Kühlschrank oder Schreibtisch als ständige Erinnerung daran, daß sie die Wahl haben. Sie sagen sich immer wieder, daß es ihre Entscheidung ist, wie sie sich verhalten wollen. Statt zu behaupten: »Ich kann das nicht, weil ich mich einfach zu deprimiert fühle«, denken sie an die Vorzüge und drehen den Gedanken herum: »Ich kann es, weil es die Sache wert sein wird. Ich muß nur ein paar Schritte tun, und dann kann ich wieder aufhören.«

Bauen Sie Ihren Widerstand allmählich ab. Machen Sie einen Schritt nach dem anderen. Geben Sie sich zunächst das Versprechen, wirklich mehr zu Fuß gehen zu wollen, und wenn es nur ein paar Minuten sind. Wenn Sie nicht nach draußen können, weil das Wetter schlecht ist oder Sie Sicherheitsbedenken haben, laufen Sie auf dem Hotelkorridor, den Fluren Ihres Büros oder in einem Einkaufszentrum auf und ab. Laufen Sie in Ihrem Haus, Ihrem Apartment oder Studentenwohnheim hin und her. Sobald Sie erst einmal damit begonnen haben, werden Sie wahrscheinlich feststellen, wie gut die Stimmungsraketen einschlagen, und genügend Energie aufbringen, um weiterzumachen. Wenn nicht, wird Ihnen bereits die Bewegungs- und Blickwinkelveränderung zu einer gehobeneren Stimmung verhelfen. Mit etwas Übung werden Sie in der Lage sein, Ihre Stimmungsraketen immer leichter und öfter einzusetzen, denn Sie werden ihre positive Kraft mit der Zeit schätzen lernen.

Vielen Leuten fällt das Laufen leichter, wenn sie einen Walkman dabei haben und Musik oder Motivationskassetten hören. Es entspannt sie. An unserem Psychologischen Zentrum haben wir für unsere Klientinnen deshalb eine Serie von Zehn-Minuten-Geh-Kassetten zusammengestellt, auf denen Meditationen und Tips sind, wie man eine positive Einstellung erhält und bewahrt. Seien Sie kreativ und arbeiten Sie an Ihren eigenen Kassetten. Sie könnten beispielsweise einige Ihrer Lieblings-Power-Songs aufnehmen oder inspirierende Botschaften aufs Band sprechen und die Kassette immer dann abhören, wenn Sie einen kleinen Motivationsschub brauchen, um Ihren Zehnminutenmarsch in Angriff zu nehmen oder konzentriert zu bleiben.

Nachdem der Zehnminutenmarsch zu einer gesunden Gewohnheit geworden ist, sollten Sie sich überlegen, ob Sie nicht auch noch regelmäßige Gymnastikübungen in Ihren Alltag einbauen wollen – wenn Sie das nicht schon getan haben. Selbst die beschäftigsten Leute finden, wie ich weiß, Zeit dafür, wenn ihnen die Sache wirklich am Herzen liegt.

Einer der besten Wege, sich zu motivieren und etwas über den Wert von Gymnastik und gesunder Ernährung zu erfahren, besteht darin, sich einen Aufenthalt in einer Gesundheitsfarm zu gönnen. So habe ich es schließlich geschafft, regelmäßig Gymnastik zu treiben, nachdem ich mich die meiste Zeit meines Lebens davor gedrückt habe. Ein solcher Aufenthalt kann Ihnen nicht nur zu einem grundlegend anderen Körpergefühl verhelfen, sondern auch die Art dramatisch verändern, wie Sie mit sich selbst umgehen, sobald Sie wieder zu Hause sind – und zwar in körperlicher wie emotionaler Hinsicht. Ein Wochenende in einer Gesundheitsfarm ist erschwinglicher, als Sie vielleicht denken. Viele Anbieter offerieren spezielle Wochenendtarife. Verschieben Sie Ihre Termine und machen Sie es möglich. Statt beispielsweise auf eine Kreuzfahrt zu gehen oder einen normalen Urlaub zu buchen, könnten Sie den Aufenthalt in einer Gesundheitsfarm zum Urlaub des Jahres erklären. Wenn Sie sich die Sache nicht leisten können, sparen Sie so lange, bis Sie es können. Lassen Sie dafür andere, weniger lohnenswerte Unternehmungen sausen. Erzählen Sie Ihren engen Freunden, wie wichtig eine solche Erfahrung für Sie ist, und bitten Sie sie darum, Ihnen anstelle von Geburtstags- oder anderen Geschenken etwas zu diesem Aufenthalt beizusteuern.

Darüber hinaus können Sie sich eine Mitgliedschaft in einem Fitneßclub gönnen und gelegentlich eine kosmetische Gesichtsbehandlung, Massage oder Maniküre. Nehmen Sie sich vor, Gymnastikstunden im örtlichen Sportverein zu besuchen oder sich mit zwei oder drei Freundinnen zusammenzutun, um sich gemeinsam vor einem Fitneßvideo zu verausgaben. Es ist die Zeit und Mühe wert, weil die Gewohnheit, Sport zu treiben, der beste Schutz vor Depressionen ist, den Sie finden können.

4. Erfassen Sie Ihre Gesunden Depressionen, damit Sie besser verstehen, wie die eine zur anderen führt!

Denken Sie daran, daß Gesunde Depressionen gleichzeitig oder kurz hintereinander auftreten können; die eine führt oft zur Entwicklung der anderen. Wenn genügend Gesunde Depressionen zusammenkommen und ungelöst bleiben, werden sich garantiert Ungesunde Depressionen entwickeln.

Wie wir ebenfalls wissen, kann es uns zu neuen und einmaligen Quellen von Wachstum und Stärke verhelfen, wenn wir die Existenz und Bedeutung unserer Gesunden Depressionen verstehen und akzeptieren. Unglücklicherweise haben Frauen nur wenige Vorbilder, die ihnen zeigen würden, wie dieser anspruchsvolle Umwandlungsprozeß vonstatten geht. Die gute Nachricht ist jedoch, daß immer mehr positive Vorbilder auftauchen. Ihre Zahl ist noch klein, aber ihre Reihen sind am Wachsen.

Eine Frau, deren persönliche Siege unschätzbare Lektionen für alle von uns darstellen, ist die feministische Galionsfigur Gloria Steinem. Sie ist ein ermutigendes Beispiel dafür, wie sich Gesunde Depressionen in eindrucksvolle persönliche Stärke umwandeln lassen. In der Tat hat sie diese Stärke derart effektiv eingesetzt, daß sie dazu beigetragen hat, die Art, wie unsere Kultur über Frauen denkt, positiv zu verändern. Über drei Jahrzehnte hinweg hat sie Millionen von Frauen – und Männer – durch ihre Reden, ihre Artikel, ihre

Aktivitäten motiviert und beeinflußt – und nicht zuletzt durch ihren vor kurzem erschienenen Bestseller *Was heißt schon emanzipiert. Meine Suche nach einem neuen Feminismus.*

In ihrem Buch beschreibt Steinem ihre vielen Erfahrungen mit Depressionen, denen sie schon früh ausgesetzt war. Sie erinnert sich an ihre Mutter, die die meiste Zeit ihrer Kindheit aufgrund von »Nervenzusammenbrüchen« und einer schweren Depression bettlägrig war. Ihr Vater, ein dreihundert Pfund schwerer Freßaholic, der sich von ihrer Mutter trennte, als Steinem zehn Jahre alt war, schien ebenfalls gelegentlich an Depressionen zu leiden, wenn seine weltfremden Träume und Geschäftsunternehmungen nicht funktionierten. Die emotionalen und körperlichen Verluste, die Steinem beschreibt, haben wahrscheinlich dazu geführt, daß sie, bereits bevor sie in die Adoleszenz kam, eine Anfälligkeit für Depressionen besaß. Und in ihrer Adoleszenz machte sie die typischen Körperbild-Probleme durch, die jungen Frauen heutzutage sogar noch mehr zu schaffen machen. Sie beschreibt sich selbst als »dickes, plumpes, verletzliches Mädchen... das in einer isolierten Familie aufwuchs, deren Freßsucht und Körperbild« sie übernahm.

Mit diesen Erfahrungen im Gepäck wurde Steinem als vierunddreißigjährige freiberufliche Journalistin ein aktives Mitglied der Frauenbewegung. Der Feminismus bot ihr eine Möglichkeit, Frauen zu helfen, mit dem Mangel an Unterstützung und innerer Verfügungsgewalt umzugehen, der den Lebenswillen ihrer Mutter gebrochen hatte. Er setzte auch ihre eigenen Energien frei, die von den Restriktionen und Vorurteilen, denen sie sich als Frau kontinuierlich gegenübersah, gebunden waren. Oder wie Steinem kurz und knapp befindet: »Der Feminismus rettete mein Leben.«

Doch weit zurückreichende Kindheitsmuster und gesellschaftliche Verhaltensweisen ändern sich nicht über Nacht. Wie so viele andere Frauen fuhr sie mit der tiefsitzenden Gewohnheit fort, sich um andere mehr zu kümmern als um sich selbst. Der einzige Unterschied war, daß sie ihre persönlichen Bedürfnisse nicht für Ehemann und Kinder zurückstellte, sondern für die Frauenbewegung. Erst nachdem sie fast zwanzig Jahre in diesem allgegenwärtigen Aktionismus aufgegangen war, begann sie die Symptome innerer

Erschöpfung zu spüren. Als sie die Fünfzig erreichte, sah sie sich den Streßbelastungen des Älterwerdens gegenüber, den eine jugendverliebte Gesellschaft primär den Frauen auferlegt (siehe Kapitel 6). Dazu kam die Erschöpfung, die damit verbunden war, das Magazin *Ms.* und andere Fraueninitiativen, die gerade aus der Taufe gehoben worden waren, in wirtschaftlich zunehmend härter werdenden Zeiten finanziell über Wasser zu halten. Vor diesem Hintergrund hatte sie weder ihrem eigenen Schreiben Aufmerksamkeit geschenkt noch ihren anderen inneren Bedürfnissen.

Sie hatte nicht einmal Zeit gehabt, sich ein Heim zu schaffen, was ein Kernsymbol unseres Selbst ist. »Ich hatte immer weniger Zeit«, schreibt sie, »um verlorene Energie wieder aufzutanken – oder meine Wäsche von der Reinigung abzuholen. Druck ist kumulativ.« Steinem verspürte schließlich »ein so heftiges Ausgebranntsein und inneres Ausgehöhltsein, daß die Konturen einer verängstigten Sechzehnjährigen zum Vorschein zu kommen begannen« (siehe Kapitel 7).

In dieser Zeit der verleugneten Depression, des Ausgebranntseins und der Selbstausbeutung begegnete sie einem wohlhabenden und mächtigen Mann, dessen Leben und dessen Werte praktisch in diametralem Gegensatz zu den ihren standen. Er besaß mehrere Wohnsitze, eine hierarchische Sicht der Welt, ein ausgesprochen organisiertes Leben und hatte Schwierigkeiten damit, sich in andere hineinzuversetzen. Auch er war unglücklich und wollte sich verändern. Folglich sprach er nicht nur ihre konventionelle romantische Ader an, sich selbst durch eine andere Person zu ergänzen – was natürlich unmöglich ist –, sondern auch ihren Instinkt, andere zu retten. Als er ihr einmal seinen Wagen schickte, um sie nach einer besonders anstrengenden Reise abholen zu lassen, »erschien dessen schützende Gegenwart überdimensional groß... Erinnern Sie sich an die Szene in *Bus Stop,* in der sich Marilyn Monroe, eine verzweifelte Sängerin in einem ärmlichen Café, in die warme, rettende Schaffelljacke ihres Geliebten, eines Cowboys, kuschelt? Nun, genauso fühlte ich mich, als ich in diesen Wagen sank.«

Weil er durch seinen Reichtum in der Lage war, sowohl die Rolle des Ehemanns wie auch die der Mutter zu spielen, traf dieser Mann

»jede gesellschaftliche Entscheidung (via Personal), also war alles, was ich zu tun hatte, aufzutauchen, angemessen auszusehen, zuzuhören, mich beim Dinner zu entspannen, zu tanzen, über seine Witze zu lachen – was immer gerade auf seinem Programm stand. Ich fand das sehr erholsam.« Erschöpft und verletzlich, wie sie war, ließ Steinem sich auf seine Welt sehr viel stärker ein, als ihm das umgekehrt mit der ihren möglich war. Mit der Zeit erkannte sie, daß sie drauf und dran war, sich immer mehr zu verlieren, weil sie ihre eigenen Werte verriet.

Ungefähr zur selben Zeit wurde sie mit der Diagnose Brustkrebs konfrontiert; er wurde frühzeitig entdeckt und war problemlos zu behandeln, aber dennoch ein Zeichen von Sterblichkeit und in ihrem Fall von Mißachtung ihrer körperlichen Erschöpfung. All diese Dinge zusammen verhalfen ihr zu der Einsicht, daß sie an einer Depression litt, die sich unter der Oberfläche zusammengebraut hatte. Sie nahm Abschied von ihrer früheren Überzeugung, wonach Therapie nur etwas für andere Leute war, und daß nur andere Leute ihre Hilfe brauchten und nicht sie die Hilfe von anderen, und fand eine kluge, »nichtfreudianische« Therapeutin.

Sie begann den Prozeß der Seelenerforschung, indem sie die Fäden gegenwärtiger Muster bis in ihre Vergangenheit zurückverfolgte, um dann das Kind freizulegen und zu heilen, das sie einmal gewesen war. Das Kind, das sich um die hinfällige Mutter kümmern mußte und das deshalb eine doppelte Anfälligkeit für das soziale Muster der Selbstaufopferung, das ein Erbstück von Frauen ist, mit auf den Weg bekommen hatte. Sie begann überdies, sich ein Heim zu schaffen, Geld zu sparen und sich einen Plan aufzustellen, in dem auch ihre eigene Arbeit Platz hatte – kurz, sie begann all die Dinge zu tun, die sie durch die Romanze mit jemandem gesucht hatte, der all diese Qualitäten im Übermaß besaß.

Sie hatte schon lange vorgehabt, ein Buch über den weiblichen Selbstwert zu schreiben, wobei sie dabei weniger an sich gedacht hatte – ihr erging es dabei wie so vielen von uns, die sich zu dem, was sie brauchen, hingezogen fühlen und erst später die lange Reise vom Kopf zum Herzen antreten –, und war deshalb in der Lage, ihre persönliche Erfahrung mit Gesunder Depression zum Wohle von anderen einzusetzen. Sie hat uns gezeigt, daß es tatsächlich gut sein kann, sich schlechtzufühlen, vorausgesetzt, wir benutzen unsere schlechten Gefühle, um zu lernen, zu wachsen und stärker zu werden.

Solange wir in einer von Männern dominierten Gesellschaft leben, die Frauen nicht die ganze Fülle des Daseins zugesteht, werden die Depressionserfahrungen von Gloria Steinem und die vieler anderer Frauen weiterhin existieren. Aber während wir diesen tiefsten aller Veränderungsprozesse vorantreiben, kann es uns helfen, wenn wir auf unsere Depressionen hören und sie in positive Erfahrungen verwandeln, um die gesellschaftlichen Strafrichter zurückzuweisen und eine neue Freiheit und Stärke zu entwickeln. Um sich selbst klarer über den Einfluß zu werden, den Ihre Gesunden Depressionen auf Ihr Leben ausüben, und um besser zu verstehen, wie die eine zur anderen führt, sollten Sie sich ein Schaubild von den Pfaden Ihrer Gesunden Depressionen erstellen. Übertragen oder fotokopieren Sie das Schaubild aus Kapitel 3, wo es um den Traditionellen Kern geht (Seite 91). Wenn Sie das oberste Kästchen zeichnen, denken Sie daran, daß der Traditionelle Kern aufgrund unseres kulturellen Erbes Teil von uns allen ist. Ererbte Depressionen können, müssen aber nicht vorhanden sein. Das hängt von unserer genetischen Veranlagung ab. Die ererbte Depression ist die eine Depression, die zu einer Ungesunden Depression führen kann, ohne daß gesellschaftliche Einflüsse daran beteiligt sind.

Gesunde Depressionen andererseits resultieren aus unserem kulturellen Erbe und unserer aktuellen gesellschaftlichen Erfahrung. Jede Frau leidet mindestens einmal oder auch mehrere Male im Leben an einer Gesunden Depression, und oft erleben wir verschiedene gleichzeitig. Wir können sie nicht vermeiden. Aber wir haben die Wahl, wie wir mit ihnen umgehen wollen. Wenn wir gesunde Bewältigungsstrategien anwenden, wie etwa die Aktionsstrategien in diesem Buch, werden unsere Depressionen gesund und überschaubar bleiben und sogar zu einer Quelle von Wachstum und Stärke werden. Wenn wir ungesunde Bewältigungsstrategien anwenden, wie etwa Verleugnung, Süchte, Selbstvorwürfe und Opfergefühle, bewegen wir uns in Richtung Ungesunder Depressionen. Eine Ansammlung von zu vielen ungelösten Gesunden Depressio-

nen führt ebenfalls zu einer Ungesunden Depression, wie sie Steinem in ihrem Buch beschrieben hat.

Das Schaubild, das die Pfade der Gesunden Depressionen zeigt,
kann in zweifacher Hinsicht extrem wertvoll für Sie sein. Zum
einen ermöglicht es Ihnen, sich mit Ihren Gesunden und Ungesunden Depressionen auseinanderzusetzen, die Sie in der Vergangenheit erlitten haben. Zum anderen vermittelt es Ihnen, vielleicht zum
ersten Mal, ein Verständnis dafür, wie sehr Ihre Depressionen
miteinander in Verbindung stehen und wie hoch Ihr gegenwärtiger
Grad von Anfälligkeit ist. Am meisten Nutzen ziehen Sie aus dem
Schaubild, wenn Sie zunächst einmal die Umstände einer der Gesunden Depressionen, die sich Ihnen am meisten eingeprägt hat,
etwa Ihrer Körperbild-Depression, aufschreiben. Beziehen Sie sich
dabei auf die Zeit, in der Sie sich besonders dick und häßlich
fühlten. Markieren Sie das Kästchen für diese Gesunde Depression
mit einem kräftigen Rot. Machen Sie sich ein paar Notizen, wann
und wo sie sich entwickelte. Welche Vorfälle und Gefühle trugen zu
der Depression bei? Führte diese Depression zu einer anderen Depression? Betonen Sie durch rote Pfeile die Pfade, die zu anderen
relevanten Depressionen führten, und markieren Sie diese Kästchen. Numerieren Sie sie in der Reihenfolge ihres Auftretens. Vergrößern Sie die Kästchen oder verkleinern Sie sie, je nachdem,
welchen Anteil sie an Ihren schlechten Gefühlen hatten.

Nun rücken Sie vor zum kritischen Scheidepunkt. Hier geraten
die meisten von uns in Schwierigkeiten. Statt uns dafür zu entscheiden, aus unserem Schmerz Nutzen zu ziehen und aktive Schritte zur
Lösung unserer Depressionen zu unternehmen, entscheiden wir uns
für das, was zunächst der Weg des geringsten Widerstandes zu sein
scheint. Wir ziehen aus unserem Schmerz keinen Nutzen und geraten in einen Zustand, in dem wir verdrängen, Süchte entwickeln,
uns selbst und anderen Vorwürfe machen und uns als Opfer fühlen.

Als Sie die kritischen Punkte erreichten, an denen Sie eine Ent-
scheidung fällen mußten, welchen Pfad haben Sie gewählt? Führte
Sie Ihre Bewältigungsstrategie zu einer Gesunden oder zu einer
Ungesunden Depression? Führte eine Kombination von mehreren
Gesunden Depressionen zu einer Ungesunden Depression? Zeich-

nen Sie Pfeile entlang der Pfade, um die Entwicklung der Depression zu zeigen, die Sie erlebt haben.

Das Schaubild kann Ihnen ebenfalls wertvolle Hinweise darauf geben, wie es um Ihre gegenwärtige Anfälligkeit für Gesunde Depressionen bestellt ist. Fangen Sie oben am Schaubild an und erarbeiten Sie sich den Weg nach unten, ein Kästchen nach dem anderen. Bewerten Sie Ihre Depressionen auf einer Skala von 1 bis 10, wobei eine 1 wenig oder gar keine Depression bedeutet und eine 10 für starke Depressionen steht. Ihre Testergebnisse aus den früheren Kapiteln können Ihnen Anhaltspunkte geben, aber möglicherweise ist es besser, wenn Sie eine Zahl wählen, die Ihrem heutigen Gefühl entspricht. Wenn Sie Ihre eigene Anfälligkeit einschätzen, werden Sie einen klareren Blick dafür bekommen, wie Ihre Gesunden Depressionen wachsen und gedeihen und sich zu anderen verändern können.

Verbinden Sie nun die Depressionen, die Ihrer Erkenntnis nach gewöhnlich ineinander übergehen, mit roten Linien. Sobald Sie eine dieser Depressionen herannahen spüren, wissen Sie jetzt, was Sie wahrscheinlich zu erwarten haben, wenn Sie nicht zur Tat schreiten. Dieses präventive Verhalten hilft Ihnen dabei, schon vorher zu ahnen, was wahrscheinlich passieren wird, und dem vorzubeugen. Sobald Ihnen diese Art von Wachsamkeit in Fleisch und Blut übergegangen ist, sind Sie gerüstet, mit künftigen Depressionen besser umgehen zu können oder diese eventuell zu verhindern.

5. Seien Sie kreativ, wann immer und solange Sie können

Kreativ zu sein gibt uns ein Gefühl von Souveränität und Kontrolle im Leben. Wir behaupten unsere Würde – und uns selbst –, indem wir kreativ werden oder bleiben. Das gilt für jede Aktivität, bei der wir uns selbst ausdrücken und etwas erschaffen, das es vorher noch nicht gegeben hat. Sie können kreativ sein, indem Sie einen köstlichen Schokoladen-Käse-Kuchen zubereiten oder sich auf Tierfotografie spezialisieren. Sie können Gartenarbeit betreiben, eine Familiengeschichte schreiben oder einen Raum dekorieren. Sie können sticken, malen oder zeichnen.

Kreatives Arbeiten fordert eine intensive Beziehung zu uns selbst, die so bedeutungsvoll und befriedigend ist wie jede, die wir zu einer anderen Person haben. Sie ist Selbsterforschung und Selbstausdruck in ihrer reinsten Form. Nehmen Sie sich vor, daß Sie ab sofort soviel Kreativität wie möglich in Ihrem Leben entwickeln werden, und planen Sie Kreativität als Ihren wichtigsten ständigen Begleiter für jedes Alter und jedes Stadium Ihres Lebens ein. Entwickeln Sie kreative Fertigkeiten, indem Sie sich auf das konzentrieren, was Ihnen Freude bereitet. Welche Aktivität macht Ihnen so großen Spaß, daß Sie Ihr Gefühl für Raum und Zeit verlieren oder Ihr Interesse am Essen? Der Psychologe Mihaly Csikszentmihalyi wendet für diese »optimalen Erfahrungen« den Begriff des »Überquellens« an. Er beschreibt in seinem Buch *Flow: The Psychology of Optimal Experience* »Überquellen« als:

> »... ein Gefühl, daß die eigenen Fertigkeiten genügen, um die vor uns liegenden Herausforderungen zu bestehen, denen man im Rahmen eines zielgerichteten, regelgebundenen Aktionssystems gegenübersteht, das klare Hinweise darauf liefert, wie geschickt man sich anstellt. Die Konzentration ist so immens, daß keine Aufmerksamkeit mehr übrigbleibt, um über etwas Irrelevantes nachzudenken oder sich mit anderen Problemen zu beschäftigen. Die Befangenheit verschwindet, und das Gefühl für Zeit verzerrt sich. Eine Aktivität, die solche Erfahrungen erzeugt, ist so befriedigend, daß die Menschen bereit sind, sie allein um der Erfahrung willen zu tun, ohne Rücksicht darauf, ob es ihnen etwas einbringt oder nicht, selbst wenn die Sache, um die es geht, schwierig oder gefährlich ist.«

Wie können Sie es schaffen, dieses »Überquellen« zu erreichen? Indem Sie sich Aktivitäten suchen, die Aufmerksamkeit erfordern, Herausforderungen darstellen und Könnerschaft verlangen, die klare Ziele bieten und einige erkennbare Resultate oder Möglichkeiten des Feedback. Mit anderen Worten, Sie brauchen eine Möglichkeit, um einschätzen zu können, was Sie getan haben, damit Sie mit Ihrer Arbeit weitermachen, sie verbessern und sich immer adäquater ausdrücken können.

Sie lernen die Grundvoraussetzungen für Kreativität zum Beispiel durch Bücher, Kurse, Workshops oder dem Schulfernsehen. Sie lernen, indem Sie aktiv bleiben, experimentierfreudig und risikobereit. Aber das meiste lernen Sie schlicht und einfach durch Übung – indem Sie kreativ sind. Kreativität ist ein notwendiges Überlebensinstrument, ein mächtiger Verbündeter, der uns ein Leben lang zur Seite steht, besonders wenn wir älter werden. So fand beispielsweise Dr. George Valliant, Psychiater an der Dartmouth Medical School, in einer großangelegten Untersuchung über intelligente Frauen über Sechzig heraus, daß diejenigen, die sich kreativ betätigten, tatsächlich länger lebten, weniger gesundheitliche Probleme und eine höhere Lebensqualität hatten als diejenigen, die nicht kreativ wurden oder blieben. Kreativität wirkt sich überdies positiv auf unsere Zuversicht aus, Probleme auch lösen zu können, wenn wir damit konfrontiert sind. Wenn wir diese Zuversicht und diese Fähigkeit zur Kreativität besitzen, sind wir beträchtlich weniger anfällig für Depressionen. Tatsächlich ist Kreativität inzwischen zu einem wesentlichen Überlebenswerkzeug geworden, das für die Zukunft von uns Frauen entscheidend ist.

Nachdem Sie einige oder alle der hier vorgestellten Techniken erprobt haben, werden Sie stärker sein und besser geschützt vor Depressionen. Sobald sich Ihre Bedürfnisse ändern, sollten Sie auf diese Techniken zurückgreifen und sie eventuell entsprechend neu gestalten. Es erfordert viel Übung, bis wir gelernt haben, wie wir unsere Depressionen in Wachstum und Stärke verwandeln können. Aber wenn wir bei der Sache bleiben und uns fest vornehmen, unsere Depressionen in persönliche Stärke zu verändern, werden wir unseren gegenwärtigen Alltag der Ignoranz und Diskriminierung durch ein Leben ersetzen können, das für Männer und Frauen gleichermaßen sinnvoll und verheißungsvoll ist.

Nachwort

Wenn wir dieses Jahrtausend verlassen und ein neues betreten, steht uns Frauen eine wichtige Arbeit bevor. Wir müssen uns gegen die Art, wie unsere Erfahrungen gegenwärtig kategorisiert werden, wehren – heutzutage haben wir entweder den »Alltags-Blues« (sind also »gesund«) oder werden als »krank« bezeichnet, weil wir länger als eine Stunde oder einen Tag deprimiert sind. Diese ungesunde Dichotomie muß vorsichtig aufgelöst werden, damit Platz ist für eine andere Erfahrung, die das Leben der meisten Frauen besser widerspiegelt: die Erfahrung der Gesunden Depression.

Abgesichert durch das Wissen und das Bewußtsein, daß unsere schlechten Gefühle oft gesund sind, können wir das Recht, uns depressiv zu fühlen, in Anspruch nehmen, wann immer uns danach zumute ist. Wir können unser Opferdenken auflösen und die Pyramide der Beziehungsfähigkeiten erklimmen, da wir durch den liebevolleren Umgang mit uns selbst auf einem festen Fundament stehen. Wir können und müssen die gegenwärtige negative Definition und Erfahrung weiblichen Alterns ändern, müssen aufhören, uns bis zur Erschöpfung zu verausgaben, gleichgültig, wie groß die Anforderungen und Erwartungen sind, müssen die gesellschaftlich bedingten, perfektionistischen Vorstellungen von weiblichen Körpern zurückweisen und lernen, das weitreichende Verbindungssystem zwischen unserem Geist und unserem Körper zu schätzen und für uns selbst zu nutzen.

Wir können die gesellschaftlichen Probleme, die damit verbunden sind, eine Frau zu sein, nicht vermeiden, weil sie einfach an allen Ecken und Enden auf uns lauern. Aber die Welt *hat* sich in den letzten fünfundzwanzig Jahren verändert, und dieser Wandel hat ein einzigartiges Spektrum von Möglichkeiten eröffnet, das Frauen niemals zuvor zur Verfügung hatten. Wir müssen die Gelegenheiten wahrnehmen. Unsere kreativen Fähigkeiten werden es uns erlauben, neue Lösungen für alte Probleme zu finden, besonders hinsichtlich unserer signifikanten Anfälligkeit für Depressionen.

Stellen Sie sich vor, wie dramatisch wir unsere Beziehungen und unsere Leistung verbessern könnten, wenn nicht beinahe die Hälfte der Menschen zu verschiedenen Zeiten und Phasen des Lebens mit irgendeiner Form von Depressionen zu kämpfen hätte. Denken Sie darüber nach, wieviel positive Energie freigesetzt würde, wenn wir uns etwas weniger Sorgen um unsere Falten oder unvollkommene Körper, über unser Haar und unsere Kleidung machen würden und wenn es uns etwas weniger wichtig wäre, jedem gefällig zu sein, außer uns selbst. Wenn Frauen lernen würden, Ungesunde Depressionen zu vermeiden und Gesunde Depressionen konstruktiv zu nutzen, würden wir schließlich die Freiheit besitzen, unsere Stärke und Klugheit in eine stetig verletzlicher werdende Welt einzubringen.

Wenn wir so vorgehen, werden wir mit einer neuen und aufregenden Erfahrung belohnt: Wir geben uns selbst die Kraft, um unsere Depressionen in Quellen des Wachstums und der Stärke zu verwandeln, deren Tiefe wir heute erst erahnen können. Weiblich zu sein wird im 21. Jahrhundert eine grundlegend andere Bedeutung haben als heute. Wir werden in der Lage sein, eine phänomenale Energie uund Kreativität aufzubringen, die heute durch unsere Depressionen noch ein Schattendasein fristen. Unsere Fähigkeit, Depressionen zu entschärfen oder zu bewältigen und unsere schlechten Gefühle konstruktiv zu nutzen, ist ein Geschenk, das wir – und unsere Welt – nötiger haben als jemals zuvor.

Anhang

Zusammengestellt von LOTHAR R. SCHMIDT

1. Psychologische Fachgesellschaften

Die nachfolgenden Angaben sind durch Änderungen in den Vorständen teilweise zwangsläufig nur kurzfristig gültig. Neueste Informationen über psychologische Fachgesellschaften können dem »Psychologen-Kalender« entnommen werden, der vom Verlag Hogrefe, Göttingen, herausgegeben wird. Die »Psychologische Rundschau« ist offizielles Organ der Deutschen Gesellschaft für Psychologie und Informationsorgan des Berufsverbandes Deutscher Psychologen. Die »Zeitschrift für Klinische Psychologie« ist Mitteilungsorgan des Berufsverbandes Deutscher Psychologen, der Deutschen Gesellschaft für Verhaltenstherapie und der Gesellschaft für wissenschaftliche Gesprächspsychotherapie. Detailliertere Informationen können außerdem den teilweise unten aufgeführten Mitteilungsorganen der Fachgesellschaften entnommen werden.

1.1. Berufsverband Deutscher Psychologen (BDP)

1.1.1. Allgemeines

Satzungsgemäß vertritt der BDP »die Belange des Berufsstandes der Psychologen und wahrt die Berufsinteressen seiner Mitglieder. Er fördert die wissenschaftliche Psychologie in Theorie und Praxis.«

Präsident: Dipl.-Psych. RUDOLF RABER, Heilsbachstr. 22, 53123 Bonn.

Hauptgeschäftsstelle: Heilsbachstr. 22, 53123 Bonn.

1.1.2. Sektion Klinische Psychologie

Vorsitzender und Geschäftsstelle: Dipl.-Psych. VOLKER EBEL, Am Bölt 25, 48527 Nordhorn.

1.1.3. Mitteilungsorgane

(a) »Report Psychologie«, der über die Tätigkeit des gesamten BDP informiert.

(b) »Information« der Sektion Klinische Psychologie im BDP.

1.2. Deutsche Gesellschaft für Psychologie (DGfPs)

Satzungsgemäß ist die DGfPs »eine Vereinigung der in Lehre und Forschung tätigen Psychologen« ... »Die Gesellschaft erstrebt die Förderung und Verbreitung der wissenschaftlichen Psychologie.«

Präsident: Prof. Dr. HANS-JOACHIM KORNADT, Universität des Saarlandes, 66123 Saarbrücken.

Schriftführer: Prof. Dr. DIETRICH ALBERT, Psychologisches Institut der Universität Heidelberg, Hauptstr. 47–51, 69117 Heidelberg.

1.3. American Psychological Association (APA)

Geschäftsstelle: 1200 17th Street, Washington, D. C. 20036, USA.

Die APA gibt eine große Zahl von wissenschaftlichen Fachzeitschriften, darunter auch solche für Klinische Psychologie, heraus, publiziert Anschriftenverzeichnisse, Richtlinien zur Gestaltung von

Testmanualen und Publikationen und berufsethische Verpflichtungen. Der Status eines Foreign Affiliate ermöglicht es, für einen sehr geringen Mitgliedsbeitrag die APA-Zeitschriften und Abstractbände zu stark ermäßigten Preisen zu beziehen.

1.4. Gesellschaft für Medizinische Psychologie (GMP)

1. Vorsitzende: Prof. Dr. MARGIT VON KEREKJARTO, Abteilung für Medizinische Psychologie der II. Medizinischen Klinik der Universität Hamburg, Martinistr. 52, Pav. 69, 20251 Hamburg.

1.5. Hinweise auf andere Fachgesellschaften

Hinweise auf einige andere Fachgesellschaften in den neuen Bundesländern, Nachbarländern und Internationale Psychologengesellschaften können dem »Psychologen-Kalender« entnommen werden.

2. Therapiegesellschaften

Bislang erfolgt die Aus- und Weiterbildung zum Psychotherapeuten nicht an den Universitäten, sondern überwiegend durch Therapiegesellschaften, bei denen kommerzielle Aspekte oft eine große Rolle spielen. Die folgende, keineswegs vollständige Aufzählung hat eine informierende und keine empfehlende Funktion.

2.1. Verhaltenstherapie

Deutsche Gesellschaft für Verhaltenstherapie (DGVT)
Geschäftsstelle: Postfach 1343, 72003 Tübingen.

Zeitschrift und Mitteilungsorgan: Verhaltenstherapie und Psychosoziale Praxis. Mitteilungen der DGVT.

2.2. Gesprächspsychotherapie

Gesellschaft für wissenschaftliche
Gesprächspsychotherapie (GwG)
Geschäftsstelle: Richard-Wagner-Str. 12, 50674 Köln 1.

2.3. Tiefenpsychologisch, psychoanalytische Orientierung

Die nachfolgenden Gesellschaften stellen nur eine kleine Auswahl aus der Vielzahl tiefenpsychologisch orientierter Vereinigungen dar.

2.3.1. *Allgemeine ärztliche Gesellschaft für Psychotherapie (AÄGP)*

Geschäftsführer: Dr. H.-G. RECHENBERGER, Klinik für Psychotherapie, Nettelbeckstr. 3, 40477 Düsseldorf.

2.3.2. *Deutsche Gesellschaft für Psychotherapie, Psychosomatik und Tiefenpsychologie (DGPT)*

Ständige Geschäftsführung: Dr. jr. J. T. VOGEL, Am Schlachtensee 2, 14163 Berlin.

2.3.3. *Deutsche Psychoanalytische Gesellschaft (DPG)*

Geschäftsführender Vorsitzender: Dr. WOLFGANG ZANDER, Hildegartstr. 30, 82131 Gauting.

2.3.4. *Deutsche Psychoanalytische Vereinigung (DPV)*

Geschäftsstelle: Sulzaer Str. 3, 14199 Berlin.

2.4. Andere Therapiegesellschaften

Wegen der Unüberschaubarkeit der Zielsetzungen und Methoden vieler Psychotherapieverbände wird von einer weiteren Zusammenstellung abgesehen. In Zweifelsfällen kann man sich an die psychologischen Fachgesellschaften und die Psychologischen Institute wenden.

3. Psychologische Beratung und Selbsthilfe

3.1. Institutionen und Vereinigungen

● *Bundesarbeitsgemeinschaft »Hilfe für Behinderte«,* Kirchfeldstr. 149, 40215 Düsseldorf

● *Bundeskonferenz für Erziehungsberatung,* Dachverband der Landesarbeitsgemeinschaften für Erziehungsberatung. Geschäftsstelle: Amalienstr. 6, 90763 Fürth (Bayern)

● *Bundesminister für Arbeit und Sozialordnung,* Postfach, 53107 Bonn

● *Bundeszentrale für gesundheitliche Aufklärung,* 51101 Köln

● *Dachverband psychosozialer Hilfsvereinigungen,* Thomas-Mann-Str. 49a, 53111 Bonn

● *Deutsche Arbeitsgemeinschaft Selbsthilfegruppen,* Friedrichstr. 28, 35392 Gießen

3.2. Informationen

Über Beratung und Selbsthilfe informieren Materialien der unter 3.1. angeführten Institutionen und Verbände, wobei vor allem auf die fortlaufend erscheinenden Verzeichnisse der Erziehungsberatungsstellen der Bundeskonferenz für Erziehungsberatung und die vielfältigen Schriften der Bundeszentrale für gesundheitliche Aufklärung hingewiesen sei.

Darüber hinaus können die folgenden Publikationen weiterhelfen:

Bundesminister für Bildung und Wissenschaft (Hrsg.): »Ich bin ein Kind wie jedes andere«.

Deutsche Arbeitsgemeinschaft Selbsthilfegruppen (Hrsg.): »Reden und handeln«.

Diakonisches Werk der Evangelischen Kirche in Deutschland (Hrsg.): Psychisch krank. Steinkopff, Stuttgart 1981.

DR. WOLFGANG SCHMIDBAUER: Psychotherapieführer. Goldmann Verlag, München 1994

KRAUSS, A.: Materialien zum Stand des Beratungswesens in der

Bundesrepublik Deutschland. In: Deutsches Institut für Fernstudien (Hrsg.). Funkkolleg Beratung in der Erziehung. Studienbegleitbrief 12 (1976) S. 49–141.

MOELLER, M. L.: Selbsthilfegruppen. Rowohlt. Reinbek 1978.

SIEBECKE-GIESE, E.: Gesamtverzeichnis der Einrichtungen auf dem Gebiet der Psychiatrie, Kinder- und Jugendpsychiatrie, Neurologie, Neurochirurgie, Psychotherapie, Psychosomatik, Psychohygiene, Bildung und Beratung für seelisch und/oder geistig Behinderte. Kohlhammer, Stuttgart 1980.

UNHOLD, C.: Zusammenstellung von Informationsquellen für psychotherapeutische Behandlung. In: BASTINE, R. (Hrsg.). Grundbegriffe der Psychotherapie. Edition Psychologie, Weinheim (1982) S. 468–476.

4. Hilfen bei der Literaturbeschaffung

4.1. Zentralstelle für psychologische Information und Dokumentation an der Universität Trier, Schneidershof, 54293 Trier.
 Leiter: Prof. Dr. L. MONTADA

Die ZPID unterhält eine umfangreiche Datenbasis (PSYNDEX), die u. a. die maschinenlesbaren Anteile de Psychological Abstracts und medizinischer und sozialwissenschaftlicher Datenbasen umfaßt. Gegen relativ geringe Gebühren können damit über EDV bibliographische Angaben und Zusammenfassungen über spezifizierte Gebiete der Psychologie geliefert werden.

4.2. Deutschsprachige Literatur, auf die im Buch Bezug genommen wird.

BEAUVOIR, SIMONE DE: *Das andere Geschlecht.* Reinbek 1992
BRADSHAW, JOHN: *Wenn Scham krank macht.* München 1993
BURNS, DR. DAVID: *Fühl dich gut! Angstfrei mit Depressionen umgehen.* Trier 6. Aufl. 1992

CSIKSZENTMIHALYI, MIHALY: *Flow – Das Geheimnis des Glücks*. Stuttgart 2. Aufl. 1992

FALUDI, SUSAN: *Die Männer schlagen zurück*. Reinbek 1993

FRIEDAN, BETTY: *Der Weiblichkeitswahn*. Reinbek 1968

HELGESEN, SALLY: *Frauen führen anders. Vorteile eines neuen Führungsstils*. Frankfurt/M. 1991

KÜBLER-ROSS, ELISABETH: *Leben, bis wir Abschied nehmen*. Stuttgart 1979

dies.: *Sterben lernen, leben lernen*. Stuttgart 1993

NAISBITT, JOHN: *Megatrends 2000*. Düsseldorf 2. Aufl. 1992

RICH, ADRIENNE: *Um die Freiheit schreiben. Beiträge zur Frauenbefreiung*. Frankfurt/M. 1989

SATIR, VIRGINIA: *Wege zum Wachstum*. (Hrsg. von Moskay, G./ Müller, G.) Paderborn 1992

SCARFF, MAGGIE: *Autonomie und Nähe*. München 1988

SELIGMAN, DR. MARTIN E.: *Erlernte Hilflosigkeit*. Weinheim 4. Aufl. 1992

SHEEHY, GAIL: *Wechseljahre – Na und?* München 1993

SMITH, MANUEL: *Sage Nein ohne Skrupel*. Landsberg/L. 4. Aufl. 1992

STEINEM, GLORIA: *Was heißt schon emanzipiert*. Hamburg 1993

STYRON, WILLIAM: *Sturz in die Nacht. Geschichte einer Depression*. Köln 1991

TANNEN, DEBORAH: *Du kannst mich einfach nicht verstehen*. München 1993

WINSTON, STEPHANIE: *Schluß mit dem Chaos. Wie man seinen Alltag organisiert*. München 1993

WOLF, NAOMI: *Der Mythos Schönheit*. Reinbek 1993

WOOLF, VIRGINIA: *Ein eigenes Zimmer*. Reclam Leipzig o. J.

GOLDMANN TASCHENBÜCHER

Das Goldmann LeseZeichen mit dem Gesamtverzeichnis erhalten Sie im Buchhandel oder gegen eine Schutzgebühr von DM 3,50/öS 27,–/sFr 4,50 direkt beim Verlag

Literatur · Unterhaltung · Thriller · Frauen heute · Lesetip
FrauenLeben · Filmbücher · Horror · Pop-Biographien
Lesebücher · Krimi · True Life · Piccolo · Young Collection
Schicksale · Fantasy · Science-Fiction · Abenteuer
Spielebücher · Bestseller in Großschrift · Cartoon · Werkausgaben
Klassiker mit Erläuterungen

* * * * * * * * * *

Sachbücher und Ratgeber:
Politik/Zeitgeschehen/Wirtschaft · Gesellschaft
Natur und Wissenschaft · Kirche und Gesellschaft · Psychologie
und Lebenshilfe · Recht/Beruf/Geld · Hobby/Freizeit
Gesundheit und Ernährung · FrauenRatgeber · Sexualität und
Partnerschaft · Ganzheitlich heilen · Spiritualität und Mystik
Esoterik

* * * * * * * * * *

Ein SIEDLER-BUCH bei Goldmann

Magisch Reisen

ReiseAbenteuer

Handbücher und Nachschlagewerke

Goldmann Verlag · Neumarkter Str. 18 · 81664 München

Bitte senden Sie mir das neue Gesamtverzeichnis, Schutzgebühr DM 3,50

Name: _____

Straße: _____

PLZ/Ort: _____